イギリスにおける特別な教育的ニーズに関する教育制度の特質

眞 城 知 己 著

風 間 書 房

は し が き

　本書は，2014年に広島大学より学位授与を受けた論文を骨子にして，書籍用に内容の構成等を大幅に修正したものです。およそそれまでの25年間に行ってきた研究をまとめました。

　学位請求論文の審査に際しましては，広島大学大学院教育学研究科特別支援教育学講座の落合俊郎先生（現：大和大学教授）に主査としてご指導をいただきました。イギリスの障害児教育及び特別な教育的ニーズへの対応に関する教育に関しては多くの研究者がおられますが，かの国の教育制度の特徴について，実感を持ってご指導下さる先生は限られています。落合先生は，特別な教育的ニーズの概念がウォーノック報告と1981年教育法によって，まさに制度化されようとしているその時にロンドンで学んでおられたそうです。当時のサッチャー政権による急激な社会変化のうねりの中で，障害児教育の方向性について考えを深めたとのお話を伺いました。落合先生の励ましとご指導がなければ，論文を提出することは叶わないものでありました。ご指導に心より感謝を申し上げます。審査では，七木田敦先生，若松昭彦先生，川合紀宗先生の3名に副査としてご指導を頂戴いたしました。予備審査におきまして，論文の構成バランスから語句の使用方法，スタイル・マナーに至るまで，本当に詳細かつ丁寧なご指導を副査の先生方からいただけたことは，大変学びになりました。記して御礼を申し上げたいと存じます。

　さて，本研究の端緒は25年以上も前に遡りますが，筑波大学の学部生であった頃に授業で伺ったイギリスの障害児教育制度の特徴に関する講義でした。

　当時，内容的には同じ実践をしている場合でさえも，なぜ「障害」のある子どもに対する教育の場合には「障害児教育」と呼ばれ，障害のない子どもに提供される場合には，「通常の教育」と呼ばれるのか，違和感を感じて

様々な文献に学びましたが，私にはとうてい答えの片鱗さえ見いだすことができませんでした。そのような折に，恩師である石部元雄先生の講義において，イギリスの障害児教育制度と「特別な教育的ニーズ」という概念に巡り会うことができました。この言葉に接した際に，きっとこの考え方が，当時の特殊教育諸学校と通常学校という枠組みを超えた「何か」を導いてくれる気がしたものです。

　その後，卒業論文でイギリスの教育制度に関する主題に取り組みました。ところが，学習を深めるほどに，知らないこと，わからないことが増える一方でした。石部元雄先生にご教示をいただき，大学院に進学するご縁をいただきました。当時，研究室の先輩であった河合康先生（現：上越教育大学大学院教授）には，大学院への進学のためにつきっきりでドイツ語のご指導をいただいたり，イギリスの教育制度をとらえるための視点をいくつも学びました。別の先輩から「（河合さんが）真城君を必ず大学院に入れるんだ」と話しておられたと伺い，それから猛勉強したことが感謝と共に懐かしく思い出されます。博士課程での学習では，学問の世界の門前にあって，「学び」への真摯な姿勢の有り様を，石部先生と河合先生に直接いざなっていただく機会を得られたことは本当に恵まれたことでありました。両先生の元にいなければ，学問の世界に身を置くことはなかったに違いありません。心より感謝申し上げます。

　助手として赴任した兵庫教育大学では，イギリス障害児教育史がご専門であった山口洋史先生（現：兵庫教育大学名誉教授）にイギリス教育史研究の視点からの教えを受けました。今日のイギリスにおける障害児教育制度に流れる軸を，山口先生が30年以上にわたって収集してこられた膨大な分量に及ぶ資料を惜しげ無くお借りすることができた恵まれた環境の中で，イギリス教育史とイギリス議会制度の特徴を学びました。こうした研究の経験を積むことができたからこそ，本研究をまとめることができたのです。山口先生には，ゼミの運営の方法なども教えていただきました。山口先生は諸事において誤

解されることの多い私をいつも庇って下さいました。誤解されているような
ことがあるときには，必ず婉曲的な表現を用いて，さりげなく気づかせて下
さいました。研究と教育に向かう姿勢を教えて下さった，就職してからの今
日に至るまでの師匠です。ご指導いただいた教育史に特化した論文としてま
とめられなかったことは，お詫びのしようもありません。兵庫教育大学では，
同じ講座でご一緒した七木田敦先生（現：広島大学教授）にも刺激をいただき
ました。「自身の研究が本当に必要とされる研究であるかどうかを常に意識
するためには，外部資金を獲得できるかどうかでわかる。所属先からもらえ
る研究費だけに甘んじてはいけない」，そして，「国内外で報告をして様々な
人の批判に耐える経験が必要」との言葉は，今日までの研究の際に大切にし
てきた意識の核ともなりました。

　日本特別ニーズ教育学会の関係者の先生方からは，学会創設前の理論研究
会の頃より，清水貞夫先生（宮城教育大学名誉教授），窪島務先生（滋賀大学名
誉教授），渡邉健治先生（東京学芸大学名誉教授），渡部昭男先生（神戸大学教授），
荒川智先生（茨城大学教授），高橋智先生（東京学芸大学教授），加瀬進先生（東
京学芸大学教授）らにご指導をいただきました。

　とりわけ，荒川先生と加瀬先生には，現在もインターカレッジで研究室の
学生の皆さんとともにお世話になっており，常に建設的な議論を交わす中で
学びの機会をいただいています。彼らとの議論では，公私ともに信頼できる
研究の仲間に加えていただけていることの幸せをいつも感じます。インター
カレッジでご一緒している米田宏樹先生（筑波大学准教授）と新井英靖先生
（茨城大学准教授），山中冴子先生（埼玉大学准教授），村山拓先生（東京学芸大学
講師）からもよい刺激をもらっています。同様に公私にわたり長いつきあい
をしてくれている井上雅彦先生（鳥取大学医学部教授）は，研究アプローチの
領域こそ心理学と教育学とで異なりますが，かつて2年半にわたって助手室
を共用しました。井上先生は，いつも投稿前の論文原稿を研究室のドアに貼
っておられ，論文の産出ペースの速さに刺激を受けたものです。太田富雄先

生（福岡教育大学教授）は，研究ばかりでなく，学生の皆さんと共に前に進む
ことの大切さを身をもって導いて下さいました。太田先生とともに大阪教育
大学でご一緒した冨永光昭先生と藤田裕司先生には数多くの機会に救ってい
ただきました。現任校の千葉大学では，在外研究や二国間交流事業への参加
や，長期，短期によらず幾度もの外国出張をお許しいただいてきました。梅
谷忠勇先生（千葉大学名誉教授）と生川善雄先生は，たびたび学位論文の進捗
状況をご心配下さり，論文の主査となれる先生を探して下さるなど気にかけ
て下さいました。太田俊己先生（現：関東学院大学教授）と北島善夫先生には，
教室業務などで多くのご迷惑をおかけしてしまいましたが，両先生共に見守
って下さいました。

　ここに書き切れないほどの研究仲間や，研究室の学生の皆さん，国内外か
ら長期研修生としてお見えになった先生方にも恵まれました。今日まで多く
の方々の支えによって少しずつ歩みを進めて参りました。記して感謝申し上
げます。

　私事にて恐縮でありますが，大学・大学院への進学，遠方への就職など，
すべて何も言わずに認めてきてくれた眞城勇三・禮子の両親と妹孝子に感謝
します。私がこの分野に進む最初の契機を与えてくれたのは，晩年には全盲
であった祖母の金子とうでした。父と祖母はすでに鬼籍に入っており，本書
を実際に手元に届けられないことを不甲斐なく思います。眞城江津子・佑
友・友理子の諸氏には，私のために普通ではない生き方をさせてしまったこ
とを深く詫びるとともに，彼らの存在に心から感謝します。そして，「自分
たちは小学校しか出ていないから，知己は早く博士になれよ」と笑いながら
20年以上も前から都度に励ましてくれた伯父夫妻永野松男・文子の両氏に感
謝します。

　師匠の石部元雄先生は2015年3月に逝去されました。亡くなられる直前に
お送り下さった年賀状には直筆で「いのち短し，道は，はてなし，よい論文
ですね」と書いてくださいました。生前に本書をお手元に届けられなかった

ことが悔やまれます。最後まで励まし続けて下さった石部先生に少しでも近づけるよう努力を重ねたいと思います。

　本書の公刊に際しては，風間書房の風間敬子社長に支えていただきました。おかげをもちまして「いつかは風間書房から」との想いが叶いました。心より感謝申し上げます。

　本書は独立行政法人日本学術振興会平成28年度科学研究費助成事業（科学研究費補助金）（研究成果公開促進費，課題番号：16HP5221）による助成をいただきました。

　平成28年10月29日

　　　　　　　　　　　　　　　　　　眞 城 知 己

目　　次

はしがき

第1章　研究の目的と問題の所在及び研究の方法 …………………… 1

　第1節　目的 …………………………………………………………… 1

　第2節　問題の所在 …………………………………………………… 1

　第3節　方法 …………………………………………………………… 8

　　1．分析課題 …………………………………………………………… 8

　　2．本書の構成 ………………………………………………………… 9

　第4節　先行研究の検討と用語について ………………………… 11

　　1．特別な教育的ニーズの概念に関する先行研究 ……………… 12

　　　1）特別な教育的ニーズの概念と教育制度上の位置づけに関わる研究　12

　　　2）ウォーノック委員会に関する研究　17

　　2．特別な教育的ニーズの用語や各障害との関係についての先行研究 ……… 19

　　　1）特別な教育的ニーズの用語について　19

　　　2）各障害との関連　21

　　3．特別な教育的ニーズの評価に関する先行研究 ……………… 24

　　4．特別な教育的ニーズに関わる教育課程及び構成教科に関わる先行研究 … 28

　　　1）教育課程に関わる先行研究　28

　　　2）各教科における特別な教育的ニーズに関わる先行研究　30

　　5．特別な教育的ニーズに関わる教員養成についての先行研究 ………… 31

　　6．特別な教育的ニーズ・コーディネーターに関する先行研究 ………… 34

　　7．特別な教育的ニーズへの対応に携わる関連職種に関する先行研究 ……… 37

　　　1）ティーチング・アシスタントに関する先行研究　38

viii

　　　2）その他の関連職種に関する先行研究　40

　　8．特別な教育的ニーズとインクルーシヴ教育に関する先行研究 ············· 42

　　9．特別な教育的対応の視点からの親に関する先行研究 ····················· 47

　　10．学校における学習環境（学校体制）の改善や指導の工夫に関する先行

　　　研究 ··· 48

　　11．用語について ·· 53

　　　1）「特別な教育的ニーズ」（special educational needs）及び

　　　　「特別ニーズ教育」（special needs education）　53

　　　2）特別教育　54

　　　3）「特別な教育的ニーズ・コーディネーター」（special educational needs

　　　　coordinator: SENCO）　56

　　　4）法律の名称について　56

　　　5）レメディアル教育（remedial teaching）　57

　　　6）その他　57

第2章　第二次世界大戦後のイギリス特別教育制度における

　　　課題 ··· 59

　第1節　はじめに ··· 59

　第2節　1944年教育法にもとづく特別教育の展開と「特別な教育的

　　　ニーズの概念」提起の背景 ··· 60

　　1．多様な障害カテゴリーの登場とこれに伴う問題 ························· 60

　　2．教育遅滞児をとりまく諸問題 ··· 65

　　3．レメディアル教育モデルからの変革の必要性 ··························· 73

第3章　ガリフォードによる特別な教育的ニーズ概念の提起

　　　とウォーノック報告の特徴 ··· 79

　第1節　はじめに ··· 79

第2節　ガリフォードが提起した特別な教育的ニーズの概念 ············ 79

第3節　ウォーノック報告と1981年教育法 ································ 80

　1．ウォーノック報告の概要 ··· 80

　2．ウォーノック報告の勧告の背景 ··································· 83

　　　1）特別教育制度下における障害の分類に関わる問題　84

　　　2）就学猶予・免除制度の問題　84

　　　3）統合教育の必要性　85

　　　4）障害のある生徒に対する教育の継続性の問題　85

　　　5）専門家の確保と養成の問題　86

　　　6）諸領域の連携の問題　86

　　　7）特別教育を提供する場の問題　87

　　　8）家庭（特に親）の協力の必要性　87

　3．ウォーノック報告の特徴的な勧告 ································· 88

　　　1）特別教育制度下における障害の分類に関わる問題　88

　　　2）就学猶予・免除制度の問題　89

　　　3）統合教育の必要性　89

　　　4）障害のある生徒に対する教育の継続性の問題　90

　　　5）専門家の確保と養成の問題　9〔

　　　6）諸領域の連携の問題　91

　　　7）特別教育を提供する場の問題　92

　　　8）家庭（特に親）の協力の必要性　92

　4．ウォーノック報告の勧告に関わる考察 ····························· 94

　　　1）障害及び障害のある生徒のとらえ方と特別な教育的ニーズの概念の導入
　　　　（特別教育における障害の分類，就学猶予・免除の問題，統合教育）　94

　　　2）障害のある生徒に関わる人的・物的環境について（専門家の養成，親
　　　　の協力，諸領域の連携，教育の継続性，特別教育の提供の場）　96

　5．1981年教育法 ··· 98

x

第4節　考察－ガリフォードからウォーノック報告への変化の背景－ ········ 100

第4章　イギリスにおける特別な教育的ニーズ概念の　　教育制度への位置づけ ·· 111

第1節　問題と目的 ·· 111

第2節　方法 ·· 115

　1．分析対象資料 ·· 115

　2．抽出する情報 ·· 115

　3．分析の視点 ·· 116

第3節　1981年教育法の背景 ·· 116

第4節　1981年教育法の概要 ·· 118

第5節　1981年教育法案第1条における特別な教育的ニーズの定義と　　修正案に関わる審議の特徴 ·································· 121

　1．1981年教育法における特別な教育的ニーズの定義 ····················· 121

　2．特別な教育的ニーズの定義に関する修正案と審議内容 ··················· 123

　3．考察とまとめ ·· 132

第5章　イギリスにおける特別な教育的ニーズへの対応を　　めぐる制度的課題の特徴 ·································· 139

第1節　はじめに ·· 139

　1．特別な教育的ニーズの判定書の構成内容の問題 ······················· 142

　2．1988年教育改革法の影響 ·· 144

　3．財政的保障の欠如に関わる問題 ······································ 146

　4．地方教育当局と学校との関係の問題(1)－責任分担の不明瞭性－ ········ 147

　5．地方教育当局と学校との関係の問題(2)－学校への資源配分－ ··········· 151

第2節　本章のまとめ ·· 153

目　次　xi

第6章　1993年教育法以降における特別な教育的ニーズへの
　　　　対応に関する教育制度の特徴 ……………………………… 161
　第1節　はじめに …………………………………………………… 161
　第2節　1993年教育法における特別な教育的ニーズに関係する規定の
　　　　　概要 ………………………………………………………… 162
　第3節　1981年教育法の規定が残されたもの …………………… 169
　第4節　1981年教育法から修正された規定 ……………………… 170
　第5節　1996年教育法以降における主要な規定の特徴 ………… 172
　第6節　考察－1993年教育法及び1996年教育法以降の制度的特徴－ ……… 172

第7章　特別な教育的ニーズの評価の視点と課題 ……………… 181
　第1節　はじめに …………………………………………………… 181
　第2節　「評価（assessment）」の定義と目的 ………………… 184
　第3節　評価の対象 ………………………………………………… 186
　　1．施行規則における評価の対象 ……………………………… 186
　　　1）判定書の構成項目にみる特徴　186
　　　2）特徴と課題　188
　　2．コード・オブ・プラクティスにおける評価の視点 …………… 190
　　3．特別な教育的ニーズの評価表パッケージにおける評価の対象 ………… 192
　第4節　本章のまとめ ……………………………………………… 198

第8章　改訂コード・オブ・プラクティスの特別な教育的
　　　　ニーズ・コーディネーター制度への影響 ……………… 209
　第1節　はじめに …………………………………………………… 209
　第2節　特別な教育的ニーズ・コーディネーター制度の概要と1990年
　　　　　代の課題 …………………………………………………… 213

第3節　改訂コード・オブ・プラクティス（2001）における特別な教育的ニーズ・コーディネーターと個別指導計画に関わる内容の特徴 ……………………………………………………… 221

第4節　改訂コード・オブ・プラクティスの影響と課題 …………… 224

第5節　本章のまとめ ……………………………………………… 229

第9章　特別な教育的ニーズ・コーディネーターの役割にみる特別な教育的ニーズの概念
―特別な教育的ニーズ・コーディネーターへの意識調査と同僚教師との協同の例― ……………………………………… 235

第1節　はじめに ………………………………………………… 235

第2節　コード・オブ・プラクティスに示される特別な教育的ニーズ・コーディネーターの役割とコーディネーター自身の役割への意識 ……………………………………………… 240

第3節　特別な教育的ニーズ・コーディネーターの役割への意識と研修へのニーズに関する調査 ……………………………… 243

　1．調査対象 ……………………………………………………… 243

　2．調査方法 ……………………………………………………… 243

　3．調査内容 ……………………………………………………… 243

　4．調査期間 ……………………………………………………… 244

　5．結果 …………………………………………………………… 244

　　1）コード・オブ・プラクティスに示される内容への重要度の意識　244

　　2）同僚教師の役割遂行に対する特別な教育的ニーズ・コーディネーターの評価　245

　　3）特別な教育的ニーズ・コーディネーターの研修希望とこれまでの研修経験　249

第4節　特別な教育的ニーズ・コーディネーターを対象にした調査に
　　　　関する考察 ……………………………………………………253

第5節　特別な教育的ニーズ・コーディネーターの小学校における同
　　　　僚教職員との協同の特徴 ………………………………………256

　　1．はじめに ……………………………………………………………256

　　2．方法 …………………………………………………………………256

　　　　1）対象　256

　　　　2）調査の実施　256

　　　　3）調査内容　257

　　3．結果と考察 …………………………………………………………257

　　　　1）A小学校の例　257

　　　　2）B小学校の例　262

　　4．特別な教育的ニーズ・コーディネーターの同僚教師との協同に関する
　　　　考察 …………………………………………………………………264

第6節　同僚教師を対象にした意識調査－問題の所在－ ………………266

第7節　目的 ………………………………………………………………269

第8節　方法 ………………………………………………………………270

　　1．対象 …………………………………………………………………270

　　2．調査の実施 …………………………………………………………270

　　3．調査内容 ……………………………………………………………270

第9節　結果と考察 ………………………………………………………271

　　1．回収状況 ……………………………………………………………271

　　2．結果の処理 …………………………………………………………271

　　3．コード・オブ・プラクティス（2001）に示された特別な教育的ニーズ・
　　　　コーディネーターの役割内容に関する重要度評価（8項目）…………272

　　　　1）全体傾向　272

２）コード・オブ・プラクティスに示された８項目の役割に対する小学校と
中等学校の教師の重要度意識の比較　275

４．各学校における特別な教育的ニーズ・コーディネーターの役割に対する
「期待（重要度認識）」の特徴 ……………………………………………… 279

１）特別な教育的ニーズ・コーディネーターに期待する役割の内容の枠組
み　279

２）特別な教育的ニーズ・コーディネーターに期待する役割に関する小学
校と中等学校の教師の意識の特徴　282

５．特別な教育的ニーズ・コーディネーターの役割の「遂行状況」に対する
同僚教師の意識の特徴 ……………………………………………………… 290

１）特別な教育的ニーズ・コーディネーターが遂行している役割内容の枠
組み　290

２）特別な教育的ニーズ・コーディネーターに期待する役割に関する小学
校と中等学校の教師の意識　293

３）各学校において特別な教育的ニーズ・コーディネーターが実際に遂行
している役割に関する小学校と中等学校の教師の意識の比較　300

第10節　特別な教育的ニーズ・コーディネーターの役割に関する
「期待」と実際の「遂行状況」の比較 ………………………… 307

１．はじめに ……………………………………………………………………… 307

２．特別な教育的ニーズ・コーディネーターの役割に関する「期待（重要度
認識）」と「実際の遂行状況」との比較 ………………………………… 307

１）小学校教師と中等学校教師全体の特徴　307

２）小学校教師の意識の特徴　310

３）中等学校教師の意識の特徴　312

４）「期待（重要度）」と「実際の遂行状況」の比較に関する考察　314

第11節　まとめ ………………………………………………………………… 320

目　次　xv

第10章　特別な教育的ニーズ・コーディネーターが機能する
　　　　条件 ……………………………………………………… 329
　第1節　はじめに ……………………………………………… 329
　第2節　特別な教育的ニーズ・コーディネーターとイギリスにおける
　　　　　特別な教育的ニーズのとらえ方 …………………………… 331
　第3節　イギリスの特別な教育的ニーズ・コーディネーター制度を支
　　　　　える条件 ……………………………………………… 335
　　1．特別な教育的ニーズのある生徒への対応の根拠となる判定書制度の存在
　　　　……………………………………………………………… 336
　　2．地方教育当局と各学校の責任が明確に示されていること …………… 337
　　3．各学校に生徒への対応に関する方針を明確にして公表することが課せら
　　　　れていること ……………………………………………… 338
　　4．特別な教育的ニーズが「障害」だけに限定されず，言語，宗教，文化的
　　　　マイノリティ等に由来するニーズへの対応も含めて想定されていること
　　　　……………………………………………………………… 339
　　5．特定の生徒だけを抽出して専門的対応に直結させるのではなく学校全体
　　　　の機能を高める中に特別な教育的ニーズへの対応を位置づける文脈の存
　　　　在 ………………………………………………………… 341
　　6．ティーチング・アシスタントなどの様々な支援スタッフの存在 ……… 343
　　7．特別な教育的ニーズ・コーディネーターと各教師や関連スタッフとのコ
　　　　ミュニケーションの機会が日常的に用意されていること ………… 344
　　8．年次レビュー（annual review）制度の存在 ……………………… 347
　第4節　本章のまとめ ………………………………………… 350

第11章　総合考察 ……………………………………………… 357
　第1節　特別な教育的ニーズへの対応のための教育制度がもたらした
　　　　　意義 ……………………………………………………… 357

第2節　日本の特別支援教育制度への示唆 ································ 362

第3節　結論と残された課題 ·· 368

　　1．結論 ··· 368

　　2．残された課題 ·· 370

引用文献一覧 ·· 373

初出一覧 ·· 417

事項索引 ·· 419

略語一覧

CPVE	Certificate of Pre-Vocational Education
DCSF	Department for Children, Schools and Families
DES	Department of Education and Science
DfEE	Department for Education and Employment
DfE	Department for Education
DfES	Department for Education and Skills
DPI	Disabled Persons' International
EAL	English as Additional Language
EMAS	Ethnic Minority Achievement Service
ESL	English as Second Language
ESN	Educationally Sub-Normal
GCSE	General Certificate of Secondary Education
LAPP	Lower Attaining Pupils' Programme
LMS	Local Management of Schools
LMSS	Local Management of Special Schools
LSA	Learning Support Assisstant
NUT	National Union of Teachers
NVQ	National Vocational Qualification
PGCE	Postgraduate Certificate in Education
SENCO	Special Educational Needs Coordinator
SENDA	Special Educational Needs and Disability Act
SENT	Special Educational Needs Tribunal
SpLD	Specific Learning Difficuluties
TTA	Teacher Training Agency
TVEI	Technical and Vocational Education Initiative
YTS	Youth Training Scheme

第1章　研究の目的と問題の所在及び研究の方法

第1節　目的

　本研究の目的は，個々の教育的ニーズに応じた教育を展開するために，教育制度が具備すべき要件を明確にするために，世界に先駆けて「特別な教育的ニーズ」の概念を教育制度に位置づけたイギリスにおける特別な教育的ニーズに対応した教育の特質を明らかにすることである。

　具体的には，イギリスにおける「特別な教育的ニーズ」に関する制度の特徴を，法的に位置づけられた1980年代から2000年代までの時期を対象に明らかにすることを目的とした。

第2節　問題の所在

　日本においても「特別な教育的ニーズ」や「特別ニーズ教育」という用語が文部科学省を始め，県や市の教育委員会，そして各学校のレベルでもごく日常的に用いられるようになった。この用語は，「一人一人に応じた」という表現とともに用いられることが多いこともあり，従来の特殊教育制度よりも丁寧な対応が用意されるようなそんなイメージが先行しているようである。

　しかし，果たして「特別な教育的ニーズ」の用語を使用している人たちの，どれほどがこの概念の本当の意味を理解しているのだろうか。

　「特別な教育的ニーズ」の概念の使われ方を概観してみると，いくつかのタイプに分かれることに気付く。

　第一は，単に「障害児教育」の置き換えとして使用されているものである。

著書や論文のタイトルに，特別ニーズ教育等の用語が使われていても，その内容は従来の障害児教育となんら変わらないものも少なくない。冒頭で，イギリスのウォーノック報告などに言及しながら，特別な教育的ニーズについての説明をしていながら，それに続く論の中では，まったくこの概念の特徴と無関係な展開がなされているものばかりである。

　第二は，従来の障害児教育の対象に学習障害やADHD，広汎性発達障害を加えた対象に対する教育を表す際に使用されるものである。これは換言すれば，特別支援教育と同義の使い方である。そして，従来の特殊教育よりも対象を拡大した障害児教育に他ならない。

　第三は，従来の特殊教育制度では通級による指導などごく一部の制度を除けば，制度的な根拠のなかった通常学校における障害児教育をさしてこれらの用語が使用されるものである。

　これらはいずれも「特別ニーズ教育」のごく一部の側面として含まれる要素に過ぎず，全体をとらえたものではない。まして，「特別な教育的ニーズ」の概念をふまえて論じられているものは，日本特別ニーズ教育学会の発行する一部のものを除けば，ほとんど知られていない。この20年ほどの間に訪問した，ほぼすべての学校において，必ず教師たちに「特別な教育的ニーズ」の用語の意味を尋ねてきたが，ただ一人として正確に返答した教師に巡り会えたことはなかった。

　もちろん，教師たちの知識の欠如を責める意図ではない。むしろ，「特別な教育的ニーズ」の用語を聞いていたり，会話で自らも使ったことがあるという教師がこの10年ほどで急速に増加した印象がある中で，誤った認識がこれほど広汎に流布していることに愕然とするほどの危惧を覚えるのである。

　こうした教師の誤解は，特別支援学校はもとより，通常学校における特別支援教育の推進に，あきらかな誤解や弊害を生じてしまう。たとえば，「特別な教育的ニーズ」という語にある「特別な」という要素は，この概念において用いられる場合には，「通常と呼ばれる状態に付加した」または，「通常

と呼ばれる状態とは異なる」という2つの意味しかない（真城, 2003）。それにもかかわらず，「特別な」という部分だけを切り取って，いわゆる「特別扱い」という言葉の使いたかがなされるときの「特別」という意味に誤解され，通常学校において「私はこの子を『特別』扱いしません」などといって，必要な支援を提供することさえ拒否する教師が存在している。特別な教育的ニーズの概念を正しく理解できていないがゆえに，学習環境として提供しなければならない最低限の事柄さえ準備しないことの言い訳にさえされてしまう有り様である。

　これは，ひとえに日本の教育行政において，特別支援教育制度がそのよりどころとする基本概念を明示していないことに帰着させられるのであるが，特殊教育から特別支援教育制度へと転換が図られて5年以上が経過しても，なお特別な教育的ニーズの概念の不正確な理解や使用が拡大する傾向が続いているようである。驚いたことにしばらく前に文部科学省では特別支援教育の英語名称を special needs education としてしまった。その説明が，他国においても障害児だけを対象にしている国でも special needs education と使っている国があるからだという。これでは，誤った理解が拡がるのも無理はない。

　こうしたことの問題にふれているのは，単に用語の正確な理解を促すためではない。はたして特殊教育から特別支援教育へと制度転換を図ったことにより，いかなる利点が当事者（すなわち，幼児児童生徒。そしてその保護者等）にもたらされたのか，そして，実践に携わる教師の指導の質が向上することにつながったのか，これらを将来にわたって検証する必要があるからである。

　特別支援教育制度が施行され，たしかに学校現場に変化はあった。特に，通常学校において，特殊教育制度下よりもはるかに多くの教師が何らかの障害のある幼児児童生徒に関わる教育を適切に展開しようと意識するようになる契機がもたらされたという意義はきわめて重要である。

　しかしながら，特別支援教育制度によってもたらされた新しい取り組みが，

本当に教育の質を向上させ，対象となっている幼児児童生徒に従来の特殊教育制度ではもたらされなかったような利益をもたらすようになったのであろうか。教師が実施している事柄だけに注目すれば，個別の指導計画を作成するようになった，校内委員会を設定した，地域連携協議会を定期的に開くようになった，特別支援教育コーディネーターになったなどなど，いくらでもそれまでにはなかった事柄が登場しているわけであるから大変なにぎわいようである。

　しかし，私たちは重要なことを忘れていないだろうか。特別支援教育という制度自体が，本当に子どもたちにとって大きなメリットをもたらしているのかということである。そして，新しい制度が教師にとってもメリットをもたらしたのかという疑問である。もちろん，それまでは必要とされていたにもかかわらず，支援を受けることができなかった，多くの学習障害等の子どもたちが，通常学校において支援を受けられるようになったという点でみれば，たしかに，特別支援教育制度がもたらした大きな貢献であるということはできるだろう。

　それでは，特別支援学校における子どもたちはどうであろうか。特別支援教育制度において，教師がかつてないほどにまで多忙な業務に忙殺されるほどに比例して，子どもたちに有効な教育機会を提供できるようになったのであろうか。また，子どもたちの学習の質が向上したのであろうか。子どもたちにメリットをもたらしているのは，従来の特殊教育制度の時代から開発が続けられてきた様々な指導方法の積み重ねによるものにすぎず，特殊教育制度のままでも，効果がかわらなかった子どもたちが数多くいるのではないだろうか。

　個別の指導計画の作成がより徹底されるようになった。このことによって増加した教師の負担は著しいが，はたして各地で形式が定められている個別の指導計画を作成するようになったことで，従来のように各教師が自分専用の「指導メモ」として作成していた頃と比較して，教師にとって指導の手が

かりが明瞭になったのであろうか。そして，その結果，子どもたちへの指導の質が格段に向上したのだろうか。個別の指導計画の作成が義務づけられたことは，単に教師の業務負担を増やしただけで，作成によって得られる利点が本当に妥当な水準にまで到達するような変化をもたらしたのだろうか。年度当初に子どもを丁寧に観察して，年間指導の見通しを立てることの重要性は指摘するまでもない。しかし，個別の指導計画の作成義務が，従来よりも教師による子どもの観察の質や，年間指導の見通しの立案に，本当に貢献しているのであろうか。年度末に異動の通知がなされ，前任者と後任者の引き継ぎができないような制度が変更されないまま，書類だけの引き継ぎで代替できると本当に認識されているのであろうか。

　特別支援教育コーディネーターの指名割合が8割を超えたと報告されるほど，全国に特別支援教育コーディネーターが増えたが，はたして特別支援教育コーディネーターが配置される以前と比べて，学校内での指導体制の質が格段に向上したのであろうか。特別支援教育コーディネーターだけが，特別支援教育に関わる多くの業務負担をかかえている一方で，他の教師がほとんど無関心であるという学校が数多くあるのはなぜなのであろうか。

　書店には，特別支援教育の「入門書」があふれている。かつて特殊教育制度の時代に，これほどまで学校現場における教師向けの入門書が発行されたことはなかったのではないだろうか。そして，そこには通常学校の場合，及び特別支援学校の場合というように学校種別に様々な内容が記されている。たとえば，「関係機関との連携」であるとか，「保護者の相談」「特別支援教育コーディネーターの役割」など，特別支援教育制度の下で示された様々な「新しい内容」を実践することが「特別支援教育」なのだと理解されているようである。

　しかし，そうした「入門書」に書かれているのは，ほぼ例外なく，文部科学省によって提示された特別支援教育制度の内容をなぞっているだけである。多少の工夫やアイデアが添えられていても，本質は，形式的な「マニュア

6

ル」に過ぎない。各学校で展開される事例検討会にも数多く参加してきたが，そこでの議論は，むしろ子どもの障害特性をより詳細に把握し，障害特性への対応を心理学的に，あるいは医学的な観点からアプローチしていこうという方向性が強い印象がある。その一方で，教育課程の調整や，教育内容の取り扱いなどは，ほとんど言及さえされないままに事例検討がなされる場合が多い。

これでは従来の特殊教育制度，すなわち障害児教育制度のもとでの取り組みが，一層「障害」に焦点を狭くあてながら展開されるようになってしまっているではないか。

本書におけるもっとも根本的な課題意識は，こうした特別支援教育制度の実情への問題意識に端を発している。

特別な教育的ニーズの概念が提起された大きな理由は，子どもが必要とする対応を考える際に，子どもの障害だけに注目するのでは，適切な対応を導くことができず，もっと広くあらゆる要素を勘案しながら必要な対応を導くことができるようにするためであった。これは，特別な教育的ニーズの概念を最初に提起した Gulliford（1971）はもちろん，世界的にこの用語を知らしめたウォーノック報告（Warnock Report, 1978）において，明確に言及されていたことである。

このことを念頭におくとき，現在の日本の特別支援教育制度は，英語名称こそ special needs education を使用しているが，実態が乖離した方向に進みつつあることが危惧されるのである。そもそも特別支援教育という名称は，その検討過程では，実は特別ニーズ教育という用語が案として浮上したこともあったようである。しかし，カタカナが日本の制度の名称には今ひとつそぐわないということで，特別支援教育という造語に落ち着いたのだという。されど，特別支援教育という用語が，特別ニーズ教育の日本版であるという意識の元に作られたことは疑いの余地がない。こうしたことを念頭に置きながら，特別支援教育制度がモデルとした特別ニーズ教育や「特別な教育的ニ

ーズ」という言葉が何を意味しているのかを改めて問い直すことが必要であるとはいえないだろうか。特別支援教育を進めていく上で，特別な教育的ニーズの概念を適切に理解できているかどうかは，今後の方向性や将来の姿を決定的に変えてしまうほどの重大な問題である。上述したように，特殊教育制度の時代より対象者の範囲は広がったが，その対象が障害のある幼児児童生徒であるという点は，まったく変化がない。

　しかし，特別ニーズ教育制度は，障害のある子どもだけに関わる制度ではない。特別支援教育制度が，将来的に，障害のある子ども以外の対象も含む方向を意識しながら展開しようとするのか，そうではなく，あくまでも障害児教育制度にとどまる中で展開されようとするのかでは，その実体が決定的に異なることは，異論を待たない。実際，たとえば，小学校において，虐待を受けている児童の中に，ADHD の障害特性にきわめて近い衝動性を示す子どもがいる。ADHD の児童が親の虐待行為を誘発するという報告があることから補足するが，その児童は ADHD の障害をもっていない。

　しかし，現象的には，強い衝動性が表出され，対人関係においてトラブルが頻発している。こうした子どもの中には，病院で ADHD と診断されてしまうこともあるという危うさも持っているのだが，ここで問題にしなければならないのは，現在の特別支援教育制度においては，「虐待を受けている子ども」は特別支援教育の対象としての諸サービスを受ける制度的根拠を持たないという問題である。公的には，「診断がなくても対応する」ことになっているが，特別支援教育の対象となる障害がある，もしくはその疑いがあるという扱いにならなければ，通常に付加した予算措置を得ることはほとんどできていないではないか。もちろん，実践現場において，子どもに ADHD の障害があろうが，なかろうが，対人関係において困難に直面している児童がいれば担任は必ず対応する。そして，障害があろうがなかろうが，一人一人に応じて必要な支援を用意しようとする。されど，こうした児童が少数であれば可能な対応も，対象が10%であったらどうであろうか。そして，その

うちの一部しか，制度的な根拠がないために必要な外部からの支援を得ることができなかったらどうであろうか。特別支援教育制度が，障害児教育制度にとどまっている限り，こうした制度的に対応できない子どもたちの存在と，その対応におけるひずみはますます拡大するはずである。

　以上のような問題意識を持ち，本書では，イギリスにおける特別な教育的ニーズに関わる教育制度の検討を行う。

　その理由は，次の通りである。

　第一に，世界に先駆けて特別な教育的ニーズ概念を教育制度に位置づけたことである。先例がない中で，特別な教育的ニーズ概念の独自性がもたらす構造的問題の発生に対応する過程の検討は，特別な教育的ニーズ概念を教育制度化する上で，いかなる要件が求められるのかを明確にする上で有効であると考えられる。

　第二に，特別支援教育コーディネーターをはじめとした日本の特別支援教育制度は，明言こそされていないものの，そのモデルをイギリスに求めていることが明らかであることから，今後の特別支援教育の方向性を検討する上で有益な示唆を得ることができる先行制度となると考えられること，である。

　具体的には，特別な教育的ニーズが制度化されるまでのイギリスにおける特別教育制度を概括するとともに，特別な教育的ニーズ概念が教育制度に位置づけられた1981年教育法から最近までのイギリスにおける特別な教育的ニーズに関わる教育制度が検討対象となる。

第3節　方法

1．分析課題

　本研究では，大きく以下の点の検討を行う。

1）特別な教育的ニーズに関わる教育制度の展開の特徴の検討

特別な教育的ニーズの概念を教育制度に位置づけることにより，いかなる制度上の特徴が生じることとなったのか，そして，制度上の課題とその解決のためにどのような制度の修正や追加がなされたのかを検討した。

また，特別な教育的ニーズ概念を教育制度上に位置づけるために，どのような要件が具備される必要があるのかを検討した。

このために1944年教育法以降のイギリス特別教育制度の展開と関連づけながら，Gulliford によって提案された特別な教育的ニーズ概念の背景とウォーノック報告による提案の背景を明らかにするとともに特別な教育的ニーズ概念を導入した1981年教育法やその後の教育法における位置づけを検討した。

2）特別な教育的ニーズ・コーディネーター制度の特徴の検討

特別な教育的ニーズの概念は，動的な性質を有するため，各学校における実践の具体的展開は，従来の障害児教育制度よりも教育課程の調整など，多様なコーディネーションが求められることから，特別な教育的ニーズ・コーディネーターの担う機能はきわめて重要な位置づけを持っている。この点を念頭に，特別な教育的ニーズ・コーディネーターに関する検討を行うことで，特別な教育的ニーズの概念に関わる教育制度の特徴をより明確にできることから，特に焦点をあてた分析を行うことにした。

本研究では，実践的な位置における検討をも行うために，イギリスにおいて教師を対象にした質問紙調査及び面接調査を行った。

2．本書の構成

設定した分析課題の検討のために以下のように構成した。

第2章　第二次世界大戦後のイギリス特別教育制度における課題

第2章では，1944年教育法から特別な教育的ニーズ概念が提案されるまでのイギリスにおける特別教育制度の概要を論じた。

10

第3章　ガリフォードによる特別な教育的ニーズ概念の提起とウォーノック報告の特徴

　第3章では，ガリフォード（Gulliford, R.）によって提起された特別な教育的ニーズの概念の特徴と，ウォーノック報告における特別な教育的ニーズ概念の取り扱いについて，その特徴を明確にした。

第4章　イギリスにおける特別な教育的ニーズ概念の教育制度への位置づけ

　第4章では，1981年教育法案の審議における「特別な教育的ニーズ」をめぐる議論（特に修正案についての議論）の特徴を検討し，この概念がどのような理解のもとで制度化されたのかを明らかにした。

第5章　イギリスにおける特別な教育的ニーズへの対応をめぐる制度的課題の特徴

　第5章では，1981年教育法の施行後に課題となった事柄について，1988年教育改革法による影響や，地方教育当局と各学校との責任の所在に関わる課題の特徴を，Audit Commission and HMI（1992）による2つ報告書の検討を中心にして明らかにした。

第6章　1993年教育法以降における特別な教育的ニーズへの対応に関する教育制度の特徴

　第6章では，1993年教育法以降の制度的特徴について明らかにした。

第7章　特別な教育的ニーズの評価の視点と課題

　第7章では，特別な教育的ニーズの評価の視点について，特別な教育的ニーズ概念が制度と実践レベルにおいてどのように視点で展開されているのかの特徴を明らかにした。

第8章　改訂コード・オブ・プラクティスの特別な教育的ニーズ・コーディネーター制度への影響

　第8章では，1990年代後半の特別な教育的ニーズ概念に関わる教育制度が直面した課題の解決を意図したコード・オブ・プラクティスの改訂と，それによる特別な教育的ニーズ・コーディネーター制度への影響を検討した。

第1章 研究の目的と問題の所在及び研究の方法　11

第9章　特別な教育的ニーズ・コーディネーターの役割にみる特別な教育的
　　　　ニーズの概念―特別な教育的ニーズ・コーディネーターへの意識調査と
　　　　同僚教師との協同の例―

　第9章では，特別な教育的ニーズ・コーディネーターの役割について，イングランドにおいて特別な教育的ニーズ・コーディネーターを対象に実施した質問紙及び面接調査により得られた結果を検討した。また，特別な教育的ニーズ・コーディネーターと同僚教師の協同の特徴を，訪問調査によって得られた結果をもとに整理した。

　さらに，特別な教育的ニーズ・コーディネーターの役割について，通常学校における同僚教師を対象にした質問紙調査を通じた検討を行った。小学校と中等学校の教師による意識の比較，及び期待と実際の役割遂行の程度を比較した。

第10章　特別な教育的ニーズ・コーディネーターが機能する条件

　第10章では，上記の一連の特別な教育的ニーズ・コーディネーターに関する検討をふまえて，特別な教育的ニーズ・コーディネーター制度が機能するための条件について論じた。

　そして，以上に関する総合考察として第11章を設けた。

第4節　先行研究の検討と用語について

先行研究の検討

　本研究では，イギリスにおける，おおむね1980年代から2000年代までを検討対象時期に設定していることから，本章においても，およそこの年代に発行された文献を中心に検討した。

　検討対象とした文献は，特別な教育的ニーズに関わるイギリスにおける教育制度に関係するものである。およそ450本の先行研究を概括した。

　先行研究の検討から浮かび上がってきた事柄は，おおむね以下のように整

理することができた。

1．特別な教育的ニーズの概念に関する先行研究
2．特別な教育的ニーズの用語や各障害との関係についての先行研究
3．特別な教育的ニーズの評価に関する先行研究
4．特別な教育的ニーズに関わる教育課程及び各教科についての先行研究
5．特別な教育的ニーズに関わる教員養成についての先行研究
6．特別な教育的ニーズ・コーディネーターに関する先行研究
7．特別な教育的ニーズへの対応に携わる関連職種に関する先行研究
8．特別な教育的ニーズとインクルーシヴ教育に関する先行研究
9．特別な教育的対応の視点からの親や保護者に関する先行研究
10．学校における学習環境（学校体制）の改善や指導の工夫に関する先行研究

　本節では，以上の枠組みで先行研究の特徴を整理していく。なお，検討対象にした文献数が多く，章末にこれらの詳細な書誌情報を注として示すと相当量の紙幅を消費することから，巻末の文献に包含して示すことにした。

１．特別な教育的ニーズの概念に関する先行研究

１）特別な教育的ニーズの概念と教育制度上の位置づけに関わる研究

　特別な教育的ニーズの概念を明確に定義したのは，Gulliford（1971）である。彼は，学習遅進児研究の過程で，学習遅進が子ども自身の要因以外に左右されていることに気付き，これを取り込んだ概念の提起を構想した。Gulliford は，1971年に著した「特別な教育的ニーズ（Special Educational Needs）」の中で，1944年教育法以降の20年ほどの間の研究から，教育的ハンディキャップ（educational handicap）に関する視点をもつ中で，「個人の障害あるいは周囲の環境，そしてその組合せ（combination）としてとらえる」概念として，「特別な教育的ニーズ」の用語を提唱したのであった。このように特別な教

育的ニーズ概念については，Gulliford（1971）によって提案された，「子ども
と環境との組合せによって規定される」という視点からの定義が最初のもの
である。

　同様の視点からのその後の研究を挙げれば，学級における社会的文脈に照
らして検討した Pollard（1988）や，教育活動の文脈に照らした学習困難の特
定の仕方について論じた Hart and Travers（2005），真城（2003）などをあげ
ることができる。これらの研究は，子どもと環境との関係性に注目した考え
方であり，特別な教育的ニーズが，動的に変化する性質を有するととらえる
点が特徴である。こうした力動的な関係構造で特別な教育的ニーズの概念を
とらえることから，これらの研究は，相互作用モデル（interactive model）を
提示した研究として分類することができるだろう。

　子どもと環境との関係によってニーズをとらえる視点は，1970年代後半に
興隆した，いわゆる「障害の社会的モデル」の視点に符合する要素が多く，
時期的にも両者が相互に全く影響を受けていないとはいえないが，先行研究
において，Gulliford（1971）による特別な教育的ニーズ概念と，「障害の社会
的モデル」との直接の関係は証明されていない。実際，特別な教育的ニーズ
と障害の社会的モデルの概念は混同されることが少なくない，あるいは同じ
ものとして理解されやすいのであるが，両者は異なる概念である。後者は
「障害」に関わる要素のみを対象とした概念であるが，前者は，「障害」だけ
に関わる概念ではないという点である。あくまでも障害の社会的モデルは，
「障害」が規定される要因をとらえる視点である。社会的モデルが注目され
たのは，WHO（1980）による障害の国際分類において，「障害」を個人の属
性としてとらえた機能障害（impairment）や能力障害（disability）という視点
に加えて，社会参加の観点から障害をとらえたハンディキャップ（handicap）
という視点を提起したことによるところが大きい。当時，ハンディキャップ
が「社会的不利」との邦訳で用いられていたことからも，社会的側面から障
害をとらえていたことがよくわかる。その後，DPI（Disabled Persons' Interna-

tional）などによって，こうした視点からの障害のとらえ方のみに限定すべきで，個人の属性としての障害の定義を全く否定する提案などもなされた。このように障害の社会的モデルは，周囲の要因によって障害を規定することから，これも環境要因との関係の定義であると理解されるようである。たしかに，環境要因と個人との関係を意識していることから，後者が前者に含まれるというとらえ方がなされるかもしれないが，それも適切な理解ではない。その理由こそが，両者の決定的な違いでもあるのであるが，特別な教育的ニーズの概念は，機能障害（impairment）や能力障害（disability）を個体要因として特別な教育的ニーズを生じさせる要因の一つに位置づけているのに対して，後者は，障害の規程因として社会的要因を限定的に位置づけているのにすぎないのである。障害の社会的モデルは，あくまでも，社会的要因によって規定される障害をとらえているにすぎない。Gulliford（1971）が提起した特別な教育的ニーズの概念は，機能障害や能力障害も含めた障害という個人の属性と学習環境との組み合わせによって生じた状態を表しているのである。

　特別な教育的ニーズの概念を公式に定義した最初のものは，1981年教育法であるが，そこではGullifordの提起した概念を具体化するために「学習上の困難が生じている状態」をもって，特別な教育的ニーズが「ある」か「ない」かを区別したのであった。行政的にはサービス受給の根拠を明確にしなければならないため，特別な教育的ニーズがある状態とない状態とを区別するための尺度が必要であったために，「学習上の困難」が基準変数として位置づけられたのであった。この視点に沿って，たとえばBlake and Hanley（1995）は，特別な教育的ニーズの概念について，「様々な障害や心理学的な理由によって生じている学習上の困難が，明らかに同年代の子どもよりも著しい」状態を表すという説明をしているが，このような「学習上の困難が生じているか否か」で特別な教育的ニーズの有無を判断する定義の仕方が，1981年教育法の規定を基本にした定義であることは明白である。

　それでは，Gulliford（1971）が提起した特別な教育的ニーズの概念は，あ

くまでも個人の障害と学習環境の両方の要因を考慮して，各々の子どもが必要とする教育的対応を判断すべきであったはずなのに，この用語が制度上に登場した際に，なぜ「学習上の困難」という尺度が導入されたのであろうか。

特別な教育的ニーズの概念について，「学習上の困難」という尺度を導入したのは，ウォーノック報告（1978）である。ただし，ウォーノック報告では，特別な教育的ニーズ概念の定義は行っていない。ウォーノック報告で示されているのは，あくまでも従来の医学的モデルによる障害の定義が子どもの必要とする教育的対応と不整合を生じていることや障害に関わる用語が引き起こしてきたスティグマを伴う否定的なイメージのデメリットの解消と，「学習上の困難を生じさせているあらゆる原因を考慮できるようにするために特別な教育的ニーズの概念を導入することにした」との表記に象徴されるように，子どもが必要とする教育的対応をより広範囲な視点から行えるようにするために，特別な教育的ニーズの考え方を用いるメリットを示しているにすぎない。つまり，ウォーノック委員会で示された「特別な教育的ニーズ」は，子どもが必要とする教育的対応を個人が有する障害以外に視点を拡大し，それによって子どもの学習上の困難への対応をより適切に図ろうとするための概念として位置づけられたのであった。ウォーノック委員会は，イギリスの伝統的な立法制度に従って，法案作成のための勧告を行うために設置されたものであり，その報告書，すなわちウォーノック報告は，その要素が法案化されることを前提としたものであった。そして具体化されたのが1981年教育法なのである。

特別な教育的ニーズの概念はこのように制度化されたが，ウォーノック報告において特別な教育的ニーズの概念の明確な定義が示されていないことからもわかるように，特別な教育的ニーズの概念に関わる理論は，十分になされていないままだったのである。実際に，ウォーノック委員会が活動を行った1974年から1978年までの期間に，特別な教育的ニーズに関する概念定義を論じた研究は公にされていない。

特別な教育的ニーズ概念に関連して，特別ニーズ教育における理論研究の系譜やあり方について検討した研究としては，Feiler and Thomas（1988）のように1980年代後半までの特別な教育的ニーズに関わる流れを整理した研究や，Ainscow（1998），Allan, Brown, and Riddell（1998），Armstrong, Armstrong, and Barton（1998），Bailey（1998），Bayliss（1998），Booth（1998），Lewis（1998），Pijl and van den Bos（1998），Potts（1998），Slee（1998），Stangvik（1998），Clark, Dyson, and Millward（1998）などがあげられるが，これらにおいては理論と実践との関係のあり方や，理論研究の不足が実践における不安定さの根底にあるといった問題点の指摘がなされるに留まっていた。

特別な教育的ニーズの教育制度上の定義に対しては，1981年教育法において行われたが，その定義における循環構造によって，混乱が引き起こされる可能性があるのではないかという指摘がBeveledge（1993）によってなされている。これは法的な定義のあいまいさの問題点を指摘したものであった。このように1990年代になっても特別な教育的ニーズの概念に関する研究動向に関する言及は続いているが，概念自体を対象にした研究は実は少ない。上記の1990年代後半の一連の研究は，いずれも特別な教育的ニーズに関わる「とらえ方」に関する概念上の問題点を指摘したり，循環構造の存在を，いわゆる「卵が先かニワトリが先か」のような議論として取り上げてしまっているために，具体的な提案に至っていないのである。唯一の例外が，真城（2003）によってGullifordの定義を発展させた「特別な教育的ニーズとは，個体要因と環境要因の相互作用の結果として生じ，または維持されているものであり，それへの教育的対応の開発・提供とその維持のために通常の教育的対応に付加した，あるいは通常の教育的対応とは異なるコスト（費用・時間・労力）が必要な状態である」という概念定義と，この概念を用いることによって，もたらされることが期待される「特別な教育的ニーズ論は，子どもの学習上の困難を引き起こしている原因や構造を，子ども自身の要因（個

体要因）と子どもを取り巻く周囲の要因（環境要因）との相互作用によって生じる動的な状態を表す概念としてとらえ，必要な対応を導くとともに，子どもの学習環境を普段に高めようとする考え方である」というパラダイムの提示である。概念研究は，それ自体が独立した理論研究としての意義を有しているが，教育制度の基盤にどのような概念が据えられているのかは，極めて重要な問題である。

第2節で指摘したように，日本の特別支援教育制度には，制度の基盤に据える概念を明確にされないままであるために，新しく導入された諸制度（特別支援教育コーディネーターや，校内委員会，関係機関との連絡協議会，特別支援学校の総合化，通常学級における特別支援教育の展開など）が，担当する教師に大きな労力を求める一方で，その有効性を検証できないままになっているのである。こうした日本の特別支援教育制度で新しく導入された制度は，原型をイギリスの教育制度に求めたと思われる内容が多いが，イギリスにおける教育制度の基盤にある概念としての特別な教育的ニーズ概念がいかなる位置づけであるのかを把握しないままに，表面的な制度輸入に留まってしまうと，長期的にみた場合に，しっかりとした立脚点の欠如が，制度の方向性を見失わせることにも繋がる危険性がある。イギリスにおいても，特別な教育的ニーズの概念がいかに教育制度に位置づけられているのかを検討した研究は見当たらず，この点について明らかにすることが課題となっている。

2）ウォーノック委員会に関する研究

ウォーノック委員会及びその報告書については，委員会の設置時から大きな関心を集めていた。Peter（1976, 1977）の様に，委員会の毎年の進展状況を報告しているものもあれば，委員自身による議論の紹介（Tyson, 1978）も行われていた。

報告書が提出された1978年にはイギリスの障害児教育においてもっとも多くの発行部数を誇った Special Education: Forward Trends.（British Journal of Special Education）誌は大きな特集を組んでこれを取り上げた。同誌は，勧告の概要を取り上げるとともに，ウォーノック報告についての様々な論考も掲載した。Tizard（1978）は，ウォーノック報告によって提示された枠組みがおおむね妥当ではあるものの，新しい枠組みについてのしっかりとした研究が深められる必要性に照らすと，その視点が不十分であるという課題を指摘した。イギリスの特別教育史研究の第一人者である Pritchard（1978）は，歴史的な経過を振り返りながらウォーノック報告の位置づけについて解説を行った。Segal（1978）もプラウデン報告の影響に関連づけながらウォーノック報告の歴史的経過における位置づけを示した。そして，関心は，報告書が実際にどのような影響をもちうることになるのかという点に移っていったのである（Peter, 1978）。

　報告書に対する学校長の感想を求めた報告などもその一例である（Turner, 1978）。Tizard（1978）は，ウォーノック委員会が，特別教育に焦点をあてているものの，それを含んだ教育全体について意識を十分に向けていないのではないかという重要な問題を提起していた。こうした先行研究は，ウォーノック委員会の当時のイギリスにおける位置づけを知る上で重要な研究であるといえる。特別な教育的ニーズの概念は，ウォーノック報告で取り上げられなければ，教育制度に取り込まれることがなかった可能性が高いからである。ウォーノック委員会がその検討段階から，課題を持ちつつもその後のイギリスの特別教育制度に大きな影響をもたらすことが予想されていたことがわかる。特別な教育的ニーズの概念の教育制度上への位置づけを検討するためには，ウォーノック報告の勧告が，それまでのイギリスの特別教育制度の流れにおける課題とどのように関連づけられるのかを明らかにする検討が必要である。

2．特別な教育的ニーズの用語や各障害との関係についての先行研究

1）特別な教育的ニーズの用語について

　かつて Fish（1989）は，障害児への対応に関して1944年教育法の第34条では対応（provision）ではなく，トリートメント（treatment）という医学用語が用いられ，1981年教育法が施行されるまでこれが続いていたことを指摘している。この指摘は，Beveridge（1993）などでも見られ，第二次世界大戦後のイギリスの障害児教育制度の展開に言及したものでは共通理解の一つとなっている。すなわち，このことはイギリスの障害児教育制度において，第二次世界大戦後のおよそ四半世紀にわたって医学的な視点からなされた「障害」の定義が教育分野において強い影響力を持っていたことを物語っている。ウォーノック報告において，特別な教育的ニーズという用語を導入する必要性が論じられた際に，「子どもの特別教育の必要性を決めるのは，医学的定義ではない（DES, 1978）」と批判的に指摘されたことに象徴されるように，特別な教育的ニーズの概念は，医学や心理学ではなく，教育的視点に立って子どもに必要な内容を導くために導入された概念であることが特徴である（真城，1989）。ウォーノック報告では，特に医学的なカテゴリーとしての「障害」が，差別的な色彩を強くもってしまうという問題点から，これを「ラベリング（labelling）」の問題として指摘している（DES, 1978）。各障害ごとに細かく分類するのではなく，特別な教育的ニーズとの用語を使うことで全体を包含して様々な状態を一つの用語で表すことができると考えられたからであった。特別な教育的ニーズの概念を提起した Gulliford 自身は，こうしたラベリングの問題については言及しておらず，障害に関わる用語がもつ差別的な問題への解決策としての位置づけはウォーノック報告によって付加的になされた説明であるととらえることができる。

　しかし，こうしてウォーノック報告で登場した特別な教育的ニーズの用語も，社会学者からは強い批判を受けることになる。Beveridge（1993）は，特

別な教育的ニーズの概念に関する政府の公式見解としてウォーノック報告を位置づけており，医学的診断によって教育機会を奪われていた子どもの教育の権利を保障する視点を導入したり，学習，社会性，及び情緒面に関する発達が「異常か正常か」という視点で捉えることの不合理性を指摘した点で，ウォーノック報告による勧告の意義を認めている。ウォーノック報告についての言及がなされる際，今日でも，「障害カテゴリーの廃止とそれに代わる特別な教育的ニーズの用語の導入」という視点で理解されていることが多いが，Beveridge（1993）は，特別な教育的ニーズを「長期―短期」，「学習上の特定の側面―全般的側面」，及び「子どもの学習に影響する困難さの程度」という3つの次元で，子どもの学習上の困難をとらえる視点を指摘したととらえるべきであることを指摘したのであった。つまり，ウォーノック報告は，あくまでも「学習上の困難」に関する提案をしたという理解である。そして，マイノリティに対して使われるいかなるラベルであっても，それが本人の社会的地位を引き下げてしまうような意味合いを持つ可能性があるために，スティグマが生じる可能性がある問題を内包していることを指摘したのであった。すなわち，Beveridge（1993）は，従来の医学的な「障害カテゴリー」を撤廃して，特別な教育的ニーズの概念を導入したとしても，結局，それが新たなスティグマを伴う「新しいカテゴリー」をもたらすにすぎない危険性があることを指摘したのであった。この点については，Fish（1989）も「特別な教育的ニーズに対応するための新しい発想よりも，ニーズに関する新たなラベルを作り出してしまうことになってしまう。」とまったく同様の指摘をしていた。Wolfendale（1992）は，「特別な教育的ニーズ」の用語を，ある個人やグループをその他の者たちから区別するために使うべきではないと指摘しているが，これはまさに特別な教育的ニーズが新たなスティグマを生み出すカテゴリー化することを回避することを意図した指摘だったのである。

　しかし，実際には，特別な教育的ニーズの用語が，ラベリングの問題を生じてしまっている実態が存在することは，1981年教育法の施行後およそ10年

が経過しても発生していたことも明らかにされている（Soeder（1992）; Booth（1992）など）。これは，特別な教育的ニーズ概念がもつ性質について，Gulliford（1971）の定義の意図を十分にふまえれば（すなわち，動的性質の特質を理解すること）回避できた問題ではないかとも考えられるが，概念理解が容易ではないことを端的に示しているとも考えられる。

　なお，特別な教育的ニーズの用語について，Fish（1989）は，特別な教育的ニーズは「障害」ではなく，行政的な基準（administrative criteria）で定義されていると指摘している。すなわち，この用語は，行政用語に過ぎないという指摘である。この指摘については，他の文献でまったく言及されていないことからも明らかなように，Fish 独自の見方といえよう。なによりも，特別な教育的ニーズの概念自体は，その動的性質ゆえに操作的にしか定義ができないために，第一義的に行政的基準とすることが難しい特徴を持つ概念だからである。特別な教育的ニーズの用語が，教育制度に取り入れられる際に，どのような概念として導入が検討されたのか，法案審議の検討などが必要であるといえよう。

2）各障害との関連

　さて，特別な教育的ニーズの用語は，表面的にはそれが導入される以前の「障害」カテゴリーに代わる形で教育制度上での位置づけを有するようになったが，実際に提供される教育的対応を具体化するためには，様々な障害についてまったく触れることなく展開することは非現実的である。上述したように，これまでウォーノック報告や1981年教育法について言及した論文や，イギリスにおける特別な教育的ニーズに関わる教育制度の特徴を論じた研究の多くで，「イギリスでは従来の障害カテゴリーが特別な教育的ニーズに置き換わった」との印象を与える記述がなされてきたが，果たして1980年代以降に障害に関わる記述がほとんど見られなくなったのであろうか。もし，そうであるならば，特別な教育的ニーズとの用語で障害の概念をも含んだ説明

22

がなされるようになったのであろうか。あるいは，従来の障害の用語が継続
したのであろうか。本項では，この点について先行研究を概観することにす
る。

　各障害別の特別な教育的ニーズへの対応については，特別な教育的ニーズ
概念を提起した Gulliford（1971）自身によってもふれられているほか，視覚
障害（Hegarty & Pocklington, 1981; Davis & Hopwood, 2002, Douglas & McLinden,
2005），聴覚障害（Lynas, 2002; Gregory, 2005; Jarvis, Iantaffi, & Sinka, 2005），盲
聾重複（Miller & Hodges, 2005），教育遅滞及び知的障害（Mercer, 1981; Tomlin-
son, 1981; Porter, 2005; Ware, 2005; Fletcher-Campbell, 2005），肢体不自由（Bram-
ley & Harris, 1986; Fox, 2003），てんかん（Parkinson, 2002），ダウン症（Wishart,
2005），慢性疾患（DfEE, 1996a; DfEE, 1996b; Bolton, Closs, & Norris, 2000; Mason,
O'Sullivan, O'Sullivan & Cullen, 2000; Tait & Hart, 2000; Closs, 2000），言語・コミ
ュニケーション障害（Reason & Palmer, 2002; Martin, 2005），自閉症スペクト
ラム（Seach, Lloyd, & Preston, 2002; Jordan, 2005），ディスレキシア（Woods,
2002; Cooper, 2005），注意欠陥・多動性障害（Read, 2005），ディスプラキシア
（Portwood, 2000; Addy, 2003; Portwood, 2005），情緒・行動障害（O'Brien, 2005;
Rooney, 2002; Howard, 1992; Leaman, 2007），協調運動障害（Hull Learning Ser-
vices, 2005），学習不振（Dyson and Hick, 2005），虐待（Rushton, 2002），性同一
障害（ゲイ及びレズビアン）（Frankham, 2002）など数多くあり，子どもの特別
な教育的ニーズについて検討する際に，特別な教育的ニーズ概念が制度化さ
れてから20年以上が経過しても，「障害」に関わる視点が取り上げられ続け
てきたことがわかる。さらに，チェルノブイリ原発事故による放射線障害を
うけ，かつ学習障害のある生徒に関する教師の誤解の問題を取り上げた
Barber（2002）のような論文や，慢性疾患の生徒の事例からホスピタリゼー
ションのインクルージョンへの影響について報告した Bailey & Barton
（1999）のような論文もあり，1980年代以降に起きた社会問題（チェルノブイ
リ原子力発電所事故による欧州各地への放射線障害の問題は現在に至るまで多くの解

決困難な課題を残してきた）や，今日的「障害」の一つである「学習障害」や
インクルーシヴ教育との関連性を論じたような新しい論文でも，教育の分野
における障害についての視点が明確に用いられていることがわかるのである。
こうした障害についての取り扱いは，障害概念を社会的モデルとしてとらえ
た研究（Abberley, 1992など）でも，教育問題に言及する際に同様に現れてい
る。

　このように，特別な教育的ニーズの概念が教育制度に導入された後も現在
に至るまで障害に関わる記述が残っていることは，この概念が「障害カテゴ
リーに制度上置き換える」ものとして位置づけられたわけではなかったこと
を表しているのである。そして，各論文においては，制度に関する記述にお
いては，「特別な教育的ニーズ」の用語が使われ，具体的な生徒への指導に
関わっては，従来の「障害」の用語が使われており，両者の用語が同じ論文
の中で併用されていた。こうした傾向は，心理学的な視点からの対応や，医
学的配慮と教育的対応を同時に提供しなければならない場合などには両者の
用語を併用することが不可避である上，各障害固有の教育上の課題の把握と
それへの対応が，実践的には求められ続けていることを示しているのである。
こうした実践上の要求を教育制度上にどのように包含することができるのか
が，特別な教育的ニーズに関する教育制度の課題の一つととらえることがで
きよう。

　本節でみてきた先行研究では，「特別な教育的ニーズ」の用語が，新たな
スティグマを伴ったカテゴリー化される危険性を有しているとのとらえ方が
多いことがわかるが，これらの先行研究では，特別な教育的ニーズが静的，
あるいは固定的な状態を表すものとしてとらえているために，こうした危惧
をしているとも考えられる。Beveridge（1993）などでは，特別な教育的ニー
ズが変化する性質のものであることを理解しつつも，そうした変化を把握し
て対応を導くことが現実的ではないとも指摘している。換言すれば，特別な
教育的ニーズ概念は，動的な性質を持つものであるが，実際の運用上は静的

なものとして取り扱わざるを得ないという立場なのである。

　真城（2003）は，特別な教育的ニーズ概念を巡る誤解の大きな要因の一つに，特別な教育的ニーズ概念が有する動的性質を指摘しているが，これまでのイギリスにおける研究では，この概念を実態として静的な状態を表すものとして理解されていることがわかる。この点に関して，1981年教育法によって制度化された特別な教育的ニーズ概念に基づく教育制度が，果たしてどのような性質を有していたのかを明らかにする必要性が浮かび上がってくるのである。すなわち，イギリスの特別な教育的ニーズに関わる教育制度が，特別な教育的ニーズ概念を静的な性質のものとしてのみとらえる構造を有していたのか，あるいは，そこに（いくらかでも）動的な性質への対応を含んだ構造を有していたのかを検討することの必要性がこれまでの研究から導かれるのである。

3．特別な教育的ニーズの評価に関する先行研究

　特別な教育的ニーズの概念がどのように理解されているのかについては，その評価方法について取り上げた研究を概観することでも一端を明らかにできることから，本項ではこの点について取り上げた論文について概観する。

　Feiler（1988）が，障害児教育の分野で伝統的に用いられてきた様々な心理学的検査の弊害について厳しい指摘をしていることにも現れているように，特別な教育的ニーズの概念のもとでの評価は，子どもの障害や問題点に焦点を当てるだけでなく，「学校全体での活動に照らして」行うことが基本であると考えられている（Wolfendale, 1993）。Feiler や Wolfendale と同様の文脈で，Trickey & Stobart（1988）は学習環境の要因である学級の改善と関連づけた評価を提案している。Solity（1988）も，学級という文脈に照らした評価のあり方について論じているが，イギリスにおけるこのような特別な教育的ニーズの評価の視点は，Gulliford（1971）が同概念を提起した際の論理に符合したものである。

さて，Bartlett & Peacey（1992）は，1988年教育改革法によって登場した各キー・ステージごとの到達度評価に関わって，教師を対象にした調査を行った結果を報告し，多くの教師が特別な教育的ニーズのある生徒を対象にした適用に問題点があると感じていることを明らかにした。Friel（1992）は，1981年教育法によってすべての特別な教育的ニーズのある子どもに教育の機会の拡大が図られることが意図されたが，判定書を発行されない生徒の問題が深刻であることを指摘した。1981年教育法は，特別な教育的対応を必要としている（特別な教育的ニーズのある）と判断された生徒に，地方教育当局が「特別な教育的ニーズに関する判定書（the Statement of Special Educational Needs）」を発行することを定めているが，特別な教育的ニーズがあるにも関わらず判定書を発行されない子どもについては，地方教育当局に対応の義務が生じないため，なんら必要な対応が用意されない状況が起きてしまったのである。この問題は，ウォーノック委員会の委員長であった Warnock によって判定書制度の構造的問題として繰り返し指摘され，1993年教育法案の審議会において，「判定書を発行されていないが特別な教育的ニーズのある子ども（children who have special educational needs but have not the Statement）」への対応を保障しない限り，この制度は深刻な欠陥を内包しており，早急な解決策が必要であるとの意見を述べることに繋がっていったのである。

さて，特別な教育的ニーズの概念が子どもと学習環境との相互作用によって規定されていることを念頭におき，環境要因に照らすだけでなく，それとの相互作用を考慮した評価も提案されている（Halliwell & Williams, 1993）。さらに，Wyllyams（1993）は，1988年教育改革法によって導入されたナショナル・カリキュラムの適用が通常学校における特別な教育的ニーズのある生徒にとってのプレッシャーになること，特に中等学校段階のキー・ステージ4においては，従来のように「読み」の指導に重点を置いてきたような指導方法のままでは，対応が難しいことを指摘した上で，本人の進歩に焦点を当てながら複数の教職員で評価を行うことで，現実的な対応が可能となった例を

紹介している。現在ナショナル・カリキュラムに関わる評価は，就学前の段階での評価（Early Years Foundation Stage Profile: 5歳児対象），キー・ステージ1（2年生：7歳：KS1 Tasks and Tests），キー・ステージ2（6年生：11歳；KS2 National Curriculum tests in English and Maths），キー・ステージ3（9年生：14歳；KS3 Teacher Assessment Judgemets）が中心であるが，こうした各学習段階ごとの全国統一テストの適用において特別な教育的ニーズのある生徒が不利な条件におかれやすい問題点を指摘したものである。

　ナショナル・カリキュラムとの関係での特別な教育的ニーズの評価の視点は，2010年の白書 the importance of teaching（DFE, 2010）において，特に小学校段階の Key Stage 2 の読み能力のアセスメントが特に取り上げられていることからもわかるように，切り離すことができない重要な問題として現在に至っている。これは各教師が生徒の評価を実際にどのように遂行しているのかという問題とも関係しており，Ekins（2012）が指摘するように学習の妨げとなっている要素を教師がどのように特定しているのかを特別な教育的ニーズ・コーディネーターが把握することが重要であると考えられている。

　一方，Pearson（1993）は，アセスメントや検査対象となる集団を構成するという発想ではなく，課題やテストの標準化の際に特別な教育的ニーズのある生徒のことを十分に勘案するような発想への転換の重要性を強調した。つまり，既存の評価をいかに特別な教育的ニーズのある生徒に適用するかではなく，そもそも特別な教育的ニーズのある生徒のことを念頭において評価の内容や実施方法を開発すべきであるとの主張したのであった。上記の研究は，主に特別な教育的ニーズに関する概念や制度に照らした新たな評価の視点を提案したものであったが，こうした視点に，別の学問分野の視点を導入した提案も1980年代の後半頃からはみられるようになってきていた。例をあげれば，Wheldall（1988）は，応用行動分析学の点から，学級における座席配置の影響について論じた。すなわち，座席配置を変化させることによって，生徒に新しい行動の獲得を促し，その結果として学級での学習活動への参加

がより促進できるようになっていったことを示したのであった。これは，学習環境の操作と生徒の行動との要因が相互作用によって継続的に変化するプロセスを具現化する上で，応用行動分析学が貢献する可能性を示した点でも重要な意味を持つ研究であった。

Wheldall の研究と同様に，Lindsay（1993）は，行動分析学の立場からベースライン・アセスメント法を用いて，子ども自身の要因との学習環境に関わる要因の評価の方法を提案している。ただ，イギリスにおいては応用行動分析学よりも認知行動療法のアプローチが伝統的に用いられてきた経過があり，その観点からの研究では，特別な教育的ニーズの概念をふまえるというより，従来の伝統的な障害モデルを基盤に据えたアプローチが行われてきたので，評価に際しては，環境条件についての記述は見られるものの，生徒と学習環境との相互作用の視点で行われてはいない。

以上のように，特別な教育的ニーズの評価を巡っては，制度自体の構造的な問題点を念頭においた指摘から，従来の心理学的評価からの転換を求めた論，イギリスではあまり導入されていなかった応用行動分析学の視点からの評価の視点，さらに，新たに導入されたナショナル・カリキュラムとの関係でとらえた論文のように，教育課程との関連性からの評価の視点の提案などが多様に行われてきたことがわかる。しかしながら，その一方で，Gulliford によって提起された，特別な教育的ニーズの概念がもつ，相互作用の特徴をふまえた評価を論じたものは，Halliwell & Williams（1993）くらいしか見当たらない。学術研究としての特別な教育的ニーズの評価の問題の不足は，イギリスにおける特別な教育的ニーズ概念に関する研究分野の一つのウィークポイントでもある。

研究論文における検討が，このように限られている中で，実践においてはどのような評価がなされているのであろうか。この点についての検討から，同概念がいかに実践に反映されているのかを探ることが検討課題として求められているといえよう。

4．特別な教育的ニーズに関わる教育課程及び構成教科に関わる先行研究

1）教育課程に関わる先行研究

イギリスにおける教育課程の基準は，ナショナル・カリキュラム（1988，2005；※2014年に新しいナショナル・カリキュラムが施行された）である。

特別な教育的ニーズに関わる教育課程に関する研究を概観すると以下のようにまとめることができる。

1981年教育法が施行された直後の1980年代の半ばまでの時期においては，まだ，従来の「読み書き」を中心とした教育課程において，いかに特別な教育的ニーズのある生徒が「同じ学級において」学習に参加できるようにするために何をすればよいかという，いわば統合教育の視点から論じられるものが多かった（Brennan, 1985; Swann, 1988など）。つまり，いかに通常学校で展開されている教育課程のもとで学習に参加できるかという観点から，生徒の特別な教育的ニーズをどのようにとらえることが適切であるかが論じられたのであった。こうした観点からの研究は，まだ教育課程が緩やかであった1980年代には，あまり特色のある研究と言うほどではなく，各国で行われてきた「統合教育」に関わる教育課程のあり方を論じた研究と同じスタンスのものであった。

ところが，1988年教育改革法が施行されて，イギリス教育史上はじめての統一カリキュラムである，ナショナル・カリキュラム（National Curriculum）が導入された直後から，特別な教育的ニーズに関わる教育課程を論じた研究における論点が大きく変化するようになる。たとえば，Nash（1993）は，ナショナル・カリキュラムが，（20世紀前半の「能力と適性（abilities and aptitudes）」に応じた教育を提供するという考え方と同様に），子どもによって履修するカリキュラムを分ける際の視点の一つに「特別な教育的ニーズ」が位置づけられてしまうことが，むしろ柔軟な学習機会の設定を妨げてしまうことを危惧した。これは，ナショナル・カリキュラムの導入の際に合わせて位置づ

けられた全国統一到達度試験において，特別な教育的ニーズのある生徒への適用が十分に考慮されないまま導入されようとしたために，成績が低いと国からの補助金受給において不利になるとされた特別な教育的ニーズのある生徒を意図的に欠席させて受験させなかったり，入学を制限する学校が現れたりといった問題を生じさせていたことが背景となっている。

このように，1988年教育改革法の施行後は，同法によって導入されたナショナル・カリキュラムの適用による影響を危惧する視点からの論調に一変したのであった。こうした視点からナショナル・カリキュラムの問題点をした研究としては，このほかに，Lloyd-Smith（1992），Gilbert and Hart（1992），Peter（1992a），Peter（1992b），King（1992），Lacey and Lomas（1993），Ribbins（1993），Farrell（2001），Rose and Howley（2002）があげられる。特別な教育的ニーズに関わる教育課程に注目した研究は，ナショナル・カリキュラムが導入された直後の1990年代前半に急に増えたことがわかる。これら全ての研究において共通しているのは，ナショナル・カリキュラムが特別な教育的ニーズのある生徒の通常学校における教育機会を阻害する要因となる問題を取り上げていることである。

教育課程は，特別な教育的ニーズ概念における環境要因を構成する重要な要素であり，この点に関する検討は不可欠であるが，現在までナショナル・カリキュラムの適用や制度自体を批判する研究ばかりで，特別な教育的ニーズ概念をナショナル・カリキュラムに導入することによる学習環境の転換を図る可能性についての議論などはこれらの先行研究においては見られない状況である。今後の研究課題の一つの柱として，こうした視点からの研究領域の開発が求められているといえよう。Drakeford（1997）は，OFSTED（Office for Standards in Education）による定期的な学校評価において，到達度試験の結果などばかりに注目した監査が行われるのではなく，特別な教育的ニーズのある生徒への教育にどのように取り組んでいるのかという視点からの評価をより重視すべきことを指摘しており，教育課程における特別な教育的

ニーズのある生徒に適用される教育課程の位置づけに関する検討が多角的な視点から求められるようになっている。各学校における教育課程に特別な教育的ニーズのある生徒への対応を明確に位置づけることがなければ，こうした指摘に応えうることは難しいと考えられる。

2）各教科における特別な教育的ニーズに関わる先行研究

各教科における特別な教育的ニーズの問題について論じたものは，意外に研究が少ない。例をあげれば，数学（Shuard, 1992; Weedon, 1994），歴史（Knight & Farmer, 1992），地理（Proctor, 1992），体育（Fox, 2003）があるが，具体的な実践研究は残念ながら見当たらない。これはイギリスにおける教育研究が伝統的に実践研究は「紹介」に留まり，学術的な視点からの検討は，実験的デザインのもとで取り組まれた研究に限定されていることが背景要因として存在しているからである。

日本のような教育実践に関する学術的な視点からの研究は，イギリスにおいてはいまだに未開拓の領域であり，特別な教育的ニーズのある生徒への各教科ごとの課題を実践的に検討した研究が少ない状況が続いている。

なお，ユニークな研究としては，教科「演劇」に関する取り組みであろう。ナショナル・カリキュラムや到達度試験の内容として含まれていないため，各学校では教育課程上の位置づけにおいて付加的な扱いに留まりやすい教科「演劇（drama）」について，Fleming（2011）は，「演劇は，書字（writing）学習の基礎となる学習としての経験をすることができる」，としてその有効性を指摘している。これは日本の教育課程でいえば，領域教科を合わせた指導の視点に相当する位置づけであることがわかる。特別な教育的ニーズのある生徒に対する教育において，演劇はコミュニケーション指導や他の生徒との関係形成の機会，自閉性障害のある生徒の社会的スキルの学習などを位置づけやすい科目として，その有効性から，特別な教育的ニーズへの対応に熱心な中等学校においては必ずといってよいほど教育課程上にみることができる。

ナショナル・カリキュラムとの関係ではなく，教育実践上の必要性から位置づけられている教科であるが，特別な教育的ニーズのある生徒にとって重要な学習活動として，実践的な研究の量的・質的向上のための一つの突破口となる可能性もあるだろう。

　特別な教育的ニーズに関する制度において，教育課程に関する研究は不可欠であるにも関わらず，イギリスではこの点に関する研究が十分ではないことがわかる。教育課程に関する理論的研究は伝統があるが，統一カリキュラムを実践にいかに運用するかといった実証的な研究が少ないのは，何よりもナショナル・カリキュラムが登場したのが1980年代の後半であることが影響しているのは明らかである。従って教育課程に関わる研究は，さらに実践と制度の蓄積が必要である段階であるといえよう。そうしてはじめて特別な教育的ニーズの概念との関係性について検討することが可能となると思われる。

5．特別な教育的ニーズに関わる教員養成についての先行研究

　特別な教育的ニーズに対応する教員の養成に関しては，1981年教育法の成立を前に Mittler（1981）が新しい時代に対応する「私たちすべての者が資質を備えていないと自覚すべきである」と指摘して，特別な教育的ニーズに対応するためには，従来とは意識を大きく変えなければならないことを指摘しているのをはじめ，ウォーノック報告が公にされてから3年の間に，イギリス国内の3つの大学に特別な教育的ニーズに対応した新しい教員養成の課程が設置されるなど，従来にプラスした教員養成の動きが開始されたことが報告されていた（Gulliford, 1981; Boyce, 1981）。さらに，英国放送大学（Open University）における教員養成の新設（Swann, 1981），短期の教員研修講座（Robson, 1981）のプロジェクト報告，特別なニーズに対する教師のとらえを明らかにした調査（Jones, 1981）なども行われ，特別な教育的ニーズという概念を制度に取り入れた新しい枠組みにおける教員養成が大きな関心を集めた。その後，1980年代の後半になると Grant, Mindell, Pettersen, & Sidwell

（1989）のように，特別な教育的ニーズに関わる現職教育の試みが報告されるようになった。

　こうした中で，Teacher Training Agency（TTA）（1998, 1999）や，East and Evans（2001）は，特別な教育的ニーズへの対応に携わる教員，及び学校長向けに，必要な知識やスキルの標準的な内容を，子どもの発見，評価，指導の計画，カリキュラムへの参加を最大にするための効果的な指導法，コミュニケーションや，文字や数の指導，情報テクノロジー（ICT）の活用，社会性や情緒面への指導，成人に向けての準備となる行動の形成などの項目で示して，これらに関する研修を学校においても実施することを求めたのであった。TTA の要求は，特別な教育的ニーズの概念をふまえた教員養成というよりも，伝統的な障害児教育の教員として求められるスキルを保有することを求めたものであった。

　その背景には，1994年の国連サラマンカ宣言と行動大綱によってインクルーシヴ教育への関心と方向性が明確に示されたことを契機に，障害児教育に特に高い専門性を有する，いわゆる Special Teacher の養成ではなく，通常学校・学級における生徒の多様性に対応する General Teacher の養成を目指すことが，時代に即しているととらえる傾向が現れたことに対して，各障害特性をふまえた指導を適切に行うことができる教員の必要性を強く主張する意図が存在していた。特に，1970年代までのレメディアル教師（Remedial Teacher; 治療的教育又は補償教育を担当する教師：通常学校における remedial unit で障害児の専門的抽出指導を担当した教師）の存在が，生徒（と remedial teacher のペア）を学校内の全体の動きから切り離してしまう原因となっているとの考えのもとで，障害児への適切な指導を提供できる専門教師が育たなくなってしまうと言う危機感が強かったのである。このほかにも，特別な教育的ニーズへの対応のための教員養成に関する文献としては，Garner（2002）を挙げることができる。この論文では，Goodbye Mr. Chips，つまり，かの有名な「チップス先生さようなら」を暗喩としてタイトルに冠し，特別な教育的

ニーズやインクルーシヴ教育に冠する美辞麗句に惑わされて，初任教師の養成が生徒受けの良い表面的な技術や方法論にばかり目を奪われてはならないと警鐘をならしたのであった。

　さらに，学生や新任の教師向けのガイドとして，Cheminais（2000）は，コード・オブ・プラクティス（1994）に示される特別な教育的ニーズへの対応の枠組みを確実に押さえるとともに，ティーチング・アシスタントまたは学習支援・アシスタントとの協働，保護者との関わり，特別な教育的ニーズ・コーディネーターとの協働，さらにはOFSTEDによる学校評価と特別な教育的ニーズとの関わりなどを，幅広く取り上げた。これは，特別な教育的ニーズへの対応に専門に従事する教員向けなのではなく，すべての新任教員及び教員を目指す学生を対象にしていることがポイントである。教員を対象にしたガイド書の類は，イギリスにおいても数多いが，一般の教員養成関係の書籍に特別な教育的ニーズに冠する記載が必ず示されるようになるのは1980年代の後半からの傾向である。Farrell（2004）は，特別な教育的ニーズに関する入門書の中で，教員養成について教師が知っておくべき情報源などについて概説した。様々な情報があふれる中で，教師が目的的に自身のスキル向上を図ることの重要性を論じた。Miles（2002）は，インクルーシヴ教育に必要な知識や考え方の提供にインターネットを活用した教員研修の機会を提案している。Kershner and Chaplain（2001）は，学校において教師が特別な教育的ニーズに関わる研究的視点をもって取り組むための方法を提案している。

　以上のように，特別な教育的ニーズに関わる教員養成に関する先行研究からは，特別な教育的ニーズに関わる概念の理解を専門的に学習することよりも，実践において具体的に担っている「役割」（特別な教育的ニーズ・コーディネーターやティーチング・アシスタント等との協働など）や，インクルーシヴ教育に向けた流れがあることへの意識を持たせるようにとの傾向がうかがわれた。しかし，他方では，特別な教育的ニーズの用語が使われ，各障害に関わる表

現が相対的に減少する中で，障害への対応が初任者養成の段階ですら取り扱われなくなることへの警鐘も見られた。

特別な教育的ニーズに関する概念理解が適切になされないままに用語だけが使われてしまうと，概念に関する先行研究の項でも触れたように，従来の障害カテゴリーに代わって，ただ単に子どもを分類する新しいカテゴリーとして「特別な教育的ニーズ」が位置づけられてしまう問題を生じてしまう。各生徒の個体要因としての障害に関する理解に基づいた指導の必要性はなくならないのであるから，伝統的な障害児教育で培われてきた知識に追加する形で特別な教育的ニーズの考え方や，それをふまえた教育実践を念頭においた教員養成が求められるようになっているのである。特別な教育的ニーズ概念が制度化された後に，各教師が特別な教育的ニーズに関わる教育実践をどのようにとらえているのかを把握するなどして，今後の教員養成における課題と解決の方策を模索することが検討課題として残されていることがわかる。

6．特別な教育的ニーズ・コーディネーターに関する先行研究

特別な教育的ニーズ・コーディネーターの役割は，1993年教育法施行規則により発行されたコード・オブ・プラクティス（1994）と，その改訂版である2001年版によって示されている。DfEE（1997）は，これにもとづいて特別な教育的ニーズ・コーディネーターの役割を示した。

特別な教育的ニーズ・コーディネーターに関わる現状と課題について論じた文献としては，Cowne（2000），Shuttleworth（2000）がある。さらに，2001年の改訂版の内容を取り入れたCowne（2003），Evans（2007）なども，同様に特別な教育的ニーズ・コーディネーターの役割について論じている。こうした文献の中でもとりわけ重要な役割をもつのが，Lingard（2001）による特別な教育的ニーズ・コーディネーターの過剰業務の問題を指摘した論文である。特別な教育的ニーズの概念が制度化された後，各学校において具体的な教育実践の展開には，その調整役が求められたものの，1981年教育法で

は，判定書制度の導入が優先され，特別な教育的ニーズ・コーディネーターは，法的な位置づけを与えられなかった。特別な教育的ニーズ・コーディネーターがイギリスの教育制度上に明確な位置づけをもつようになるのは，1993年教育法による新しい制度下においてである。ここで明確にすべき課題は，なぜ，特別な教育的ニーズ・コーディネーター制度が不可欠であるのか，という点である。これを特別な教育的ニーズへの対応に関する様々な制度と照らし合わせた検討が求められているのである。

さて，特別な教育的ニーズ・コーディネーターに関連した文献としては，具体的な業務に即したワークブックスタイルのものも様々に発行されている。たとえば，Ayers, Clarke, & Ross（1996）などを挙げることができよう。これらは特別な教育的ニーズ・コーディネーター向けに発行されたもので，日常のコーディネート業務でそのまま使用することを想定して作成されたものであるが，ここに特別な教育的ニーズに関する評価の視点が示されている。

特別な教育的ニーズ・コーディネーターは，上述したように正式には1993年教育法とその施行規則，及びコード・オブ・プラクティスで位置づけられたが，ウォーノック報告において，関連職種の協働の必要性が指摘されたことをふまえて，一部の学校には，同法の施行以前からすでに「特別なニーズ・コーディネーター（Special needs Co-ordinator）」を配置しているところもあった。

しかし，特に通常学校における特別なニーズ・コーディネーターは，1981年教育法以前のレメディアル・ティーチングが隆盛だった時期の様相から脱却できておらず，抽出指導において専門的指導を提供する役割だったり，通常学校における特別教育部（special education department）のヘッドにすぎず，学校全体の中で，特別な教育的ニーズのある生徒への対応のコーディネートという点では，十分に役割を果たすことができなかったのであった（Bines, 1986）。こうしたことをふまえ，1993年教育法が成立した時期には，Luscombe（1993）のように，コーディネーターの役割を見直すことの必要性を

強調した論もみられるようになった。Scott（1993）や Simpson（1993），O'Hanlon（1993）などは，コーディネーターの役割について，少なくとも「学校におけるカリキュラム全体における位置づけ」と「学校内のすべての教職員が何らかの役割を担うこと」という2点の役割が必須であることを強調しながら通常学校における役割の変化の必要性を指摘したのであった。Phillips, Goodwin, & Heron（1999）は，特別な教育的ニーズ・コーディネーターの役割の中でも特に，マネージメントに関わる内容に焦点をあてて論じている。彼らは，特別な教育的ニーズ・コーディネーターを「学校におけるマネージャー」の一人としてとらえた点が特徴である。その理由は，構内のすべての教職員が特別な教育的ニーズへの対応に何らかの役割を担うという，ホール・スクール・アプローチの考え方にたてば，従来のような少人数の専門教師だけでなく，学校全体の教師のマネージメントが不可欠になると考えたからであった。実際，特に中等学校では，特別な教育的ニーズ・コーディネーターが学校の管理的役割を担うポジションを兼ねるように徐々に進んでいく傾向が強くなっていることは，2002年のイングランド北西部における複数の特別な教育的ニーズ・コーディネーターへの聞き取り調査においても確認できた。

　なお，2008年と2009年の施行規則によって，特別な教育的ニーズ・コーディネーターは，法的に学校理事会のメンバーとしての身分も位置づけられるようになった。このことは，特別な教育的ニーズ・コーディネーターが，学校の管理運営に関わる意志決定に参加する必要性が広く認められた結果を象徴しているといえよう。また，これに関連して国が援助した特別な教育的ニーズ・コーディネーターの養成プログラムが大学において設置されるようになった。これは National Award for Special Educational Needs Coordination と呼ばれているが，こうした専門資格についての要望については，まだ明らかにされていなかった。

　特別な教育的ニーズ・コーディネーター向けに発行された文献も数多い。

イギリスにおける特別な教育的ニーズへの対応の「バイブル」とも呼ばれるコード・オブ・プラクティスの内容の理解は，特別な教育的ニーズ・コーディネーターにとって，もっとも基本的事項となる。そこで，コード・オブ・プラクティスの内容について，解説したものがある（Ramjhun, 2002）など）。

特別な教育的ニーズ・コーディネーターに関する先行研究からは，業務の内容について取り扱ったものが大半を占めている。それらは，国の制度の特徴に焦点をあてたもの，実践的に役割遂行に焦点をあてたもの，資格に関するもの，学校内での役割に関するもの，業務負担に関するもので構成されていた。

特別な教育的ニーズ・コーディネーターに関する研究課題としては，業務内容がいかなる背景のもとで設定されているのか，資格制度に対する特別な教育的ニーズ・コーディネーター自身及び同僚教師のとらえ方，制度と業務負担の関係性などを明らかにする必要があるだろう。

7．特別な教育的ニーズへの対応に携わる関連職種に関する先行研究

各学校において特別な教育的ニーズに対応するために，イギリスでは様々な関連職種が関わっている。本項では，これに関する先行研究を整理して，１）ティーチング・アシスタントに関するものと，２）その他の関連職種に関するものに分けて特徴を述べる。

イギリスにおけるティーチング・アシスタントは，そもそもは各教科のアシスタントとして配置されたものである。たとえば，理科の実験準備や実験補助を教科担任の指示に基づいて担うという具合にである。障害のある生徒や特別な教育的ニーズのある生徒への対応に関する役割は，後に追加された役割なのであるが，その活動の特徴や課題はいかなる点に置かれてきたのであろうか。

1）ティーチング・アシスタントに関する先行研究

ティーチング・アシスタントに関しては，Department for Educatin and Employment（DfEE）（2000）が特別な教育的ニーズに関わる視点からの役割の枠組みを提示している。

特別な教育的ニーズへの対応に関して，ティーチング・アシスタント，もしくは学習支援アシスタント（Learning Support Assistant: LSA）の役割に言及した文献は数多い。たとえば，Hockley（1989），Boxer and Halpin（1989），Dodgson（1989），Munn（1994），Kay（2002），Burnham（2003），Burnham & Carpenter（2004），Burnham & Jones（2002），Tyrer（2004），Gunn（2004），Parker（2004），Pittman（2004），Townsend（2004），Cuerden（2010），Wright（2010），Winson & Wood-Griffiths（2010），Flint（2010），Hughes（2010），Clarke（2010），Newell & Hughes（2010）などは，いずれも小学校や中途学校におけるティーチング・アシスタントの具体的な役割について述べたものである。こうした論文の中でも，Lee（2004）は，教師とティーチング・アシスタントがどのようにして，よりよい協働をはかるためことができるかについて検討し，各々の役割と責任を相互に理解すること，相互に得意な部分とそうではない部分について敬意を払うことなどを具体的に例示して論じた。そして，ティーチング・アシスタントを対象にした面接調査における彼らの発言をとりあげながら，アシスタントの視点から見たインクルーシヴ教育の課題について取り上げている。結果として，特に担任や他の専門教師とは異なる生徒との独特の距離関係が，学級内でのダイナミクスに影響を与えていることが明らかにされた。そして，インクルーシヴ教育の推進の上で，アシスタントが担う役割は，将来に向けていっそう拡大すると予測していた。Lee の研究に代表されるように，通常学級における対応のためにはティーチング・アシスタント等との連携が不可欠であり，この点からの研究がいくつかある（Newton, 1992; Graf with Birch, 2009; Kamen, 2003; Burnham & Jones（2002）; Watkinson（2009, 2010）など）。

第1章　研究の目的と問題の所在及び研究の方法　　39

　さらに，Farrell & Balshaw（2002）は，ティーチング・アシスタントの存在がインクルーシヴ教育の展開にどのように影響するかについて論じている。この論文でも，ティーチング・アシスタントが，担任教師や特別な教育的ニーズ・コーディネーターといかに効果的な協力関係を構築することができるかどうかが，インクルーシヴ教育の成否に関わってくることが強調されていた。Hart（1996）は，自身の教師としての経験をふまえながら，ティーチング・アシスタントなどの支援職員（Hart は，これをサポート・ティーチャー（support teacher）と呼んだ）をうまく機能させることで，様々な状況において適切な学習経験を特別な教育的ニーズのある子どもに提供することができるはずであるという提案をしている。Collins（2009）は，自尊感情の向上のための指導において，アシスタント等と協同しながら展開する案を提案している（こうした報告はすでに1980年代からもみられる。例えば Robinson & Maines, 1989など）。ティーチング・アシスタントの必要性は，学習面や生活面にとどまらず，医療的支援が必要な生徒の場合についても指摘されている（Closs, 2000b）。

　このようにティーチング・アシスタントの役割は，特別な教育的ニーズ概念が制度化された後に，従来の「教科補助」の役割を大きく超えて拡大しようとしてきたことがわかるのである。このような役割の拡大に伴って，地方教育当局が，ティーチング・アシスタントをはじめとしたサポート職に関わる情報共有を図るための役割を担うことの重要性も指摘されている（Hockley, 1989）。

　ティーチング・アシスタント制度は，イギリス政府の雇用対策にも位置づけられており，受けた研修と能力によってレベルが分けられる National Vocational Qualification の一つとなっている。ティーチング・アシスタントの役割は，今後も重視されると予想されることから，現在までに各学校においてどのような協働がなされているのかを明らかにすることが求められているといえよう。さらに，拡大する役割と政府の雇用対策の側面などの視点もふ

まえて，今後の動向について注視する必要があると考えられる。

　2）その他の関連職種に関する先行研究

　関係職種との連携については，連携のモデルや課題に関する先行研究とし
て，Engel & Gursky（2003），Wall（2003），Reeves & Freeth（2003），Leath-
ard（2003），Miller & Freeman（2003），Vanclay（2003）をあげることができ
る。

　これらにおいては，職種ごとに存在する連携のスタイルや連携文化の違い
が，職種間の連携の妨げの要因となることから，いかに各職種固有の枠組み
を超えた連携を図ることができるかが課題となっていた。特に，特別な教育
的ニーズに関わる分野においては，従来からの障害児教育においても，教育
と医療，福祉等の分野との連携の問題は日本においても認識されてきたとこ
ろであるが，「連携の必要性」ばかりが強調される一方で，これを具体的に
解消するための理論やモデルの提示は，依然として不足している。Barne
（2003）は利用者自身が職員の協働体制を調整できるようなモデルを提案し
ているが，個々のニーズの多様性を念頭におけば，各々の子どもによって関
わる専門機関や連携の様相も異なるという認識に立ち，固定化された連携モ
デルとならないように留意しながら，連携の構築に必要な考え方を深めてい
くことが求められているといえよう。こうした課題に対して，Leathard
（2003）は，各職種における職業特性が固有の連携文化ともいうべき連携モ
デルを生じさせており，そうした職種ごとの連携モデルの違いが，関係職種
間の連携を難しくさせていることを指摘した。たとえば，臨床心理カウンセ
ラーは，その多くがクライアントとの一対一の関係の中で業務を遂行し，
（守秘義務の存在によって）他のカウンセラーとさえ，あえて情報の共有を図
らない場合があるが，病院における医療関連職種の場合には，責任の所在を
明確にしながら，カルテを通じて常に患者の情報共有が図られなければ，適
切な職務遂行にはほど遠くなってしまう。社会福祉において，フィールド・

ワークを専門にする職業の場合には，利用者自身の希望を様々な条件に応じて調整しなければならず，また，その調整の結果得られる成り行きも一様ではないため，常に難しい判断を迫られる状況にあるが，特に両立が難しい複数のサービスに関して利用者主体のサービス提供に徹するべきか，様々な専門家の意見によるべきかといった葛藤が常に生じる問題が存在し，各々の専門職が，相互に他の職種の連携文化を十分に尊重しながら連携を図ることが不可欠であることを指摘している。Mercer（2001）も，同じ学校に勤めながら，教職員間でのコミュニケーション不足が効果的な支援の提供の妨げになっているとして，十分なコミュニケーションを図りながら協働することの重要性を指摘した。パートナー的観察（partner observation）という用語を使いながら，適度な距離感覚を保った連携の在り方を模索しようとしたのであった。Lacey and Lomas（1993）は，1981年教育法の施行後に学校における特別な教育的ニーズへの対応のスタイルがかわり，通常学級において提供されるものが増加し，これに伴って「支援サービス（support service）」の重要性と支援スタッフがチームとして実践に携わる形態での具体的な展開が強く意識されるようになったことを指摘している。いずれも専門家間の協働の難しさは Gregory（1989）が指摘するように共通認識となっているが，そもそも関連職種として協働を図る対象とすべきかどうか（Levey & Miller, 1989）といった意見も含めて，今日に至るまで議論が重ねられている。さらに，特別な教育的ニーズへの対応における学校理事会の役割（Harrington, 1989）や，社会福祉の専門家の役割（Clayton, 1989）についての論考もある。こうした様々な学校内外の専門職やその他の職種が連携するためのモデルについては，コンサルティングの視点からの意見（Hanko, 1989），ホール・スクール・アプローチと関連づけた連携（Atkinson, 1989）などでも提案をみることができる。

　イギリスの学校には，主に生活指導や心理的な支援を行うメンター（mentor）という職が配置されているが，このメンターに関しては，他職種との

連携した実践を取り上げた Sears（2010）や Roberts and Constable（2003）が，具体的な役割について整理している。連携する対象の専門職種の一つであるスクール・サイコロジストについては，Jewell（1992）が取り上げている。また，イギリスでは1970年代の中等学校における生徒への心理的支援の柱として開発されたパストラル・ケア（Pastral care，または Pastral service）と関連づけた指導も広く行われている（Hollanders，2002）。

さらに，ヴォランタリー団体との連携について取り上げた文献もある（Corker，1992; Tait & Hart，2000）。

このように特別な教育的ニーズの考え方が，様々な要因を考慮して対応を導こうとするゆえに，従来よりも一層多くの関連職種の関わりを求めるようになってきており，そうした関連職種をも含めたコーディネート業務の重要性は今後もさらに増していくことが予想できる。特別な教育的ニーズ・コーディネーターだけでなく，各学校内での指導体制の構築が求められることになっていくと予想されるのである。こうした視点からは，学校内に学級担任を支援するチームを設置した事例について報告した Norwich and Daniels（2001）のような研究が量的にも質的にも一層充実することが必要とされるようになると考えられる。

8．特別な教育的ニーズとインクルーシヴ教育に関する先行研究

インクルーシヴ教育に関する研究の大半は，サラマンカ宣言と行動大綱（1994）が発行されるまではインテグレーション（統合教育）に関する議論として展開されてきた。たとえば，Bell（1989），Dodd，Griffiths，Nicklin，and Shoesmith（1989），Pound and Moore（1989）などをあげることができるが，これらは特別な教育的ニーズの概念との関連性で論じたものではなかった。その理由は，特別な教育的ニーズの概念を制度化した1981年教育法が，同時に統合教育の推進をも規定したものの，サッチャー政権のもとでの緊縮財政の影響で，財源的な裏付けがないままに規定だけが成立してしまったために，

特別な教育的ニーズのある生徒の割合は，統計的にはそれ以前の障害児の割合よりも増加したものの，増加したのは通常学校にもともと在籍していた特異的学習困難（Specific Learning Difficulties: SpLD）のある生徒がカウントされるようになったからであった。つまり，実質的に統合教育が進んだわけではなかったのである。また，特別な教育的ニーズの概念と統合教育の概念は，理論的に関連性がないために，両者を直接的に関連づけた研究は設定されにくかったのであろう。インクルーシヴ教育に関する文献は，サラマンカ宣言の少し前から見られ始める。たとえば，Mason（1992），Vlachou（1997），Ballard and McDonald（1999），Ainscow, Booth and Dyson（1999），Wearmouth（2001），Ainscow（2002），Dyson and Millward（2002），Farrell and Ainscow（2002），Hornby（2002），Tod（2002），Carson（2002），O'Brien（2002），Rose and Howley（2002），Clough and Corbett（2002），Dorries and Haller（2005），Rieser（2005），Schnorr Matot, Paetow and Putnam（2005），Kane（2005），Osler and Osler（2005），Dyson（2005），Maguire, Macrae and Milbourne（2005），Wain and Cook（2005），Slee and Allan.（2005），Hanks（2011）など数多い。

インクルーシヴ教育に効果的に利用することができる機器の視点から論じた文献（Sheely, 2005）や，親のインクルーシヴ教育に対する見方を整理した研究（Rix, 2005）などもある。これらの論文においては，インクルーシヴ教育は，いずれも特別な教育的ニーズの概念に関連づけながら論じられているが，その幅も多様であった。障害以外にも，人種（Diniz & Usmani, 2005），移民家庭の子ども（Kozoll, Osborne, Garcia, 2005），性同一障害（レズビアンやゲイの子ども）（Robinson & Ferfolja, 2005），その他，性差別や少数文化（Clegg & McNulty, 2005）など，イギリスにおける様々なマイノリティのインクルーシヴ教育の問題が取り上げられ，そこに各々の教育的ニーズの議論が包含されていた。Frederickson and Cline（2002）は，インクルーシヴ教育を進める上で，子どもと家族，学校，さらに地域を巻き込みながら展開することが不可

欠であることを指摘するとともに，学習環境に十分に留意しながら評価を行うことの重要性を指摘した。特に，評価を実施すること自体の影響を勘案するとともに，評価手続きがもつバイアスとしての影響を最小限にすることや，教育課程に即した評価方法（curriculum-based approach）を勧めていた。O'Brien（2002）は，学校におけるインクルージョンがうまくいかなかった事例の検討を通じて，たとえインクルージョンに取り組んでいると多くの学校が表明したとしても，それが実際にインクルージョンが進展していることの指標とはならず，学級レベルでインクルージョンが展開しているかということに関する信頼できるデータの蓄積が必要であることを指摘している。そして，学習の過程を念頭においた上で，教師と生徒への支援を学校がいかに行うかが重要であるという視点を示した。Dyson and Millward（1999）は，インクルーシヴな学校からエクスクルーシヴな社会に子どもが出て行くという視点を，どこまで教育関係者が自覚して対応を考えているのであろうか，という疑問を述べている。Blamires（2002）は，現在のインクルージョンの基盤に社会モデルが据えられているが，その妥当性について論じた。また，Crockett（2002）は，インクルージョンの将来的方向性を障害概念の視点から検討している。Kidd（2002）のように，実践者の視点から将来の課題について触れた文献もある。

　このほかにも，インクルーシヴ教育の方向性について論じたものには，Gilbert（1992），O'Brien（2002），Gains（2002），Pearson（2002），Cornwall（2002），Robertson（2002），Blamires（2002），Benjamin（2005）などを列挙することができるが，いずれもインクルージョンを無批判的に前提としているのではなく，「多様性」に関していかにして価値をもった事柄として認識してもらえるようにするかといった具体的な課題が検討され，インクルーシヴ教育の限界や課題について論じられているのがイギリスにおけるインクルーシヴ教育に関する議論の特徴である。すなわち，イギリスにおける研究から明らかになる傾向は，インクルーシヴ教育の方向性を無批判に「是」として

いるのではないということである。そして，こうした議論がサラマンカ宣言と行動大綱（1994）から10年もたたないうちに賛否両論の観点から検討が深められ続けていたことは，重要な意味を持っているのである。

Lunt and Norwich（1999）は，効果的な学校（effective school）が，優れたインクルーシヴ教育を提供するとは限らないことを指摘している。すなわち，インクルーシヴ教育は，イギリス政府の緑書によって提示されたこともあって，往々にしてすべての子どもにとって学校が「効果的」となるという視点から論じられることが多いが（Barton, 2005），インクルーシヴであるということが，その学校の教育が優れて効果的な側面を有していることとは別の問題であると指摘されているのである。この点に関して，日本においては通常学校の教育がより効果的になればインクルーシヴ教育も進展するとの論がほとんど検証されることもなく論じられることがある傾向に強い警鐘を鳴らす指摘として受け止めるべきであろう。さて，Benjamin（2002）は，特別なニーズのある生徒自身に問題があるわけでも，指導する教師に問題があるわけでなくても，支援を必要とする，あるいは排除された位置におかれる者が生み出されるシステムの存在があることを指摘する。

こうした先行研究から浮かび上がってくる視点は，特別な教育的ニーズの概念とインクルーシヴ教育の概念との関連性から，検討しなければならない理論的命題が存在していることを示している。すなわち，インクルーシヴ教育が特別な教育的ニーズの概念といかなる関係性を有しているのかという命題の存在である。この点に関して，イギリスにおける先行研究では直接的な関係性が確定していない。Benjamin（2002）の指摘にあるような，学校の構造的問題への解決の視座をいかに提供することができるのか，研究が求められているのである。

上記の研究では，インクルーシヴ教育の将来的な方向性についても論じられているが，社会学の立場から，（特に障害差別禁止法（1995）との関連からの）権利論や社会平等の視点から論じた，いわば「あるべき」論が印象に残る。

インクルーシヴ教育は社会的な視点からの障害のとらえ方に関係が深いが，障害者の当事者運動の立場から，その視点自体を見直そうとした論考もある（Crow 2005）。彼女は，インクルーシヴ教育の考え方が，特に障害の社会モデルの視点から論じられる際に，過度に「機能障害（impairment）」や「能力障害（disability）」のとらえ方を排除して，社会との障壁（barrior）の問題にばかり焦点が当てられているが，機能障害についての視点が欠けていることは，むしろ，当事者からは不自然であり，社会との関係を考える際に，機能障害や能力障害との関係を議論に含めるべきであると主張した。こうした研究は，特別な教育的ニーズに関する研究というより，イギリス障害学との関連の研究に分類される性格のものである。

さて，Cooper and Jacobs（2011）は，インクルーシヴ教育の将来的方向性に関して重要な警鐘を鳴らしている。すなわち，現在のインクルーシヴ教育に関する議論は，生徒の学習における理解を高めるという点については効果が示されているが，行動や情緒面における困難のある生徒，特に社会情緒行動障害（SEBD）のある生徒の場合には，実践的にインクルーシヴ教育が，実存する学校環境の条件と著しく矛盾した理念であり，実際に彼らに対する効果がほとんどないということを明らかにしている。同様にインクルーシヴ教育に関して早くから警鐘を鳴らしていた研究がある。イギリスのみならず世界におけるインクルーシヴ教育の考え方に大きな影響を与えている研究者の一人である Ainscow（1999）は，特別なニーズがあるというカテゴライズをされた生徒に対して，個別化された介入プログラムは，インクルーシヴ教育において望まれるものでもなければ，有効でもないと指摘した。彼は，そうではなく，特別ニーズ教育と呼ばれている制度を学校をいかにより効果的な場とするかという課題としてとらえ，すべての学習者に届くような実践の改善を図るという方向性に向かっていくことを強調したのであった。インクルーシヴ教育は，特別な教育的ニーズに関わる教育制度とも密接な関連を持っているが，両者は同一のものではない。

国連のスタンスでは，教育権の保障の観点から，各国や地域において，一般の教育制度の枠組みから排除される子どもが生み出されないようにすることをインクルーシヴ教育と位置づけ，その具体的な方法論の一つに特別ニーズ教育を位置づけている。つまり，特別な教育的ニーズの概念が，教育的ニーズの多様性を包含するプロセスをとらえる視点として位置づけられれば，これが成り立つようになるのである。各国の教育制度において，特別な教育的ニーズの概念がインクルーシヴ教育の展開において如何に位置づけられているのかが明確にされなければならないのである。イギリスにおいてもこの点に関する検討が求められているといえよう。

9．特別な教育的対応の視点からの親に関する先行研究

　学校における親（親としての責任を有する者も含む）の関わりについては，Central office of information（1996），Wolfendale（1988）や，Goodey（1992），Grugeon（1992），Armstrong and Galloway（1992），Broomhead and Darley（1992），Debenham and Trotter（1992），Riddell, Wilson, Adler, and Mordaunt（2005）などがある。これらに総じて共通するのは親を子どもの教育に関わる重要なパートナーとしてとらえるという視点であろう。Broomhead and Darley（1992）や，Mason, O'Sullivan, O'Sullivan, and Cullen（2000）は，特にパートナーとしての親の位置づけに関してその重要性を強く主張している。Brown（1999）は，インクルーシヴ教育における「親の声」に焦点を当てながら，アドヴォカシーや社会的公平の問題を論じているが，このように学校の枠組みを超えた論点で取り上げた研究もある。Wolfendale（1993）は，子どもの評価プロセスに保護者が参加することの重要性を指摘しているが，他方で，親や保護者が専門家をどのようにみているか（Goodey, 1992）や，自身の子どもに対する教師からの評価へのとまどい，不満などの存在を明らかにした研究もある（Armstrong & Galloway, 1992）。Paige-Smith（1996）は，インクルーシヴ教育の名の下に特別な対応が縮小される状況が生まれているこ

とに対する専門家や親による反対運動についてとりあげた。インクルーシヴ教育が進められる中で，親の学校選択への関与が拡大したが，彼らの中には，むしろ学校選択に悩みを深めてしまう人も増えているようである（Howe & Welner, 2005）。特に，中等学校の選択は，その後の進路にも大きな影響があることから，親にとってはとりわけ大きな問題となる。こうした親に向けて，具体的な手続きを示した中等学校への就学のためのガイドブックも発行されている（Krais, 2009, 2010など）。

こうした例が表しているのは，イギリスにおいて特別な教育的ニーズへの対応やインクルーシヴ教育への対応を巡っては，親の意識は特定の学校種や教育形態のみを求めているのではなく，むしろそれぞれの希望の多様性を支える制度や方法が求められていることであるとまとめることができよう。

10. 学校における学習環境（学校体制）の改善や指導の工夫に関する先行研究

まさに1981年教育法が制定された1981年に，Weatherley and Lipsky (1981) は，新しい教育制度への期待と不安の両面を表現した。そして，特別な教育的ニーズに対応した教育のために，各学校が従来と異なるどのような対応を準備すればよいのかが議論されるようになった。ウォーノック報告で指摘された特別な教育的ニーズのある生徒の見積もりは，特別な教育的ニーズのある生徒の大半が通常学校に在籍しているというものであったことから，特別な教育的ニーズをふまえた教育の展開は，特別学校だけでなく，特に通常学校における展開にその関心がおかれるようになったのであった。具体的には，特別な教育的ニーズ概念を教育制度に位置づける直接的契機となったウォーノック報告における，「常時6人に1人，一定期間には5人に1人が特別な教育的ニーズを有する」という見積もりに含まれる大半が通常学校における生徒を指していたということを指している。ウォーノック委員会が設置されて以降，通常学校における特別な教育的ニーズへの対応が議論されていることが知られるにしたがって，通常学校における能力の多様性を包

含した教育が展開できるかどうかが改めて議論されるようになった。こうした研究としては，総合制中等学校（コンプリヘンシヴ・スクール）における「特別な」生徒たちが直面する学習や行動・生活面における様々な問題点を指摘した Garnett（1976）の研究や，学習場面における混合能力編成に対応した指導の難しさを指摘した Evans（1976）の研究や，特に教育遅滞の生徒が通常学校における授業で学習した際の自信喪失の問題を取り上げた Jones（1979）による研究がある。慢性疾患の生徒への教育について，特別な教育的ニーズの概念に関わる制度がより充実したコード・オブ・プラクティスの発行（1994）後，教育雇用省から医療の必要な生徒への効果的な実践のための通達やガイドライン（DfEE, 1996a; DfEE, 1996b）が提示されるなどしたが，なお，学習の継続性（空白の回避）の問題や親や保護者のストレスや教師の指導上の環境の不十分さの問題が依然として残っているという課題が指摘されている（Closs, 2000）。医療上の理由によって学校に通えない生徒への教育の質の改善についても，なお課題が継続していることが指摘されている（Fleeley & Skilling, 2000）。

　通常学校における支援の枠組みの開発については Thomas（1988）が包括的に論じている。Weightman（1988）も学校を効果的に変化させていくための視点から検討している。学習グループ編成の工夫については，Tann（1988）が取り上げている。Harris-Cooksley and Catt（2001）も，「学級」という条件のもとでの生徒と教師への支援について論じ。1988年教育改革法によって，学校運営の方法にも市場原理が導入されたが，同法の特別な教育的ニーズへの対応に関する影響について論じた研究もある（Lee, 1992）。早期の教育からの継続性という点からは，小学校に就学する前の特別な教育的ニーズのある幼児への対応に関する研究として，Jones and Ware（1997），Wolfendale（1989），Tassoni（2003），Drifte（2003），Tutt（2007）などがあげられるが，共通する特徴としては，家族を支援にいかに位置づけるかが重要であると指摘している点である。就学前のインテグレーション（統合保育）

の報告（Pound & Moore, 1989）や，英語を母国語としない就学前の子どもへの指導（Wendon, 1989）もある。学校への就学に関しては，Williams（1993）や，中等学校の選択について解説した Krais（2009），Krais（2010）などがあり，親の学校選択の際に必要な情報提供のシステムの解説がなされている。ただし，これらの就学前の時期を対象にした研究は，タイトルにこそ，特別な教育的ニーズの用語が使われているものの，内容は特別な教育的ニーズの概念に関連づけたわけではなく，就学に向けた準備を意識した制度の紹介や，発達の支援について述べられるに留まっていた。

　小学校での特別な教育的ニーズへの対応については，Lunt（1988），Smith（1989），Wolfendale（1992），Stakes and Hornby（1996），Howes, Emanuel, and Farrell（2002），Mortimer（2004）など，教師向けの文献は数多い。Cunnison（1992）は小学校における「平等機会」の学習機会を設定しているし，Postlethwaite and Hackney（1992）のように子どもの様々な教育的ニーズに的確に応答できる，いわば「反応性（response）」を高めることで学校の特別な教育的ニーズへの対応の質を高めようと考えられた案も提示された。

　学校体制の一要素としての教師について焦点をあてた研究もある。Norwich and Daniels（2001）は，小学校における教師を支援する体制整備について事例の紹介をしている。Pijl, Pijl, and van den Bos（1999）は，教師が生徒を通常学級における教育から，特別な教育につなげて引き継ぎたいと意識する導因の存在を明らかにしている。他方，Allan（1999）は，特別な対応を受けたくないという生徒自身の意志表明を受け止めることの重要性を指摘している。Jarvis, Iantaffi, and Sinka（2005）は，聴覚障害のある生徒が通常学校において経験したインクルーシヴ教育の事例を取り上げている。そこでは，通常学校に通う聴覚障害のある生徒自身のアイデンティティや，コミュニケーション・モード，生徒の経験の多様性とともに，各学校の固有文化の影響が大きいことが指摘されている。

　中学校での特別な教育的ニーズへの対応については，Sewell（1988），Wyllyams（1993），Carrington and Elkins（2005）等において触れられているが，中等教育段階の研究は少ない。Asher（1981）は，1981年教育法が施行される以前から，中等学校における知的な発達の遅れを伴う生徒の言語能力の問題について，特別な教育課程を各学校が柔軟に提供すべきであるとの指摘をしていた。

　中等教育後の特別な教育的ニーズに対する特別な対応（special provision）のあり方については，ウォーノック報告で言及されているのを始め，1981年教育法が成立した同じ年に，この問題の所在を指摘したPanckhurst（1981）などによる指摘がある。また，Bramley and Harris（1986）は，継続教育カレッジを対象にした質問紙調査を実施し，ウォーノック報告の勧告を受けて継続教育における通常の学科に肢体不自由のある生徒を受け入れる学校が少し現れるようになったことや，そうした学校への支援を行う自治体が徐々に増加してきていることを明らかにした。Hopkins（1987）は，GCSE（General Certificate of Secondary Education）でのO level取得や，YTS（Youth Training Scheme），CPVE（Certificate of Pre-Vocational Education），TVEI（Technical and Vocational Education Initiative），LAPP（Lower Attaining Pupils' Programme）の概要について触れながら，そうした継続教育の機会における特別な教育的ニーズのある生徒への対応に関しても，教育課程の編成方法などの工夫によって明るい兆しが見えるようになったことを指摘している。

　こうした背景の中，中等教育以後の継続教育については，当時の教育科学省に設置された教員養成ワーキング・グループによって現状の把握が行われた（DES, 1987）。そして，同報告書が，継続教育カレッジにおける特別な教育的ニーズへの対応をさらに拡大させるための指針となったのであった。

　Jennings（1989）は，青年期の特別な教育的ニーズのある生徒にとってのドラマ・セラピー（dramatherapy）の有効性を論じているが，DES（1987）においても整理されているように，特別な教育的ニーズのある青年が参加している継続教育の機会は，1980年代の半ばの時点でも，すでに多様化していた

のであった。もっとも，Stowell（1989）が指摘するように，1980年代の継続教育の機会は不十分であった。それは，ウォーノック報告において継続教育が最優先事項の一つとして指摘されたにもかかわらず，その後の制度下の際にはこの勧告の趣旨が制度化されなかったためであった。Stowell（1989）は，18歳の時点で，障害のある青年の失業率が，障害のない青年の5倍にものぼっていることを指摘し，継続教育の段階で用意されている様々な職業訓練のための機会が障害のある青年に広く開放されることを求めたのであった。Abell（1989）やJewers（1989）も同様に成人期の教育機会の必要性を訴えた。継続教育段階の特別なニーズのコーディネーションについては，Landy（1989）が経験的な議論を提供している。進路指導に関しては，Greaves and Sydenham（1992）やPolat（2002）があるが，これらは移行に関する研究の一部としての位置づけのものである。

　さて，1980年代のイギリスの特別な教育的ニーズへの対応に関して提案された重要な理念の一つは，ホール・スクール・アプローチ（Whole School Approach）である。ホール・スクール・アプローチについては，Bines（1989）の研究をはじめ，直接的，間接的にこれに言及した研究は1980年代の特別な教育的ニーズに関わるほぼ全ての研究が該当するといえるくらい数多い。新井（2011）は，Bines（1993）の研究を引用しながら，ホール・スクール・アプローチの理念の下で，学校が自ら利用できる資源を考慮せずに，理想的な指導や対応を模索しすぎたことが，質的発展を阻んでしまったことを指摘している。

　ホール・スクール・アプローチは理念としては1990年代に入ってからも，各学校のSENポリシー（特別な教育的ニーズへの対応に関する各学校が公開する方針）に，3分の2以上の学校においてホール・スクール・アプローチの表現がみられた（Bines, 1993）とする報告があるほどに，キーワードとなっていたことがわかる。実践において，レメディアル教育のような専門的指導の追求への反省がなされつつ，これを回避しながら「学校全体で取り組む」こ

第1章　研究の目的と問題の所在及び研究の方法　　53

とがなかなか具現化できない状況が続いてきた。つまり，各学校において，特別な教育的ニーズへの対応の質を向上させようとした場合に，教師やティーチング・アシスタントの指導に関する専門性を高めることは，ある程度は不可欠の要素なのであるが，これを追求しすぎると，専門教師と特定の生徒が学校全体から切り離される構造を生み出すし，ホール・スクール・アプローチの理念を，どの教職員も特別な教育的ニーズのある生徒への指導に何らかの形で携わるようにしようとすると，ともすれば，各教師の自覚が低下し，全体として無責任状況が強まってしまうというジレンマが起きてしまったのである。こうした状況に対して，特別な教育的ニーズの概念の理解やその応用が期待されるのは言うまでもないが，こうした実践上の課題と教育制度との関係はいかなるものであるのだろうか。すなわち，こうしたジレンマの背景における教育制度の位置づけはいかなるものだったのであるかを明らかにすることが必要であることがわかる。

11. 用語について

本書における主な用語の取り扱いについて，補足説明を示す。

1）「**特別な教育的ニーズ**」（special educational needs）及び「**特別ニーズ教育**」
　　（special needs education）

「特別な教育的ニーズ」は概念を表し，「特別ニーズ教育」は制度を表す用語である。ただし，イギリスの教育制度上の用語においては，「特別ニーズ教育（special needs education）」との表記ではなく，「特別な教育的ニーズ（special educational needs）のある子ども」という表記が用いられるのが通常である。たとえば法律の名称においても，本書の主題に直接関わるものを例に挙げれば，「特別な教育的ニーズ」の概念を最初に制度化した1981年教育法においては，一貫して「特別な教育的ニーズ」の用語が使われ，「特別ニーズ教育」という制度名称は一つも登場しない。これは，同法の改訂時に規

定を包含した1993年教育法と1996年教育法のいずれにおいても貫かれており，最新の法律である．Special Educational Needs and Disability Act 2001（Chapter 10）（「2001年特別な教育的ニーズ及び障害法」（SENDA））でも，「特別な教育的ニーズ」との名称が使用されている。こうしたことからも，イギリスの教育制度を論じる上では，「特別ニーズ教育」との表記ではなく，「特別な教育的ニーズのある子どもに対する教育」や「特別な教育的ニーズへの対応」という表現を使用するのが妥当である．したがって，本書においても，原則としてこれに従うこととするが，正式な制度名称を用いる文脈ではなく，総称的に表現する場合で，かつ文意を明確にする必要上がある場合や，「特別ニーズ教育」という表現を用いている文献を引用する場合などにおいては，それに応じて「特別ニーズ教育」との表現を使用する場合がある。

2）特別教育

　本研究では，イギリスにおいて1981年教育法が施行される前の Special Education に対しては，特別教育の語を当てている。アメリカ合衆国の連邦法上は REI（通常教育主導主義）に基づいて，通常教育にオプションとして用意されるものを special education と定義する伝統があったことから，現在でも special education に英才児教育を含む州がみられる（IDEA において障害のみが取り上げられた以降は，special education と gifted/talented education を区別して位置づける州も増えてきた。ただし，こうした州でも gifted で学校教育に不適応を生じている生徒は special education の対象にされているなど，対象規定は必ずしも固定的ではない。）。

　これに対して，イギリスでは1893年基礎教育法以来，special education は障害児のみを対象にした概念として展開してきた。従来，日本の教育制度において「特殊教育」が公式用語であった時期には，日本とその対象が同一であるか否かにかかわらず，各国の special education に関する教育制度を表す際には，特殊教育の用語が共通に使われてきた。

そして，日本の制度が特別支援教育制度に改正された後には，各国の special education を指し示す場合にも，特別支援教育の用語をあてた文献が多い。文部科学省では，特別支援教育について当初は special support education の語を使用していたが，現在は公式の英語表現を special needs education としている。このことが海外からの日本の特別支援教育制度に関する概念的な誤解と混乱を生じている。すなわち，特別ニーズ教育は，障害のみならず，様々な要因によって引き起こされている特別な教育的ニーズへの対応を図るための教育制度全般を指す用語であるが，日本の特別支援教育制度が対象にしているのは，従来の特殊教育制度と同様に障害児に限定されたものである。特殊教育制度より対象が拡大されているが，制度として「障害児教育」制度であることは変わっていない。

将来的に，障害以外に起因する特別な教育的ニーズをも包含する制度に発展していくかどうかは定かではないが，少なくとも現時点では障害児のみを対象にした制度である。文部科学省では，海外においても障害児のみを対象にした制度の場合であっても特別ニーズ教育の用語を使っている国があることを，英語表記で special needs education を使用する妥当性の根拠として説明しているが，この説明については各国の制度の相互理解を妨げる問題としてとらえる必要がある。なぜならば，special needs education の用語は，国連や OECD 加盟国における通称にすぎない用語だからである。

本研究で対象にするイギリスは，特別な教育的ニーズ概念を世界で最初に教育制度に位置づけた国であるが，この国でさえも上述したように special needs education の用語を法律上は使用していないのである。

その他の国においても，各国語での用語は従来から変更されていない国も多い。たとえば，デンマークは specialundervisning の用語が従来から使われてきた。これを英語に直訳すれば，special education であるが，OECD の報告書では，special needs education と表記している。

本研究は，特別な教育的ニーズ概念に焦点を当てて，それが教育制度上に

いかなる位置づけを有するようになったのかが主題であることから，法律上の用語を原則とし，special education に相当する邦語としては，特別教育を使用する。

3）「特別な教育的ニーズ・コーディネーター」（special educational needs coordinator: SENCO）

イギリスにおける特別な教育的ニーズ・コーディネーターは，SEN Coordinator，SENCO などと表記されることも多い。邦訳でも，これら2種に加えて，特別な教育的ニーズ・コーディネーターとの表記も用いられる。また，正式に制度化される1994年以前の時期には，Special Needs Coordinator や Special Coordinator といった表現も使われていた。本書では，制度化された1993年教育法によって正式な根拠規定ができた以降においては，特別な教育的ニーズ・コーディネーターの表記を用いた。また，それ以前の場合には，原文で用いられている表記に忠実な表現となるように留意した。

4）法律の名称について

1962年以降のイギリスの法律は，「制定法略称，制定年，法律番号」として表記される（例：Education Act 1981 chapter 10）。本書では，日本の学術誌での表記の慣例に従いつつ，正確な表記を行うため，「制定年，制定法略称，法律番号」の表記を用いた（例：1981年教育法（c. 10））。なお，イギリスの法律名称における chapter は，法律番号を表すもので，アメリカ合衆国のような条文番号を表すものではない。

法律（Act），及び施行規則（Regulation）については，日本の「法律」及び省令である「施行規則」に対応させた邦訳が定着しているので，そのまま使用した。

なお，コード・オブ・プラクティス（code of practice）については，日本の論文では，「施行細則」及び「実施規則」の両者の邦語が用いられている。

この用語については，「実施規則」は日本では，省令としての位置づけであるが，コード・オブ・プラクティスに省令とは若干性格が異なるものであることから，実施規則ではなく，また障害児教育分野において最初に邦語として使用された「施行細則」を用いるのが妥当であると思われる。しかしながら，コード・オブ・プラクティスに直接該当する日本の制度が存在しないことから，本書では，コード・オブ・プラクティスとカタカナ表記で用いることとにした。

5）レメディアル教育（remedial teaching）

日本の学術誌においては，治療（的）教育及び補償教育との邦訳が使用されている。抽出指導を基本とした指導であり，障害の欠陥モデルによってその「治療的」解決を目指す意図が強い場合と，学習の遅れを「補償」する意図が強い場合とで，両者ともに妥当な用語であり，日本においては学術的に統一されていない。本書ではレメディアル教育と表記することにした。

6）その他

本書において，「イギリス」という名称を使用する場合には，断り書きがない限り，イングランド及びウェールズを指す。それは，スコットランドと北アイルランドは，各々に別個の教育法を制定し，運用しているためである。ただし，政府が発行する報告書は，ウォーノック報告のように，「連合王国（the United Kingdom）」全体を対象に発行されるものもあることから，対象に応じて補足するようにした。

また，イギリスにおいては日本のように小学生を児童，中学生・高校生を生徒というように分けた表現がないため，本書においても両者を統一して「生徒」と表記することとした。

第2章　第二次世界大戦後のイギリス特別教育制度
における課題

第1節　はじめに

　本章では，イギリスにおける教育制度への特別な教育的ニーズ概念が導入される背景となる特別教育制度（本研究ではこの表現を統一して用いる[1]）の展開の特徴を整理することを目的とする。

　イギリス[2]は，世界で最初に特別な教育的ニーズの概念を制度化した国として知られている。直接的な契機は，第二次世界大戦後の「障害児教育」全般の見直しを図ることを諮問されたいわゆるウォーノック委員会の報告書と，その内容を一部制度化した1981年教育法（Education Act 1981）によっている。

　しかしながら，子どものニーズに関する明確な理論的裏付けが確立されない段階でこの制度が出発したために，とりわけ1980年代には実践上大きな混乱がもたらされることとなった。

　こうした混乱は，基本概念の定義が不明瞭であり，なおかつ実践上の指針さえ十分に示されなかった状況を鑑みれば，いわば必然ともいえる現象であった。

　新しい教育制度の施行に際して，混乱の発生は予測された事態であったにもかかわらず，従来の障害児教育制度の見直しから，なぜ，イギリスでは特別なニーズ教育の制度化に踏み切ることになったのであろうか。また，1981年教育法の施行後，長期化していた経済不振の責任の矛先が教育に向けられたことを背景にした教育制度改革の流れの中で，特別な教育的ニーズをもつ生徒たちの教育はどのような影響を受けているのであろうか。

60

　本章では，イギリスにおける第二次世界大戦後の特別教育制度の展開を整理しながら，特別な教育的ニーズの概念が提起されるまでの流れをふまえたい。

第2節　1944年教育法にもとづく特別教育の展開と「特別な教育的ニーズの概念」提起の背景

　1944年教育法（Education Act 1944）は，第二次世界大戦後のイギリスにおける教育制度の枠組みを提供した法律である。

　同法は，通常の教育制度に関しては，中等教育を義務制化したことを大きな特徴としているが，障害のある子どもに対する教育の保障と特別な配慮の必要な子どもの発見の義務を地方教育当局（Local Education Authority: LEA）に課したことでも重要な意味を持っていた[3]。

　イギリスにおける特別なニーズ教育を制度化した1981年教育法が施行されるまでは，途中に1970年教育法（Education Act 1970）による就学免除規定の撤廃や1976年教育法による統合教育推進の明示化などの展開はあったものの，基本的枠組みは1944年教育法が提供してきた。本節においては，この1944年教育法によって提供された枠組みのもと，障害のある生徒に対する特別教育がどのような展開をみせ，また，どのような課題に直面することとなったのかについて主要な内容に焦点を絞って述べることにする。ここで取り上げる視点とは，障害のカテゴリーに関わる展開と問題と，教育遅滞児への教育の問題である。

1．多様な障害カテゴリーの登場とこれに伴う問題

　イギリスでは，1893年基礎教育（盲・聾児）法（Elementary Education [Blind and Deaf Children] Act 1893）によって，最初の障害児義務教育制度が成立した後，1899年基礎教育（欠陥児・てんかん児）法（Elementary Education [Defective and Epileptic Children] Act 1899)（ただしこれは義務教育制度ではない[4]）等によって徐々に教育機会が拡大され，第二次世界大戦前の時点では1918年教育法，及び1921年教育法の制定を通じて，大きく5種類のカテゴリーによる障害児教育の枠組みが提供されてきた。

　1944年教育法の基本的性格は，1920年代以降に各種の諮問委員会の答申の中でその理念が急速に台頭してきた，「子どもの能力によって教育の場が分けられるべきである」との考え方にもとづいている[5]。具体的には，Tawney（1922）の『すべてのものに中等教育を（Secondary Education for All)』[6]での主張に代表される中等教育機会の拡大を図った法律でもあったが，制度化された際の軸となったのは「生徒の能力と適正に応じた教育機会の提供」という論理であった。この考え方は，中等教育の機会を義務教育制度化するにあたって，子どもの能力差が年齢とともに拡大していくことをふまえ，各々の能力に応じて教育の機会と内容が与えられることが子どもにとって有効であるとの考えに基づいて導入されたものであった。グラマー・スクール，テクニカル・スクール及びモダン・スクールといういわゆる三分岐型中等教育制度はこうして登場した。

　プリッチャード（Pritchard, 1963)[7]は，第二次世界大戦よりも前の時期において，障害の種類ごとに生徒をまとめて教育することができなかったために十分な教育効果があげられなかったことに触れながら，個々の生徒の障害の特徴に十分に配慮する教育が求められていたことを指摘しているが，このように障害のある生徒に対する教育の機会は，1944年教育法の主旨にのっとり，それぞれの障害の種類や程度に応じて必要な対応が検討されるべきであると考えられたのであった。つまり，中等教育制度における能力別あるいは適正別の学校教育の発想が，特別教育制度においては，障害カテゴリー別の学校の設定という形となってあらわれたということである。そして，後述するように11種類にも分けられた特別学校が設置されることとなったのであった。こうした障害カテゴリー別の特別学校への就学が定型化されると，障害

児の就学においては，どの学校種に振り分けるかが焦点となり，通常学校への就学はシステム上想定からはずされてしまったのであった。

このように1944年教育法の規定の下では，原則として障害児は特別学校に就学することとなっていたのであった。そして，通常学校への就学を求める親がいても，親の権利章典と呼ばれることになる1980年教育法（Education Act 1980, chapter 20）（特別教育においては1981年教育法）が制定されるまでは，教育に対する親の発言力は皆無といっても良いほど弱かったことから，地方教育当局による就学先の決定には従わざるを得なかった状況なのであった。1944年教育法は，1893年基礎教育（盲・聾児）法や，1899年基礎教育（欠陥児・てんかん児）法における規定のように，通常教育の教育法制度とは別体系で制度化されていた特別教育を，教育法全体の一部に位置づけたという性格も有している。これによって，それまで障害のある生徒の教育は特別学校のみで行うという原則が一部改められるとともに，同法は第二次世界大戦後の特別教育の基本枠組みを提供することとなった。

同法では，第33条において，特別な教育的処遇（treatment）を必要とする生徒の教育について定めた。すなわち，

1944年教育法　第33条[8]
（第1項）

教育大臣は，特別教育を必要とする生徒のカテゴリーを定め，それぞれのカテゴリーに応じた特別な教育方法について規定を設けなければならない。

（第2項）

これらのカテゴリーに含まれる生徒の特別な教育取り扱いに関する地方教育当局の決定においては，障害の重い生徒をなるべくそのカテゴリーに応じて特別学校において教育を受けさせるようにしなくてはならない。しかし，それが不可能であるか，または障害がそれほど重度ではない生徒は，地方教

育当局が維持又は支援しているどの学校において教育を受けさせても良い。

　ここで示された障害のカテゴリーは，翌年に発行された，「障害生徒及び学校保健サービス施行規則（Handicapped pupils and school health service regulations）」（DES, 1945)[9] によって，それまでの5種（盲・聾・精神的欠陥・身体的欠陥・てんかん）から，一挙に11種（盲・弱視・聾・難聴・虚弱・教育遅滞・運動障害・てんかん・不適応・言語障害・糖尿病）にまで細分化されたのであった。

　この障害カテゴリーが，生徒を障害種に応じた特別学校に就学させるための枠組みとなったのであった。このカテゴリーに応じた障害のある幼児の発見の義務は第34条によって地方教育当局に課せられた。

　これが1944年教育法にもとづいて大幅に障害のカテゴリーの数が増加することとなった理由である。

　これらの新しい障害カテゴリーは，それまでの5カテゴリー（盲，聾，身体障害，知的障害，てんかん）を拡大・追加する形で定められたものであった。個々の生徒の「能力・適性」に応じた教育機会を用意するという1944年教育法の基本理念を反映して，カテゴリー数が大幅に増加したのである。一部の障害児には，通常の学校において教育を受ける可能性も示されたが，多くの障害児にはその障害に応じた学校を用意し教育的対応を行うことが求められたことから，特別学校の種類と数は拡大することとなった。特別学校の量的拡大は，すなわち，教育対象障害児の数の量的拡大を同時に意味したことから，1950年代から60年代にかけては，様々な特別学校を増設することが第一義的な課題となったのであった（Pritchard, 1963)[10]。

　1944年教育法では，障害のある生徒が通常学校において学習する可能性が明示（第33条2項）されていたものの，実際には，施行規則で示された障害カテゴリーに応じた特別学校，または特別学級における学習機会が基本として考えられていたことがわかる。

　Table 2-1 に示したように，特別学校の数と在籍生徒数の変化をみてみる

64

Table 2-1　イギリスにおける特別学校数と生徒数の変化（1965-80）

	1965	1970	1975	1980
special schools	1,054	1,204	1,913	2,011
students	83.7	99.5	139.5	139.2

（Education Statistics 1983より作成）

と，1970年と75年の間に急激に生徒数が増加したことがわかる。

　この増加の理由は，1970年教育法の施行によるものである。

　1970年教育法は，わずか2箇条しかない小さな法律であるが，1944年教育法第57条を撤廃するという法律なのである。これによって，およそ3万人以上もの重度の障害のある生徒が新たに学校教育の対象となったのであった（遠藤，1988)[11]。

　さて，様々な障害のカテゴリーは，それが明示化されることによって教育や福祉における様々なサービスの享受を保障する根拠としての役割があるという側面をもったが，同時に多くのデメリットを伴っていたことが認識されている。

　障害のカテゴリーにもとづいた教育的対応への批判は，いくつかの点に整理される。後述するウォーノック報告では，従来の障害カテゴリーを撤廃する理由として，それまでの批判を集約している。

　まず，「障害のカテゴリーは，障害児や特別学校を一点に固定してしまう」（DES, 1978, para.3.23)[12]，という問題である。これは特に「医学的視点からみた障害は教育的にほとんど意味を持たない場合がある」（DES, 1978, para.3.23)[13] という指摘に表れているように，カテゴリーが実際の対応を導かない場合であっても常にそのカテゴリーにあらわされる「障害」がその子どもの属性として固定化されてしまうことの弊害が指摘されているのである。これが大きな問題となるのは，「子どもの障害とその子どもが必要としている特別教育の形態との間の対応関係における混乱」を引き起こしていたから

である。障害カテゴリーの設定は，「障害」が子どもの問題の主因であり，特定の小集団を多数から区別し，一部の生徒のみが特別な援助を必要としている，または特別な援助は共通する問題をもつ集団を他から分離して対応することによって効果が得られるといった固定的な見方を生じさせてしまう（Ainscow, 1989)[14]といったウォーノック報告以前の様々な課題に関係していた。

このほか「軽度教育遅滞（ESN［M］）や不適応と診断された子どもは，学齢期間及びその後に至るまで必要のないスティグマを与えられてしまうことがある」（DES, 1978, para.3.23)[15]というラベリングの問題や重複障害の子どものカテゴリーの問題，典型的なカテゴリーに分類され得ない子どもが対応されなくなってしまうといったことも指摘されていた。「教育遅滞」の用語に関わっては，重度（ESN［S］）の子どもの場合，この名称は「教育不可能」と同義に扱われ，教育の対象からの除外を意味したので，子どもやその家族が社会的に大きな不利を被ることにつながったことから，とりわけ用語に対する批判が強かった。

前項において指摘した戦後の特別教育の最初の課題であった，教育機会の拡大の具体策として増設されていった特別学校は，その多くが教育遅滞児を対象にした学校であった[16]。

つまり，教育の文脈における彼らへの対応の問題は，特別教育における様々な課題の中でも今日の特別なニーズ教育への転換につながる重要な領域を形成したのであった。そこで，次項では教育遅滞児に関わる内容に焦点をあてながら，特別教育の領域からの特別なニーズ教育に向けた動因について述べていく。

2．教育遅滞児をとりまく諸問題

1944年教育法の理念にもとづいて，教育遅滞児を対象にした学校を中心に，生徒のもつ様々な障害の種類に応じた特別学校が増設されていったが，その

一方で，同法の就学免除規定（第57条）のために，教育機会を得ることのできない子どもたちが多く存在していた。

その中でもとりわけ後に問題が大きくとりあげられたのが，教育遅滞（Educationally Sub-normal: ESN）というカテゴリーに分類される子どもたちであった。この教育遅滞の概念は，1945年の施行規則においてはじめて登場したものである。これはさらに軽度（Mildly）と重度（Severy）に分けられており，両者の境界線は当初，知能指数50のラインに引かれていた。そして，これは同時に教育機会を得る権利の境界線をも意味した。すなわち，重度教育遅滞（ESN〔S〕）は，前項で述べたように教育の可能性が否定され，就学を免除されたからである。この問題は，1960年代後半になって，彼らの教育の可能性が次々と実証的に明らかにされてゆき（DES, 1969)[17]，1970年教育法[18]によって就学免除規定が撤廃されるまで継続した。

1960年代当時，イギリスにおいて主に利用されていた知能検査は，スタンフォード・ビネー式検査であった。しかし，ビネー式検査は知能の発達の水準を当該年齢集団における相対的位置によって表現したために，測定結果の一つの表現形式にすぎない知能指数の数値のみが一人歩きしてしまうという事態を招いてしまった。ビネー式検査は簡便であるが，子どものおかれている環境によってその結果が影響を受けやすく，測定値の変動が大きいという特徴を持っている。この検査は，本来は教育的配慮を要する子どもをよりはやく，かつ簡便に発見することを意図して作成されたものであったが，個々の能力に応じた必要な配慮が同時に具体化されなかったために，障害児教育分野での利用は，「選別」という色彩のみが強調されるという不運を背負っていくこととなってしまったのである。

今日的な知能検査の原型が開発された20世紀初頭，それが優生思想と関連づけられて社会政策上不適切，かつ取り返しのつかない過ちが犯されてしまった事実が確認されているが，検査そのものがこうした意図のために開発されたのではなかった点には留意すべきであろう。それは，20世紀初頭のイギ

リスにおいては，検査によって明らかにされる「低い知能」は，むしろ不適切な環境によって生じていると考えられた場合が多かったことが報告されているからである。具体的には，とりわけ都市部の貧困生活層の家庭における堕落した生活，売春，非行といった様々な社会生活上の問題が子どもの知能に悪影響を与えていると考えられていた。つまり，軽度精神薄弱（feeble-minded）も多くはこうした環境要因によって生じていると考えられていたのである（Gulliford, 1971)[19]。

　子どものニーズへの対応を検討するにあたって，「環境要因」を考慮に加えるという視点は，まさに今日の特別なニーズ教育の基本的視点の一つであるが，上述したように知的発達の遅れを環境要因との関わりの中でとらえる視点は，知的障害の程度が検査によって細分化されるようになった20世紀初頭からすでに認められていたことは押さえておく必要があろう。障害のある子どもへの教育的対応を考える上で，環境要因を包含する視点は，その後，20世紀中葉にいたっても教育当局の意識の上には常にあったようである（Ministry of Education, 1964)[20]。

　しかし，これらが実践的に反映されて子どもの指導に役立てられるにはまだ時間が必要であった。実際に，イギリスにおいて教育遅滞との障害名を付されることは，どのような環境条件にその子どもがおかれているかに関わりなく，その子どもの能力に大きな制限があることを意味していたし，教育機会からの遮断という制度上の取り扱いも厳然として存在していたからである。ただし，これまでの通例の解釈では，これが1945年に障害カテゴリーを定めた施行規則（その後の修正法も含めて）の弊害として短絡的に理解されてきたが，正確には，施行規則の趣旨からもはずれたものであったことを認識しておくべきであろう。なぜならば，1945年以来の障害カテゴリーを定めた施行規則では，教育遅滞のある生徒には2種類の子どもたちが含まれていたからである。

　第一に，「教育上の遅進のある」（educationally backward)[21] 子どもである。

彼らは同年齢の子どもの平均よりも明らかに達成水準が低いとされる子どもである。これに対して、「教育上学力遅滞のある」（educationally retarded）子どもが想定された。この子どもたちは、知的に遅れがあるかどうかや、平均的な能力もしくはそれ以上の能力がある子どもではあるかどうかにかかわらず、すなわち、自身の能力に匹敵した学習達成が図られていない子どもたちである（DES, 1969）[22]。

とりわけ後者の場合には、自身の能力を十分に発揮できない環境におかれていることが意味されており、それは適切な学習環境を求める子どもたちの存在が教育科学省によっておおやけに認知されていたことの証左なのである。いいかえれば、環境的な問題によって学習上の困難を生じている生徒が存在していることが知られていたということである。以上のように、「教育遅滞」のカテゴリーに属する子どもには複数のタイプが混在していたのである。通常の学級に在籍する教育遅滞児が失敗経験を繰り返したり、仲間から拒絶されるといった問題は数多く報告されており[23]、通常学級に在籍していることが教育遅滞児にとって大きなデメリットとなる環境があったことが指摘されている。

新井（1998）[24] も、教育遅滞児学校への就学数が増加していったことを学力問題の深刻化を反映するものとして指摘している。この点は、通常の学校から教育遅滞児学校への転籍者の推移と、就学猶予者の就学決定者数の推移、及び就学免除者数の動向を詳細に検討しないと結論づけることは難しいのであるが、教育遅滞学校への就学者数の増加が大きなピークを迎える1960年代に、「教育遅滞」が学力問題の観点から関心を持たれるようになっていったことは事実である。このことは、「教育遅滞」の概念が一層不明瞭になっていったプロセスでもあった。

例えば、子どもが教育遅滞であるのか、あるいはそうではないのかという両者の境界が不明瞭であることは、1960年代の初頭にすでに指摘されていたことである。Tansley ら（1959）[25] は、「境界線を明確に引くことは不可能で

ある。特別な教育的処遇（special educational treatment）へのニーズの基準は，本質的に教育的な観点からのものでなければならない。このカテゴリーは，教育上のニーズにもとづくもので，医学的なたぐいのものでも心理学的なものでもないのである。教育遅滞児は，同学年の子どもよりもおよそ20％ほど低い成績であると推測される。たとえば，年齢が10歳で，8歳の学年相当であれば，その子どもは教育遅滞であると考えられるのである。こうした子どもは学校全体の中で10％ほどいると考えられている。(p.5)」と述べ，通常の学校の中での学力問題と密接に関連づけた説明をおこなっていた。

このように「教育遅滞」児への教育は，学力問題への接近を伴いながら展開していったのである。こうした問題は，特に1944年教育法によって義務教育制度化された公立の中等学校において深刻であった。また，中等学校との関係から初等学校での学力問題も「イレブン・プラス（11 plus）」制度の存在を接点として，追随するように関心が持たれるようになっていった。中等教育における学力問題との関係からの検討は後述する。

ところで，とりわけ重度の教育遅滞児の場合にはどのような処遇がなされていたのであろうか。1944年教育法第57条の規定により，教育が不可能であると判断された子どもたちは，その措置を地方教育当局から地方保健当局の管轄のもとに移管されることとなった。

1944年教育法　第57条[26]

（第1項）

地方教育当局は，管轄内の2歳に達した子どもが，先天的な精神障害または学校での教育が不可能な程度であると思われる場合，当局医務官の検査を受けるよう，文書で親に通知する義務を負う。

この規定は医務官によって「教育不可能」と判断された生徒を，教育の対象から除外し，福祉サービスの対象にするという規定，すなわち，就学免除

規定であった。この規定に基づいて，重度の教育遅滞児は学校教育の対象外とされて，収容施設やジュニア・トレーニング・センター，病院内施設等に措置された。ジュニア・トレーニング・センターは学校ではなかったが，入所施設等に比較すれば，教育的な働きかけが行われており，これが後に特別学校へと管轄移管される土台を形成することになる。後に，こうした措置は一部修正されることになる。具体的には，1959年の精神衛生法によって重度の教育遅滞児について地域内で対応を図ることが促される。そして，子どもを家庭で生活させ，病院に措置するのではなく，ジュニア・トレーニング・センター（junior training centre）に通わせる動きが一層強まったのであった。このように1944年教育法の第34条及び第57条は，いずれも医務官の診断によって子どもの教育の可能性の判断がなされていたことが特徴であった。

　なお，就学免除とされる基準は，知能指数が50以下であると定められていた。これも医務官の指示によって実施された心理検査によって実質的な判断がなされていたのである。この時期は，教育省通達によって就学している教育遅滞児の数を増加させるよう指示された時期に重なっている。また，重度の教育遅滞児の教育可能性が示唆されるようになった時期でもある。つまり，軽度の教育遅滞児の場合にもそうであったように，適切な対応が図られない状況のために，換言すれば，環境的な要因によって教育遅滞児の教育可能性が低く認識されてきたことに対する反省が示されるようになったのである。

　1966年のイギリス心理学会（British Psychological Society）の報告書「教育遅滞児施設における子ども（Children in hospitals for the subnormal）」の勧告がこれを明確に示したものとして位置づけられている。そしてこの報告書で，重度の教育遅滞児に対する教育的配慮を保障するためにジュニア・トレーニング・センターや病院内の施設を教育科学省の管轄下に移管するように勧告がなされたのである。このようにして1960年代を通じて就学を免除されていた重度の教育遅滞児に対する処遇が，教育的対応へと変化する素地が形成されていったのであった。

さらに，1968年のいわゆる「シーボーム報告（Report of the committee on local authority and allied personal social services）」において教育可能児と教育不可能児との間に明確な境界線を引くことが困難であるという認識が示された。この報告書の指摘を受ける形で，同年秋には政府によってすべての障害児の教育の責任を教育科学省に移管することが表明され，翌年に「イングランド及びウェールズにおける精神遅滞児の教育（The education of mentally handicapped children in England and Wales）」でこの方針が明確に打ち出されたのである。

そしてついに，1970年（障害児）教育法の施行によって，1944年教育法第57条は撤廃された。すなわち，それまで保健当局のもとに措置されていた重度の教育遅滞児への対応は地方教育当局管轄に移管され，彼らの教育権の保障が図られたのである。これに伴って，イギリス心理学会の報告書において勧告されたように，ジュニア・トレーニング・センターは特別学校に，また，病院内施設は病院内特別学校あるいは病院内特別学級として新たに認定されることとなった。これによって1970年代の前半に病院内特別学校及び特別学校の数が大幅に増加したのであった。

Table 2-2 から，1970年度と1975年度の間に学校数が大幅に増加していることがわかる。Table 2-1 においても，学校全体の数と生徒数全体の数を示したが，1970年教育法の影響がいかに大きいかがわかるのである。この間に，病院内特別学校はおよそ1.8倍にも増加しているが，これが上述した病院内施設の措置変更の結果を表している。また，特別学校数全体に関してもこの

Table 2-2　特別学校の増加（United Kingdom）

	1965	*1970*	*1975*	*1980*
病院内特別学校	97	91	166	145
その他の特別学校	957	1113	1747	1875
計	1054	1204	1913	2020

（Education Statistics for the United Kingdom より作成）

間に1.6倍ほどに増加しており，1970年教育法施行以前の就学免除対象児が学校教育に吸収されていったことが明確に理解できよう。

1970年教育法は，イギリスにおける全員就学をもたらした法律である。

すなわち，第二次世界大戦以後からウォーノック委員会が設置されるまでのイギリスの特別教育制度においては，障害のある子どもを対象とした教育機会の拡大が第一の特徴であるということができるのである。ただし，その拡大は障害のカテゴリーに応じた枠組みにそって展開してきたのであった。

こうした制度に対しては，1960年代に中等学校の総合化，すなわち，コンプリヘンシヴ・スクールを求める運動が展開される時期に，通常学校への就学を強く求める親の声が少しずつ表明されるようになっていくのであった。

ここまでに触れてきた障害カテゴリーに応じた教育機会の設定や，就学免除の問題は，2歳時の医務官による診断が起点となっていたが，障害への対応は，より早期からの開始が求められるようになっていく。また，学齢後の教育機会の継続性への意識が通常教育において高まり，クラウザー報告（Clowther Report, 1959）やニューサム報告（Newsom Report, 1963）によって中等教育の継続性についての議論が展開されるようになるとともに，学習困難に関する調査が行われるようになった（新井，2011）[27]。

さらに，プラウデン報告（Plowden Report, 1967）によって，生徒の長期欠席や生活上の問題などに関する調査結果が明らかにされ，様々な角度から教育の継続性の意義が問われた時代でもあった。

しかし，依然として重度の教育遅滞児が就学免除となる規定が残されたままであることに象徴されるように，障害児の教育機会の継続性については，十分に議論や対策がなされるまでには至らなかったのであった。

遠藤（1988）[11]は，そうした状況に関連して当時のイギリスにおいて特別教育の量的質的拡大を図るために，教師，医師，看護師，各種技術指導員，サイコロジスト，ソーシャルワーカー，カウンセラーなどの専門職が求められていたことに言及している。こうした専門職については，相互の連携の必

要性の問題も考慮しなければならなかった。医務官は保健当局の管轄，学校は教育当局の管轄であったが，1970年教育法によって，多くの子どもがジュニア・トレーニング・センター等から学校教育の対象になった際に，両者の連携に関わる問題が急激に浮上したのであった。こうして，障害児がどのような学習機会を得ることが妥当であるのかという客観的かつ実践的な証拠が求められることとなったのであった。

　さて，障害カテゴリーにもとづく，あるいは様々な教育上の困難の主因を子どもに求める，いわゆる「欠陥モデル」によるアプローチは，治療的教育モデルとして知られている。特別教育の視点において，特別ニーズ教育への転換が図られる動因として，次に伝統的な治療的教育モデルからの変化について整理する。

3．レメディアル教育モデルからの変革の必要性

　Gipps ら（1987）[28] は，特別ニーズ教育への変化が生じた理由を，特別教育におけるそれまでのレメディアル教育（remedial education）[29] モデルからの変革の必要性の存在に注目して3つの点に整理した。その3点とは，第一に，伝統的なレメディアル教育の中・長期的な効果への疑問，第二に，地方当局がレメディアル教育に関わる教師のための費用を削減したことの影響，そして第三に，ウォーノック報告がおおやけにされたことである。

　第一の点である，レメディアル教育モデルの中・長期的な教育効果に対する疑問であるが，これはそれまでのレメディアル教育が少数の専門家によって「実験的な」環境のもとで行われ，しかもそれが短期間しか継続されない傾向にあったために，中・長期的な観点での効果が確認できないことに端を発している（Gipps ら，1987）[30]。つまり，レメディアル教育モデルによれば，たしかに短期間に一定の効果が得られることは認められるが，子どもの教育は長期的に継続されるものであって，しかもその多くの時間は高い専門性をもっているとは必ずしもいえない通常の教師によってなされる（専門家は長

期間にわたっては関与してくれないことが多かった）ため，得られた効果を持続させるために，実験的環境のもとで行われたレメディアル教育を継続させることが困難であることが多く，このために実践的に利用しにくいという問題が強く意識されるようになっていたことがモデル転換の背景にあったと考えられるということである。

　第二の問題は，地方教育当局による予算削減の問題である（Gipps ら，1987）[31]。これは全国教員組合（National Union of Teachers: NUT）の調査をもとに，予算削減によって専門的な教師による巡回指導が廃止されたり回数を減らされたりしている実態が明らかにされている。これは70年代の後半の慢性的不況の影響によるものであったが，限られた予算を効果的に用いることが強く要請されるようになり，それがレメディアル教育における変革への一つの契機となったことが指摘されている。実践的には，それまでのようにレメディアル教育担当の教師が特に配慮の必要な生徒に対して直接的に指導にあたるのではなく，学級担任を指導して間接的に働きかけを行うといった形態が開始されたり，家庭等において親が教育の補助的な役割を担わせるというような形態が行われるようになったのである。前者は，専門家による直接指導というレメディアル教育の標準的形態から，各学校の教師が全体として子どもの教育的ニーズに関与して対応するというホール・スクール・アプローチの原型ともなったし，後者は，親の学校教育への関与の程度を高める契機をもたらすことになったのである。これらはいずれも1981年教育法の施行後に，特別なニーズ教育としての枠組みのもとで展開されることになる実践形態である。

　そして第三の契機は，これがもっとも直接的な影響を与えたとされているのであるが，ウォーノック報告がおおやけにされたことである（Gipps ら，1987）[32]。レメディアル教育モデルからの変革という点に直接的に関係しているのは，同報告第3章「特別教育の視点」である。

　Gipps ら（1987）は「『治療』という用語は，「トリートメント」と同様に，

かかる子どもに正常な状態にされうる何らかの問題があることを示唆する…学校で教育を受けている期間にわたって，なんらかの特別な援助や支援を必要としている子どもが，レメディアル教育を必要としているとの考えは誤解である（para.3.39)」との記述を引用しながら，「レメディアル教育の必要な子どもは特別なニーズをもっているが，特別なニーズをもっている子どもは必ずしもレメディアル教育を必要とはしない」ことを指摘している。つまり，学校で教育を受けるのに際して，なんらかの支援や援助は必要であるが，「治す」ということとは意味が異なる子どもたちがいるということである。後にウォーノック報告において必要な対応は教育の場によらず共通しているとの考え方からこうした特別な対応を必要とする生徒が全体の20％にものぼることが推定されたことをふまえながら，Gipps ら（1987）は学校においてそれまでの治療的教育が必然的に変革を迫られていたとの考えを述べたのであった。このようにレメディアル教育モデルからの変革の必要性の存在も特別なニーズ教育への変革の動因となっていたことが指摘されているのである。

　さて，ここまでに概括してきたように，戦後のイギリスにおける特別教育においては，障害カテゴリーにもとづくアプローチへの批判や，教育遅滞児をめぐる教育機会の問題，レメディアル教育モデルからの変革の要請などを背景として，それまでの特別教育の概念範疇が拡大された特別なニーズ教育への転換に向かう流れを形成してきたのである。

注
1 ）第二次世界大戦後のイギリスにおいては，special education の語が用いられてきた。アメリカ合衆国の場合とは異なり，実質的には障害児教育を意味する用語であった。後述するウォーノック報告でも特別なニーズ教育への転換に際して，「特別教育の範囲の拡大」という表現が用いられていたが，これは「障害児教育の範囲の拡大」とおきかえることができる。従来，日本の研究においては，日本の法律上の名称にあわせて「特殊教育（1947-2006)」，「特別支援教育（2007-)」との表記がなされてきた。「特殊教育」の用語は，「障害児教育」との意味で用いることへの共通

理解が図られた上で使用されたことから，使用時に混乱が生じることはなかったが，「特別支援教育」の用語は，概念上は特別教育（special education）であり，当初は special support education の英語表記が添えられていたのであるが，その後名称が special needs education と変更された。このために，外国からみた際に実態にも変更が生じたのかとの誤解や理解の混乱が生じてしまっている。

2）本章でイギリスという場合には，主としてイングランド及びウェールズの二国に限定して使用しているが，制度によってはその適用国が異なることに留意が必要である。そこで本文中では必要な場合に，その都度明記した。（グレートブリテン：イングランド＋ウェールズ＋スコットランド：連合王国（United Kingdom）：グレートブリテン＋北アイルランド）

3）1944年教育法第8条第2項Cでは学校設置義務規定として，「各地方教育当局は，精神または身体に障害がある生徒のために，特別学校を設置するか，その他の特別な教育的対応を講じなければならない」と定めている。また，第33条においてカテゴリーに基づいて適切な教育措置を講じることが規定された。

4）Hegarty, S.（1994）: England and Wales. Meijer, C. J. W., Pijl, S. J., and Hegarty, S.（eds.）. New Perspectives in Special Education. a six-country study of integration. Blackwell. のように1899年教育法を「義務教育制度」のように説明している文献もあるが（これを引用しているわが国の文献もある），同法は地方当局への学校設置の義務も保護者への就学義務のいずれの規定も定めていないことから，これを義務教育制度として理解することは不適切である。

5）トーニー（Tawney, R. H.）の「すべてのものに中等教育を（Secondary Education for All）」と題された報告書（1922）によって中等教育制度の義務制化が主張され，その具体的施行方法として，ハドー報告，スペンス報告，及びノーウッド報告によって，能力に応じたグルーピングの適切性が主張され，これらの報告の趣旨が取り入れられて，いわゆる三分岐型中等教育制度が構築されることになる。

6）Tawney, R. H.（1922）: Secondary Education for All: a policy for labour. The Labour Party.（成田克矢訳.，1971，『すべての者に中等教育を』明治図書）

7）Pritchard, D. G.（1963）: Education and the Handicapped 1760-1960. Routledge. p. 207.

8）Board of Education（1944）: The Education Act 1944（7 and 8 Geo 6, c. 31）.

9）Department of Education and Science（1945）: Handicapped Pupils and School Health Service Regulations. HMSO.

10）Pritchard, D. G.（1963）: Education and Handicapped Children

11) 遠藤明子（1988）：現代における障害児教育の視点。講談社出版サービスセンター。

12) Department of Education and Science (1978): Special Educational Needs. Report of the Committee of Enquiry into the Education of Handicapped Children and Young People). HMSO. para.3.23.

13) Department of Education and Science (1978). ibid.

14) Ainscow, M. and Muncey, J. (1989): Meeting Individual Needs in the Primary School. David Fulton Publishment. p.2-3.

15) Department of Education and Science (1978). op cit., para.3.23. なお，「教育遅滞」の用語は，すでに1960年代に公に議論されるところとなっていたが（Department of Education and Science (1969): The Health of the School Child 1966-68. HMSO.)，結局1981年教育法の施行まで，改正には至らなかった。なお，1981年教育法の施行に連動して，1982年精神衛生（修正）法において，サブノーマル（subnormal）が「精神的障害（mental impairment)」に置き換えられている。

16) 教育遅滞児特別学校の増加と特別学校全体に占める割合を Table 2-3 に示す。

Table 2-3　教育遅滞学校の増加と特別学校全体に占める割合（1947-1965）

	1947	1955	1965
教育遅滞特別学校	135（25.1%)	256（41.2%)	410（52.0%)
その他の特別学校	402	365	379
	537	621	789

この表によれば，他校種に比べて教育遅滞特別学校の急増の傾向がよく理解できる。

17) Department of Education and Science (1969): The Health of the School Child 1966-68. HMSO. p.86. によれば，1960年代の後半に重度教育遅滞との判定を受けて就学免除になっていた子どもが成人したのちに知能検査の測定を行い，その上昇がみられたという結果を得た研究が数多く報告されたことが明らかにされている。

18) 1970年教育法は，わずか2条からなる法律であるが，1944年教育法における就学免除規定を撤廃することが規定され，イギリスにおける全員就学を実現させた重要な制度である。

19) Gulliford, R. (1971): Special Educational Needs. Routledge. p.64.

20) Ministry of Education (1964): Slow Learners at School. pamphlet No.46.

21) 通常，backward children は，「遅進児」と訳されてきた。しかし，単独で back-

ward が用いられる場合には，言外に「学習上の」という語が付されているが，educationally が付された場合「教育的遅進」となり，子ども自身の学習なのか教育なのかが曖昧になるため，ここではあえて「遅進のある」との表現を用いた。

22）Department of Education and Science (1969). op cit. note 17).

23）例えば，次のような文献がある。Tansley and Gulliford (1959): The Education of Slow Learning Children. Routledge. や Scottish Advisory Council (1951): Pupils with Mental or Educational Disabilities. HMSO.

24）新井英靖（1998）：「学習困難児」の教育的対応に関する研究〜イギリスの「学習困難」問題を中心に〜．東京学芸大学教育学修士論文（未公刊）。

25）Tansley and Gulliford (1959): op cit., note 23), p. 5.

26）Board of Education (1944): op cit., note 8).

27）新井英靖（2011）：英国の学習困難児に対する教育的アプローチに関する研究。風間書房。

28）Gipps, C., Gross, H., and Goldstein, H. (1987): Warnock's Eighteen per Cent-Children with Special Needs in Primary Schools-. The Falmer Press. p. 1-14.

29）イギリスでいう remedial education は，ドイツの Heilpaedagogik（医学的アプローチと教育学的アプローチを併用する）とは異なる意味の用語である。この点は混同のないようにしていただきたい。イギリスでいうレメディアル教育は，比較的短期間に特定の目標設定をしておこなわれる教育をさしている。実際の対応方法等は各学校によって異なっているが，特に基礎教科学習の遅れに対応する場合が含まれるため「補償教育」と訳されている場合もある。学校によってはむしろこの用語の方が適切な場合もある。しかし，このアプローチは本文中でも触れたように実験的なデザインにもとづき「レメディアルモデル」のパラダイムによって実施される場合が特別教育領域で拡大したことから，ここでは「レメディアル教育」の語をあてた。

30）Gipps, C. et al. (1987). op cit., note 28), p. 4-6.

31）ibid., p. 2-3.

32）ibid., p. 1-2.

第3章　ガリフォードによる特別な教育的ニーズ概念の提起とウォーノック報告の特徴

第1節　はじめに

　本章では，ガリフォード（Gulliford, R.）によって提起された特別な教育的ニーズの概念の特徴と，ウォーノック報告の視点の特徴について明らかにすることを目的とする。

　特別な教育的ニーズの概念は，どのようにして登場してきたのであろうか。この経緯については，なお明らかにしなければならない課題が残っているが，ここではまず，この概念を最初に提起したガリフォードの著作に注目して，同概念がどのように提案されたのかを簡潔に振り返っておくことにしたい。

　そして，特別な教育的ニーズの概念を世界的に注目させる契機となったウォーノック報告の概要について明らかにすることを目的とした。これらを通じて，従来の障害の概念への注目から，どのように学習場面に即したニーズについて視点が向けられるようになっていったのかについて考察したい。

第2節　ガリフォードが提起した特別な教育的ニーズの概念

　「特別なニーズ」という用語が最初に用いられたのは，ウォーノック報告であるとする見解もあり（Gipps ら，1987）[1]，また，ウォーノック報告によって世界的に知られるようになったことは事実であるが，特別ニーズ教育における中心概念である「特別な教育的ニーズ」について，はじめて明確に論じたのは，後にウォーノック委員会の小委員会のメンバーともなるガリフォー

ド（Gulliford, R.）であった。彼は，障害のある子どもへの教育的対応が，あまりに子ども自身の欠陥（defect）の側面に偏重してなされていることへの問題意識から，1971年に『特別な教育的ニーズ』[2] を著した。この中では，様々な「障害」について取り上げながら，その対応が単に子ども自身の障害にもとづいて定められるのではなく，子どもがおかれている「環境」と関連づけてそのニーズを把握すべきであることが一貫して論じられている。つまり，障害のある子どもへの対応は，その子どもがおかれている環境を必ず考慮しなければならず，それを怠れば，けっして適切な働きかけは行いえないという主張が展開されたのである。この明確な問題意識からも明らかなように，ガリフォードが最初に提起した「特別な教育的ニーズ」の概念は，「障害」と「環境」，及び両者の相互作用からなるものであった。すなわち，彼は「少数の主要な欠陥（defect）に関する単純な考え方から離れ，『障害』と『環境条件』，及び両者の『組み合わせ（combination）』から生じると思われる特別な教育的ニーズについて考えたい。そしてどのような場合でも，ニーズの程度は（障害と環境の）両要因が常に影響している（Gulliford, 1971）[3]」と述べたのであった。

　今日では，子どもの特別な教育的ニーズは，障害に起因するもしくは深く関係している場合ばかりでなく，障害とはまったく関係なく生じている場合とがあることが認識されているが，ガリフォードによる「特別な教育的ニーズ」概念の提案は「障害」との関係が密接であったことを十分に理解しておくべきであろう。

第3節　ウォーノック報告と1981年教育法

1．ウォーノック報告の概要

　イギリスにおける特別なニーズ教育の制度化にあたってもっとも大きな，

第3章　ガリフォードによる特別な教育的ニーズ概念の提起とウォーノック報告の特徴　81

そして直接的な影響を与えた報告書が，いわゆるウォーノック報告である。

　正式には「特別な教育的ニーズ」といい，障害児者教育調査委員会（Committee of Enquiry into the Education of Handicapped Children and Young People）の報告書として，当時の教育科学省（Department of Education and Science: DES）大臣に1978年5月に提出されたものである。委員長名（Warnock, Mary）をとって通称ウォーノック報告と呼ばれている。

　同委員会は1973年11月に設置され，翌年9月から活動が開始された。委員会への諮問事項は，次のような内容であった。

　「イングランド，スコットランド，及びウェールズにおける心身に障害のある子ども及び青年について，彼らのニーズの医学的側面と，雇用につなげる準備のための方策とを考慮しながら，彼らに対する教育的対応について調査すること。また，これらの目的のために資源をもっとも効果的に利用する方策を検討し，勧告を行うこと。」（DES, 1978)[4]。

　同委員会への諮問事項はこのように非常に広範囲にわたるものであったことから，1975年春に4つの小委員会（a. 5歳以下の障害児のニーズについての調査を行う小委員会，b. 通常の学校における特別教育について検討する小委員会，c. 特別学校及び寄宿制学校に関する検討を行う小委員会，及びd. 中等教育終了後の教育的またはその他のニーズについての検討を行う小委員会）を設置し，それぞれの課題について調査・検討が進められた。

　1976年には，各小委員会の報告が行われた。これをふまえてbとcの小委員会は合併され，新たに教員養成についての小委員会が設置された。1977年にはヨーロッパ諸国への訪問調査が実施され，最終的な勧告内容の調整を1978年3月に行い，報告書が完成された。

　ウォーノック報告の内容については，すでに多くの論考で取り上げられているので，詳細は割愛するが，全体で19の章から構成され，のべ1,058段落，224項目の勧告がその内容に含まれる，非常に大きな報告書であった。以下に目次を列挙する。

第 1 章　基本方針

第 2 章　歴史的背景

第 3 章　特別教育の視点

第 4 章　発見，評価及び記録

第 5 章　５歳以下の子ども

第 6 章　特別なニーズをもつ学齢児：イントロダクション

第 7 章　通常の学校における特別教育

第 8 章　特別学校における特別教育

第 9 章　パートナーとしての親

第10章　学校から成人生活への移行

第11章　教育課程

第12章　教員養成

第13章　特別教育における助言と支援

第14章　教育サービスにおける他職種の雇用

第15章　保健サービス及び社会サービス

第16章　専門家，秘密の保持，及びサービスのコーディネート

第17章　ボランタリー組織

第18章　特別教育における調査・研究

第19章　最優先課題

　このように目次のみをみれば，これらは従来の特別教育に関する総合的な報告書としての体をなしており，新しい概念が導入されていることは必ずしも想起されないかもしれない。しかし，同報告の第３章においてそれまでの様々な障害のカテゴリーを撤廃して，特別な教育的ニーズの概念を導入することによって，「障害」も包含しながら特別教育の範疇を拡大しようとした勧告はウォーノック報告を世界的に知らしめることとなる代表的知見であるし，第９章「パートナーとしての親」というタイトルなどは，それまでのイ

ギリスにおける親の学校教育に対する関わりの権限の脆弱さを念頭におけば，大変な変化が内包されていることに驚かされるのである。

　特に前者は，世界で最初に特別なニーズ教育を制度化することの直接の契機となったことで知られている。それまでの障害カテゴリーにもとづく発想のもとでは「障害」を基準にしてその有無によって制度的に特別な対応を受けることの可否が二極分化されてしまっていたが，特別な教育的ニーズの概念は，特別な教育的ニーズをもつ生徒とそうではない生徒とは連続的な関係にあることを示したという意味でも非常に重要な意味を持っているのである。今日的課題である，いわゆる「判定書をもたないが特別な教育的ニーズをもつ子ども」への教育的対応の必要性の認識は，ウォーノック報告の勧告を原点の一つにしているのである。

　さて，ウォーノック報告の内容の要点をきわめて簡潔に集約するとすれば，以下のようにまとめられよう。すなわち，上述した障害カテゴリーの撤廃と特別な教育的ニーズ概念の提起，特別な教育的ニーズのある生徒の統合教育の推進，子どもの教育に対する親の果たす役割の大きさへの認識，様々な専門家間の協力関係構築の必要性の強調，就学前から成人期に至るまでの教育の連続性の意義の認識，ニーズの発見や評価を確実にするための「責任担当者（named person）」の必要性，である。

2．ウォーノック報告の勧告の背景

　それでは，ウォーノック報告においてなぜこのような勧告がなされたのであろうか。ここでは，ウォーノック報告が1944年教育法[5]の枠組みで展開されてきた第二次世界大戦後のイギリスの特別教育制度における主要な課題としてとらえた事柄に関連づけて，ウォーノック報告の勧告の位置づけを示したい。

　イギリスの1944年教育法は，特別教育に関係する規定を一般の初等・中等教育に関する規定の一部として初めて位置づけたことでよく知られている。

同法においては，障害児に対する教育保障及び特別な教育的処遇を必要とする生徒の確定義務を地方教育当局に負わせるとともに早期発見・早期教育措置の強化をはかるなど第二次世界大戦後のイギリスの特別教育の基本的な方針を定めるものであった。この法律の枠にそってイギリスの特別教育は進展してきたが，その流れの中で1960年代から1970年代にかけて，一般の世論及び障害児教育関係の専門家の間で，特別教育に関わる従来の変え方を再検討する必要性が認識されるようになった（小鴨，1980)[6]。

特に関心を呼んだのは以下に列挙した課題であった。

1）特別教育制度下における障害の分類に関わる問題

第2章で取り上げたように，1944年教育法第33条では，障害のカテゴリーの設定及びそれに応じた教育措置を行うことが定められており，翌年にはこの法律にもとづいて11種のカテゴリーが作成された。その後一部改正を経て，1959年に「盲」・「弱視」・「聾」・「難聴」・「虚弱」・「教育遅滞（Educationally Sub-Normal)」・「てんかん」・「不適応」・「肢体不自由」・「言語障害」の10種となった。ところが，これにより同じ障害カテゴリーに含まれているという理由だけで教育的処遇もが同じにされてしまうという事態が生じることとなったり，重複障害のように特定の障害に分類できない場合の問題が指摘されるようになった。また，障害のカテゴリーが，特に知的に障害があるとされた生徒に「劣等」という意味合いを持つレッテルを貼る結果をもたらすことになるなど，1960年代後半には障害のカテゴリー化に関して新たな考え方が求められるようになっていた。

2）就学猶予・免除制度の問題

「学校教育に不適切な児童・生徒」に関する規程[7]により，IQ50以下の子どもは学校での教育が不可能であるとされ，就学免除の対象とされた。しかし，知能指数のみで「教育不可能」の判定ができるのかという疑問が生じた。

1959年の「精神衛生法」により在宅の重度教育遅滞児を通園施設に通わせることが義務づけられたが，制度的に先の規定が廃止されたのは1970年教育法の成立を待ってからである（第2章参照）。

3）統合教育の必要性

社会の障害者に対する態度の変化や，障害児やその親の統合教育に対する要求の高まり，そして1944年教育法の下で障害児はそのカテゴリーに応じて特別学校，特別学級に振り分けられていたために，自らが属しているカテゴリー以外の学校（特に通常学校）において教育を受けるということは制度的に困難である状況が存在していた。

また，通常学校において教育が受けられるように教育措置がされても，その生徒にとって適切な教育を提供するだけの人的・物的準備が不十分であったという事情もあり，統合教育を実施していく上では多くの課題が残されていた。

4）障害のある生徒に対する教育の継続性の問題

医務官により2歳児検診を実施し，特別な教育的処遇を必要とする子どもを確認することが1944年教育法によって各地方教育当局に義務づけられていたが，1960年代になると，実際には更に早い時期より障害の発見がなされるべきであることが指摘され，超早期からの教育が行われることによって大きな教育的効果をおさめる例が示されるようになった。そして1970年代には，早期診断をめぐって医学的判断と教育的判断とのギャップの存在が問題とされるようになった。1967年に「プラウデン（Plowden）報告」が提出されるまでの政府の報告書が公立組織の中等教育及び継続教育部門に関することに集中していた（「クラウザー（Crouther）報告（1959）」や「ニューサム（Newsom）報告（1963）」がある（Rogers, 1980）[8]）ことからもうかがえるように，イギリスでは第二次世界大戦後の教育の整備に関して中等教育の充実という

ことに重点をおいてきた。

　しかし，特別教育の領域における中等教育の整備は通常教育よりも大きく立ち遅れていた。中等教育終了後の高等教育あるいは継続教育を受けることは，障害のある本人が入学に際しての条件を満たせない場合や，教育機関において十分な受け入れの準備ができていない場合が多く，一層困難な状況であった。

5）専門家の確保と養成の問題

　1970年教育法の施行により，1944年教育法の就学猶予・免除に関する規定が廃止されたことに伴って，福祉制度の対象から，特別教育の対象となる子どもの数が相当数増加したが，それに伴い彼らの指導に携わる教師が必要となった。そして，充実した教育を提供するために，教師の量的な面と共に質的な面をも重視することが求められるようになったのである。まず最初に重視されたのは，現職教師の再教育である。それと並行するかたちで新任教師の養成をすることも必要とされた。

　この他に関係することが想定される専門家に関しては，概ね以下のような考え方がなされていた。特別教育の量的質的拡大を進行させるためには，いままで以上に人間教育についての認識を深く持ち合わせた教育概念が取り入れられる必要があり，その実践のための条件としては，どのような障害のある子どもにも存在する潜在能力を引き出し，新たな技術と能力を創り出させるための周囲からの働きかけについての研究と実践が進められなければならない（遠藤，1982)[9]。そして，その担当者には，教師，両親，医師，看護師，各種技術の専門指導員，サイコロジスト，ソーシャルワーカー，カウンセラーなどが挙げられていた。

6）諸領域の連携の問題

　多様な専門家の個別的な養成だけでなく，それぞれの専門家間の協力関係

第3章　ガリフォードによる特別な教育的ニーズ概念の提起とウォーノック報告の特徴　87

の充実も欠くことのできない重要な要素であった。例えば，行政上，保健当局の管轄下に措置がおかれる場合と地方教育当局のもとにおかれる場合とでは，提供されるサービスにも違いを生じさせる結果を引き起こす。医療関係者と教育関係者との連携が十分にとれているか否かということが，サービスの内容を左右してしまうことは当時から周知の事実であった。

　障害のある生徒に関係している様々な機関や専門家の間の有機的な協力関係の構築については1970年教育法の施行により保健当局から地方教育当局に多くの障害児が移管されるようになったことを契機として具体化することが求められるようになったのであった（Gulliford, 1982）[10]。

7）特別教育を提供する場の問題

　統合教育や障害の判定などの問題ともからんでくるが，どこで特別教育を提供するのか，すなわちもっとも効果的な教育が提供されるのはいかなる場においてなのかということを判断するための客観的実戦的資料の提出が求められていた。1970年代の通常学校においては，レメディアル教育が障害児教育の主要な形態であったが，この形態では，障害のある生徒とレメディアル教育を担当する専門の教師が，まるで学校全体の組織の中から切り離されたような位置づけであったことが大きな問題とされ，特別学校以上に分離されているのではないかとの批判が大きくなっていたのであった。

8）家庭（特に親）の協力の必要性

　イギリスでは伝統的に教育に対して親の発言権が弱く，その意向などが実践に反映されることがほとんどなかった（矢野，1980）[11]。しかしながら，学校教育が社会的・家庭的な問題とも深く関わるような方向性をもつようになるに従い，理解者，そして協力者としての親の役割が教育的効果を高める上で重要であるという認識が次第に拡大するようになった。

　ウォーノック委員会では，第二次世界大戦後の特別教育制度におけるこう

した課題を念頭に，その勧告を行ったのであった。

3．ウォーノック報告の特徴的な勧告

同委員会はおよそ3年半にわたる活動の後，1978年5月に「特別な教育的ニーズ（SPECIAL EDUCATIONAL NEEDS）」[12]と題する報告書を議会に提出した。これが通称「ウォーノック報告」と呼ばれているものである。報告書は400ページ以上にものぼり，19の章の中でのべ224項目の勧告を行っている。ここでは，前項で列挙した第二次世界大戦後の特別教育に関わる課題としてとらえた事項に対してウォーノック報告ではどの様な勧告を行ったのかを示す。

1）特別教育制度下における障害の分類に関わる問題

ウォーノック報告では，「障害児童・生徒についての法的カテゴリーは廃止すべきである」（DES, 1978, para.3.25）[13]と勧告し，従来の法的カテゴリーに変わる新しい公的なとらえ方として，「多角的専門家チームによって用意された子どものニーズに関するプロフィールに基づいて…（中略）…記録システムを設けるべきである」（DES, 1978, para.3.31）[14]ことを指摘した。

ここで，本書の第2章で取り上げたような，医務官によってのみ障害の判定がなされていたことに対する反省が示され，複数の専門家によって子どもに対する評価を下すようにすべきこと，そしてカテゴリーに代わるとらえ方を促すために，特別な教育的ニーズの概念を導入したのであった。ウォーノック報告における特別な教育的ニーズの概念の導入の特徴は，単に障害のカテゴリーを廃止することが目的だったというよりは，障害以外の要因を考慮できるようにするためであったことが重要である。ウォーノック報告における特別な教育的ニーズ概念の導入は，障害の置き換えではなく，他の要因を勘案できるようにすることが意図であったということである。

第3章　ガリフォードによる特別な教育的ニーズ概念の提起とウォーノック報告の特徴　　89

2）就学猶予・免除制度の問題

1970年教育法の施行により，制度上は全員就学が実現していたため，実はこの問題に関してはウォーノック報告の中では言及されていない。「特別な教育的対応の範囲はそれぞれの子どもの極端に多様で変化していくニーズにできる限り密接に適合するように広く，柔軟になっている必要がある」（DES, 1978, para.6.16）[15] という記述にみられるように同委員会では，特別な教育的ニーズのあるすべての生徒を特別教育の対象としてみなしていたのであり，教育という観点からは特別な教育的ニーズに関わる教育制度の対象外となるものはいない，という考え方を示していることが重要である。

3）統合教育の必要性

ウォーノック報告では「現時点では障害児として数えられてはいないが，多様な形態での付加的サポートを必要としている通常学校にいるそのような子どもすべてを含んで，可能な限り共通の設備で障害のある生徒と障害のない生徒を教育するべきである。」（DES, 1978, para.7.3）[16] と述べ，それまで以上に統合教育拡大の方向性を示していた。そして，生徒の特別な教育的ニーズに応じて「特別な教育的対応の物理的な位置に関する統合」（DES, 1978, para.7.7）[17]，「社会面に関する統合（DES, 1978, para.7.8）[18]，「最も完全な形態の機能的統合」（DES, 1978, para.7.9）[19] の３種類の統合教育の段階的形態を示し，その生徒にもっとも利益があるような形態でサービスを提供する必要性を指摘したのであった。

委員会では基本的に統合教育の拡大の方向性を持ってはいるが，ただやみくもに特別なニーズのある子どもとそうでない子どもを一緒に通常学校で教育するということを勧めていたわけではない。むしろ，「学校の性質が代わってしまうほど，…（中略）…一つの学校にこれらの（特別な教育的ニーズのある）生徒がたくさんいるべきではないことを適切な統合計画の成功のための重要な条件として見なしていた（DES, 1978, para.7.12）[20] のであった。そし

て，特別な教育的ニーズのある生徒をとりまく様々な「環境条件が整えられることなくして障害や重度の困難のある生徒の統合に関する実際的な活動は全く想像できない」(DES, 1978, para.7.15)[21] と指摘したのであった。これは，ウォーノック委員会が，特別な教育的ニーズの概念を統合教育の問題に適用する際に，当該の生徒だけに視点をおくのではなく，学習環境の整備という視点と不可分の問題であるととらえていたことを示す記述である。

4) 障害のある生徒に対する教育の継続性の問題

「5歳以下の子ども」と題した章のなかで，「障害や重大な困難のある子どもの教育は，最低年齢の制限を設けずにできる限り早く開始すべきである」(DES, 1978, para.5.2)[22] と指摘し，「特別な教育的ニーズがあるというサインを示している子どものための早期の教育機会がきわめて重大である」，と従来の認識の再確認をしている。そして，具体的には「巡回指導サービス」や「保育教育」の準備を整える必要性を指摘したのであった。

初等教育及び中等教育の段階については，統合教育の方向性が示されていたが，ウォーノック報告では，中等教育修了後の教育を重視し，問題解決が最優先されるべき課題の一つとしてこの領域を挙げていた。具体的には，「生徒の持つ特別な教育的ニーズは少なくとも卒業する2年前までに将来の見通しとともに再鑑定がなされるべき」(DES, 1978, para.10.7)[23] であり，それにもとづいて在学期間の延長（DES, 1978, para.10.30)[24] や継続教育機関あるいは高等教育機関に進学すること（DES, 1978, para.10.32, 37-44)[25] についての勧告がなされた。ウォーノック報告が提出された当時は，中等教育の機会の保障が制度的にようやく実現したばかりであり，教育の内容まで実態が伴っていたわけではない段階で，すでに中等教育修了後を見据えた勧告がなされていたことは注目に値する。

5）専門家の確保と養成の問題

　教員養成もまた，最優先課題の一つとされている。しかも単に特別学校あるいは特別学級の現職教師や，大学の特別教育に関わる教員養成課程の学生だけをその対象とするのではなく，ウォーノック報告では，「あらゆる新任教師養成の課程に特別教育の単元を含めるべき」（DES, 1978, para.12.7)[26] と指摘して，特別教育に関する専門的知識を有する教師の養成を広く求めた。

　そして，生徒の多様なニーズに対応していくため，教師以外に関わりを持つことのある専門家として医師，エデュケイショナル・サイコロジスト，ソーシャルワーカー，スクール・サイコロジスト，職業指導官，教育福祉職員，保育士，各種アシスタント，児童ケア職員（DES, 1978, para.14.12-38)[27] を挙げ，その役割の重要性を指摘した。

6）諸領域の連携の問題

　ウォーノック報告では，専門家間の関係やサービスの協調性についても一つの章が割かれていた。

　「多分野にまたがる研修の課程は異種の専門家にとって互いに理解を得る非常に貴重な機会である」（DES, 1978, para.16.18)[28] との認識のもとに，「専門家に共通した関心事となっている主題に焦点を合わせて，多分野にわたる短期研修コースを拡充するべきである」（DES, 1978, para.16.25-26)[29] という勧告をしている。障害の発見や鑑別診断に際しても多方面の専門家が関わるように勧告していた。鑑別診断は5段階にわけて示され，例えば，「校長あるいは校医により，巡回指導教師，スクール・サイコロジスト，保健当局や社会サービス局の職員等の専門家を入れて（第3段階）」（DES, 1978, para.4.38)[30] 診断を行うことを求めていた。

　また，適切なサービスが提供されるようにするために，「地方教育当局は，障害のある生徒を入学させる私立の特別学校に子どもの教育措置を決定する前に，地方保健当局と協議して適切な健康保護ができるように保証すべきで

ある」（DES, 1978, para.15.19）[31] ことや，ボランタリー組織に対しては，「ボランタリー組織と地方当局とは，特別な教育的ニーズのある幼児の親たちが助言やサポート・サービスを利用できるように，またそのような子どもの親がこのサービスの存在に気づかないことがないように協力するべきである」（DES, 1978, para.17.25）[32] と勧告するなど，関係する諸領域，諸機関の連携について多くの具体例を挙げて，その必要性を説いた。

7）特別教育を提供する場の問題

イギリスにおいては，従来より政府の政策において「通常学校において十分に教育されうるものは，誰しも特別学校へ送られるべきではない」（DES, 1978, para.7.1）[33] との認識がなされていた。実際，1960年代以降には，特別学校ではなく，通常学校の特別学級及びユニットに在籍する生徒の数が増加してきていた。ウォーノック報告では，そうした状況を念頭に「特別学級やユニットを，可能な場合は…（中略）…通常学校に付属させて，通常学校の一部として機能させるべき」（DES, 1978, para.7.35）[34] であると勧告した。

特別学校については，その役割を「特別学校の施設やそこでの専門的指導は，短期間に，あるいは緊急の集中的な専門的支援を提供するために，もっと広く利用できるようにすべきである」（DES, 1978, para.8.9）[35] とも勧告していた。

実は，ウォーノック報告では，教育を提供する場を特定してはおらず，「同一区域の特別学校と通常学校には密接な結びつきが形成されるべきである」（DES, 1978, para.8.10）[36] という記述にみられるように，適切な連携がつくられることによって生徒に最も効果的な教育サービスが提供されるようになることを求めたのであった。

8）家庭（特に親）の協力の必要性

「パートナーとしての親」と題して一つの章を割いていることからもうか

がえるように，ウォーノック報告では親の教育への参加及び協力を大変重視する考え方が示された。特に，発達の早期の段階においては「両親が主たる教育者として見なされるべきである」（DES, 1978, para.5.3)[37]とし，教育に親が積極的に関与することを求めたのであった。さらに，「自分の子どものために用意された準備の適切性について議論するために…（中略）…親が（サービスを提供している組織に対して）直接的なアクセス権を持つようにすべきである」（DES, 1978, para.9.29)[38]と勧告した。具体的には，「担当責任者（named person）」を定めることや，「対策が不十分である場合には，自分の子どもに対する所見を記入した地方当局の教育心理担当者（Educational Psychologist）に直接コンタクトをとることができるように，その職員の電話番号及び所在地を知らせておくべきである」（DES, 1978, para.9.33)[39]とまで勧告し，親の立場をそれまでよりも大変強化する方向性を持った勧告を行った。このように，ウォーノック報告では様々な課題に対して具体的な解決案を示しながら，勧告を行ったのであった。

　以上のまとめとして，前項で挙げた課題に対して，ウォーノック報告で主に対応する章番号を Table 3-1 として示した。

Table 3-1　第二次世界大戦後の課題に対するウォーノック報告の章番号

課　題	対応する章の番号
１）特別教育における障害の分類	３，４
２）就学猶予・免除の問題	６
３）統合教育の問題	７
４）障害児への教育の継続性	５，10，19
５）専門家の養成	12，14，16，19
６）諸領域の連携	４，14，15，16，17，18
７）特別教育を提供する場	７，８
８）親の協同の必要性	９

4．ウォーノック報告の勧告に関わる考察

　ここまでに取り上げた第二次世界大戦後の課題とそれに対するウォーノック報告の勧告について，2つにまとめて考察をする。

1）障害及び障害のある生徒のとらえ方と特別な教育的ニーズの概念の導入
（特別教育における障害の分類，就学猶予・免除の問題，統合教育）

　障害のカテゴリー化に伴う様々な問題は，障害のとらえ方そのものに直接的に起因する問題でありことから，課題解決に際してはこの点について考える必要がある。

　ウォーノック報告では，特別教育の概念を従来よりも拡大して「誕生から成人までの間に，教育上の困難を克服するために準備される付加的な援助は，いつ，どこで行われても『特別教育』に含まれる」（DES, 1978, para. 1.10)[40]ととらえた。そして，障害のカテゴリーの修正をするのではなく，「特別な教育的ニーズ」というまったく新しい概念の導入をはかり，「ニーズのある子ども」を特別教育の対象としたのである。ここでは，それまでの障害の判定の方法が，教育を提供するという見地からは明らかに不十分であったという認識のもとに，特別教育の必要性に関わる判定は複数の分野の専門家で構成される多角的専門家チームによって行われるべきことが指摘された（DES, 1978, para.3.31)[41]。

　また，知能指数を指標とした判定にかえて，SE書式を用いて子どもがどのような教育上のニーズを持ち，どの様な特別な教育的対応を必要としているのかの把握が可能となるようにした。従来のように医学的，心理学的な側面からみて障害があるとされた子どものみが特別教育の対象となるのではないことを示しているという点でこれらの勧告は大きな意味を持っているといえよう。このSE書式（Special Education Format）は，子どもがどのような理由で特別教育を必要としているのかを記す書類のことである。これこそが，

後に1981年教育法によって制度化された「判定書（the Statement）」となるのである。判定書制度は，特別な教育的ニーズがあるにも関わらず判定書を発行されない生徒の存在が顕在化するなどの運用上の問題を生み出すことになるが，現在に至るまで，イギリスにおける特別な教育的ニーズに対応する教育制度の根幹をなす制度である[42]。このことを念頭におくとき，ウォーノック報告において，判定書の仕組みが提案された背景を理解しておくことは重要である。

　第二次世界大戦後，医学的な診断検査や，知能検査，発達診断検査などは改良が重ねられるたびに，より正確にそしてより詳細な部分まで明らかにすることができるようなものになった。子どもの障害は，検査の発展に伴い共通した要素（目に関するもの，耳に関するもの，体の運動的な機能に関するもの…）でまとめられた。このようにして障害のカテゴリーは構築されてきた。これらの診断検査は，本来，対象の機能がどのような状態であるのかを測定するためのものであり，子どもを区別する目的で開発や適用がされてきたわけではない。ただし，子どもに教育を提供するために開発されたものではなかった。それにも関わらず，教育の領域において医学的，心理学的な検査結果をそのまま用いたために，問題を生じることになったのである。

　検査を適切に用いなかったために，単に障害の種類を区別することに留まってしまったばかりか，「劣等」などの意味を持ったレッテルを貼る結果をもたらしたのである。つまり，障害のカテゴリーの問題は，診断そのものの存在に起因する問題ではなく，運用の問題と，提供される教育サービスとの整合性の問題なのである。ウォーノック報告は，この点をとらえ，あくまでも「子どもが何を必要とし，それに対して何を提供するべきであるのかを，適切な教育活動を行うという観点から考える」という視点にたって，特別な教育的ニーズの概念の導入を図ろうとしたと理解することができるのである。

２）障害のある生徒に関わる人的・物的環境について

（専門家の養成，親の協力，諸領域の連携，教育の継続性，特別教育の提供の場）

ウォーノック報告では，特別な教育的ニーズのある生徒に対して用意される特別なサービスを総称して「特別な教育的対応（special educational provision)」と呼称した。

まず，従来より指摘されていた各種の専門家及び専門機関の必要性を再確認するとともに，さらにそれらの間の協力関係の重要性を，具体的な例を挙げながら強調した。専門家及び専門機関の間の協力関係は，それぞれの専門性を生かしながら，いかに全体総和として最大限の効果を生み出すことができるかということが重要であり，その協力関係がうまくいかない場合には，結果的に子どもに提供される専門的援助の質の低下をもたらす。様々な領域にわたる専門性を持ち合わせた特別な対応を提供する特別教育において，協力関係における支障は大きな問題として認識されてきたことである。

イギリスにおいては，専門家や専門機関が持つ責任の範囲が比較的厳密に決められているので，専門家及び専門機関の協力関係は制度的にある程度整えられていれば，かなり有効に作用するのではないかとウォーノック報告では認識していたと思われる。ウォーノック報告において，具体的に必要な専門家や専門機関が示されていることや，相互の協力関係について，その問題の解決のために研修コースの開発に至るまでの勧告をしている点にそれを看取することができるのである。さらに，ウォーノック報告では，自分の子どもの教育に対する親の関わりについて，その必要性を強く述べている。特に，サービスの提供機関や，担当する専門職に対して直接的なコンタクトを可能にすることや，地方教育当局の決定に対する不服を当該大臣に訴える権利を与えるべきことを勧告し，それまで非常に弱かった親の権利を拡大させる方向性を示した意義はとりわけ大きいといえるだろう[43]。

教育の場については，特別学校を通常学校では不可能な特別な専門的援助を提供する場であるととらえていた。ウォーノック報告では，障害があるか

ら特別学校に通うのではなく，あくまでも特別なニーズに対する援助を受けるために特別学校に通うのであるとの立ち位置を明確に示したのである。そして，特別学校と隣接する通常学校において，可能な限り設備を共通に利用できるようにすることを求めた点は，特別な教育的ニーズの概念をふまえて新しい学校制度の創設をも意図したと思われるような転換をもたらす指摘だったのである。

ただし，その実施にあたっての具体的な行政に対する勧告には踏み込むことがなく，不十分さも残した。生徒の特別な教育的ニーズの状態に応じて資源の調整・利用がなされることが必要であり，実際的にどこまで個別のニーズに対して効果的な援助ができるか議論の余地を残すこととなった。このことが1980年代の特別な教育的ニーズへの対応に混乱を引き起こす伏線ともなるのである。

以上，ウォーノック報告に焦点をあてて，その特徴を俯瞰してきたが，ウォーノック報告には，教育実践を提供する際に，生徒に最大の利益がもたらされるような視点に立った考え方が述べられている箇所が大変多くみられる。

伝統的な特別教育の発展の過程においては，医学的な「治療活動」や，心理学的な「変容」など関係する諸領域からのアプローチが欠かせなかったとはいえ，ともすると学習者の「学び」の視点とは異なる観点からばかり学習者がとらえられるようになってしまっていたのではないかという点にウォーノック報告は直接的な異議を唱えたのでもあった。ウォーノック報告においては，医学的，心理学的な検査そのものを批判していたのではなかった。それぞれの診断や検査は，特別教育において必要なものであったからである。その意義を認めつつ，従来以上に学習者主体の教育を提供するために必要な評価，とらえ方がなされるべきであることをウォーノック報告は示そうとしたと理解することができるのである。そして，その転換のために導入した概念が，子どもと学習環境との関係で，対応の必要性やその具体的内容を浮かび上がらせようとする特別な教育的ニーズの概念だったのである。ウォーノ

ック報告を複雑多様化してきた特別教育について，教育を行うという原点に
たちかえり，考え直すことを試みるきっかけとしてとらえたい。

5．1981年教育法

1981年教育法（Education Act 1981）は，前項で取り上げたウォーノック報
告の勧告を受けて，勧告内容の一部を1944年教育法の障害児教育関係規定を
撤廃する形で制度化した法律として知られる。

同法は大きくわけて次に示す4つの内容から構成されている。

　a．障害種別のカテゴリーの撤廃と特別な教育的ニーズ概念の導入
　b．統合教育の原則の明確化
　c．保護者の権限の拡大
　d．特別な教育的ニーズの評価手続き

これらの内容をみれば，それが前項においてふれたウォーノック報告にお
ける要点を反映したものであると理解できる。

同法の第一条で特別な教育的ニーズが制度的に規定され，特別なニーズ教
育が明確な教育制度上の根拠をもつことになったことは各国に大きく紹介さ
れた。同法の施行規則（1983）によって，「判定書（statement)」[44]の書式とし
て，ニーズの評価内容が定められた。この「判定書」は，学校からの申請に
より開始される一連の評価手続きをへて，地方教育当局によって発行される
ものであるが，特別な教育的対応を行うために付加的な資源の割り当てを受
ける制度的根拠となるものである。つまり，特別な教育的ニーズをもつ生徒
でも「判定書」が発行されないと，十分な教育的資源の割り当てを受けるこ
とができないのである。ウォーノック報告では特別な教育的ニーズをもつと
想定される生徒が5～6人に1人はいるという見積もりを行っていたが，
1981年教育法の施行によって，「判定書」の作成された生徒の割合をみれば，

各地方教育当局がウォーノック報告の主旨に則ってどれだけ対象となる生徒の範囲を拡大したのかを把握することができると考えられたので，同法の施行直後は「判定書」の作成割合が関心を集めることとなった。

しかし，施行規則によって示された「判定書」の記載内容があいまいであったため，地方教育当局に大きな混乱を生み，当局間で判定書の作成割合が大きく異なる事態が発生することになる（河合，1989）[45]。

特別な教育的ニーズの評価と判定書の作成の問題は，結果的に1980年代を通じて実践上の混乱となって展開することとなるのである。「判定書」の作成に関わって，地方教育当局によって決定された特別な教育的対応に対してその親に不服がある場合（これは「判定書」の作成の有無に関わることと，「判定書」の内容に関することに大別される），担当大臣に対して不服申請の権利が認められることとなった。これを具体的に取り扱う機関として，中立的な調停組織である「特別な教育的ニーズ裁定機関（Special Educational Needs Tribunal）」が設置された。子どもの教育的対応に親が関与することができるようになったという点は，極めて大きな進歩であったと評価されている。

さて，1981年教育法では，統合教育の原則が明確化されたが，同法の施行によって画期的に統合教育が推進されたとはいえない。もちろん，視覚障害や聴覚障害のように感覚系の障害のある生徒で，それが単一障害である場合には，通常の学校に在籍する生徒が多くなったが，従来のいわゆる「障害生徒」の大半を占める知的障害のある生徒や重複した障害のある生徒がなお多く特別学校に在籍することとなったことから，数値的にみれば統合教育はあまり進展していないとみられている[46]。

しかし，ウォーノック報告で推定された対象生徒数の見積もりは，特別な教育的ニーズをもつ生徒の大半が，すでに通常の学校に在籍していることが前提とされている点に注意する必要があろう。つまり，ウォーノック報告とその勧告を受けて制定された1981年教育法では，通常の学校に在籍する特別な教育的ニーズをもつ生徒への対応が強く意識されていたのである。

100

　それではなにが，それまでのイギリスにおける特別教育が対象としていた「障害児」から，対象の範囲が通常の学校を視野に入れて拡大されることの動因となったのだろうか。

第4節　考察－ガリフォードからウォーノック報告への変化の背景－

　本節においては，ガリフォードによって障害概念との密接な関わりにおいて提起された特別な教育的ニーズの概念が，それまでの障害児の出現率を大幅に越える対象想定をおこなうウォーノック報告における特別な教育的ニーズへと，どのような背景をもちながら概念の拡大がなされたのかについて，その背景に関連づけながら論じる。すでに第2章で論じたように，1944年教育法のもとでカテゴリー化された対応や，教育遅滞児の問題を中心にして，1970年代までに生じた課題がそれまでの特別教育の見直しへの要請の一つの要因であったことは疑いの余地はない。同様に，子どもの個体要因に注目した欠陥モデルから，学習環境の影響を考慮した相互作用モデルへの視点の変化が，現在の特別なニーズ教育の基本的概念の核となっていることも周知の通りである。これらはいずれも従来の「障害のある子どもを対象にした」教育を視点の中心に据えていたことがその共通要素である。

　しかし，このように障害のある子どもに関わる要因だけでは，ウォーノック報告において特別な教育的ニーズをもつとされる子どもの出現割合の根拠を説明することができないという問題に直面する。

　ここでいう，従来の障害のある子どもの出現率を大幅に越える対象想定とは，ウォーノック報告において，「特別な対応を常時必要とする子どもは6人に1人，学齢期間中の一時期ならば5人に1人の子どもが何らかの特別な教育的対応を必要とする（DES, 1978, para.3.18)[47]」との見積もり，すなわち全学齢生徒のおよそ20％が何らかの特別な教育的ニーズをもっているとの見積もりがなされたことをさしている。この値は，従来の障害児の出現率がお

よそ2％前後であったことと比較されて，イギリスにおいては特別教育の対象が大幅に拡大された例として各国に大きな波紋を及ぼした。補足的な説明となるが，ここで注意しておかなければならないことが2点ある。

　第一に，後述するように，イギリスにおいて特別な教育的ニーズにもとづいて，付加的なもしくは通常とは異なる教育的対応を，「地方教育当局の責任の元に」行われるべき対象となるためには，特別な教育的ニーズに関する「判定書」が作成されることが前提となっているということである。つまり，特別な教育的ニーズがあるとされても，判定書が作成されて付加的な予算措置等が講じられるケースと，判定書の作成には至らずに，通常の教育的対応の範囲において対応が行われる場合とがあるのである。ただし，後者の場合でも何らの特別な教育的対応が図られないということではなく，各学校の中で様々な工夫が行われている。ようするに，判定書は作成されていないが何らかの特別な教育的対応を必要とする生徒が多数存在しているが，彼らに対する教育においては付加的な資源の割り当てが保障されていないため，各学校の独自の工夫に委ねられざるを得ない状況があるということである。こうした場合には，各学校が十分に対応できずに生徒の学習上の困難が一層強められてしまっている事態も生じている。1993年教育法案の審議の際に，Warnock が懸念を表明していた（茂木・清水（監），1999）[48] のはまさにこうした「判定書をもたない」生徒たちへの教育の質をいかに高めるのかということなのである。

　今日では，次のような見解が一般的になっている。

　特別な教育的ニーズをもつ子どもの割合は，全学齢生徒の5人〜6人に1人である。
　しかし，判定書が作成されて特別な教育的対応が図られるのは50人に1人である。

すなわち，特別な教育的ニーズのある生徒は，全体の20％ほどになると考えられているが，とりわけ多くの配慮が必要な生徒の割合は約２％（徐々に高まってきてはいるが）であり，残りの大半は通常の教育的対応の中で何らかの特別な配慮が行われることが想定されているのである。この点に関して，「イギリスでは全生徒の２割もの子どもたちが，ニーズを認められて手厚い対応がされている」といった了解がされている場合がみられるが，実際にはそうではなく，特別な教育的ニーズをもっていることは認識されているものの，そのすべての生徒が個別に特別な教育的対応をなされているのではない。

これについては，必要な財源の確保の問題が当然想起されるであろう。たしかにウォーノック報告が提出された年は，当時のサッチャー政権による「イギリス病」からの脱却を目指した強引なほどの財政改革による緊縮財政に着手された時期と重なるが，端的にこのことが理由で財源の確保がなされなかったとは考えにくいのである。なぜならば，特別な教育的ニーズへの対応に関して，従来の特別教育制度から予算が縮小されたわけではなかったからである（DES, 1983）[49]。そして，河合（1989）[50]によって明らかにされているように，判定書の発行割合が地方教育当局によって大きく異なる事態が生じていたことは，当時の教育科学省が特別な教育的ニーズの概念を制度化した際に，実際にどの程度の生徒が判定書を発行されるべき対象であるのかどうかの見通しを明瞭に有していなかったために，具体的な予算配分の根拠となる指針を示すことができなかったことを表しているからである。そこで，こうした教育科学省からの指針さえないという曖昧な状況の中で，判定書が作成される約２％の子どもたちとそれ以外の18％の子どもたちとの違いがいったいどこにおかれているのかということが問題となる。

本節では，この点に関して，特別な教育的ニーズをもつ子どもの大半がどのような子どもたちによって構成されているのか，そしてそれが，従来の障害概念の拡大といわれるに至る論拠ついて，中心に論じることにする。

1981年教育法が施行された時点で特別学校に在籍していた生徒の割合は全

第3章　ガリフォードによる特別な教育的ニーズ概念の提起とウォーノック報告の特徴　　103

体のおよそ2％程度であった。ということは，ウォーノック報告で推定された特別な教育的ニーズをもつ生徒の大半はその時点で通常の学校に所属していたことになる。こうした子どもたちの中で特別な配慮を必要とした生徒とはいったいどのような生徒たちだったのであろうか。この問題の中心は，中等教育段階における問題と関連づけて考えるのが理解しやすい。

　なぜ，中等教育段階が関係してくるのかという理由は，2つある。第一に，これまで述べてきたように，障害のある生徒の中でもっとも多数を占めた教育遅滞児の問題が，通常の学校における学力問題と密接な関係を持つように接近していったことが背景にあるからである。そして，第二に，こうした学力問題は，子どもの年齢が高くなればなるほど，学年相当水準からの学習面の遅れが拡大していくので，学習上の生徒の割合は，年齢が高くなるほど大きくなっていく構造があるためである。つまり，初等教育の段階よりも中等教育の段階の方が，より生徒の学習上の進歩の状況の格差が大きいため，学習上の進歩の速度の遅い生徒は，一層深刻な遅れを示すようになっているからである。

　ウォーノック報告においては，全学齢対象児の常時6人に1人，学齢期間中の一時期であれば5人に1人がなんらかの特別な教育的ニーズを有するという推定値が示された。1970年教育法が施行された1970年代半ばの時期において，特別学校に就学した障害児の割合は学齢全体の約2％であったことに照らせば，およそ対象者はその10倍にも拡がることになったのである。この対象者に関する推定が，ウォーノック報告が注目された一つの理由でもあった。

　では，特別な教育的ニーズのある生徒は，いったいどこに存在したのか。特別学校に就学する生徒が約2％であるとすれば，残りの18％ほどの生徒は，通常学校に在籍していたことになる。

　Myklebust and Boshes（1960）[51]による心理神経学的学習障害に関する見解が提示されたのは1960年代のことであるが，イギリスにおいては教育制度

上の位置づけはもちろん，学校においてはほとんどその名称さえ知られていなかった。それにもかかわらず，ウォーノック報告においてこれほどまでの対象者の推定がなされた背景にはいかなることがあったのであろうか。

　この答えを中等教育改革による総合制中等学校（コンプリヘンシヴ・スクール）の問題に仮説をおいて検討してみると，1944年教育法によって導入された三分岐型中等学校の統合による総合化を柱とした中等教育改革によって，①学習上の能力差の大きい生徒が同一学校・同一学級に在籍することによる授業の混乱，特に学習に遅れを示す生徒への対応の問題，及び②学校の大規模化によって，個々の生徒のニーズを十分に把握できない状況が全国に拡がったことが，後述するように，1981年教育法における特別な教育的ニーズの定義の際に，「著しい学習上の困難を有する」という視点からの定義づけの背景となったことが推定された。

　ウォーノック委員会が活動を行った1974年から78年は，まさに中等教育改革の進行とそれに伴う問題が顕在化していた時期に符合すること，実際にウォーノック委員会の調査に協力した機関の数は，国公立私立の各種教育機関，医療機関，親など250にも及び機関と約120人の個人にものぼっており，その中に特別教育以外の教育機関の関係者も多数含まれていたこと，ウォーノック委員会の委員長であったウォーノック（Warnock）は教育学の専門家であり，また，特別な教育的ニーズ概念を提起し，同委員会のサブグループの委員でもあったガリフォード（Gulliford）の専門分野の一つが「学習遅進（slow learner）」に関わる課題であったことなどを勘案すれば，ウォーノック委員会の検討や，特別な教育的ニーズを有する生徒の見積もりに，中等教育改革に伴う中等学校の学習環境の劣悪化の問題がまったく影響を与えていなかったとは考えにくい。

　ウォーノック委員会が，対象見積もりの根拠にした1950年代後半に実施された全国調査でも，調査された内容は在籍する生徒の障害ではなく，「学習に遅れ」であったことを勘案すれば，特別な教育的ニーズを有するとする対

象が，当時制度化されていた「障害」を理由にした生徒だけではないことが明らかであろう。このように，1960年代から70年代にかけての中等教育段階の課題に焦点をあてて，能力別の三分岐型の中等教育制度の見直しによって登場した混合能力型の総合制中等学校（Comprehensive School）の大規模化と経済不況の責任が教育に転嫁されたことに起因して中等学校での学力問題が大きな要因となっていたことを念頭におけば，特別な教育的ニーズの概念の導入が，単に当時イギリスで制度化されていた障害のある生徒に関する課題のみを背景にしたのではないことが浮かび上がってくるのである。とりわけ，通常の教育的対応では著しい学習上の困難に直面する生徒が急増し，学校荒廃も大きな社会問題となった。つまり，何らかの特別な教育的対応を必要とする生徒の存在が大きくクローズアップされるようになっていたのである。こうした状況に対して能力別の学級編成が様々な形態で試みられたり，パストラル・ケア（Pastral Care）といって個々の生徒に十分に配慮した教育の考え方が提起されるなどの工夫がなされたが，混乱は収束しなかった。

　ウォーノック委員会の活動の時期はまさにこの時期に符合しており，何らかの特別な対応を必要とする学習上の困難をもつ生徒（障害のある生徒も含めて）のニーズにどのように対応するのかの指針が求められていたのである。特に，1976年教育法10条にもとづき統合教育推進の方向性が示されたが，中等学校段階で生じていた混乱への対応をも包含した提案でなければ，障害のある生徒の機能的な統合は机上論におわってしまう可能性があったと考えられる。つまり，障害のある生徒への教育的対応を，統合教育推進の方向性のもとでおこなおうとすれば，通常の学校での課題を無視するわけにはいかなかったのではないのだろうか。

　このように考えれば，それまでの障害児の出現率を大幅に超過する対象想定がなされたことの根拠がみえてくる。もちろん，学力問題は中等教育段階に固有のものではなく，初等教育段階でも指摘されていたことであるが，繰り返し述べているように，中等教育の方がより事態が深刻であったのである。

これが中等教育における学力問題を包含した対象想定の拡大の背景についての仮説である。

　ただし，ウォーノック報告における対象想定の見積もりはいくつかの調査を根拠にしていたのであるが，なお，不明な点が少なくない。この点の解明の必要性があるが，ウォーノック報告の各委員の果たした役割や関連機関からの証言をふくめたウォーノック委員会の審議過程すべてを詳細に検討することがいまだにできていないため，課題を残している。

　以上述べてきたように，ウォーノック報告では通常の学校における教育問題を包含した視点をもって特別な教育的ニーズの概念を提案したと考えられるのである。

　ガリフォードは「欠陥モデル」からの転換を意図して，環境要因を包含した特別な教育的ニーズの概念を提起したのであったが，ウォーノック報告では障害のある子どもばかりでなく，通常の学校における様々な学習上の困難をもつ子どもを対象として含めたのである。ウォーノック報告において，「教育遅滞」の代わりに「学習上の困難のある子ども（children with learning difficulties）の用語をもちいるべきである[52]」との勧告は，単に「教育遅滞」の子どもだけを対象としていたのではなく，通常の学校における様々な学習上のニーズを抱える子どもたちをも包含するべきであるとする勧告だったと理解することができるのである。

注

1) Gipps, C., Gross, H., and Goldstein, H. (1987): Warnock's Eighteen per Cent-Children with Special Needs in Primary Schools-. The Falmer Press. p. 9.

2) Gulliford, R. (1971): Special Educational Needs. Routledge.

3) ibid., p. 3.

4) Department of Education and Science (1978): Special Educational Needs. HMSO. p. 1.

5) Department of Education and Science (1944): Education Act 1944. HMSO.

第3章　ガリフォードによる特別な教育的ニーズ概念の提起とウォーノック報告の特徴　　107

6 ）小鴨英夫（1980）：イギリスの特殊教育。石部元雄・溝上脩編，世界の特殊教育，福村出版。

7 ）DES（1944），op. cit. note 5），section 57.

8 ）Rogers, R.（1980）: Crowther to Warnock, How Fourteen Reports Tried to Change Children's Lives. Heinemann Educational Books.

9 ）遠藤明子（1982）；イギリスにおける障害児教育の転換。遠藤明子著，現代における障害児教育の視点，講談社出版サービスセンター。

10）Gulliford, R.（1982）：英国の特殊教育をめぐる諸問題。日本特殊教育学会第21回大会準備委員会編。

11）矢野裕俊（1980）：英国の障害児教育。日本盲人福祉研究会。

12）Department of Education and Science（1978）: Special Educational Needs. Report of the Committee of Enquiry into the Education of Handicapped Children and Young People. HMSO.

13）ibid., para.3.25. ただし，障害名を便宜的な記録のために用いることは否定されていない（para.3-31）。

14）ibid., para.3.31.

15）ibid., para.6.16.

16）ibid., para.7.3.

17）ibid., para.7.7.

18）ibid., para.7.8.

19）ibid., para.7.9.

20）ibid., para.7.12.

21）ibid., para.7.15.

22）ibid., para.5.2.

23）ibid., para.10.7.

24）ibid., para.10.30.

25）ibid., para.10.32, 37-44.

26）ibid., para.12.7.

27）ibid., para.14.12-38.

28）ibid., para.16.18.

29）ibid., para.16.25-26.

30）ibid., para.4.38.

31）ibid., para.15.19.

32）ibid., para. 17.25.

33）ibid., para. 7.1.

34）ibid., para. 7.35.

35）ibid., para. 8.9.

36）ibid., para. 8.10.

37）ibid., para. 5.3.

38）ibid., para. 9.29.

39）ibid., para. 9.33.

40）ibid., para. 1.10.

41）ibid., para. 3.31.

42）判定書制度への正確な理解がなければ，イギリスの特別な教育的ニーズに関する教育制度は誤ったとらえかたがなされてしまうほどに，重要なシステムである。

43）この点は，1981年教育法において，親の権利の拡大として具体化されることになる。これは特別な教育的ニーズのある生徒ばかりでなく，前年に成立した1980年教育法が，「親の権利章典」と称されるほどに，親の教育への関与の権利を拡大した制度が成立したことも影響していると考えられる。これに関しては，河合康（1985）：イギリス特殊教育における親の教育関与への権利について―「1981年教育法」を中心にして―。心身障害学研究，9(1), pp. 39-47. に詳しい。

44）導入当初の時期の正式名称は the Statement of Special Educational Needs である。なお，同時期のスコットランドにおいては Record of Needs と呼ばれていた。

45）河合康（1989）：イギリス特殊教育における特別な教育的ニーズについて。筑波大学心身障害学研究，13(2), pp. 141-148. によれば，判定書の作成割合の格差は地方教育当局によって，0.04％から4％までと非常に大きなものであったことが紹介されている。

46）この点に関して，1981年教育法の施行後，教育科学省が通常の学校に在籍する障害児の「数」が減少したことを根拠に統合教育が進展したと表明したことに対して，それは全体の生徒数の減少を考慮に入れておらず，特別学校と通常の学校との間の生徒の異動に注目すれば，ほとんど変化がないと反論がなされていた。実際に数値的にはあまり顕著な変化は生じていなかったのであった。

47）Department of Education and Science（1978）: para. 3.18. op cit. note 12). HMSO.

48）茂木俊彦・清水貞夫（監）（1999）：転換期の障害児教育。ビデオ編第1巻「特別なニーズ教育とウォーノック女史」。

第3章　ガリフォードによる特別な教育的ニーズ概念の提起とウォーノック報告の特徴　　109

49）Department of Education and Science（1983）: Education Statistics 1983. HMSO. には1970年代後半から1982年度までの財政状況が示されているが，そこに特別教育に関わる財源の顕著な増減は認められない。

50）河合（1989）, op cit. note 45）.

51）Myklebust, H. R., and Boshes, B.（1960）: Psycholoneurological learning disorders in children. Rehabilitation Literature, 77, 247-278.

52）Department of Education and Science（1978）. para.3.26.

111

第4章 イギリスにおける特別な教育的ニーズ概念の
教育制度への位置づけ

第1節 問題と目的

　イギリスでは1981年教育法の施行により特別な教育的ニーズの概念が教育
制度に位置づけられた。1981年教育法は，1944年教育法の枠組みのもとで展
開されてきた第二次世界大戦後のイギリスにおける障害児教育制度の諸課題
の検討と今後に向けての勧告を行ったウォーノック報告 (1978)[1] の骨子の一
部を制度化したもので，特別な教育的ニーズの概念の導入のほか，統合教育
の推進，親や保護者の権利の拡大など，現在の障害児教育における重要な課
題に関する規定を用意した重要な法律である。とりわけ，特別な教育的ニー
ズ概念の導入は，同時に従来の様々な障害カテゴリー（1981年教育法が成立す
るまでは10種類）を制度的に廃止したことから，日本も含めた海外からも多
くの注目を集め，ウォーノック報告とともにその概要が検討された。

　ウォーノック報告によれば，従来の障害の概念を撤廃すべきであるとした
理由は，重複した障害のある子どもや，既存の障害カテゴリー以外の障害の
ある子どもの分類が困難であること，医学的な障害のカテゴリーの教育的文
脈における利用価値の低さ，障害のカテゴリーもたらす否定的なラベリング
の問題の存在が主な内容として指摘されていた (DES, 1978)[2]。すなわち，
障害のカテゴリーの撤廃の理由は，障害児教育の領域固有の問題としてとら
えることが勧告され，この点に軸足を置いた教育制度が求められたのであっ
た。その後，これが特別な教育的ニーズの概念を1981年教育法に導入した根
拠となるものとして理解されてきた。

しかしながら，特別な教育的ニーズがあるとされる生徒は，全学齢生徒の
およそ6人に1人（常時の場合，学齢期間中の一時期にニーズを有する状態になる
生徒も含めれば5人に1人）もの割合で存在すると推定された（DES, 1978）[3] こ
とを念頭におくと，特別な教育的ニーズの概念の導入は，単にそれまでの障
害児教育の領域に固有の問題にのみ端を発したものであると理解することに
は，むしろ無理があると考えられる。この点に関しては，第2章において，
1960年代の中等教育制度の改革に伴う総合制中等学校（comprehensive
schools）における学習上の困難を示す生徒の激増と混乱を一つの背景要因と
して位置づけて検討したが，決定的な結論は得られなかった。

　なお，特別な教育的ニーズの概念が導入された根拠となった状況の明確化
が課題として残された状況であるといえよう。そして，この状況にはイギリ
ス固有の特別な教育的ニーズの概念を取り巻く背景が存在しているはずであ
る。

　このように考える理由は以下の通りである。

　ウォーノック報告で指摘された，障害のカテゴリーの撤廃の根拠となって
いる状況（すなわち，障害の医学的または心理学的カテゴリーは，その子どもが必
要としている教育的対応と一対一対応をしているわけではなく，医学的診断が子ども
の特殊教育の必要性を決定するのではないという立脚点）は，日本をはじめ障害の
医学的または心理学的カテゴリーにもとづいた障害児教育制度の枠組みを提
供している国すべてに共通するものである。

　この問題の解消を図るためには，既存の障害に関わるカテゴリーのとらえ
方を変更して，新しい障害のとらえ方を用意するか，あるいは新しい障害の
カテゴリーを追加し続けて対応するか，さらには，イギリスのように制度上
は障害のカテゴリーを撤廃するという選択をするしか方法がない。医学的ま
たは心理学的な障害のカテゴリーは，比較的短い期間で新しいカテゴリーと
して更新される傾向があることを考えると，これに追随した形式での障害の
カテゴリーを教育制度上に位置づけるためには，相当に煩雑なもしくは相当

に柔軟な制度改正が繰り返される必要がある。

　したがって，むしろ教育実践の現場において示されている子どもの教育的ニーズ（特別な教育的ニーズ）を起点にして，それに各個人の障害（disability）との関係をふまえながら適切な対応を保障していく方策を選択する方が，子どもはもとより，指導に携わる教師や学校制度にとって合理的な選択肢になると考えられるのである。

　ところが，現実には特別な教育的ニーズの概念を教育制度上に明確に位置づけた国は，日本も含めてイギリス以外には現れていない。

　国連やOECDの統計において，「各国の特別ニーズ教育制度の比較」が示されているが，用語こそ特別ニーズ教育[4]を使用しているものの，特別な教育的ニーズの概念を制度上に取り入れていない国しかない。つまり，特別ニーズ教育の用語を使用していても，実態は，それ以前の特別教育（special education）（日本の場合は特殊教育）制度のままなのである。唯一，イギリスのみが従来の特別教育制度を転換して，特別な教育的ニーズの概念を教育制度上に位置づけた国なのである。この点で，特別な教育的ニーズの概念を取り入れた教育制度の検討に耐える制度を有する国はイギリスしか存在していないことが明らかなのである。

　イギリスにおいては，1981年教育法以後，特別な教育的ニーズに関する規定は，1993年教育法，1996年教育法，そして2001年特別な教育的ニーズ及び障害法と展開してきたが，いずれにおいても取り入れた特別な教育的ニーズの概念に根本的なとらえ方の変化は生じていないようである[5]。

　イギリスにおいて，1981年教育法が導入された以降も，特別な教育的ニーズに関する判定書を発行された生徒の割合が極端には変化していないことから，対象という観点からだけでみた場合には，大きく変化していないように見えるかも知れない。特に1980年代前半から半ばにかけての時期は，各地方教育当局が判定書の発行に関して判断に迷う例は数多く報告されていた。それでもなお，制度的に特別な教育的ニーズによって子どもが必要とする対応

を導こうとする姿勢が貫かれているのには，何らかの理由が存在しているはずである。この点を明確にすることは，特別な教育的ニーズにもとづく子どもの理解や評価が，単に用語の問題等に矮小化されることなく，本質的な議論をもたらすはずである[6]。

特別な教育的ニーズの概念は，子どもが過ごす一つの環境としての教育（特に学校教育）の場面の中でニーズをとらえる，すなわち，環境との相互作用の中で子どもを理解しようとする姿勢を生むという点において，重要な視点を提供している考え方である。ただし，あくまでもウォーノック報告や1981年教育法における特別な教育的ニーズの概念の導入は，機能障害（impairment）や能力障害（disability）という個体要因から，環境との相互作用要因に「視点を移動させた」意義で評価されるべきものであろう。それは，ウォーノック報告における同概念の導入の意図が，子どもが必要とする教育的対応を「あらゆる要因を考慮できるようにするため」と説明されていることからも明らかである。また，1981年教育法において，同概念の理論的側面を反映した定義ではなく，むしろゆるやかに「学習上の困難を生じている」状態に置き換えた定義に留めていることからも，子どもの障害だけに注目するのではなく，視点を拡大した，あるいは視点を移動させたという評価が妥当であると考えられるのである。

しかしながら，イギリスにおいてさえ特別な教育的ニーズの概念が教育制度に導入されたことについて，あたかも「すべての子ども」の個別のニーズを把握し，それに応じた特別な教育的対応を意図したのがウォーノック報告の趣旨であり，1981年教育法の意義であるとする風説が法案審議の過程で拡がってしまった。

そのため，こうした誤解を解消するために，ウォーノック委員会の委員長であったウォーノック自身が，法案審議において特別な教育的対応をすべての子どもに用意するわけではない旨の説明をしなければならなくなっていた。

いずれにせよ，特別な教育的ニーズの概念の教育制度への導入に際しては，

大きな混乱や誤解が生じていたことがうかがわれるのである。

　特別な教育的ニーズの概念の制度化に際しての誤解は，イギリスの教育制度が他国に紹介される際にも生じている。日本においては，イギリスでは障害概念を廃止して，特別な教育的ニーズで子どもをとらえるように転換された，とか，子どもの障害はもはや考慮しなくて良くなったといったような，根拠のない誤解は今でも散見されるほどである。こうした誤解の解消のためには，少なくとも同法における，特別な教育的ニーズに関する定義が制度的に意図している内容を正確に把握する必要があることを意味している。

　しかし，これまでこうした視点からの検討はなされてこないままであった。

　そこで，本章では，特別な教育的ニーズに関して，初めて教育制度上の定義を示した1981年教育法に焦点をあて，同法の審議過程において，特別な教育的ニーズに関するどのような議論と理解が図られたのかを明らかにすることを目的として設定することにした。

第2節　方法

1．分析対象資料

　本研究では，1981年教育法案の審議議事録を分析対象資料とした。

2．抽出する情報

　1981年教育法案の審議議事録より，特別な教育的ニーズの概念に関する議論を抽出した。具体的には，1981年教育法案について審議した下院及び上院の議事録すべての文書を分析対象として，そこから同法における特別な教育的ニーズの定義に関わる記述をすべてすべて抽出した。こうした議論は，特別な教育的ニーズの定義に関わって提出された修正案において行われるので，修正案に関する内容をすべて抽出対象とした。また，修正案の採決に関わる

部分もすべて抽出することにした。したがって，抽出する際のキー・ワード
は，special educational needs 及び definition を中心として，これに類する
用語や対象者の範囲に関わる議論がなされているものはすべて抽出すること
にした。

3．分析の視点

　議事録より抽出した議論に関する記述を分析する際の視点は，以下の2点
とした。

　　a．特別な教育的ニーズの概念に関わる定義の特徴，及び
　　b．同概念が適用される範囲

第3節　1981年教育法の背景

　1981年教育法の法案審議議事録の分析を行うに際して，明確にしておかな
ければならないことがある。それは，1981年教育法が成立する10年以上も前
に，すでに特別な教育的ニーズの概念が示されていたという事実である。こ
れについては，すでに第3章において言及したが，特別な教育的ニーズの概
念は，ウォーノック報告と1981年教育法によって，その用語が広く世界に知
られるようになったことから，あたかも1980年頃にこの概念が生まれたかの
ような誤解がある。

　しかし，特別な教育的ニーズの概念が，単に個体の有する障害に注目する
のではなく，教育の場面での相互作用という視点を持っていることを念頭に
おくならば，イギリスにおけるこうした視点は，すでに第二次世界大戦後ま
もない頃からもその芽をみることができる。すなわち，障害のある生徒に関
する規定をはじめて一般の教育制度とともに位置づけた1944年教育法とその
施行規則では，障害のカテゴリーについて，それまでの「欠陥（defect）」と

いう個体に要因を帰属させたとらえ方ではなく，「何らかの特別な教育的処遇（special educational treatment）の必要性」としてとらえていたからである。

1944年教育法におけるこうした記述からは，ウォーノック報告や1981年教育法が公にされる四半世紀以上も前に，すでに教育を行う場面において，生徒から何が必要とされているのか，という視点が取り入れられようとしていたことが理解できるのである。残念ながら，この視点は，具体的な制度として具現化されるには至らなかったのである。むしろ，1944年教育法での中等学校教育に関する主論調であった，「能力と適性に応じた教育」を提供すべきであるとの考え方のもとで，翌年の「障害生徒及び学校保健サービス規則（1945）」をはじめ，その後の改定では，いずれも個体帰属的な様相を強めながら，障害の種類と程度が細分化され，様々な障害カテゴリーが新たに作られていったのであった。

障害の程度に応じたカテゴリーの細分化が明確になることが，（イギリスでいうところの）精神遅滞を原因とする知的障害のある子ども，特に知能の発達の水準が IQ50以下の子ども[7]（当時のイギリスでは教育遅滞 educational sub-normal と呼ばれた）にとっては，就学免除の対象として教育の対象から除外される根拠に繋がった。障害のカテゴリーの細分化は，1944年教育法第57条の就学猶予・免除規定の根拠条件としての位置づけを与えられたからである。

しかしながら，1950年代後半からのコミュニティ・ケア推進の流れが強まる過程もあり，イギリス心理学会などによって教育外施設における重度障害児への教育的働きかけの有効性が明らかにされるようになり，ついに1970年教育法によって，1944年教育法第57条の規定が効力を失い，制度上の全員就学が実現したのであった。

Gulliford（1971）[8]の著書，Special Educational Needs が著されたのは，1970年教育法の施行と同じ年のことであった。彼は，重度教育遅滞のカテゴリーに分類されて，教育の対象外とされた子どもたちが，実際には何らの教

育的働きかけの試みさえなされていないにも関わらず，心理検査によっての
み教育の可能性が無視，あるいは否定されている状況への強い問題意識から，
子どもの欠陥（defect）としての障害ではなく，環境としての教育的文脈と
の組合せ（combination）の視点から子どもを理解すべきであると考えて，特
別な教育的ニーズの概念を提起したのであった（Gulliford, 1971)[9]。

　特別な教育的ニーズという表現が用いられたのは，これが最初であった。

　1981年教育法に大きな影響を与えたウォーノック委員会の設置は，それか
らまもなくの1973年のことであった（実際の活動が開始されたのは1974年）。そ
して，ウォーノック委員会が活動を展開した1970年代は，総合制中等学校が
急速にその割合を高めていった時期でもある。11歳時選別試験の廃止による
総合制中等学校と混合能力学級編成による教育は，学校規模の巨大化とも重
なって，大量の学習不振者を生み出した。ウォーノック報告において5～6
人に1人が何らかの学習上の困難を示している，すなわち，特別な教育的ニ
ーズがある状態であるとみなされるという見積もりがなされた一つの背景と
して，こうした中等教育教育改革との関連性を理解しておく必要があるだろ
う。1981年教育法が統合教育の推進を内容に含めていることを念頭におくと
き，特別な教育的ニーズの概念の制度的導入が通常学校における学習上のニ
ーズを抱えた生徒たちの存在を完全に視野外においたままで議論が進められ
たのであれば，特別な教育的ニーズのある生徒の見積もりが，かくも多くな
ったとは考えにくいのである。

　こうした流れを背景に意識しながら，1981年教育法案の審議議事録におけ
る特別な教育的ニーズの概念の扱いを整理したい。

第4節　1981年教育法の概要

　1981年教育法（Education Act 1981）は，ウォーノック報告の勧告を受けて，
その一部を1944年教育法の障害児教育関係規定を廃して，制度化した法律と

して知られる。

　同法は大きくわけて次に示す4つの内容から構成されている。

　　e. 障害種別のカテゴリーの撤廃と特別な教育的ニーズ概念の導入

　　f. 統合教育の原則の明確化

　　g. 保護者の権限の拡大

　　h. 特別な教育的ニーズの評価手続き

　これらの内容をみれば，それが前項においてふれたウォーノック報告における要点を反映したものであることがわかる。

　同法の第一条で特別な教育的ニーズが制度的に規定され，特別なニーズ教育が明確な教育制度上の根拠をもつことになったことは各国に大きく紹介された。同法の施行規則（1983）によって，特別な教育的ニーズに関する「判定書（statement）」[10] の書式として，ニーズの評価内容が定められた。判定書は，学校からの申請により開始される一連の評価手続きをへて，地方教育当局によって発行されるものであるが，特別な教育的対応を行うために付加的な資源の割り当てを受ける制度的根拠となるものである。つまり，特別な教育的ニーズのある生徒でも判定書が発行されないと，十分な教育的資源の割り当てを受けることができないのである。ウォーノック報告では特別な教育的ニーズがあると想定される生徒が5〜6人に1人はいるという見積もりを行っていたが，1981年教育法の施行によって，判定書の作成された生徒の割合をみれば，各地方教育当局がウォーノック報告の主旨に則ってどれだけ対象となる生徒の範囲を拡大したのかを把握することができると考えられたので，同法の施行直後は判定書の作成割合が関心を集めることとなった。しかし，施行規則によって示された判定書の記載内容があいまいであったため，地方教育当局に大きな混乱を生み，当局間で判定書の作成割合が大きく異なる事態が発生することになる（河合，1989）[11]。

特別な教育的ニーズの評価と判定書の作成の問題は，結果的に1980年代を通じて実践上の混乱となって展開することとなるのである。

判定書の作成に関わって，地方教育当局によって決定された特別な教育的対応に対してその親に不服がある場合（これは判定書の作成の有無に関わることと，判定書の内容に関することに大別される），担当大臣に対して不服申請の権利が認められることとなった。これを具体的に取り扱う機関として，中立的な調停組織である「特別な教育的ニーズ裁定機関（Special Educational Needs Tribunal）」が設置された。子どもの教育的対応に親が関与することができるようになったという点は，極めて大きな進歩であったと評価されている。

さて，1981年教育法では，統合教育の原則が明確化されたが，同法の施行によって画期的に統合教育が推進されたとはいえない。もちろん，視覚障害や聴覚障害のように感覚系の障害のある生徒で，それが単一障害である場合には，通常の学校に在籍する生徒が多くなったが，従来のいわゆる「障害生徒」の大半を占める知的障害のある生徒や重複した障害のある生徒がなお多く特別学校に在籍することとなったことから，数値的にみれば統合教育はあまり進展していないようにみられている[12]。

しかし，ウォーノック報告で推定された対象生徒数の見積もりは，特別な教育的ニーズのある生徒の大半が，すでに通常の学校に在籍していることが前提とされている点に注意する必要があろう。つまり，ウォーノック報告とその勧告を受けて制定された1981年教育法では，通常の学校に在籍する特別な教育的ニーズのある生徒への対応が強く意識されていたのである。

第4章　イギリスにおける特別な教育的ニーズ概念の教育制度への位置づけ　　121

第5節　1981年教育法案第1条における特別な教育的ニーズの定義と修正案に関わる審議の特徴

1．1981年教育法における特別な教育的ニーズの定義

　1981年教育法案では，第1条において特別な教育的ニーズの定義がなされている。まず，この原案を以下に示す。

　第1条　「特別な教育的ニーズ」及び「特別な教育的対応」の意味[13]
　(1)本法の目的に照らし，ある子どもが特別な教育的対応を必要とする学習上の困難を示す場合に，その子どもは「特別な教育的ニーズ」を有するものとする。
　(2)以下に示す(4)を条件として，子どもが「学習上の困難」を示すのは，
　(a)同年齢の子どもの多くと比較して学習において著しく大きな困難を示す場合，または
　(b)地方当局の管轄内の学校において一般に提供されている教育設備の利用を妨げる能力障害（disability）がある場合，あるいは
　(c)5歳以下で，現在は特別な教育的対応を受けていないものの，学齢に達した際に，(a)または(b)の節に該当するであろうと考えられる場合，である。
　(3)「特別な教育的対応」とは，
　(a)2歳に達した子どもに関しては，地方教育当局管轄の学校において，同年齢の子どもたちに対して通常用意される教育的対応に付加的に提供される，あるいはこれとは異なる教育的対応のことである，また，
　(b)この年齢以下の子どもに関しては，あらゆる種類の教育的対応のことである。

⑷子どもが教育を受ける際の言語（もしくは言語形態）が，家庭で使用している言語とは異なるという理由だけの場合には，学習上の困難を示すとはしないものとする。

　上記のように，原案においては，特別な教育的ニーズの概念は，特別な教育的対応を必要とするような学習上の困難を有しているか否かによって規定されていることがわかる。そして，学習上の困難は，同年齢の生徒集団との相対的評価，及び教育設備の利用の観点からの障害によって位置づけられ，また，特別な教育的対応は，通常の教育的対応に「付加される」か，「異なる」教育的対応であるとされている。つまり，特別な教育的ニーズは，学習上の困難が現れて初めて対応が検討されるものであって，たとえその生徒に何らかの障害があっても，学習上の困難が示されていなければ，特別な教育的ニーズを有するとはみなされなかったのである。

　これに該当する例として，法案審議において示された内容が特に興味深く感じられるのは，ディスレキシア（dyslexia）について，障害があるものの学習上の困難があるとは見なされない場合がある例として挙げられていたことである（House of Commons, 1981）[14]。

　ディスレキシアのある生徒は，特別な教育的ニーズを有する場合もあるが，ディスレキシアのある生徒すべてについて，一律に特別な教育的ニーズを有しているとは見なさないということなのである。イギリスにおける特別な教育的ニーズの教育制度上の位置づけは，あくまでもその基準に学習上の困難があると見なされるほどの状態におかれているかどうかという視点で定められているということである。こうした点に，ウォーノック報告で示された理念，すなわち，子どもにとって特別な教育の必要性は障害だけで決定されるのではない，という視点を反映させるために，特別な教育的ニーズの概念が導入されたという特徴が明確に反映されていることがわかるのである。

2．特別な教育的ニーズの定義に関する修正案と審議内容

　さて，特別な教育的ニーズの定義を示した，この第1条については，4つの修正案が出された。これらの修正案に関して展開された議論に，1981年教育法における特別な教育的ニーズの概念がどのような位置づけをもっているのかを理解する鍵がおかれていた。

　第1条に関する修正案は，1981年3月5日の第4回審議において提出された。特別な教育的ニーズの定義に関わる修正案の内容は，以下の通りである[15]。

　1）修正案1
　第1条(1)の「特別な教育的対応を必要とする学習上の困難を示す場合」との節を削除し，「身体障害，感覚障害，知的障害，情緒的困難もしくは行動上の問題に起因する特別な教育的ニーズがあり，教育の場，内容，タイミング，方法，その他の観点から，特別な教育的対応を必要とする場合」という節を挿入する。

　2）修正案2
　第1条(2)(a)の「著しく（significantly）」を削除する。

　3）修正案3
　第1条(2)(a)の「学習（learning）」を削除し，「社会性，情緒，もしくは教科の学習及び発達」との節に置き換える。

　4）修正案4
　第1条(2)(b)の節を削除する。

1）修正案1について

　修正案1は，身体障害ほかの障害を，特別な教育的ニーズを生じさせる原因として限定的に明示するように求めたものである。

　先に，1981年教育法が特別な教育的ニーズの概念の導入と同時に，従来の障害に関わるカテゴリーを教育制度上廃止したことにふれたが，このことからも推測できるように，この修正案は結果的には否決されることになる。この事実だけに目を向ければ，従来の障害のカテゴリーを教育制度上から廃止するという考え方が議会においても貫かれたと評価されるかもしれない。

　しかしながら，修正案1は，1981年教育法による枠組みが直面することになる大きな課題を予測したものでもあった。

　修正案1を提出した理由は，次のように説明された。すなわち，

　「この法案に関して付加的な資源が用意されるのか不透明である…もし，付加的な資源が用意されないのであれば，現在，特別学校に通っている生徒の一部が通常学校に転校させられた場合に，不十分な対応をされかねない。特に，軽度の教育遅滞の子どもがこうした対象となりやすい。[16]」

　1981年教育法案では，別の条項において統合教育の推進を地方教育当局の義務として明確に規定しているが，何ら付加的な資源の保障も明確にされないままであると，特に知的障害のある生徒の場合に，地方教育当局によって特別な教育的ニーズに関する判定書が作為的に発行されない事態を引き起こしかねないことが危惧されたのであった。もう少し具体的に説明すれば，たとえば，統合教育に関する規定によって軽度の知的障害のある生徒が通常学校に措置されたとする。そして，明らかにその生徒が何らかの特別な教育的対応を必要としているとする。

　しかしながら，その生徒が措置された通常学校において，特別な教育的ニーズを有すると判断されなかったとしたら，どのような事態が引き起こされるであろうか。その学校では，何の資源の提供もなされない，すなわち，特別な教育的対応がその生徒には用意されない可能性が出てきてしまうのであ

る。

特別な教育的ニーズの判定は，地方教育当局にゆだねられることになっているため，特別な教育的対応のために付加的な財政措置を講じたくないと考えている地方教育当局の場合には，これが特別な教育的ニーズのある生徒に対する責任を回避する口実を与えてしまうことになりかねないからである。

修正案1は，こうした事態を避けるために，1944年教育法の枠組みに従って，従来の障害のカテゴリーに該当していた生徒が，新しい法律によって不利益をもたらされないようにするために，あえて従来からの障害のカテゴリーを文言に含めるように求めた修正案だったのである。つまり，この修正案は，単に従来の障害のカテゴリーを特別な教育的ニーズという用語に置き換えることにとどまるのではなく，5人に1人とも推測される特別な教育的ニーズのある生徒の中でも，「従来からの障害カテゴリー」に分類された生徒で特別学校から通常学校に転校させられることになった場合に，彼らが不利益を被らないようにすることを意図して提案されたのであった[17]。

何をもって「学習上の困難」とするのかに関する具体的な指針や目安が示されなければ，特別な教育的対応はその対象の決定に妥当性の根拠を得られなくなる。そして，このことはつまり特別な教育的ニーズも法律上で明確に定義できないことにつながるのである。

第1条の特別な教育的ニーズに関わる定義は，1981年教育法の根幹をなすはずの規定が実質的に機能しない可能性を内包してしまった。この点は，修正案に関する議論の中では明確には現れなかったが，果たして1981年教育法の施行後，それ以前の特別教育のために用意されていた資源に追加した資源は用意されなかったのであった[18]。つまり通常学校における特別な教育的対応のために必要な財源が担保されなかったのである。Cole（1989）[19]は，このことが1981年教育法において統合教育の推進が明示されたにもかかわらず，実際には1980年代に統合教育がほとんど進行しなかったことの主要な原因であると指摘している。

さて，第1条に関係して付加的な資源を保障することは，特別な教育的ニーズによる生徒の把握が単に従来の障害のカテゴリーに置き換えられるだけでなく，カテゴライズされる障害がなく，かつそれまで学習に際して何らかの特別な教育的対応が用意されてこなかった通常学校に通う多くの生徒の教育的ニーズへの対応を実現させるためには不可欠な条件であった。しかし，結果的に5人に1人の割合から従来の障害のカテゴリーに分類される子どもを除いた，約18％の生徒への付加的な対応が具体的に構想されなかったことが大きな原因であったということである。

こうしたことから浮かび上がってくるのは，1981年教育法では，特別な教育的ニーズの概念の導入とともに，統合教育の推進を重要な柱に掲げたことによって，通常学校において（障害に起因した）特別な教育的ニーズのある生徒への教育を展開する流れへの意図であった。しかし，修正案1が提出された趣旨は，これとは全く異なる視点からのものであった。つまり，従来からの障害のカテゴリーに分類されて，特別に財源を保障されて特別学校や特別学級における手厚い教育を受けてきた生徒たちが，特別な教育的ニーズの概念とともに推定された対象者の範囲のとてつもない拡大（2％→20％）に際して，必要な財源が保障されないままであれば，彼らへの教育の質が極端に低下することが恐れられたからなのであった。そこで，あえて対象規定に従来の障害のカテゴリーの文言を復活させて，通常学校における（従来は対象ではなかった）特別な教育的ニーズのある生徒を対象から除外させようとしたのであった。そこには従来の障害のカテゴリーにもとづいて特別な対応を用意されてきた生徒の教育機会の充実を最優先させたいとの従来の特別教育関係者の強い要望が反映されていたことがうかがい知れるのである。特に，中度の教育遅滞（ESN（M））のある生徒の場合，特別学校において教育を受けている生徒の3倍もの者が通常学校において教育を受けている実態があり，新しい法律によって彼らに対する教育がむしろ後退してしまうのではないかという点が心配されたのであった（ACE, 1981）[20]。

第4章　イギリスにおける特別な教育的ニーズ概念の教育制度への位置づけ　127

　実際，彼らに関わるレメディアル教師（remedial teacher）は，多くが非常勤職員であり，財政削減の流れの中で，こうした非常勤職員が削減される傾向が問題視されるようになっていた（Butt, 1981）[21]。

　こうした背景のもとで提出された修正案1に対して，当時の教育科学省の見解は，どのようなものであったのだろうか。実は，教育科学省は，1981年教育法案が提出される前の白書において，特別な教育的ニーズのある生徒の範囲を，主として従来の障害のカテゴリーに分類された生徒たちを想定しているとの見解を表明していたのであった（House of Commons, 1981）[22]。つまり，教育科学省は，特別な教育的ニーズの概念が導入されても，その対象は従来の障害のカテゴリーに分類された生徒たちをそのままスライドさせるようなイメージを有していたことがわかる。

　ただし，法案審議の過程でこの見解を問われた教育科学省次官は，「白書と法案とは異なるものである」（House of Commons, 1981）[23]と発言し，いともたやすく白書において示した見解を撤回したのであった。教育科学省次官は，その上で1981年教育法案の特別な教育的ニーズの定義が「理解しやすい表現，かつ実用的であり，さらに，状況の変化にも十分に柔軟に対応できる」ものであり，なおかつ「医学的，心理学的な障害の定義も変化するものであり，（修正案のように）修正をしようとすれば，法律全体を修正しなければならなく」なり，「イギリスの法慣習からすると，いったんこうした対象のリストが作られてしまうと，そのリストに示されなかった対象者が（対応から）排除される」といった問題も生じかねないと考えて，原案のような表現になったと証言したのである（House of Commons, 1981）[24]。

　しかしながら，修正案の提出者が懸念した，肝心の付加的資源の財源担保についての見解は教育科学省からは示されなかった。

　結局，議論は平行線をたどり，採決に持ち込まれたが，付加的な資源の保障については言及されないまま，修正案1は否決されたのであった（House of Commons, 1981）[25]。

2）修正案2について

　修正案2は，第1条(2)(a)の文言中の「著しく」という部分を削除するというきわめて短い内容であるが，ここにはどのような意味があったのであろうか。

　結論的にいえば，これは特別な教育的ニーズの対象者を，どの程度の範囲に定めるかというきわめて重要な内容であった。「特別な教育的ニーズがある」という表現が，具体的にどのような状態をさすのかという，概念の理解に関わる点でもこの点の議事録分析は重要である。修正案2は，「著しく」という表現が，特別な教育的ニーズのある生徒の割合を，本当に従来よりも広くとらえようとしているのかどうか，実は対象の範囲を従来よりもむしろ狭めて国の財政削減に符合させるための手段となり得るのではないかという疑問から提出されたものであった。これは修正案1と同様に，財政的な保障を明確にしないままに特別な教育的対応を必要とする生徒を2％からおよそ20％にまで拡大しようとする教育科学省の姿勢への問題提起でもあった[26]。

　修正案2における考え方は，「子どもが学習上の困難を示しているのであれば，（その程度によらず）ウォーノック報告の精神に従って，この規定（第1条(2)(a)）の対象とすべきではないか」[27]というものであり，したがって，「著しい」というような，対象の範囲を制約する表現が用いられるのは不適切ではないかということである。

　これに対する教育科学省の見解は，「学習上の困難を示す」という記述のみに限定してしまった場合，全盛とのおよそ半数もがこれに該当してしまうことにもなりかねないために，1981年教育法案でいう「多数の生徒」に対して特別な教育的対応を必要とする生徒として位置づけられる対象者の範囲としては，あまりに広すぎてしまうのではないかというものであった[28]。つまり，「子どもは学習上のある時点において何らかの困難を示すものであるが，そのすべてが特別な教育的対応を必要としているわけではない[29]」点をふまえておかないと，「対象の範囲が限りなく拡大してしまって，特別な（special）という言葉の意味が無くなってしまうではないか[30]」ということなのであった。

　この点について，ウォーノック委員会のメンバーでもあった Graham (1981)[31] は，「理論的には子どもの40％は他者と比較して大きな学習上の困難を有している。これは明らかにこの法案を起草した人の意図とはなりえないものであろう。おそらく，「著しい」学習上の困難を有する子どもとして，（学齢生徒の）15％ほどの人数を想定したものと思われる。そして，そのうちの少数のものだけが特別な対応を必要としていると認識していたのだろう。」と述べている。ここで明らかにされたのは，ウォーノック委員会では学習上の困難に直面する生徒が全体の4割にも上っていることを把握していたということである。最終的に，対象者の範囲をあまり拡大しすぎないように留める必要があるということで，一定の枠組みを提示するために原案が採用されることになったのであった。

　ただし，「『著しく』のような単語は，本来はあいまいな表現であるにもかかわらず，正確な（precise）表現であるかのようにとらえられてしまうことは大きな問題である…（中略）…また，実際にこれを判断することも難しい[32]」との指摘や，「法案に示された「学習上の困難」という観点からの定義の仕方では，むしろ混乱を引き起こすであろう[33]」との指摘がなされていることからも明らかなように，この「著しい」という表現を判断基準として用いれば，特別な教育的ニーズの有無に関する判定の実務と責任を担うことになる地方教育当局の恣意的な取り扱いがなされる可能性を生み出す構造を形成することにつながる。

　教育科学省は，「著しく」という表現によって特別な教育的対応を必要とするような学習上の困難を示す特別な教育的ニーズのある生徒の割合が一定の割合に落ち着くはずであるとの見通しを有していたようである。その結果，1981年教育法では，上述したようにあいまいな表現が残されることとなったが，このことが1980年代のイギリスにおける特別な教育的ニーズの対応をめ

ぐり，地方教育当局による判定書の発行割合が大きく異なる事態を生じさせたり（河合，1989)[34]，不適切な発行判断の問題が明らかになったり，地方教育当局と各学校との信頼関係の問題を生じるなどの事態を引き起こしていくことになるのである。

3) 修正案3について

修正案3は，修正案2と同じ第1条(2)(a)に関するものであった。

「学習」という単語のみの表記によって教科学習を中心とした狭い意味に留めるのではなく，より広い意味に理解できるような表現に改めることを意図して，「社会性，情緒，もしくは教科の学習及び発達」という句にしようとしたものであった。これは，修正案2において議論の対象となった「著しく」という表現と同様に，「学習」という語の意味が示す範囲が不明確であるために，より具体的な表現に置き換えるべきではないかとの趣旨によるものであった[35]。

修正案3については，教科学習上の能力だけをみるのではなく，全人的な視点（total person）で子どもを理解し，教科学習以外の側面における発達上のニーズを広く視野に含めようとする姿勢を評価する意見も述べられた[36]。その理由は，通常の社会生活への移行を念頭においた際，社会性や情緒的発達の水準が良い状態にあることが，はるかによい結果をもたらしてきたと考えられたからであった[37]。

これに対して，教育科学省は，「学習」についても，できるだけ広い観点からとらえるように考えており，修正案3のような具体的な領域を示してしまうと，かえってその範囲が狭い範囲に限定されかねないのではないかとの意見を述べて反論した[38]。

この見解に対しては，必要であれば，さらに「行動上の」などの後を加えるなどして実質的に可能な限り広い定義に修正することもできるとの再反論もなされたが[39]，これも議論が収束することなく，採決に持ち込まれて否決

されたのであった[40]。

修正案 3 に関わる審議における議論から見えてくるのは，用語が規定する範囲を明確にしないままに残すという教育科学省の一貫した姿勢であった。それは，生徒の障害に対する総合的なアプローチを規定するような具体的な領域を示せば，修正案 1 及び修正案 2 の審議においてもみられた「付加的な資源」の準備のための財源確保が不可欠となるため，こうした国の責任の明確化を避けようとしたからである。修正案 3 も否決されたことによって，教育科学省は状況に応じて柔軟な解釈が可能となる利点を得られたが，1981年教育法が施行された後に，この第 1 条(2)(a)における「学習」という用語は，教科学習と同義の取り扱いをされることになったのであった。

4）修正案 4 について

最後に，修正案 4 についてであるが，これは生徒の障害と教育設備との関連について言及した，第 1 条(2)(b)を削除するというものであった。

この修正案が提出された理由は次のようなものであった。すなわち，「1981年教育法案では，教育施設（＝学校）について，建物の設備そのものではなく，個人の持つ障害によって，それへのアクセスを規定している。しかし，これでは車いすを利用している生徒が，設備の不十分な学校では教育を受けられないようにしてしまう法的な根拠を，むしろ地方教育当局に与えてしまうことになるのではないか…（中略）…この法案では，このように各学校が，障害のある生徒の受け入れを合法的に拒否する根拠となってしまう[41]」可能性があることが危惧された。つまり，生徒自身に関わる要因によるのではなく，学校への物理的なアクセスの視点から，通常学校への在籍の可否が決められてしまう問題を生じるのではないかという危惧であった。Gulliford によって提起された特別な教育的ニーズの考え方，すなわち，個人と環境との相互作用の視点から教育的ニーズを導くという発想が，恣意的に歪められて，個人の要因としての能力障害（disability）への対応の責任が

無視されてしまうことがないようにとの趣旨で提出された修正案だったのである。

修正案1の議論においても，新しい教育法が，従来からの障害のある生徒への対応が軽視される根拠とならないようにとの趣旨が示されていたが，修正案4もこれと同じ立脚点からのものであったということである。

もし，修正案1が認められて，従来のカテゴリーに分類される障害のある生徒への対応が条文中に明記されていれば，必然的に第1条(2)(b)は不必要となったはずなのである。つまり，修正案4は，修正案1が認められることを前提とした修正案だったのである[42]。

修正案4で指摘された内容は，1981年教育法案の審議に先立って行われた，各種団体から提出された意見書の報告会において，イギリス心理学会（British Psychological Society）が表明した意見でも触れられていたことである。これによれば，「子どものニーズが特に強調されて歓迎されているが，地方教育当局に対して，ニーズと資源とを対応させるための教育課程の用意や，各学校にその他の施設設備を準備する義務づけをしないのであれば，この法案は大変バランスを欠いたものである。（British Psychological Society, 1981）[43]」と結論づけられていた。つまり，単に生徒の教育的ニーズを強調しただけで，施設設備や教育課程の用意を各学校や地方教育当局の責任として明確に位置づけなければ，制度が有効に機能しないことが指摘されたのであった。

修正案1が否決されたことに伴って，修正案4のみが単独では意味をなさないことから，この修正案も同時に取り下げられたのであった。

3．考察とまとめ

以上，1981年教育法案の中で特別な教育的ニーズの概念を制度に導入することに直接関係する第1条に対する4つの修正案とそれらに関して行われた審議の特徴を明らかにしてきたが，これらの修正案に共通しているのは，いずれも特別な教育的ニーズの概念の導入に際しての教育科学省の対応の姿勢

を問いただしながら展開されていた側面を有していた点が特徴的であった。教育科学省は特別な教育的ニーズの概念を導入して，その対象範囲を従来のカテゴリーに分類された障害のある生徒から拡大させる方針を明確にしたにもかかわらず，それを具体的に実施するための付加的な財源確保を公表することは最後までなかった。こうした姿勢への批判は，従来の障害のカテゴリーを廃止することによって，本当に多くの生徒に利益がもたらされるのかということへの疑問を推察すれば十分に納得できるものである。

　しかしながら，1981年教育法案の審議過程から明らかになるのは，こうした教育科学省の消極的な姿勢ばかりではないのである。

　修正案を提出しながら教育科学省の姿勢を批判した側も，その議論の過程において，特別な教育的ニーズの概念に関わる本質的な要素についての言及をしなかったし，この概念を教育制度に導入するために，何が課題として顕在化することになるのかを見通した意見が何一つなされていなかった。つまり，教育法の規定から従来の障害のカテゴリーに関する記述を廃止して，「特別な教育的対応を必要とするような著しい学習上の困難を生じる場合」という表現のみで特別な教育的ニーズの概念の導入を図ること自体について，本質的な議論の深まりが議会においてはなされないままだったということである。

　結局，付加的な資源の確保や，地方教育当局や各学校の責任についての視点からばかりが論点となり，対象の範囲に関する議論にみられるはずの概念のとらえ方が確認されないままとなってしまったのであった。

　そもそも，特別な教育的ニーズの概念によって子どもを把握しようとする場合，その対象の範囲が不明確になりやすい。それは，特別な教育的ニーズの概念が個体と環境との相互作用による動的な性質を有する概念だからである。

　それまでのような障害のカテゴリーであれば，個人（生徒）が医学的あるいは心理学的に一定の条件を満たせば，「障害がある」とみなされ，それだ

けで特別な対応を受ける資格を保有することを意味した。

　しかしながら，特別な教育的ニーズの概念を用いる場合には，個人の要因だけでは，特別な教育的対応を受ける資格を自動的に有することにはならない。その個人がおかれている学習環境の条件との組み合わせによって判断しなければならないからである。特別な教育的ニーズの概念を導入することによって期待される最大の利点は，特別な教育的対応の必要性を子どもの要因だけで考えるのではなく，学習環境を勘案して判断するという仕組みを取り入れることによって，各学校が有する教育環境の質的向上を図る方向性を生み出すということにある。1981年教育法案の審議においては，この点こそが議論されるべきだったのではないだろうか。それまでよりも対象の範囲を拡大するというウォーノック報告の趣旨を反映させようとするのであれば，なおさら，どのような根拠の元で対象範囲の拡大を図ろうとするのかを明確にしなければ，制度設計そのものの基盤が定まらなくなってしまう。対象の範囲が広いか狭いかという点に関する議論においてみられたように，論点は特別な教育的ニーズの概念とはむしろ別の視点からのものであった。議事録においては，頻繁に「ウォーノック報告の精神に鑑みて」との表現が現れていたが，これがまるで美辞麗句として都合よく議論の収束のために用いられていたのであった。

　特別な教育的ニーズの概念を教育制度上に導入するために必要な本質的問題は，この概念が有する動的な性質をいかに効果的に制度化することが可能であるかという点である。

　しかしながら，第1条で基準として用いられることになった，子どもの学習上の困難が，何に由来して生じており，そしてその原因となっている条件のどの要素について重点的に対応を図るべきであるかを明確にしなかったために，特別な教育的ニーズのある子どもの対象の範囲は，きわめてあいまいなまま，定まりどころを持たずに法案は成立したのであった。

　こうして，イギリスでは特別な教育的ニーズの概念に関わるこの点が十分

に深められないままに，1981年教育法が成立してしまったのであった。このことが単に分類されたカテゴリーの障害を有する生徒だけでなく，教育的ニーズの強さに応じて柔軟に対応を用意することを可能とする特別な教育的ニーズの考え方の弱点として，1980年代の半ば以降に顕在化することになる。

　次章では，1981年教育法の下で，特別な教育的ニーズの概念のとらえ方があいまいなままに，特別な教育的ニーズへの対応が展開した結果，どのような問題が生じることになったのかを明らかにしたい。

注

1) Department of Education and Science (1978): Special Educational Needs. Report of the Committee of Enquiry into the Education of Handicapped Children and Young People. HMSO.

2) ibid., pp. 42-43.

3) ibid., pp. 40-41.

4) 特別ニーズ教育と特別な教育的ニーズの用語の違いは，第1章でも説明したように，特別な教育的ニーズは概念を表し，特別ニーズ教育は制度を表す用語である。子どもの特別な教育的ニーズに対応する制度を特別ニーズ教育と呼ぶ。すなわち，特別ニーズ教育という用語が使われるということは，その教育制度には特別な教育的ニーズの概念が包含されていることになるはずなのである。

5) 特別な教育的ニーズの定義の文言自体は，少しずつ変更されているが，1981年教育法で導入された「学習上の困難」を基準変数とした特別な教育的ニーズの定義方法は変わっていない。

6) 高橋智（1994）:「精神薄弱」概念の理論誌研究の課題と方法。日本福祉大学研究紀要，第90巻，第一分冊，p. 269. では，「特別な教育的ニーズを持つ子どものうち，障害児を除くとその大部分のものは，本人の特性ではなく社会環境的・文化的条件に起因する学習困難であると想定されるが，そうした子どもたちを取り巻く社会問題に深く切り込まないで，教育の対象やカテゴリーの変更の問題に矮小化してしまうことになりかねない」と指摘されている。これに示されるように，単に最終的に提示された法律の条文のみを取り上げても適切な理解はできないのである。

7) 精神遅滞を原因とする知的障害という表記は，WHO の提案による「疾患」と「障害」を分離した表記に従うもので，学術的にも正確な表現である。当時のイギ

リスにおいて使用されていた知的障害を表す用語としては educationally sub-normal（教育遅滞）の概念があるが，この用語は差別的ニュアンスを有していた。そして，これに代わる類似した他の概念が用語のスティグマを新たに生み出すのではないかということが危惧されていた。イギリスにおいて現在に至るまで Learning Disability の用語が制度上用いられていないのも，新たな障害カテゴリーが登場することによって，差別的なスティグマを与えられる生徒が生じないようにするためである。Learning Disability を表す英語は，Specific Learning Difficulty（SpLD）である。

8）Ronald Gulliford は，当時 Birmingham 大学教育学部の上級講師であり，後にウォーノック委員会のメンバーとなる人物である。

9）Gulliford, R.（1971）: Special Educational Needs. Routledge. pp. 1-22.

10）正式には the Statement of Special Educational Needs。なお，スコットランドにおいては当初は Record of Needs と呼ばれた。

11）河合康（1989）: イギリス特殊教育における特別な教育的ニーズについて。筑波大学心身障害学研究，13(2)，pp. 141-148. によれば，判定書の作成割合の格差は地方教育当局によって，0.04％から4％までと非常に大きなものであったことが紹介されている。

12）この点に関して，1981年教育法の施行後，教育科学省が通常の学校に在籍する障害児の「数」が減少したことを根拠に統合教育が進展したと表明したことに対して，それは全体の生徒数の減少を考慮に入れておらず，特別学校と通常の学校との間の生徒の異動に注目すれば，ほとんど変化がないと反論されるなど数値的にはあまり顕著な変化は生じなかったのである。

13）この第1条は，結果的に原案通り成立することになった。引用の便を考慮し，出典を1981年教育法からとする。Education Act 1981（Chapter 60）. HMSO. pp. 1-2.

14）House of Commons（1981）: Special Standing Committee, Education Bill, Parliamentary Debates, Fifth Sitting, 10 March. p. 214. ディスレキシアは，障害があるものの学習上の困難を示さない障害の例として示されている。現在では，ディスレキシアのある生徒は，判定書を発行される対象，つまり，特別な教育的ニーズがあると判断される場合が増えてきている。ただし，ディスレキシアのある生徒でも，そのすべての者が特別な教育的ニーズがあるとは考えられていないということである。このように判断が分かれているのには，生徒のディスレキシアの程度に個人差があるためばかりではない。たとえば，読みに関する指導に重点をおいている学校では，読みの困難がみられる生徒への丁寧な指導が功を奏しており，その学校で学ぶディ

スレキシアの生徒もその対応で十分に不利を補われているといった事例がある。一方でディスレキシアとの診断を有している生徒が，実は家庭環境の問題のために医師と共謀して偽りの診断を用意して，家庭教育の不足を学校で補わせようとしていた事例もあった。このように教育的ニーズの有無の判断において混乱が生じやすい障害カテゴリーであることが，他の対象に比べて地方教育当局から事例への関心を集めやすいという特徴も背景に存在している。

15) House of Commons (1981): Special Standing Committee, Education Bill, Parliamentary Debates, Fourth Sitting, 5 March. p. 189-190. に，第1条に関して提出された修正案の内容が示されている。

16) ibid., pp. 190-191.

17) ibid., pp. 192-193.

18) 当時のサッチャー政権による緊縮財政政策が開始された時期に重なったために，教育関係の予算はかつて無い規模で削減されることになったのであった。

19) Cole, T. (1989): Apart or A Part? Integration and the Growth of British Special Education. Open University Press. p. 136.

20) Advisory Centre for Education (1981): Written memoranda submitted to the committee, special standing committee, Education Bill (1981), Parliamentary debates, House of Commons Official Report, HMSO, p. 9.

21) Butt, N. D. (1981): Written memoranda submitted to committee, Special standing committee, Education Bill (1981), Parliamentary debates, House of Commons Official Report, HMSO. pp. 10-11.

22) 修正案1の内容は，Department of Education and Science (1980): White Paper No. August. paragraph 40. に示された文言を流用していたのである。このことから，教育科学省は当初，特別な教育的ニーズの概念が導入されても，それを単に従来の障害のカテゴリーの表記を置き換える程度で理解していたということがわかるのである。

23) op cit., Note 14) pp. 214-215.

24) ibid., pp. 214-215.

25) ibid., p. 233.

26) op cit., Note 15) p. 193.

27) ibid.

28) op cit., note 14) p. 216及び p. 219.

29) ibid., p. 215.

138

30）ibid.

31）Graham, P. J. (1981): Written memoranda submitted to committee, Special standing committee, Education Bill (1981), Parliamentary debates, House of Commons Official Report, HMSO. pp. 15-16.

32）op cit., note 15) p. 206.

33）op cit., note 31), p. 16.

34）河合康（1989）：イギリス特殊教育における特別な教育的ニーズについて。筑波大学心身障害学研究，第13巻第2号，pp. 141-148.

35）op cit., note 15) p. 194.

36）ibid., p. 206.

37）ibid., p. 206.

38）ibid., p. 206.

39）op cit., note 14), p. 230.

40）ibid., p. 233.

41）op cit., note 15), p. 195.

42）op cit., note 14), p. 206.

43）The British Psychological Society (1981): Written memoranda submitted to the committee, special standing committee, Education Bill (1981), Parliamentary debates, House of Commons Official Report, HMSO. p. 3.

第5章　イギリスにおける特別な教育的ニーズへの
対応をめぐる制度的課題の特徴

第1節　はじめに

　1978年の障害児者教育調査委員会報告書（通称ウォーノック報告：Warnock Report）及びその勧告を受けて成立した1981年教育法によって，イギリスにおける特殊教育制度においては，それまで用いられてきた障害のカテゴリーの撤廃と，これに代わる特別な教育的ニーズ（Special Educational Needs）概念の制度的導入が果たされた。また，これに伴って，特別な教育的ニーズの「評価（assessment）」と「判定書（statement）」の作成が地方教育当局（Local Education Authority: LEA）に義務づけられることとなった（Education Act 1981）[1]。その後，教育への市場原理の導入を図った制度として知られている1988年教育改革法の施行に伴って，特別な教育的ニーズをふまえた教育的対応が困難となる状況の発生をへて，1993年教育法に至ることになる。特別なニーズ教育に関しては，1993年教育法の第3部「特別な教育的ニーズのある子ども」において規定が用意され[2]，これが1981年教育法の制定後，特別な教育的ニーズへの対応に関する最初の規定改正となった。

　さて，特別な教育的ニーズ概念の制度的導入の直接の契機となったウォーノック報告では，特別な教育的ニーズのある生徒の割合を「常時6人に1人，また学齢期間中のある時期には5人に1人が何らかの特別な教育的対応を必要とするであろう（DES, 1978）[3]」と見積もり，これを前提として対応策を検討すべきであることが勧告されていた。第4章で明らかにしたように，ウォーノック報告の勧告の一部を骨子に盛り込んだ1981年教育法案の審議過程

では，この点に関する質疑がなされ，見積もりの割合を従来の２％に限定するべきであるという意見から，（ウォーノック報告の見積もりよりも）大幅に拡大すべきであるという意見などが表明されたが，結局，「ウォーノック報告の精神に鑑み」ということばで収束された。すなわち，ウォーノック報告における見積もりを前提とすることが了解されたのであった。

　従って，1981年教育法の施行後に特別な教育的対応を受けるための根拠としての判定書の作成がどの程度行われるのかということは，ウォーノック報告で示された理念が実践に反映されるのか否かを判断する一つの指標となった。つまり，判定書の作成割合が，いわゆる「障害児」の出現割合である２％を大きく超える水準で作成されるようになれば，「学習成績の如何によらず，他者との協調性や成人として期待される行動をとれるようになることを学習すべきであり，その学習を妨げるような障害（disabilities）や困難（difficulties）のある子どもが教育上のハンディキャップを有する[4]」ととらえて，学習上の文脈に照らして特別なニーズのある生徒に特別な教育的対応を図るように勧告したウォーノック報告の主旨が制度に裏付けられて浸透していったことを示すことになるし，反対に判定書の作成割合が２％程度にとどまっている，あるいはそれを下回る程度であれば，学習上の文脈を基準に生徒の特別な教育的ニーズを理解しようとした考え方が十分に実践の中に組み入れられていないことを示すということである。

　果たして，実際には，1981年教育法が施行された後も，特別な教育的ニーズのある生徒に関する判定書の作成割合は，1981年教育法施行当時の Impairment や Disability をもつ「障害児」の出現割合と同様の値，すなわちおよそ２％程度で推移してきた。1991／92年度の特別な教育的ニーズに関する判定書の作成割合も約2.2％であり（DfE, 1993）[5]，この傾向が1990年代に入っても続いていることを示している。

　ただし，ここで注意しておかなければならないのは，この数値は，イギリス国内全体の代表値であって，各地域（各地方教育当局）ごとの状況には幅が

第5章　イギリスにおける特別な教育的ニーズへの対応をめぐる制度的課題の特徴　　141

あるという点である。河合（1988)[6]は，イギリスの1981年教育法の実施状況
を調査した報告書（Education, Science and Arts Committee, 1987)[7]から，判定
書の作成が地方教育当局によって，4.2％から0.04％までもの広い幅がある
ことを引用している。また，国の調査委員会による調査でも対象となった12
の地方教育当局の判定書の作成割合は，3.3％から0.8％までの幅があった
（Audit Commission and HMI, 1992a)[8]。

　このように各地方教育当局レベルで判定書の作成割合をみると，一部の地
域では判定書の作成割合が増加傾向を示したものの，むしろ逆の傾向を示す
地域も現れるというように，地域ごとに判定書の作成に格差が生じたことが
理解できる。すなわち，特別な教育的ニーズに関する判定書の作成割合は，
ウォーノック報告や1981年教育法で推定されていたようなおよそ20％という
値には遥か及ばない水準であり，かつ地方教育当局によって判定書の作成割
合に大きな格差が生じてしまう問題が生じたのである。

　ここで留意すべきなのは，判定書の作成割合は，実際にニーズのある生徒
の出現割合を示しているのではないという点である。判定書の作成は，各地
方教育当局に義務づけられているとはいえ，実質的には判断の裁量が委ねら
れているため，地方教育当局が，実際には特別な教育的対応を必要とするよ
うな特別な教育的ニーズのある生徒が管轄地域にいるにも関わらず，その生
徒に関する判定書を作成しなければ，統計数値上には現れないことになるか
らである。判定書の作成比率が極端に低い地方教育当局の場合には，特別な
教育的対応を必要としているにも関わらず，必要な教育的対応を受けられず
にいる生徒が多数存在していることになる。また，特別な教育的ニーズをも
っていながら，判定書を所持していないために特別なサービスを受けるため
の法的根拠がなく，結果的に必要な特別な教育的対応がなされずにいる生徒
の存在もある。このように，地方教育当局による判定書の作成割合が低いと
いうことは，いくつもの不利益を生じてしまっているのである。

　それではなぜ，地方教育当局における特別な教育的ニーズに関する判定書

の作成割合が低いという状況が生じたのであろうか。ウォーノック報告で見積もられたおよそ20％の値に遥か及ばない点については，特別な教育的ニーズそのものの概念構成上の問題も存在しているため，作成割合が想定よりもきわめて低いこと自体の評価は慎重でなければならないが[9]（まして20％が達成目標として取り扱われてはならない），それまでの「障害児」の出現割合と比較しても判定書の作成割合が低くなってしまっているような地方教育当局の場合，1981年教育法の施行前に受けられていた教育的対応が十分に用意されなくなってしまっている可能性も考えられるのである。

　この原因として，単に地方教育当局が特別な教育的対応を行う責任を回避するために意図的に判定書の作成割合を引き下げているという行政的な問題に帰着されるのではなく，判定書の作成に関わる制度上の問題点が存在していると考えられる。

　そこで本章では，地方教育当局が判定書を作成するにあたっての問題となっている状況について，特に，制度的側面における問題を明確にすることを目的とした。

１．特別な教育的ニーズの判定書の構成内容の問題

　各地方教育当局における特別な教育的ニーズに関する判定書の作成は，当該生徒の評価が先行して行われることになっている。そしてその結果に基づいて，特別な教育的対応が必要であるかどうかを判断し，必要があると認められた場合には，判定書が作成される。

　ここでは特別な教育的ニーズの判定書の構成内容についてみてみよう。

　本章で取り上げている時期においては，1981年教育法に関する施行規則（1983）に従って，次のように規定されていた[10]。

　１）子どもの氏名・住所・性別・出生地・宗教・家庭で使用している言語
　　　親もしくは保護者の氏名・住所・子どもとの続柄

2）特別な教育的ニーズ

3）特別な教育的対応

4）適切な学校もしくはその他の措置

5）教育以外の付加的な対応

さらに，付帯項目として，以下の7項目が設けられている。

A．親からの申し立て

B．親の証言

C．教育学的助言

D．医学的助言

E．心理学的助言

F．その他教育当局がえた助言

G．地域保健当局もしくは社会サービス当局による情報

ここで示した構成は，判定書の内容の基本的要素であり，具体的な内容の記載方法や項目設定の方法は，各地方教育当局の裁量に任されている部分が多い。従って，これ以上の具体的な内容の基準が示されていないため，最も重要な2）特別な教育的ニーズ，及び3）特別な教育的対応の欄への記入内容は，不可避的に地方教育当局の担当者によって大きく異なってしまうのである。まして，特別な教育的ニーズに関する判定書は，特別な教育的対応を行う上での根拠となることから，できるだけ曖昧な表現をすればするほど，地方教育当局が特別な教育的対応を十分に用意しないことの責任を問われる可能性を低くすることができるので，自ずと担当者が曖昧な表現で記載するような傾向が発生した。

これは特別な教育的対応のための費用配分の目処が立たないことも背景因となっていた。

次節で触れるように財政的な保障がなされない状況にあっては，単一年度内にどの程度の特別な教育的ニーズに関わる財政的準備が必要であるのかを

予測しえない限り，特別ニーズ教育に関わる予算編成を組むことができず，また，支出金額が年度によって大幅に異なる可能性も考えられる。これは生徒の教育上のニーズが年度によって異なるというよりも，特別な教育的対応に関する費用配分が現行制度上では特別な教育的ニーズに関わる申請によって左右されるからである。

特別な教育的対応を求める申請が多い年度や地域では，特別なニーズ教育に多くの費用が要求され，そうではない年度や地域ではその逆の事態が生じるようでは，教育サービスの提供に関して制度的に大きな不公平が容認されてしまうことになる。

地方教育当局が限られた資源を配分しようとする場合に，必要とされる資源の総量の目処がたてられないために十分な配分が行えないというのが実状であり，これは特別な教育的対応の根拠となる判定書の内容に一定の明確な下位構成内容領域の設定とそれに必要と考えられる資源の規模についての見込みをえるための調査の実施が行われない限り，解決されないと考えられる。また，生徒の特別な教育的ニーズをふまえた特別な教育的対応の編成を適切に実施するためには，この各々について制度化される必要がある。

構成内容の指針については，国からの共通した指針が示される必要性とともに，各地域の実状を反映できるような指針についてもその必要性が指摘され（Audit Commission and HMI, 1992b)[11]，1993年教育法の施行規則とともに，実践指針であるコード・オブ・プラクティス（Code of Practice: DfE, 1994)[12] が示されることになるが，この時点ではまだそうした枠組みさえ用意されていなかった。

2．1988年教育改革法の影響

1980年代の後半には，教育制度への市場原理の導入を図った1988年教育改革法の影響も加わることになる。

同法の柱は，1）地方教育当局の権限の縮小，公立学校への政府の直接的

影響の強化，3）親の学校選択権の拡大による学校間競争の導入，4）学校間競争の導入による学力水準の全体的向上，5）ナショナル・カリキュラムと到達度評価制度の導入が主なものである。

　同法による全国統一カリキュラム，すなわちナショナル・カリキュラムの導入は，従来の「教育における自由の保障」を転換し，イギリスの教育制度において初めて統一したカリキュラムを定めて，その履修を指示したものである。

　同法の特徴について指摘した研究としては，特別な教育的ニーズのある生徒への影響は，河合（1990）[13]，緒方（1990）[14]，Copeland（1991）[15]，Lloyd-Smith（1992）[16]，Ribbins（1993）[17] などがあるが，いずれにも共通しているのは，学校間への競争原理の導入は，特別な教育的ニーズのある生徒を通常学校から排除する流れを強めるというものであった。特に，財政的な問題がある中で，ナショナル・カリキュラムに対応した全国統一到達度評価試験の成績を勘案した財源配分がなされるという，学校間の競争原理が導入されることで，特別な教育的ニーズのある生徒が通常学校において学習することへの否定的なとらえ方が拡大することが懸念されたことが明らかとなった。

　教育科学省は，特別な教育的ニーズのある生徒への適用について，特別な取り扱いをするように指示を出した（Department of Education and Science, 1989[18]; Department for Education and Employment, 2000[19]）が，それはナショナル・カリキュラムの内容の適用除外を基本としたもので，十分な代替カリキュラムの提案を図ったものではなかったことから，地方教育当局と各学校とが対応の責任をどのように分担するかを定められず，そのことが安易なナショナル・カリキュラムの適用除外を各学校に誘発することとなってしまったのであった。

　以上のような1988年教育改革法による特別な教育的ニーズへの対応の問題は，たしかに負の影響を与えることが懸念されたが，実はそれよりもさらに大きな構造的問題の存在によって，むしろ関心は1988年教育改革法の影響よ

りも別の問題に向けられたのであった。

　次項では，こうした問題点を取り上げることにする。

3．財政的保障の欠如に関わる問題

　生徒の特別な教育的ニーズに関する評価の結果，当該生徒に対して特別な教育的対応を行う必要があると判断された場合，地方教育当局は特別な教育的ニーズに関する判定書を作成し，それに基づいて特別な教育的対応を行うことになっている。

　しかし，特別な教育的対応を行うために必要な財政的負担は，地方教育当局の負担となるため，国からの財政的援助がない状況にあっては，資源配分を行うことには限界がある。これが多くの地方教育当局が従来の「障害児」の出現割合とほぼ同率でしか判定書を作成していない大きな原因となっていた。

　1981年教育法の審議過程においては，特別な教育的ニーズ概念の制度的導入にあたって，付加的な資源が用意されるのかどうかを問いただす質疑がなされたが，結論的にこうした点について政府の明確な回答はなされず，1981年教育法の施行後も付加的な資源は用意されなかったのである[20]。これは，特に通常の学校における特別な教育的対応のための資源の確保が困難となることを意味していた。1981年教育法で統合教育の推進が明示されたにも関わらず，実際にはほとんど進行しなかった原因をこの点に求めた指摘もある(Cole, 1989)[21]。

　すでに問題点として指摘したが，制度的に特別な教育的対応の対象は従来の「障害児」から拡大されたものの，それに必要な資源の確保がなされなかったことは，地方教育当局における資源配分に直接的な影響を与えていた。すなわち，地方教育当局は，従来の「障害児」への特別な教育的対応を継続的に求められる一方で，新たに従来のカテゴリーに入らなかった生徒で特別な教育的ニーズがあると判断される生徒たちへの特別な教育的対応をも図ら

なければならなくなったからである。

　従来の予算枠の中で前者への対応を保障すれば，後者への資源配分はできなくなる。反対に後者への特別な教育的対応を新たに行うようにすれば，必然的にそれまで前者に配分していた資源を削減せざるをえなくなる。両立しえない課題を抱え込まされたことが，地方教育当局が作成する判定書の記述内容における曖昧表現の使用問題（後述）の財政的要因である。このジレンマに加えて特別な教育的ニーズの評価の際の基準が明確に示されていなかったため，特別な教育的対応のための資源配分の優先基準が用意できないのはいわば必然的でもあった。特別な教育的対応のための付加的な特別な資源が用意されない制度的状況の中で，公平な資源配分を求められる地方教育当局のおかれている立場がいかに困難なものであったのかが理解できるのである。

　次項では，さらに地方教育当局と学校との関係における制度的課題について述べていくことにする。

4．地方教育当局と学校との関係の問題(1)―責任分担の不明瞭性―

　Audit Commission and HMI (1992a)[22] は，1981年教育法の施行後，特別な教育的ニーズをふまえた教育が判定書の作成等において混乱を呈し，十分に実践に移されていない状況が1980年代を通じて続いてきたことから，その実態を調査し，主要な問題点として次の3点を指摘した。

　　a．特別な教育的ニーズの構成要素が不明確であり，また学校および地方教育当局それぞれの責任が不明確である
　　b．学校および地方教育当局の生徒の進歩（progress）に対する責任が不明確であり，また生徒が利用する資源についての責任も不明確である
　　c．地方教育当局が1981年教育法を施行する動機に欠けている状況がある

　第一番目の問題点については，制度上の特別な教育的ニーズの定義が単に

「著しい学習上の困難を有する」という点においてしか規定されていない。すなわち，特別な教育的ニーズ概念の構成要素が制度的に不明確であるため，必然的に生徒の特別な教育的ニーズの評価を行うことが困難となっているという制度的問題の存在を示している[23]。この点に関して Audit Commission and HMI（1992）は，1981年教育法においてどのような生徒たちが特別な教育的対応がはかられるべき対象になるのかという点が明示されなかったことが，地方教育当局が同法に基づいた実践を正確に行うことを非常に難しくしていると指摘した（Audit Commission and HMI, 1992a)[24]。

　地方教育当局ごとの判定書の作成割合の格差の原因もここに求められた。

　また，学校及び地方教育当局の責任が不明確であるという指摘は，学校に在籍する生徒の「特別な教育的ニーズの発見→評価→判定書の作成→特別な教育的対応の編成」という一見すると詳細かつ整然と手続きが規定されているかのようにみえる一連の過程において，実際には学校及び地方教育当局それぞれがどの部分にどのような形で関わるのかの責任分担が曖昧であるということを指している。

　判定書の作成は地方教育当局に義務づけられているが，それはあくまで地方教育当局が判定書の作成に先行して実施した評価の結果に依拠している。このため，特別な教育的ニーズがあると考えられる生徒の照会が各学校から行われたとしても，当該の生徒に関する判定書の作成の必要性は地方教育当局の判断によってしまう。地方教育当局の判断に対して意義のある場合には，親または保護者が不服申し立てを行い，裁定機関の裁定に委ねることが保障されているが[25]，一連のプロセスにおいて，学校及び地方教育当局それぞれがどのような役割を担う義務があるのかが明確に規定されていないという問題があったのである。これは第二番目の問題点とも関係している。つまり，特別な教育的対応として学校及び地方教育当局が当該生徒にどのような内容を提供すれば，生徒の特別な教育的ニーズを満たすことになるのかが不明確だったのである。従って，特別な教育的対応を用意するにあたって，どのよ

第5章　イギリスにおける特別な教育的ニーズへの対応をめぐる制度的課題の特徴　149

うなニーズに対してどのような対応が用意されるのかのガイドラインが必要
とされたのである。

　もちろん，特別な教育的ニーズは，単に生徒の個体内要因にのみ依拠して
成立するのではなく，生徒のおかれている環境との相互作用の中で初めて規
定される概念であることから，特別な教育的ニーズと特別な教育的対応とは
一対一の対応関係にはない。別の表現をすれば，同じ様な「障害」をもった
生徒であっても，学校の違いや学習環境の違いによって，必要とする特別な
教育的対応は異なるのである。

　この，特別な教育的ニーズ概念そのものの性格に由来する「評価」の難し
さが地方教育当局による判定書の作成に影を落としていることは明らかであ
る。特別な教育的ニーズの評価は，学習環境（カリキュラム，授業形態など広
く含む）に照らして行われなければならないことから，必然的に各学校にお
ける学習場面の中で行われる評価は不可欠の要素となる。

　判定書の記述には，教育学的助言や心理学的助言などが含まれており，こ
こに教師や学校からの報告が反映されるようになっているが，その取り扱い
は地方教育当局に委ねられており，具体的に適切なリファレンスの保障がな
されないと，実際の生徒の特別な教育的ニーズと判定書におけるニーズの評
価が一貫性をもたないものとなってしまう危険性もある。実際に，評価にあ
たっての記載内容に関する規定の不備と地方教育当局におけるその取り扱い
の不適切さが重なって，地方教育当局が作成した判定書に関する不服審査委
員会の場において，その内容の不備を指摘された地方教育当局の担当者が責
任を学校に転嫁するという事態が起こっている（河合，1988）[26]。

　こうしたことが特別な教育的ニーズのある生徒にとって大きな不利益をも
たらすことは明らかであり，早急な改善が求められていた。

　判定書の記述の不備に関しては，1981年教育法の施行規則（1983）によっ
て判定書の構成内容は示されているものの，それぞれの構成内容の記述にあ
たっての具体的な必須要素が規定されていないために，実際に作成された判

定書の記述が大変に曖昧になるという問題が生じていた。

　記述内容の問題については，河合（1988）[27] に示されているが，それによれば「この子どもの能力を伸ばすためには個別的な注意を必要とする」「すべての発達領域において著しく遅れている」というような記述にとどまっている場合があり，そこから何ら特別な教育的対応を導くことができないような内容であっても，定期的な判定書の見直し規定が形式的なものにとどまっているために，実質的には，親か保護者が不服申請をしない限り，制度的に内容表記の是正をするすべがなかった。

　地方教育当局に適切な判定書を作成する努力を求めず，不服申請がされれば再検討するというシステムは，本末転倒も甚だしく，明らかに判定書作成に関わる制度的不備が原因である。不服申請には裁決が出るまで時間がかかるため，その間，特別な教育的ニーズのある生徒が受ける不利益は取り返しがつかない。作成された判定書が十分な特別な教育的対応を提供するために有効なものとなるように，学校における評価も含めて判定書作成に関わる評価の内容と基準の明示化と責任の所在を規定することが不可欠である。

　1993年教育法によって，判定書の作成のための評価に一定の時間制限（6ヶ月以内）が設けられたこと[28] は，こうした方向への前進と評価できよう。

　さて，判定書における特別な教育的ニーズに関する記述は，続く特別な教育的対応を導くような内容にならない限りは，地方教育当局がどのような特別な教育的対応を行うのかに関する責任を明示した根拠が用意されないこととなる。評価プロセスにおける学校の役割を明確にし，必要な特別な教育的対応を導くことができるような評価記録のフォーマットが用意されなければならないし，また，地方教育当局にあっては学校が行った評価の取り扱いに関する責任の明確化の必要性があるとともに，地方教育当局における特別な教育的ニーズの評価におけるフォーマットとの対応もはかれるようなシステムの構築と，その制度化が必要とされたのであった。

5．地方教育当局と学校との関係の問題⑵―学校への資源配分―

　特別な教育的対応のための資源配分が困難である状況を背景に，多くの地方教育当局が判定書の記述において意図的に曖昧な表現を用いている状況のあることについてはすでに述べた。

　Audit Commission and HMI（1992）は，地方教育当局がこうした姿勢に出ている原因として，予算を用意したとしても学校がそれを適切に使わないのではないかという危惧があるためであると分析している（Audit Commission and HMI, 1992a)[29]。これは，地方教育当局が管轄内の学校での実践を信頼していないという理由もあるが，具体的な対応の指針がどこからも示されていない状況にあっては，各学校から付加的な資源配分の要求があったとしても，全体の予算枠が限られているために，配分の基準を用意することができないというのが実際的な理由であろう。地方教育当局では，このため特別な費用を用意する代わりに，直接教師を派遣するという形で対応を図ろうとしている例が明らかにされた（Audit Commission and HMI, 1992a)[30]。

　この形態が採用されるのは，教師を派遣する形であれば，配分される資源（＝教師）がどの程度の費用を必要とするのかが明確である上に，設備費や教材費とは異なり，教師を直接派遣する場合には，資源の利用状況が明確に把握できるという利点があるからである。つまり，前節で述べた判定書の作成の過程で各学校から提供される評価資料の取り扱いの問題は，どのような特別な教育的対応にどれだけの費用が必要であるのかが，各学校によって統一されておらず，その結果，地方教育当局では資源配分の判断が困難となり，判定書に具体的な資源配分について明示することができなくなっているということであったが，地方教育当局サイドでのこの問題への一つの対処方法が，直接教師を派遣するという形態であったのである。地方教育当局がこうした形態をとらざるをえないのは，学校で行われている評価を資料の柱としながら作成した判定書に従って行われた特別な教育的対応が有効に機能している

かをチェックするシステムがないために，資源配分の妥当性が地方教育当局
によってフィードバックできないことが，原因となっていた。

　地方教育当局が，学校に配分した資源が生徒の進歩のために有効に活用さ
れているのかどうかをチェックすることができれば，どのようなニーズに対
して，どのような資源配分を行えばよいのかということに関する基準の蓄積
を図ることができる。しかし，地方教育当局と学校との間にこうしたシステ
ムがない場合には，生徒の特別な教育的ニーズに対して特別な教育的対応を
図るために資源配分を行ったとしても，本当にニーズのある生徒にとって有
効に資源が利用されているのかどうかに関する妥当性の検討ができないため
に，その後の資源配分のための基準を作成することが困難となってしまった
のである。また，特別な教育的ニーズのある生徒の在籍している学校が，資
源配分以前の問題として生徒のニーズに対応する能力をどれだけ備えている
のかということも大きな問題となっていた。

　これは対応能力の不十分な学校への資源配分の問題を指している。例えば，
ある学校が生徒の学習上の進歩を適切に図ることができず，そのためその生
徒が大きな学習上の困難状況を示しているとする。ここで学校の対応能力が
不足している場合には，その生徒は特別な教育的ニーズの度合いを一層強め
ていってしまうであろう。この段階で，仮に学校が地方教育当局に特別な教
育的対応のための判定書の作成を申請したとしよう。この生徒は，学校側の
対応能力の不足のために高いレベルのニーズをもった生徒として学校側の評
価が提出され，その結果，学校が付加的な資源配分を受けることになったと
する。

　これでは，十分に生徒の教育的ニーズに対応することができていない学校
にばかり，資源配分がなされることになってしまう。その逆に優秀な教員の
いる学校，あるいは特別な教育的ニーズへの対応能力を高めることができる
ように積極的に教員の資質向上に努めている学校には，資源配分が行われに
くくなってしまうのではないかという問題があるのである。

第5章　イギリスにおける特別な教育的ニーズへの対応をめぐる制度的課題の特徴　153

　従って，地方教育当局による資源配分にあたっては，単に生徒に関する情報ばかりを取り扱うのではなく，学校の活動についても評価がなされる必要性があるのである。特別な教育的ニーズ概念は，そもそも生徒がおかれている環境との相互作用の文脈において理解されるものであることから，判定書の作成に際しても本来は生徒のおかれている環境（ここでは特に学校の生徒への対応）についての評価が不可欠なはずである。

　ところが，2000年代までの判定書の形式では，ウォーノック報告における従来の子どもの「障害」にのみ焦点をあててきたことへの反省がなされて制度改革が行われた経緯が反映されていないのである。施行規則によって規定されている判定書の形式について，特別な教育的ニーズ概念の基本的考え方が明確に盛り込まれるような内容で記載されるべき旨とその具体的記載内容項目の制度化に加え，判定書への記載例を示したガイドラインが用意される必要があろう。

　Audit Commission and HMI（1992）は，こうした状況に対して，地方教育当局及び各学校が特別なニーズ教育に関わる方針を明示する必要性，正確な費目設定の必要性，地方教育当局との協力の下に学校の対応能力を高める方策の検討，学校が提供した対応が生徒に与えた効果を明らかにする調査の必要性などの勧告を行ったのであった（本章末資料参照）。

第2節　本章のまとめ

　本章では，1993年教育法に基づいてコード・オブ・プラクティス（1994）が示される以前の時期を検討対象にし，特別な教育的ニーズに関する判定書の作成が進まないという問題をめぐる制度的課題について，判定書の構成内容の問題，付加的資源のための財政保障規定の欠如，地方教育当局と学校との関係をめぐる制度的不備について整理してきた。

　Audit Commission and HMI（1992）は，2つの報告書の中で1990年代に

各地方教育当局が1981年教育法の基本原理を実施に移すための基本的な考え方のガイドラインと，具体的に各地域の学校や地方教育当局レベルで取り組むべき実施上の指針や，特に問題としてあげられた地方教育当局と各学校との関係のあり方について勧告を行った。その意図は，特別な教育的対応を行うための原則を各地域ごとに明確な形で公にさせることで，曖昧さが強かった判定書の作成の基準などへの批判への対応を促すとともに，その際に各地域ごとの状況を反映させることができるように枠をつくろうとしたことにある。また，特に問題となる資源の配分に関しては，学校側の要求と地方教育当局側の論理とをいずれも盛り込んだ内容となっており，両者が両立し得ない場合の対応が今後の課題となろう。

　いずれにしても，Audit Commission and HMI が1990年代になってこうした報告書を発行したことから看取されるのは，1980年代における1981年教育法の本質的内容（判定書の作成の手続きといった形式的な内容の実施は，既述したように地方教育当局による幅はあるもののある程度は行われたが，特別なニーズ教育の実施という意味で）の実施がいかに困難であり，また混乱した状況に置かれていたかということである。ハンドブックの中のある程度の内容は，1993年教育法に反映され，また実践指針も示されたことから，特別な教育的ニーズの定義とそれに基づいた対応の決定までのプロセスにおける曖昧さの解消に向けて確実に前進する気運が見られたが，やはり財政的な根拠が示されない状況が解決されていないために，まだ具体的な実践が大きく変革されるという状態にはなっていない。特別な教育的ニーズ概念は，個体要因と環境要因との相互作用の過程で規定されるという特徴を持っているため，環境と個体との関係についての理論的定義についてのいっそうの議論とそれに基づいたモデルの開発が急務となっている。

　しかし，実践的裏付けを伴ったモデルの開発にはまだ時間が必要であろう。こうした状況の中，判定書は作成されていないものの何らかの教育上の特別な配慮を必要とする生徒への独自の対応も試みられるようになっている。

第5章　イギリスにおける特別な教育的ニーズへの対応をめぐる制度的課題の特徴　　155

　ウェールズのクルーイド州（Clwyd）では，判定書を作成されていない生徒で，特別な教育的対応が必要であると考えられる生徒の「登録制度（resister）」を創設している（Audit Commission and HMI, 1992b）[31]。この制度はもともとは小学校の教師が，特別な教育的ニーズのある生徒をシステマティックに発見できるようにするために意図されたものであり，生徒のニーズの度合いによって大きく次の2つのレベルから構成されている。生徒が学習場面において困難を経験していると見なした場合，その生徒はレベル1として登録される。この際，地方教育当局と学校の代表者の協議の上で登録が決定されることになっている。通常はサイコロジスト（educational psychologist）がそれぞれの代表者となる。そして，より重い教育上のニーズのある生徒は，レベル2として登録される。

　このシステムにおいては，地方教育当局と各学校との協力関係を基本に据え，固定的な特別な教育的ニーズのカテゴリーを作ろうとするのではなく，生徒が地方教育当局からの付加的な援助を本当に必要とするのかどうかを見極められるような評価尺度を作ることが意図されている。従って，登録の対象かどうかを判断する基準は，当該学年において獲得しておくべき最低限度の能力が何であるのかを示す形で用意されている。例えば，4年生の場合には，読みは生活年齢と比較して9ヶ月以上遅れてはならない，書字は15ヶ月以上遅れてはならない，といったようなガイドラインが示されて，これに照らして生徒の評価がなされるようになっている。そして，具体的に地方教育当局から対応に必要な資源が提供されるようなシステムになっているのである。

　この評価ガイドラインにおいても，あくまで基準のおきどころは生徒の到達水準との比較におかれているため，本章で問題にしてきた制度的課題を補完するようなシステムとはなっていないが，従来の「障害児」に対しては判定書を作成して特別な教育的対応を保障しつつ，判定書が作成されていない生徒についても，地方教育当局と各学校との協力関係の下に必要な対応をと

156

ることができようなシステムを独自に模索している点が高く評価できよう。こうした実践を通じて，特別な教育的対応を見据えた生徒の特別な教育的ニーズの評価の視点が蓄積され，ガイドラインの作成がなされることが不可欠となるであろう。判定書の作成をめぐっては，この他にも不服申請に関する制度的課題などがあり，この点に関する検討は今後の課題である。

　本章末に，資料として Audit Commission and HMI による 2 つの報告書の勧告の一覧をあげた。1993年教育法及び同法施行規則（1994）における特別な教育的ニーズに関係する規定には，この勧告の内容が反映されている（例えば，国が実践上の指針を明示することや，判定書の作成期限を 6 ヶ月以内にすることなど）。

注

1 ）Education Act 1981 (Chapter 60), Section 4及び Section 7の規定による。

2 ）1981年教育法の規定は，1993年教育法第 3 部「特別な教育的ニーズのある子ども」の規定に置き換えられた。1993年教育法中の規定における特徴は，特別なニーズ教育の実施にあたっての国による「実践指針」の明示化が規定されたこと，及び1988年教育改革法によるいわゆる「教育への市場原理の導入」路線が特別なニーズ教育の領域においても継承されている点などにある。1981年教育法からの修正条項については，第 6 章を参照。

3 ）Department of Education and Science (1978): Special Educational Needs. Report of the Committee of Enquiry into the Education of Handicapped Children and Young People. HMSO. 41 (para.3.17).

4 ）ibid., 36 (para.3.2).

5 ）Department for Education, Welsh Office, Scottish Office Education Department, Department of Education for Northern Ireland, and Universities Funding Council (1993): Education Statistics for the United Kingdom 1993 Edition. HMSO. p.43および p.47より計算した。

6 ）河合康（1988）：イギリス特殊教育における特別な教育的ニーズについて。筑波大学心身障害学研究，13(2), pp.141-148.

7 ）Education, Science and Arts Committee (1987): Special Educational Needs, Im-

第5章　イギリスにおける特別な教育的ニーズへの対応をめぐる制度的課題の特徴　　157

plementation of Education Act 1981. HMSO.

8) Audit Commission and HMI (1992a): Getting in on the Act. Provision for Pupils with Special Educational Needs: the National Picture. HMSO. p. 1及び p. 14.

9) 判定書の作成割合がウォーノック報告による20％という数値を前提として，制度の実施状況の評価を行うことには慎重にならなくてはならない。それは，特別な教育的ニーズ概念は概念構成の要素がまだ十分に議論し尽くされていない段階だからである。ウォーノック報告における20％という見積もりは，ウォーノック委員会が行った学校や教師を対象にして行った複数の調査の報告を参考にして行われたものであるが，ウォーノック委員会の活動当時は，中等教育改革の後遺症や社会経済の状況が思わしくなかった時期に当たっており（ウォーノック報告における20％という見積もりがなされた背景要因については，真城知己 (1993)：イギリスにおける特別な教育的ニーズ概念の導入背景に関する一仮説。中等教育改革を背景にした説明の試み。障害者の教育と福祉の研究。10-26. の中で仮説提起的に検討した），従って当時の見積もりに関しては「前提」とすることなく常に吟味が必要である。その際，なにをもって特別な教育的ニーズととらえるのか，すなわち特別な教育的ニーズの構成要素が理論的裏付けをもちながら明示されなければならない。

10) 1981年教育法の制度化における特別な教育的ニーズの判定書の内容は，The Education (Special Educational Needs) Regulations 1983 (Statutory Instruments, 1983 No. 29) の別表として規定されている。邦文では，河合康 (1986)：イギリスの特殊教育。The Education (Special Educational Needs) Regulation 1983を中心にして。総合リハビリテーション，14(2), pp. 139-142. の紹介がわかりやすい。

11) Audit Commission and HMI (1992b): Getting the Act Together. Provision for Pupils with Special Educational Needs. A Management Handbook for Schools and Local Education Authorities. HMSO. p. 17.

12) Department for Education (1994): Code of Practice on the Identification and Assessment of Special Educational Needs. HMSO. この内容の詳細は第8章で取り上げるが，特別な教育的ニーズに関する教育制度の具体的な実践指針を示したものであることから，きわめて重要なものである。例えば，特別な教育的ニーズの有無を判定する評価の手続きを（評価の開始から決定までの時間制限までも示すほどに）具体的に指示していたり，特別な教育的ニーズ・コーディネーターの役割や，地方教育当局と学校との責任の分担などに至るまで，詳細な枠組みが指示されている。

13) 河合康 (1990)：イギリス特殊教育に対する「1988年教育改革法」の影響。上越教育大学研究紀要。vol. 10, no. 1. pp. 153-167.

14）緒方登志雄（1990）：英国におけるノーマライゼーション，発達障害研究，第11巻第4号，pp. 43-50.

15）Copeland, I.（1991）: Special Educational Needs and the Education Reform Act 1988. British Journal of Educational Studies. vol. 39, no. 2, pp. 190-206.

16）Lloyd-Smith, M.（1992）: The education reform act and special needs education: conflicting ideologies. Jones, N. and Docking, J.（eds.）Special educational needs and the education refortm act. Trentham books. pp. 11-24.

17）Ribbins, P.（1993）: Telling tales of secondary heads: on educational reform and the National Curriculum. Chitty, C.（ed.）The National Curriculum: is it working? Longman. pp. 24-79.

18）Department of Education and Science（1989）: Education Reform Act 1988: Temporary Exceptions from the National Curriculum. Circular 15/89.

19）Department for Education and Employment（2000）: Disapplication of the National Curriculum. Ref. 118/2000. HMSO.

20）真城知己（1996）：イギリスにおける特別な教育的ニーズ概念の教育制度への位置づけに関する研究(1)，兵庫教育大学研究紀要第1分冊（学校教育・幼児教育・障害児教育），16，101-108. において法案への修正案について検討した。特別な教育的ニーズの定義に関わる問題として必要な資源の保障を意図した修正案は採決の結果否決されたが，審議過程で特別な教育的ニーズの制度的導入における根本的課題が示唆された。

21）Cole, T.（1989）: Apart or a part?. Integration and the Growth of British Special Education. Open University Press. p. 136.

22）Audit Commission and HMI, op cit. note 8), p. 1.

23）Education Act 1981, Section 1 において「特別な教育的対応を必要とするような学習上の困難を有するものが特別な教育的ニーズのある」と特別な教育的ニーズの定義がなされ，その原因としての「著しい学習上の困難」や「障害」があげられているが，特別な教育的ニーズの構成要素が明示されていないために，解釈が困難で，評価の基準も導けない。

24）Audit Commission and HMI, op cit. note 8), p. 1.

25）判定書に関する不服申し立ては，大きく次の2通りの場合がある。一つは，判定書が作成されないことに対する不服申し立てであり，もう一つは作成された判定書に対する不服申し立て（判定書の作成そのものへの不服申し立ても含む）である。

26）河合，op cit. note 6), p. 145.

第5章　イギリスにおける特別な教育的ニーズへの対応をめぐる制度的課題の特徴　　159

27）ibid., pp. 143-145.
28）Education Act 1993（Chapter 35）. Section 172（2）（b），及び173（1）（b）.
29）Audit Commission and HMI, op cit. note 8），p. 1.
30）ibid.
31）Audit Commission and HMI, op cit. note 11），pp. 18-19.

〈第5章　章末資料〉

1．"Getting in on the Act"（注8）における勧告

・教育省（Department for Education）が，子どものニーズの水準を定義する上での指針を示すことが必要である
・地方教育当局が特別なニーズのある生徒に対する通常の学校の責任を規定する上での指針を示すことが必要である
・判定書を作成された生徒の両親が一定の範囲内で子どもの学校の選択権を持つ必要性がある
・地方教育当局が1981年教育法を完全に実施するようにするための動機づけとなるような対策が必要である
・判定書の記述が子どもの教育目標や学校の責任を明確にするように変えられる必要がある
・1992年学校教育法の規定に基づく視学官および現在ある地方教育当局の視学官が特別なニーズのある生徒に対する学校の活動を厳密に視察する必要がある
・評価と判定書の作成に法的な時間制限を設ける必要がある
・学校から排除されている情緒障害および行動問題のある生徒のための教育的対応がどの程度なされているのかを明らかにする調査の必要がある
・費用拠出者（地方教育当局）とサービス提供者（通常は学校）との役割の区別を明確にする必要がある（特に大きな費用負担が必要な場合）。地方教育当局は各学校に生徒の進歩（progress）に対する責任を持たせるようにすること
・すべての地方教育当局が特別な教育的ニーズのある生徒への対応の力を高めている一部の地方教育当局にならうことが必要である
・地方教育当局が特別学校にいる生徒の数を考慮した上で，通常の学校にいる特別なニーズのある生徒の支援に資源を移すべきかどうかを検討する必要がある
・各学校が特別なニーズのある生徒の援助のために人員を探す努力を行い，また，日々の生活を基本とした支援を利用するように計画を立てる必要がある

2．"Getting the Act Together"（注11）における勧告の内容

・地方教育当局と各学校は，サービスの依頼者と提供者としての関係をつくるべきである

・地方教育当局と各学校は，特別なニーズに関わる施策の内容を公刊し，検討すべきである

・各学校と地方教育当局は，特別なニーズのある生徒の発見を一貫性をもって行うシステムを構築すべきである

・地方教育当局は，各学校が特別なニーズへの対応を行う能力を高めるべく改善を学校とともに取り組むべきである

・判定書は，適切な方法で発行されるべきである

・地方教育当局は，特別なニーズのある生徒が判定書をもっていなくとも，実際の出現に応じて通常学校への予算措置を検討すべきである

・判定書のある生徒に対する学校への予算措置の決定に際しては，生徒のニーズに応じて正確に費目を示すようにすべきである

・各学校と地方教育当局の特別なニーズ支援担当部局は，特別なニーズのある生徒に対する活動に責任を持つべきである

・各学校の特別なニーズへの対応についての視察は，個々の生徒への影響の内容に焦点をあてるべきである

・地方教育当局は，生徒人口の変化に応じて特別なニーズのための資源の再割り当てを行うべきである

・地方教育当局は管轄内の特別学校の点検をし，学校配置の合理化を行うべきである

・各学校と教師は，学級内での特別なニーズのある生徒の学習の質を改善するための実践方略を行うべきである

・各学校と教師は，特別なニーズのある生徒への対応のために，担任以外の成人（支援教師）の利用方法を計画に盛り込むべきである

・各学校は，教師の活動の評価を通じて特別なニーズのある生徒の達成状況の評価を行うべきである

第6章　1993年教育法以降における特別な教育的ニーズへの対応に関する教育制度の特徴

第1節　はじめに

　1978年のウォーノック報告（Warnock Report）及び1981年教育法（Education Act 1981）によって，特別な教育的ニーズの概念を教育制度上に導入するという一大転機を迎えたイギリスの障害児教育制度は，1980年代を通じてホール・スクール・アプローチ（Whole School Approach）のような新しい理念を打ち立てながら，従来の障害児教育の枠を超えた個々の教育的ニーズに応じた学校教育のあり方を問い続けてきた。しかしながら，この間はまた，ナショナル・カリキュラム（National Curriculum）やローカル・マネージメント・オブ・スクール（Local Management of Schools: 以下 LMS）の導入を図った1988年教育改革法の施行に代表される教育界全体の大変革のうねりの中で，ウォーノック報告や1981年教育法で示された，個別のニーズに応じた教育の提供や統合教育の推進が次第に困難になる環境が構築された時期でもあった。

　こうした状況を背景としながら，1993年7月27日に1993年教育法（Education Act 1993）[1] が成立した。議会に提出された法案は，当初より255条の規定と17の付則（schedules）から構成されるという大きなものであったが，最終的に可決された際にはこれがさらに膨らみ，結局は6部308条と21の付則から構成されることとなり，イギリスにおける教育法としては最大規模の法律として成立した。

　障害児教育に関する規定は，第3部が当てられており，その内容は一部を除き，実質的に1981年教育法を修正するものである。いわば，特別な教育的

ニーズという概念の導入によって始まった新しい制度的枠組みのもとで1980年代を通じて明確になったイギリス障害児教育の今日的課題への実践的経験を背景にした制度的対応の最初のものとして位置づけられる法律である。

このような性格を持つ一方で，同法は全体として1988年教育改革法（Education Reform Act 1988）によって明確にされた市場原理を教育の世界に導入するという路線を継承する位置づけを持っており，教育全体の費用効率という側面のみの視点からは個別のニーズに応じた教育的な対応を積極的に図ることを困難とする性格を有している。このため，法案が議会に提出された当初から関係者からはこうした政府の姿勢に対してこれを危惧する指摘が行われていた[2]。

こうした状況を念頭に起き，1988年教育改革法に連なる考え方が踏襲されることによる教育思想の危機的状況が形成されつつある中で，特別な教育的ニーズに関する規定がどの様に修正されたのかをおさえておくことが，当時の特徴を理解する上で重要である。

そこで本章では，この1993年教育法における特別な教育的ニーズへの対応に関する規定の特徴について明らかにすることを目的とした。なお，特徴を明確にするために，ここではまず特別な教育的ニーズに関係する規定の概要についてまとめ，続いて1981年教育法からの主な修正点について対照させるように整理した。

第2節 1993年教育法における特別な教育的ニーズに関係する 規定の概要

一般の教育法の一部に特別な教育的ニーズへの対応に関する規定を位置づけた1993年教育法では，これに関わる規定は「特別な教育的ニーズのある子ども（Children with Special Educational Needs）」と題された第3部（第156条〜191条）が中心になっている。この他，第3部には含まれていない学校選択

と就学に関する規定（第196条，197条）及びLMSの特別学校への適用（第276条）をあわせると合計38箇条が関係規定として設けられた。

また，第167条に基づく評価の実施に関する付則（Sched. 9），第168条に基づく判定書の作成とその維持に関する付則（Sched. 10），及び直接国庫補助特別学校（Grant-Maintained Special School）の運営組織と運営に関する付則（Sched. 11）が用意されている他，付則19では1981年教育法の規定を一部残して置き換えることが規定された。

中心となる規定は，以下の9領域に分かれている。

1）特別な教育的ニーズ等の定義
2）実践指針を示した規則の作成
3）特別な教育的対応（及び統合教育の推進）
4）特別な教育的ニーズのある子どもの発見と評価
5）特別な教育的ニーズの判定に関する裁定機関
6）特別学校と独立学校
7）実施手続きの修正
8）学校の選択と就学
9）LMSの特別学校への適用
それぞれの規定の特徴について以下に明らかにしていく。

1）特別な教育的ニーズ及び特別な教育的対応の定義（第156条）

特別な教育的ニーズ等の定義は，表現に若干の違いがあるが1981年教育法から基本的な変化はなく，ほぼそのまま踏襲されている。

すなわち，「特別な教育的対応を必要とするような学習上の困難を持つ場合，その子どもは特別な教育的ニーズを有する」とされた。

そして，1981年教育法と同様に学習上の困難の様相と特別な教育的対応の捉え方についても示された。

1993年教育法では，特別な教育的ニーズの概念の定義についての見直しが期待されていたが，結果的にそれは実現されなかった。

その理由としては，2002年10月に実施したマンチェスター大学の Mel Ainscow 教授及び Peter Farrell 教授への面接調査で得られた「各地方教育当局による運用が安定してきたことによるのではないか」との証言が端的に状況を表していたと考えられる。

すなわち，イギリスにおける特別な教育的ニーズへの対応に関する教育制度では，特別な教育的ニーズの概念そのものについて明確にしながら，それを制度化するという形態ではなく，法律上の文言は曖昧さを残した表現に留めて，運用上で対処するという方式がとられていたということである。

そして，その運用上の枠組みを提供することになるのが，次に実践指針（コード・オブ・プラクティス）なのである。

2）実践指針の明示化（第157条，第158条）

この条項が設けられたのが，1993年教育法における大きな一つの特徴である。ここでは教育省大臣が地方教育当局，学校理事会，及びこのほか責任のある全ての人物に対して実践上の指針を示すことが義務づけられている。

この実践指針こそが，コード・オブ・プラクティス（Code of Practice）である。

当時のイギリスの著名な障害児教育研究者であった Mittler, P. 教授をして「これが今後のイギリスの（特別な教育的ニーズへの対応に関する）バイブルとなる[3]」と言わしめたものでもある。

イギリスにおける特別な教育的ニーズ・コーディネーター（Special Educational Needs Coordinator: SENCO）制度は，この規程に従って発行された実践指針であるコード・オブ・プラクティス（1994）[4]によって役割と責任が定められることとなるのである。つまり，1993年教育法におけるコード・オブ・プラクティスの発行を指示したこの条文こそが，特別な教育的ニーズ・コー

第6章　1993年教育法以降における特別な教育的ニーズへの対応に関する教育制度の特徴　　165

ディネーター制度の最初の根拠規定となったのであった。

　イギリスにおける特別な教育的ニーズへの対応に関して，特別な教育的ニーズ・コーディネーターの役割は極めて重要である。

　その理由は，単に実践上の「調整役」の必要性によっているのではない。

　イギリスにおける特別な教育的ニーズ・コーディネーターは，特別な教育的ニーズの概念を「学習上の困難」という視点から定義した状態のままで，1981年教育法が成立するまでの従来のカテゴリーに分類された障害を有する生徒への対応を適切に保障するとともに，各地方教育当局による適切な財政運用を実施させることにさえも影響を与えるほどの役割を担うことになるからである。また，第5章で取り上げた Audit Commission（1992）による勧告の内容をふまえて，各地方教育当局による「判定書」作成のスケジュールに時間制限が設けられ，ステージ制度が導入されて，より速やかに行政判断が下されるようになったのも，コード・オブ・プラクティスにその枠組みが示されたことによっている。このように，1993年教育法における実践指針（コード・オブ・プラクティス）の明示化を指示したこの規定は，1980年代に生じた様々な課題を解消するための切り札ともなった重要な規定なのである。

3）特別な教育的対応の編成（第159条—第164条）

　ここには特別な教育的対応に関する規定，及び1981年教育法の重要な柱であった統合教育に関する規定が含まれた。

　直接国庫補助学校以外の学校において特別な教育的対応の編成を行う義務を地方教育当局に課し，なおかつそれが一定の条件を満たし，また保護者の意志に反しない限りは特別学校ではなく普通学校において提供しなければならないことが規定された。ここでいう一定の条件とは，1981年教育法第2条3項の下位規定とほぼ同じである。すなわち，(a)学習上の困難に対応した特別な教育的対応が提供されること，(b)ともに学習する他の生徒に対する効果的な教育と両立すること，及び(c)資源が有効に活用されることの3条件であ

る。

　また，「保護者の意志に反しない」という一節が加えられたことは，1981
年教育法において認められた保護者の学校選択の権利を一層明確にしている。

　1981年教育法における一つの重要な内容であった統合教育に関する規定
（1981年教育法第 2 条(2)，(3)）は，このように修正が加えられて独立した規定
（第160条）となっている。

　この他の規定では特別な教育的ニーズのある生徒に関わる学校組織の責任
についてより明確に規定するとともに，1981年教育法と同様に学校外での教
育対応に関する規定を設けている。

4 ）特別な教育的ニーズのある子どもの発見と評価（第165条－第176条）

　1981年教育法においてはこれに関する規定は 7 箇条であったが，特に判定
書の作成及び不服申し立てに関する手続きに関する規定をより拡大する形で
12箇条に大幅に増やされた。

　地方教育当局の義務については，1981年教育法第 4 条及び第 5 条に置き換
わる形でより適切な表現に改められた。すなわち，それまでは地方教育当局
の評価実施の義務は「特別な教育的対応を必要とするような特別な教育的ニ
ーズがあると判断される場合（1981年教育法第 5 条(1)(a)）」に生じたが，それ
が「特別な教育的対応を必要とするいかなる学習上の困難がある場合（第
165条(1)(b)）」と改められたのである。

　これはウォーノック報告で特別な教育的ニーズのある生徒が学齢生徒のお
よそ 5 人から 6 人に 1 人（約20％）ほどにも達すると見込まれた（DES,
1978）[5] ものの，実質的にはそれが1981年教育法施行以前の障害カテゴリー
に属するおよそ 2 ％の生徒のみが判定書作成の対象にされるという事態が生
じていたことが背景にある。特別な教育的ニーズのあると想定されながら判
定書が作成されていなかったいわゆる18％の生徒（Gipps et al, 1987）[6] に対し
ても地方教育当局が規定に則った形で判定書を作成するようにさせるため，

第 6 章　1993年教育法以降における特別な教育的ニーズへの対応に関する教育制度の特徴　　167

これを特別な教育的ニーズの定義に関する規定に即した形で明確にし，学習上の困難がある場合にとの表現にされたのである。

　地方教育当局に判定書の作成が義務づけられているのは特別な教育的対応に関してであるが，教育以外の対応（non-educational provision）についても関与できることが規定された。

　さらに，地方教育当局が判定書を作成しないことに対する保護者の不服申し立ての権利に関する規定，判定書の内容に対する不服申し立ての規定が設けられているほか，直接国庫補助学校もしくは直接国庫補助特別学校に在籍する生徒の判定書も地方教育当局が管理することが規定され，特別な教育的ニーズに関する評価の依頼があった場合には，それが半年以内に実施されなければならないという時間制限についての規定も設けられた。時間制限の規定によって，より迅速に評価とそれに基づいた対応の実施が求められるようになった。

　なお，就学前（すなわち 5 歳以下）の特別な教育的ニーズのある（あるいは将来有することになるであろう）子どもについては，地域保健当局（District Health Authority: DHA）等がその義務を負うことを保護者に通知しなくてはならないこともここで規定された。

5）特別な教育的ニーズの判定に関する裁定機関（第177条―第181条）

　ここでは作成された判定書の確定にあたっての裁定機関の構成と裁決の手続きが規定された。

　司法権を行使するために裁定機関（特別な教育的ニーズ裁定機関：Special Educational Needs Tribunal）が設置される。この特別な教育的ニーズ裁定機関は長官と下位の裁定機関の議長，及びそれ以外の裁定機関の委員 2 名から構成される代表機関であり，これらのメンバーはいずれも大法官（the Lord Chancellor: イギリス最高の司法官）により任命される。

6）特別学校と独立学校（第182条－第190条）

　特別学校は特別な教育的ニーズのある生徒に対する特別な教育的対応を行うように特別に組織されたものであると定義され，さらにこれは大きく地方教育当局の管轄におかれる学校（[LEA-] Maintained Special School）と直接国庫補助特別学校に分けられている。

　後者は，1993年教育法によって明確に制度化された。特別学校の設立や廃止等に関する手続きの規定の他，地方教育当局管轄の特別学校から直接国庫補助特別学校に組織変更する手続きについても示されている。これは付則11においてさらに具体的に示された。複数の直接国庫補助特別学校を一つの運営主体とすることも認められるようになった。

　認可されていない独立学校（＝私立学校）には，大臣の許可なしに判定書を発行された生徒を措置してはならないという規定も用意された。関連して，独立学校等の地方教育当局管轄外の学校の承認とそれをふまえた後の地方教育当局の義務についても規定された。

7）実施手続きの修正（第191条）

　独立学校等の地方教育当局管轄外の学校に関する規定（すなわち承認等に関して）に基づく手続きは必要に応じて教育省大臣によって修正されることとされた。

8）学校の選択と就学（第196条，第197条）

　特別な教育的ニーズに関する判定書を発行された生徒の学校選択に関する規定がこれである。

　ここでは判定書が特定している学校，あるいは判定書に特定の学校名が記されていない場合は地方教育当局が付則10（判定書の修正及び破棄に関する手続きが規定されている）のパラグラフ10に基づいた修正を行って特定した学校に生徒を措置するという手続きが踏まれることになったのであった。

第 6 章　1993年教育法以降における特別な教育的ニーズへの対応に関する教育制度の特徴　　169

このように付則20では学校選択に関する手続きを規定した。また，特別な
教育的ニーズのある生徒の就学の手続きに関しては，第197条(5)が対応して
いた。

9) LMS の特別学校への適用（第276条）

この規定は，特別な教育的ニーズへの対応として集約されている規定とは
別の章において示されたものであった。

1988年教育改革法第43条の規定をそのまま代用して適用することが規定さ
れていた。これはローカル・マネージメント・オブ・スペシャル・スクール
(Local Management of Special Schools: LMSS) として知られているもので，こ
れまで地方教育当局が担ってきた学校の管理運営や財政に関する権限等を学
校理事会等に移管する際に関係する規定であった。

第 3 節　1981年教育法の規定が残されたもの

上述したように，1993年教育法は，1981年教育法に新たに規定を追加した
が，他方で1981年教育法の規定がそのまま残されたものもあった。ここでは
それらの内容をとりあげる。これの位置づけについては，1993年教育法付則
19のパラグラフ82及び付則21に規定されている。

・特別な教育的ニーズのある生徒に対する特別な教育的対応を保障する地方
　教育当局の義務（1981年教育法第 2 条(1)）
・特別学校の定義（1981年教育法第11条(1)）
・子どもの特別な教育的ニーズに応じて全日制の教育を受けさせる親の義務
　（1981年教育法第17条）
・「基本法」の定義（基本法との表現が指し示す法律が1944年教育法であるとい
　うこと）（1981年教育法第20条(1)）

・施行期日等に関する規定（1981年教育法第20条(2)及び(3)）

・本法律（1993年教育法）及びそれ以前の法律の引用時の略称等に関する規定（1981年教育法第21条）

・付則２，３及び４に関する事項

　これらは地方教育当局及び親の義務について，特別な教育的ニーズのある生徒に適用する内容と，法律の施行・運用に関わる事務規定である。このため，いずれも特別な教育的ニーズの概念には直接的に関係しない規定である。

第4節　1981年教育法から修正された規定

　ここでは，1981年教育法の規定を修正する形で設けられた規定を以下に整理して示した。これによって変化の特徴が明確になると考えた。語句の修正程度にとどまっている規定や，複数の規定にまたがって修正が行われているものも含まれている。記載のスタイルは，

・現行の規定（1993年教育法の条文番号）← ［1981年教育法の条文番号］

　このように統一した。なお，いずれの法律かが明確になるように括弧の形を変えた。

・特別な教育的ニーズ及び特別な教育的対応の定義（Sec. 156）← ［Sec. 1］

・特別な教育的対応のアレンジの見直しの規定（Sec. 159）← ［Sec. 2(4)］

・学校以外の場における特別な教育的対応の規定（Sec. 163）← ［Sec. 3］

・特別な教育的ニーズのある子どもの発見と評価のための地方教育当局の責任（Sec. 165）← ［Sec. 4, 5(1)］

・特別な教育的ニーズの評価に関する規定（Sec. 167）← ［Sec. 5(1)-(5), (9),

第6章　1993年教育法以降における特別な教育的ニーズへの対応に関する教育制度の特徴　　171

(10)〕

・特別な教育的ニーズの判定書の作成等に関する規定（Sec. 168）← 〔Sec. 7〕
・判定書に関する不服申し立て（Sec. 169, 170）← 〔Sec. 8〕
・教育的ニーズの見直しの規定（Sec. 172）← 〔Sec. 9〕
・２歳以下の子どもの特別な教育的ニーズの評価に関する規定（Sec. 175）←
　〔Sec. 6〕
・地域保健当局及び国民保健サービス（National Health Service: NHS）の義務
　に関する規定（Sec. 176）← 〔sec. 10〕
・公立特別学校の廃止手続きに関する規定（Sec. 183(2)-(5)の各Ｃ項）←
　〔Sec. 14〕
・学校の選択（Sec. 196）← 〔Sec. 15〕
・学校への就学手続きに関する修正事項（Sec. 197）← 〔Sec. 197〕

　付則に関しては次の通りである。
・第167条に基づく評価の実施規定（Sched. 9）← 〔Part I of Sched. I〕
・第168条に基づく判定書の作成と管理に関する規定（Sched. 10）← 〔Part II
　of Sched. I, Sec. 7〕

　これ以外の規定は，1988年教育改革法をふまえて新たに加えられた，ある
いは従来の規定を拡大する形で追加された規定である。
　なお，1981年教育法においては施行規則に関する規定が各規定に加えて独
立して設けられていた（1981年教育法の第19条が該当）が，1993年教育法にお
いては全体に共通するものを除いてこのように独立しては設けられていない。
必要に応じて各規定中に示されている。また，他の関係機関に対する大臣の
権限に関する規定（1981年教育法では第18条として用意された）は，施行規則に
よって示されることとなった。
　1981年教育法に規定された内容で完全に廃止されたものもある。それは，

地方教育当局の同意がなければ子どもを特別学校から退学させられないとした規定（第11条(2)）である。この規定が廃止された理由は，保護者の学校選択に関する権利がより明確に位置づけられるようになったことである。

第 5 節　1996年教育法以降における主要な規定の特徴

1996年教育法は，特別な教育的ニーズの概念に関する内容に関しては，若干の修正があったものの1993年教育法の第 3 部を，1996年教育法第 4 部としてほぼ受け継いでいる。

特別な教育的ニーズに関係する条文数が1993年教育法第 3 部の36から38条に増えたり（直接国庫補助特別学校設置に関わる財務当局の権限，直接国庫補助特別学校における幼児教育に関する規定，及び特別学校の理事会に関する規定が追加され，スーパービジョンと裁定機関からの申し立てに関する規定が削除され，合計で 2 条の増加），条文タイトルの見直し（例：1993年教育法第160条：通常の学校における特別な教育的ニーズのある子どもの教育保障義務→1996年教育法316条：通常の学校において教育されるのが通常となる特別な教育的ニーズのある子ども）がなされているが，修辞上の修正をのぞけば基本的な変化はない。

第 6 節　考察－1993年教育法及び1996年教育法以降の制度的特徴－

1993年教育法における障害児教育関係規定の抱える主な課題については，当時次のような点が指摘されていた（Morris et al. 1993）[7]。

第 1 に実践指針がすぐに示されなかったこと。第 2 に新たに明示された直接国庫補助特別学校の位置づけの問題であった。すなわち，これを導入することで生徒の特別な教育的対応をどの様に図っていくのかが不明であること。そして，第 3 に1981年教育法施行後にもっとも混乱がみられた点でもあるが，地方教育当局の資源をどう具体的に利用するのかという問題である。地方教

育当局の資源が限られていたために特別な教育的対応が不成功に終わった例が多くみられたことが指摘されていた。この他にも特別な教育的ニーズ等の定義について1981年教育法がほぼそのまま踏襲されているが，1981年教育法における定義の仕方については循環的で曖昧であり，そのために様々な混乱が生じているという指摘がなされていた（Beveridge, 1993）[8]。評価に関する規定の中で「あらゆる学習上の困難」という点を明確にするよう表現の改善もみられたが，特別な教育的ニーズそのものの概念が曖昧さを拭いきれないことを念頭におけば，これが問題となることが予想されたのであった。

さらに，Audit Commission and HMI（1992）が核心的な問題点[9]として指摘した3つの内容―すなわち1）特別な教育的ニーズの構成要素が不明確であり，また学校及び地方教育当局それぞれの責任が不明確であること，2）学校及び地方教育当局の生徒の進歩に対する責任が不明確であり，また生徒が利用する資源についての責任も不明確であること，及び3）地方教育当局が1981年教育法を実行する動機にかけている状況―を解決するような規定が十分に盛り込まれなかったことから，結果的に1980年代に直面した問題が残されるという課題も抱えている。

1981年教育法施行後の1980年代のイギリス特別教育の展開をふまえた1993年教育法の位置づけが必要であり，またその作業を通じて1981年教育法の意義を改めて検討しなくてはならない。特別な教育的ニーズへの対応に関する1981年教育法から変化した，あるいは追加された1993年教育法の規定を表面的にみれば，1980年代の学校教育制度全体に関係する動向が追加されただけのように見えるかも知れない。

しかし，表面的な解釈に留まっていては，この法律の重要性を理解したとはいえない。1981年教育法の枠組みのもとで，とにかくも開始された特別な教育的ニーズの概念を取り入れて開始された新しい教育制度の展開を，わずか10年で振り返った Audit Commission and HMI（1992）による2つの報告書では，特別な教育的ニーズの概念を教育制度に取り入れたからこその課題

に直面したこと，そして，それを解決するための模索が行われたことが，1993年教育法には含まれているからである。それは，何よりも，ウォーノック報告において，特別な教育的ニーズを有する生徒の見積が大幅に拡大されていたにも関わらず，1980年前後のサッチャー政権による緊縮財政下の影響，さらに，1981年教育法が施行される前年の1982年に勃発したフォークランド紛争（Falklands Conflict）によって，一層の財政削減が求められた結果，特別な教育的ニーズを有することの証として導入された「判定書」を実際に発効された生徒の割合は，全体のわずか2％を少し上回る程度に留まったのであった。すなわち，障害のカテゴリーによって分類されていた時代の「障害児」の割合に留まったことになる。これでは単に従来の障害のカテゴリーの名称が特別な教育的ニーズに置き換えられただけになってしまう。

　特別な教育的ニーズの概念がどのようにとらえられたかに関しては，依然として法案審議では1981年教育法での定義の枠組みが引き継がれるのみで，制度の基盤となる概念理解については深められないままだった。たとえば，1988年教育改革法は，1981年教育法の規定そのものについて改正するものではなかったので，本研究では直接の分析対象にしていないが，この法案審議過程においてみられる特別な教育的ニーズの定義について言及されている部分でも，「特別な教育的ニーズの定義は，1981年教育法第1条にもとづくものである」（House of Lords, 1988)[10]と述べられるに留まり，定義の背景にある概念については全く言及されなかった。この言及は，1988年教育改革法案の審議では，直接国庫補助学校制度の導入とナショナル・カリキュラムの創設による教育行政への政府の強い干渉や，教育制度への市場原理の導入を特別な教育的ニーズへの対応の領域に位置づけるための議論がなされている中で行われたものである。Arran卿（Gore）は，特別な教育的ニーズへの対応の分野では，学校や個々の子どもの差異が非常に大きいことから，市場原理や地方教育当局による財政管理を一律に適用するべきではないと主張する過程で，特別な教育的ニーズのとらえ方の多様性に言及したのであったが，概

第6章　1993年教育法以降における特別な教育的ニーズへの対応に関する教育制度の特徴　175

念そのものまでは触れられなかったのであった。

　同様に，1993年教育法においても，同法案において特別な教育的ニーズを
規定する「学習上の困難」を，どのように定義するかを問われた当時の教育
雇用省大臣（Forth, E.）は，「本法案における「学習上の困難」の定義は，
1981年教育法第１条(2)を引き継いでいる…（中略）…子どもに学習上の困難
があるかどうかの決定のために必要なアセスメントと判定書の作成基準につ
いては，コード・オブ・プラクティスによって定めることとしたい」（House
of Lords, 1992)[11] と回答した。すなわち，特別な教育的ニーズの概念そのも
のには触れることなく，「学習上の困難」があるかどうかの基準をコード・
オブ・プラクティスで示すとしたのであった。ここからわかることは，特別
な教育的ニーズの概念の定義が，もはや制度運用上は，「学習上の困難」と
いう視点のみでとらえる枠組みに変質していたということである。

　ただし，ここで留意しなければならないのは，イギリスにおける「学習上
の困難」の概念をとらえるためには，日本のような成熟した学習指導要領に
もとづく「学力評価」ではないということである。1988年教育改革法によっ
て導入されたナショナル・カリキュラムは，イギリスの教育制度史上，初め
てのものであったし，それに準拠した全国統一到達度試験の実施も，まだ開
始されたばかりの時期であることを念頭においた解釈が必要だからである。
すなわち，理論的枠組みとその実践的蓄積による洗練を経ない段階での教育
制度は，まだ，蓄積された教育実践や受け継がれてきた伝統的教育行政制度
を根本的に刷新することができない段階だったということである。ここにイ
ギリスの特別な教育的ニーズの概念がどのように教育制度に浸透していたの
かをとらえるための視点が必要である理由が存在している。そして，1993年
教育法が成立した後，翌1994年に特別な教育的ニーズへの対応に関する実践
指針となる最初のコード・オブ・プラクティスが示されることになるが，そ
こにこそ特別な教育的ニーズの概念をふまえた運用の視点をみることができ
るようになるのである。

さて，1997年には，緑書（Green Paper）『すべての子どもに優れた教育を（Excellence for All Children: Meeting special educational needs）』（DfEE, 1997)[12] が発行された。これらにおいては，「学校全体の教育目標に応じて特別な教育的ニーズのある子どもに相応の（成果の）期待をすること」，「特別な教育的ニーズのある子どもの親を支援すること」，「可能な限り通常学校に特別な教育的ニーズのある子どもをインクルージョンするとともに，個々の子どものニーズに対応することの重要性を強く認識すること，また，常時ニーズのある一部の子どもに対応する特別学校の役割を創出すること」，「特別な教育的対応は実践的支援や，レメディアル教育から，予防や早期介入へとその中心を移すこと」，「教師等が専門性を高める機会を後援すること」，及び，「各学校，地域，全国規模で特別な教育的ニーズに関する連携を促進すること」の6つの柱が打ち出された。そして，この緑書に対する3,600を超える意見を受けて，翌1998年に行動計画『特別な教育的ニーズへの対応（Meeting Special Educational Needs）』（DfEE, 1998)[13] が発行されたのであった。この行動計画は，「すべての子どもに優れた教育を用意するための親との協力」，「特別な教育的ニーズの枠組みの見直し」，「インクルーシヴ教育の指向」，「知識と技能の開発」，及び「特別なニーズへの対応のための連携の模索」という5領域で構成された。

緑書で示された早期介入に関わる内容が，親との協力の章に組み込まれているので，実質的にこの行動計画は前年の緑書の内容を直接反映したものとなっていた。もっとも特徴的なのは，判定書を発行されないが特別な教育的ニーズがあると考えられる生徒への教育をどのように保障するかという課題の解決が強く指向されている点であると考えられた。これは，イギリスの教育制度においてはインクルーシヴ教育に対するとらえ方は単なる位置的統合ではなく，（従って特別学校の役割を明確にすることを強調しながら）通常学校の教育の責任の範囲を拡大するという視点から強調するという特徴が反映されていると考えられた。

第6章　1993年教育法以降における特別な教育的ニーズへの対応に関する教育制度の特徴　　177

　2001年特別な教育的ニーズ及び障害法（SENDA）は，緑書（1997）と行動計画（1998）で示された方針を踏襲し，1996年教育法第4部と1995年障害差別禁止法第3及び第4部の修正を行った。同法は，通常学校における特別な教育的ニーズへの対応に関わる地方教育当局の義務，不服申し立て，特別な教育的ニーズの評価，特別な教育的ニーズに関わる判定書の修正，及び教育における障害差別に関する規定で構成され，各条文において1996年教育法及び1995年障害差別禁止法の修正と条文の追加がなされているもので，大枠が修正されたわけではない。河合（2002）[14]は，その中で特に通常学校における特別な教育的ニーズへの対応の際に，1996年教育法までで規定されてきた通常学校において特別な教育的対応を当該の子どもが受けられるようにとの条件と，通常学校において財源を有効に活用するよう指示した条件の存在が，むしろ通常学校において特別な教育的ニーズのある生徒の教育機会を提供することを敬遠させる現象を引き起こしてきたと指摘されてきた問題をふまえて，2001年特別な教育的ニーズ及び障害法においてこの点の規定が撤廃されたことに意義があると指摘している。通常学校に対する特別な教育的ニーズへの対応を，実現性に乏しい条件として規定するのではなく，通常学校に特別な教育ニーズのある生徒に対する教育の義務が存在するという責任の所在を明確に示しながらも，実際の運用には弾力性を持たせたということなのである。こうした趣旨の法改正は，特別な教育的ニーズへの対応における法律の規定について，新たな段階が模索されていることを示すものと考えられた。

　このような法改正の流れからみえてくるのは，1990年代にはいって，特別な教育的ニーズの概念が，法律上の条文こそ大きな変化は認められないものの，着実に浸透してきていることである。すなわち，特別な教育的ニーズが動的な概念であることから，これに適切に対応するための制度の整備の方向性は規定を厳格にすることではなく，生徒と環境要因の相互作用の視点をふまえて規定と運用に柔軟性の幅を拡大することにあるからである。

　学校に対して責任の所在を求めようとすると，ともすれば，規定を厳格化

して，規制を強める制度設計がなされがちであるが，このようにしてしまう
と，特別な教育的ニーズの概念に照らせば，むしろその変動性ゆえに，規定
に抵触してしまいやすくなるのである。つまり，規定を厳格にすればするほ
ど，特別な教育的ニーズの概念をもとにした運用は難しくなる。各学校の責
任の所在を明確にしつつ，特別な教育的ニーズの動的性質をふまえて，柔軟
な運用が可能となるような制度の構造こそが，1981年教育法が施行されてか
ら約20年間に進んだ制度の到達点であると考えられる。

　次章では，1993年教育法の規定にもとづいて発行された実践指針であるコ
ード・オブ・プラクティス（1994）の内容も含めて，生徒の特別な教育的ニ
ーズがどのように把握されるようになったのかの特徴をみながら，この概念
の浸透の具合を明らかにしていきたい。

注

1) Department for Education (1993): Education Act 1993. HMSO.

2) Davie, R. (1993): The Education Act 1993. British Journal of Special Education, vol. 20, no. 3, p. 83.

3) 1993年教育法が制定された当時マンチェスター大学教授だった Mittler にインタ
　　ビューを行った河合康（1996年10月）による。

4) Department for Education (1994): Code of Practice: Special Educational Needs. HMSO.

5) Department of Education and Science (1978): Special Educational Needs. Report of the committee of enquiry into the education of handicapped children and young people (Warnock Report). HMSO. para. 3. 17.

6) Gipps, C., Gross, H. and Goldstein, H. (1987): Warnock's eighteen per cent. Children with special needs in primary schools. Falmer Press.

7) Morris, R., Reid, E. and Fowler, J. (1993): Education Act 93. A critical guide. Association of Metropolitan Authorities. pp. 69-70.

8) Beveridge, S. (1993): Special educational needs in schools. Routledge. pp. 1-14.

9) Audit Commission and HMI (1992): Getting in on the Act. Provision for pupils with special educational needs: the National picture. HMSO. p. 1.

10) Gore, A. (9th Earl of Arran) (1988): House of Lords Debates, Education Reform Bill. 23 June 1988, vol. 498, cc985-1041, p. 985.

11) Forth, E. (1992): House of Commons, Debates on Education Act 1992, 15 December 1992, vol. 216, c187.

12) Department for Education and Employment (1997): Excellence for all children. -Meeting Special Educational Needs- (Green Paper cm 3785). HMSO.

13) Department for Education and Employment (1998): Meeting special educational needs: A Programme of Action. HMSO.

14) 河合康 (2002)：イギリスにおける「2001年特別な教育的ニーズ・障害法」の内容と意義。―「1996年教育法」の修正に焦点を当てて―。上越教育大学研究紀要。第21巻，第2号，pp. 675-690.

第7章　特別な教育的ニーズの評価の視点と課題

第1節　はじめに

　特別な教育的ニーズの概念は，現在でも必ずしも明確かつ統一的な概念規定がなされる段階に至っているとはいえない状況が続いているが，概念規定のためには，個体要因に加えて環境要因が重視され，さらに個体要因と環境要因との相互作用を考慮することが必要である。

　特別な配慮が必要な生徒のニーズの発見とそれへの対応という一連のプロセスの中で，環境要因を考慮すること自体は，決して新しいことではない。なぜならば，教育活動の中で指導効果が十分に上げられるように生徒の学習環境を整えるのは，ごく通例のことだからである。つまり，生徒への指導に際しては，環境要因は必ず考慮されてきた。それでは，特別な教育的ニーズをふまえた教育，すなわち特別なニーズ教育において，環境要因を十分に考慮することが強調されるのはなぜなのであろうか。

　その一つの理由として，生徒の教育的ニーズがなぜ生じているのか，あるいは生徒にとって教育的ニーズが「ある状態」がなぜ維持されているのか（またはさらに強められたり弱められたりしているのか）といった点に関して，すなわちニーズの発見の段階において，環境要因を評価することが必ずしも十分に行われてこなかったことが指摘できよう。ニーズの発見の段階で環境要因がまったく評価されていなかったとはいえないが，生徒のニーズの原因に関する記述は，障害児教育の領域においていえば，子ども自身の機能障害（Impairment）や能力障害（Disability）レベルの「障害」に帰結されることが多く，特別ニーズ教育において，環境要因が強調されるのは，こうした個体

要因への評価とは相対的に環境要因への評価が軽視されてきたことへの反省にたっていることを確認しておきたい。

　イギリスの障害児教育の領域において，最初に特別な教育的ニーズの概念を提起したガリフォード（Gulliford, R.）の問題意識もここから出発したものであったし，特別な教育的ニーズという語を世界的に広めるきっかけとなった，いわゆるウォーノック報告において同概念が採用された理由も同じ立脚点にあったことは，すでに述べたとおりである。すなわち，ガリフォードは子どもの特別な教育的ニーズの発生の原因として，日常の生活状況と学習状況が重要な要因となるにもかかわらず，教育的ニーズの把握の視点が，単に子どもの欠陥（Defect）あるいは障害（Disability）に関する内容のみに偏っていたことを指摘し（Gulliford, 1971)[1]，彼が小委員会のメンバーとしてかかわった，ウォーノック委員会は，「障害（disability）」の有無が特別教育（special education）の必要性を規定するのではないことを指摘した上で，その子どもの教育上の進歩を妨げるあらゆる要因を包含できるようにするために同概念を採用したことを述べている（DES, 1978)[2]。

　生徒の特別な教育的ニーズの理解において環境要因を包含する必要性は，生徒が所属している集団やカリキュラム構成，担当の教師等についても生徒の教育的ニーズとの関わりの検討を要求する。これは，障害のない生徒への教育的対応も含め，あらゆる教育の場において，教育の質を高め，そもそも特別な教育的ニーズが生じやすい状況を極力生み出さないようにする努力を促すものでもある[3]。そして，いかなる環境において生徒の特別な教育的ニーズが生じているのかを把握し，特別な教育的ニーズへの対応も把握された環境要因とのかかわりを明確にした教育計画にもとづいて展開されることが必要となる。こうしたことを念頭におきながら，特別な教育的ニーズの概念を制度化したイギリスにおいて，評価の視点がどのように据えられているのかを明確にしておくことが重要であると考えられる。

　そこで本章では，イギリスにおける特別な教育的ニーズの「評価（assessment)[4]」に焦点をあて，環境要因をふまえた評価の視点の特徴と課題について整理・検討を行うことを目的とした[5]。

　イギリスの特別な教育的ニーズに関する評価の視点の特徴を明らかにする上で特徴としてふまえておくべき点を以下に示す。

　第一に，イギリスでは各国に先駆けて特別な教育的ニーズの概念が制度的に導入され，実践や研究が行われてきたこと。

　第二に，イギリスにおいては特別な教育的ニーズの評価をふまえて，特別な教育的対応を保障するために「判定書（statement）」を作成するシステムが制度的に確立されていること。これは，評価の行われる視点が，対応を見据えた位置づけを制度的なレベルにおいても有していることを意味している。

　そして，第三の理由は，こうしたプロセスに関して，実践指針が制度的に用意されるようになったことである。具体的には，コード・オブ・プラクティス（Code of Practice）を指しているが，1981年教育法によって特別な教育的ニーズの概念が制度的に導入された後，およそ10年強を経て実践的にはもはや「イギリスにおける」との表現が適当でなくなるほど多様性が生まれてきていると同時に，それらを包含しつつ一定の範囲をもって特別なニーズ教育を展開する目安がたてられるほどになってきたともとらえることができるからである。

　本章では，次のような構成で論を展開する。

　まず，イギリスにおける特別なニーズ教育の文脈上での評価のとらえ方について示す。そして，評価の視点を明らかにするために，評価の対象に焦点をあてて，施行規則，コード・オブ・プラクティス及び特別な教育的ニーズ・コーディネーター向けの評価表のパッケージ例のそれぞれについて特徴と課題を整理する。なお，特別な教育的ニーズの概念は，個体要因と環境要因との相互作用で規定されるものであり，社会的文脈による影響と切り離すことのできない概念であるので，環境が異なれば，特別な教育的ニーズの質的側面も異なる。本章がイギリスにおける教育の社会的文脈のもとで理解さ

184

れている点に留意することも必要である。（この点に関しては窪島（1996）[6]の指摘を参照）

　また，本章では主として障害にかかわる特別な教育的ニーズに焦点をあてて論述するが，イギリスにおいても，制度化当初より障害のみに起因するのではない特別な教育的ニーズが想定されている点に注意が必要である。

　イギリスの場合には，障害児教育制度において，従来の障害という用語に代えて特別な教育的ニーズという用語が使用されるようになったと紹介されることが多く，誤解が生じる可能性が高いためである[7]。

第2節　「評価（assessment）」の定義と目的

　イギリスにおける特別ニーズ教育の文脈において評価という場合，大きく2通りに整理してとらえることができる。

　一つは，実践場面，特に学校において生徒の特別な教育的ニーズに対応する上で必要な情報収集のために行われるものである。そしてもう一つは，通常の教育的対応の範囲では対応が困難な，特別な教育的対応を必要とする生徒に関する判定書の作成の過程における評価である。前者は，後者に含まれる場合もある。

　まず前者についてであるが，Ainscow and Muncey（1989）[8]によれば，生徒のニーズの評価における用語は次のように定義・整理されている。

Assessment　個々の生徒の進歩（progress）に焦点をあてて情報を集める
　　　　　　　プロセス
Recording　　指導と学習にかかわる過程や結果には影響しない手続き
Evaluation　　指導や学習を改善するために，情報を集めたり，その判断を
　　　　　　　する一連のプロセス

つまり，assessment（評価）とは，様々な方法によって生徒の学習を促進するために必要な情報収集を行うことである。ここでは評価の対象となる生徒の学習上の進歩にかかわる要因は，心理学的検査等によって明らかにされる個々の生徒の個体要因ばかりでなく，生徒の学習集団や教材，履修しているカリキュラムなどの環境要因も含まれていることに留意しなくてはならない。

また，recording（記録）は，学習記録や授業中の行動の様子などが含まれるものである。ただし，記録の行為自体は中立的な性質が保たれるように留意されなくてはならない。記録は，評価の一部を構成するばかりでなく，同時に次の evaluation（総合評価）のための資料としての位置づけももつ。

総合評価は，評価によって得られた情報を教育の目標に照らし，必要なアプローチを導くための具体的な方針決定における意味づけの作業を指している。当然のことながら，評価は，総合評価を念頭におきながら行われるものであるから，記録も含めた三者には密接な関係がある。そして，評価は，「特定の目的を念頭においた情報収集のプロセス」である点を明確に意識しておきたい。このように，直接，生徒の教育的ニーズに対応する目的を持って行われる評価がある。

これに対して制度的な規定に位置づけられている評価がある。

前章で取り上げたように，1993年教育法では，地方教育当局への特別な教育的ニーズにかかわる判定書（statement: 以下，判定書）の作成義務の規定によって，その過程において特別な教育的ニーズの「評価」が位置づけられるようになった。つまり，法的な評価は，地方教育当局が，当該の生徒に対して判定書の作成を行うかどうかの判断をするためになされるものを指す (DfE, 1995)[9]。

なお，判定書の作成の判断のために地方教育当局が行う評価の方法に関しては，各地方教育当局の裁量に任されている[10]。イギリスにおいて，通常の教育の範囲における資源では対応できないような特別な教育的ニーズに対し

て付加的な資源の配分を伴った特別な教育的対応を受けるためには，地方教育当局によってその生徒の特別な教育的ニーズに関する判定書が作成される必要がある。地方教育当局は，特別な教育的ニーズがあると考えられる生徒に対して，付加的な資源の配分を伴う特別な教育的配慮を行うかどうかの判断をしなくてはならないのであるが，この判断のために評価が必要とされるのである。

　本節で述べてきたように，イギリスにおける特別な教育的ニーズに関する評価は，生徒の特別な教育的ニーズへの対応を直接的に志向した評価と，制度的な文脈で特別な教育的対応を行うための判定書にかかわる評価という2つの目的を持っているのである。

第3節　評価の対象

　次に，特別な教育的ニーズの評価が何を対象にして行われるのかという点について検討してみたい。個体要因の偏重への反省にたって環境要因への視座が重視されたことをふまえれば，今日における特別な教育的ニーズの対象を検討することで，これがこれがどこまで具体化されてきたのかを知る手がかりが与えられる。本節では，施行規則の規定から読みとれる評価の対象と，コード・オブ・プラクティスにおける評価の視点，及び主に特別な教育的ニーズ・コーディネーター向けに開発されている評価表パッケージにおける評価の対象について，それぞれその特徴を検討し，課題について述べていくことにする。

1．施行規則における評価の対象

1）判定書の構成項目にみる特徴

　特別な教育的ニーズのある生徒に対する判定書の作成を地方教育当局に義務づける規定は，特別な教育的ニーズの概念が最初に制度的に導入された

1981年教育法においてすでに用意されており，その具体的なフォーマットについては同法の施行規則（1983）で規定された。同施行規則によって規定された特別な教育的ニーズに関する判定書の内容は，1）子どもの氏名，生年月日，住所等の個人情報，2）特別な教育的ニーズの内容，3）特別な教育的対応の内容，4）就学先あるいは関連した教育上の特別な編成の内容，及び5）教育以外の側面における対応の内容，の5領域から構成されていた（DES, 1983）[11]。

このような内容で構成される判定書の作成のために，地方教育当局によって評価が行われるのである。特に，特別な教育的ニーズに関する評価は，心理学的検査などの情報も勘案されるが，ニーズが生じている場面が具体的に記述されることになった。つまり，特別な教育的ニーズの内容を記述する部分では，単に「障害」について記載されるのではなく，どのような教科場面で，どのような点についてニーズがあるのかについて記載されるようになったのである。この点では，ウォーノック報告の主旨を反映して，単なる個体要因だけの把握にとどめず，対応のための情報を収集しようと意図されたものであることが理解できる。

しかしながら，特別な教育的ニーズの内容以下すべての領域が具体的な記載上の指針がないままに用意されていたために，判定書の記述が曖昧で，生徒の特別な教育的ニーズに十分に応えられるような特別な教育的対応が明示されないという問題が生じた（河合, 1989）[12]。この問題は，1981年教育法とその施行規則（1983）による規定では，判定書における構成は示されたものの，環境要因の包含を意図して制度化された同法の意図を具体的に実現する方法として，生徒のニーズを把握するための指針がなかったために生じたものであった。この点については，1980年代のイギリスにおける特別なニーズ教育の展開を特に制度的な観点から振り返った報告書において指摘され，教育省[13] が生徒のニーズの水準を定義する上での指針を示すように改善勧告がなされた（Audit Commission and HMI, 1992）[14]。

1993年教育法においては，こうした勧告の内容が反映されて同法の施行規則（1994）と，より具体的な実践指針を示した「特別な教育的ニーズの発見と評価に関するコード・オブ・プラクティス（1994）」によってより具体的な手続きが示されるに至った。これによって，判定書の構成内容がより詳細に示されるようになった。判定書の内容は施行規則の別項 Part B で規定されているが，特別な教育的対応の内容に関してより詳細な記述が求められるようになったことが大きな特徴である。具体的には，目標（objectives）の明示，子どもの教育的ニーズ及び教育目標に対応した教育的対応の内容の明示（a．必要な施設，設備，スタッフ編成，カリキュラム；b．ナショナル・カリキュラムの適用における必要な修正；c．ナショナル・カリキュラムからの除外内容；d．宿舎の場所），及びモニターの方法（a．目標に関連した進歩の定期的なモニター；b．目標達成のための課題の設定；c．bで示した課題の定期的なモニター；d．ナショナル・カリキュラムの適用における修正の適切性に関する定期的なモニター；e．ナショナル・カリキュラムからの内容除外の適切性に関する定期的なモニター）が新たに下位項目として設けられるようになった。

なお，施行規則の付録Cとして「親からの助言」について考慮する欄が設けられるようになった。これは，1981年教育法で話題になった親の権利の拡大が，子どもの特別な教育的ニーズの評価にまでより具体的な形で明示されるようになったことを意味している。

2）特徴と課題

特別な教育的ニーズの概念は，制度的に「特別な教育的対応を必要とする」という点から位置づけられているので（Education Act 1993）[15]，施行規則によって特別な教育的対応の下位項目に一定の内容の幅が規定されたことは，特別な教育的ニーズの表記スタイルもこれに準じて行われるようになることを意味している[16]。すなわち，具体的な施設・設備，カリキュラム（特別なカリキュラムとナショナル・カリキュラムの適用の双方），継続的なモニター

といった観点から特別な教育的対応の用意を検討できるような評価が求められていることになる。これらはいずれも環境要因の改善を判定書において明示することであり，1981年教育法の施行規則で規定された枠だけでは，特別な教育的ニーズの評価が生徒の個体要因のみへの注目から十分に脱することができずにあった状況（河合，1989）[17]に改善がもたらされることが期待された。

　環境要因の改善の具体的方針が判定書において明示されるように枠組みが提供されたことが，個体要因の評価をやめることを意味しているのではない。特別な教育的ニーズの原因に目を向けてみれば，それは個体要因によるものもあれば，環境要因によるものもある，さらに両者の相互作用の中で規定されるものもあるので，それぞれについてその評価とそれに基づいた対応が示されることが必要なのである。1993年の施行規則による規定では，特別な教育的対応について環境要因についての記述が明示されるようになったが，特別な教育的対応の項目に関しては，さらに個体要因に関する対応の内容についての記載欄を設ける必要があるだろう。判定書における特別な教育的対応に関わる項目が，このように構成されるようになれば，特別な教育的ニーズの項目もこれに伴ってより具体的な項目設定を行う指針がたてられるようになる。

　イギリスの場合，特別な教育的ニーズの存在している状態像として「著しい学習上の困難」の存在をあてており，従って，判定書における特別な教育的ニーズの項目は，この「著しい学習上の困難」に関して，1）どのような場面でどのような困難を示しているのかに関して記述する欄と，2）その原因を個体要因，環境要因，及び両者の相互作用要因の3つの観点から分析記述する欄から構成される必要があると考えられる。これによって，判定書における特別な教育的ニーズに関する項目の記述の枠組みがより具体的に提供できる上，特別な教育的対応との系列性が明確になる。さらに，判定書の作成プロセスにおける評価もこの視点に則って実施されることが期待でき，各

地方教育当局間での判定書の内容格差問題の改善にもつながると考えられる。

2．コード・オブ・プラクティスにおける評価の視点

　1993年教育法及び同法施行規則（1994）の規定をさらに具体的に実践に反映させるために施行細則であるコード・オブ・プラクティス（Code of Practice, 1994)[18] が用意された。コード・オブ・プラクティス（1994）は1993年教育法の規定を具体的に実践に適用するための，いわば実践指針といえるものであり，すなわち制度と実践との橋渡しの上で重要な役割をもっている[19]。このコード・オブ・プラクティス（1994）では各学校が特別な教育的ニーズに関する対応方針を公にしなければならないことが示されたほか[20]，地方教育当局と各学校との役割の明確化を図りながら，特別な教育的ニーズの発見と評価にかかわる具体的な段階（ステージ）とその内容が示された。1994年に発行された最初のコード・オブ・プラクティスでは，このステージは５つからなり，最初の３ステージは学校内で，残りの２ステージは地方教育当局を中心に行われるように評価の実施の責任が判定書作成にかかわる一連の過程の中で明示された[21]。コード・オブ・プラクティス（1994）における評価に関する規定は，コード・オブ・プラクティスの位置づけ上，必然的に判定書の作成との関わりの中に設けられている。ただし，コード・オブ・プラクティス（1994）で示されている評価は必ず判定書の作成につながるというわけではなく，実際には学校で行われるステージ１から３の段階の評価で終わる生徒が多いことに留意すべきである[22]。

　さて，コード・オブ・プラクティス（1994）で示された視点として重要な特徴の一つは，各学校で「通常利用可能な資源」についての言及があることである。これは各学校が生徒の特別な教育的ニーズに関して，どこまで通常の学校内の資源として用意することが求められるのかという課題でもある。コード・オブ・プラクティス（1994）では，その具体的な範囲については若干の例を挙げるにとどまっているが[23]，各学校に義務づけた特別な教育的ニ

ニーズへの対応方針の内容に評価への視点をうかがうことができる。例えば，その学校の資源の中で特別な教育的ニーズのある生徒にどのような資源を割り当てるのか，特別な教育的ニーズの発見や評価をどのような手続きで行うのか，カリキュラムの中での位置づけはどうするのか，学校が掲げている特別な教育的ニーズの対応方針の成否の評価をどうするのか，特別な教育的ニーズへの対応におけるスタッフの現職教育をどのように行うか，他の通常の学校や特別学校との連携はどのように図るのかなどについて，各学校が特別な教育的ニーズに関する対応方針として明示しなければならないことになっている[24]。ここであげた内容は，いずれも生徒の特別な教育的ニーズに関する環境要因としての学校の特別な教育的対応がどの程度用意されているかを問うていることがわかる。つまり，各学校は，生徒の学習にかかわる環境要因となる自らの特別な教育的ニーズへの対応能力について評価することを求められているのである。ここでは，生徒の特別な教育的ニーズが，学校の対応能力との関わりの中でどのように規定されるのかを問うというよりも，生徒の特別な教育的ニーズに対して，学校全体の教育能力を高めることが指向されていることが理解できよう。

　また，コード・オブ・プラクティス（1994）では，生徒の特別な教育的ニーズに対して必要なサービス提供を編成する総合的な責任は地方教育当局におかれることが指示されているが[25]，各学校レベルでその学校が行った評価とそれにもとづく教育的対応が適切であるのかを明確にさせようとし[26]，この上で，各学校での対応が妥当であると判断された場合に，なお，その生徒の発達が十分に促進されない状況がある場合には，さらにどのような対応が必要であるのか，そしてそのサービスが学校の資源の範囲内で提供できるものであるのかどうかを検討する必要性が規定されている[27]。このようなコード・オブ・プラクティス（1994）の規定からは，各学校の教育能力を一定の水準にすることを前提として，生徒の特別な教育的ニーズを理解しようとする視点を読みとることができるのである。とりわけ，各学校が生徒の特別な

教育的ニーズに対応する能力を高めることを促している点が重要であろう。

　特別な教育的ニーズの評価に関して，コード・オブ・プラクティス（1994）ではこのほか，学校で行われる評価について，判定書作成のプロセスに位置づけて，その手続きを示している。（各ステージごとの手続きの概要は章末に注として示した[28]）

3．特別な教育的ニーズの評価表パッケージにおける評価の対象

　特別な教育的ニーズの判定書の作成過程における評価手続きが具体的に規定されたことに伴って，特別な教育的ニーズ・コーディネーター[29]が各学校において評価を行う上での役割と責任が明確にされた[30]。それまでは特別な教育的ニーズ・コーディネーターの役割は，学校内における特別な教育的ニーズをもった生徒の教育にかかわる助言を行うとともに，教育的対応の調整を行うといった範囲で担われていたことが多かった。

　しかし，1993年教育法と翌年のコード・オブ・プラクティス（1994）の規定によって，特別な教育的ニーズ・コーディネーターの役割は，学級担任及び教科担任への助言，総合的な評価の実施，個別化された指導プログラムの作成，生徒への支援の調整，学校内の特別な教育的ニーズのあるすべての生徒に関する記録の管理と更新の他，教育心理学者や医療，社会サービスなどの学校外の機関や生徒の親との密接な関係を形成することまで大幅に拡大されて明確に示されるようになったのである[31]。評価と記録の管理や更新を中心に特別な教育的ニーズ・コーディネーターの責任が明確に規定されたことに伴って，より詳細で構造的かつ学校内で一貫性のある記録を保持できるような書式による評価表を作成する必要がでてくることになった。

　こうした状況に対して，特別な教育的ニーズ・コーディネーターが記録を効率的に行うことができるように，いくつかの評価表が開発されている。章末の注28）で示したステージ１においては，まず学級担任もしくは教科担任によって特別な教育的ニーズの発見と記録が行われるので，こうした評価表

は，特別な専門性をもった教師でなくとも記入ができるようにわかりやすい
ものであることが要求される。

　評価表は上述したように記録を保持する役割をもっており，生徒のニーズ
がどのように変化したのかがわかるように領域が整理されている。評価表の
内容は，評価が何に重点をおきながら行われようとしているのかを反映して
いるということができるので，これを分析することによって，個体要因，環
境要因，及び両者の相互作用要因についての記述がどのように位置づけられ
ているのかを検討したい。本項では　いくつかある評価表のパッケージのう
ち環境要因についての視点が明確なものについて例示しながら検討する。

　なお，このパッケージには小学校段階用と中等学校段階用の2種類が用意
されているが，ここでは特に小学校段階用の部分に限定して取り上げる（両
者の違いはさほどない）。

　この評価表パッケージは，オリジナルがタワー・ハムレッツ学校（Tower
Hamlets School）で開発され，その後，複数の学校での試験的な活用とそこ
からのフィードバックをふまえて公にされた。利用マニュアルには，生徒の
学校における学習や行動にかかわるあらゆる側面を網羅することを意図して
開発したと説明されている（Ayers, Clarke, & Ross, 1996）[32]。また，とりわけ
個別指導計画の作成とその総合評価を最も重要な利用目的と位置づけている。
なお，ここでいう個別指導計画とは，アメリカ合衆国の全障害児教育法でい
う「個別教育計画（Individual Education Plan）」とは制度的にまったく異なる
性質のものである。

　評価表パッケージの全体の構成は，おおまかに各個人のプロフィールの評
価表，縦断的なプロフィールの集計表（中等学校用のみ），各生徒の学習日程
表，指導計画用評価表，行動観察表，生徒や親の意識分析調査票，それに個
人別の教育計画表が含まれている。このうち，本章の主題に関わりのある各
個人のプロフィールの評価表と指導計画用評価表の2種類について取り上げ
る。この評価表パッケージの特徴は，第一に記入が簡単に行えるように作ら

れていること，そして，評価の結果が，学習面及び行動面それぞれに関して
ベースライン評価からその後の進歩の状況の把握が容易なように，多くの項
目がリッカート尺度でのチェック式の評価と自由記述式評価の組み合わせで
作られている点である。記入が簡単に行えるようになっているのは，一回の
評価にかかる時間を極力短くすることと，何よりも評価を頻繁に行うことに
よって，生徒の学校における様子を細かく追っていくことの重要性が意識さ
れているからである。往々にして，評価はその実施が複雑で，また実施に長
時間を必要とすることが多いため，個々の生徒について頻繁に評価を行うこ
とが困難であったが，生徒のニーズをより初期の段階で把握することができ
れば，問題が深刻化する前に対応が図れるようになる。この評価表パッケー
ジでは，この点を重視しているのである。

　具体的なプロフィール評価表と指導計画用評価表の例を，Figure 7-1 及
び Figure 7-2 として本章末に示した。

　Figure 7-1 は，Ayers, Clarke, & Ross （1996）[32] で提案されている小学校
段階用の各個人のプロフィール評価表である。教科内容の欄を除けば中等学
校用も同じ形式である。このプロフィール評価表は大きく 6 つのセクション
と付帯項目から構成されている。

　セクション 1 は，氏名，性別，家庭での言語といった個人情報の欄である。

　セクション 2 は，学校への出席率と遅刻の状況についての 5 段階で（前者
は割合も）評定するようになっている。

　セクション 3 は，主要教科である英語（国語），算数，及び科学の 3 教科
に関して，例えば国語であれば「話す・聞く」「読む」「書く」という領域に
ついて，それぞれ 5 段階評定をするようになっている。さらに他の教科に関
しては，自由記述式で記入するようになっている。

　セクション 4 は，学習への取り組み方についての項目で，学習への取り組
みはじめの様子や他の生徒との協同性，一人での学習への取り組みなどが評
定されるようになっている。ここでは，各項目ごとに下位に必要に応じて選

択する項目が列記されている。例えば学習の始まりで、「非常にはっきりと説明をする必要がある」のであれば、その部分に印を付けるようになっている。また、付帯する事項があればそれを書き込めるようになっている。

セクション5は、性格及び社会性に関する項目で構成されており、自尊感情や友達などについての下位項目がある。記録の方式はセクション4と同じである。

そして、セクション6は、行動面に関する項目で構成されている。ここでは対仲間、対大人の関係、校庭やトイレなどの共通の場所での行動について記録される。方式は上二者と同じである。

これら6つのセクションに加えて、1）（評価表に記録している）教師がもっとも注意をおいている内容、2）最近改善されてきたと思われる領域、及び3）教師がよく利用する指導方法、の3つの付帯項目がある。これらはいずれも自由記述式になっている。これがFigure 7-1の構成内容であるが、いずれも生徒の個体要因に関する内容である。

一方、Figure 7-2は、指導計画を立てる第一段階として、指導方針を策定するために用いられる指導計画用評価表である。これは、すべて記述式で記入するようになっている。指導計画用評価表は厳密には特別な教育的対応の範疇に含まれるものであるが、評価をもとに個人別の教育計画を作成するための基本方針を定めるためのものであり、生徒のニーズに関する環境要因をここで考慮するように構成されていることから引用した。

まず、生徒の困難のうち主要なものを列挙した上で、その原因を直接要因と背景要因とに分けて記述する欄が続く。前者が個体要因、後者が環境要因を意味していることはいうまでもないであろう。そして、教職員や他の生徒たちの反応の様子や、分析した要因が「どのように」学習上の困難や問題とされる行動を強めているのか、といった点について、記述式で記入するようになっている。特に「社会的文脈の問題」に関しても「どのように」という観点に立った項目が用意されていることは、まさに、この評価表が明確に環

境との相互作用を認識して作成されたものであることを表している。利用の
ガイダンスにもこの視点は明確に記されている。

　「学習や行動は，学級や学校という文脈の中で生じるものである。情緒や
社会的文脈によって影響を受ける場合もあるが。私たちは教師として，この
学校の文脈に直接的な影響を与えている…（中略）…。私たちがこの文脈に
与えている影響をより徹底的に検討しておけばおくほど，生徒や親やその他
の関係者とのパートナーシップが，一層効果的になるであろう」（Ayers et
al., 1996)[33]。すなわち，学習が行われている環境である学級や学校という環
境要因の中で，その構成要素である教師が生徒に大きな影響を与えているこ
とを自覚し，それをふまえながら環境要因が生徒にどのように関わりを持っ
ているかに注意することを促しているのである。さらに，こうした実践の際
に，親や関係機関との協力関係のもとで展開することを明示している点が特
徴である。

　また，「生徒の視点から見て，生徒の学校生活上における大切な内容が，
指導や学習における私たちの関心の上では何の意味も持っていないことがよ
くあるということは常に覚えておく価値のあることである。（Ayers et al.,
1996)[34]」とも述べられているが，これは特に評価においては重要な視点を
提供している。すなわち，Ainscow ら（1989)[35] が述べているように，評価
というのは，評価者（教師）の意図や目的によってその見方が影響されるの
であり，つまり特定の部分についてしか目を向けていないのであって，それ
は裏を返せば，意識して注意を向けていない領域については，まったく情報
を得ていないとさえいえるのである。直接的に学習にかかわらない内容であ
っても，学級や学校という環境の中で生徒の学習へのかかわり方に影響する
要因は多数存在しているのであり，これらに関する情報を得るためには，通
常の学級での生徒たちの様子について観察記録をとっておくことが重要とな
る。なお，本章では取り上げていないが，行動観察記録のうち，授業場面用
のものについては，タイムサンプリング式にチェックする評価表が同じパッ

ケージの中に用意されている[36]）。

　指導計画用評価表は，このような環境要因を包含した原因の分析に続いて，中心的に指導を行う内容について，目標設定，重点領域，指導方略等の概要を記述するようになっている。さらにその方略を適用した後で振り返ることができるように項目が構成されている。このように，この評価表パッケージは生徒が学習している状況について，個体要因の評価（Figure 7-1）と，環境要因との相互作用を視点にふまえた指導計画時の評価（Figure 7-2）の両者を備えているのである。

　この評価表パッケージでは，このほかにも行動観察や生徒や親の意識分析調査をふまえて，総合的な個別指導計画を行うように構成されている。すでに述べたように，環境要因をも念頭においた評価が継続的かつ頻繁に行われながら指導計画が調整されるようになっている点が特徴である。実践場面への適用とそのフィードバックをふまえたものだけに，随所に記入を容易にさせる工夫（記述式項目においても頻繁に生じる可能性の高いものは印を付ければすむように用意されている）がみられる。生徒の特別な教育的ニーズの評価において，環境要因を明確に包含し，それとの相互作用まで記述する項目が，実践への適用をふまえて用意されていることが注目に値するといえよう。

　ただし，この評価表パッケージは　特別な教育的ニーズ・コーディネーターばかりではなく，特に専門的な評価に関する知識のない担任教師（あるいは教科担任）が短時間で利用できるようになることを想定してのものでもあるので，教育的対応を見据えた特別な教育的ニーズの原因分析を深く行うことには限界がある。より専門的な評価は，学校外の専門家の協力を得ながら，特別な教育的ニーズ・コーディネーターがその役割を担うことになるので，専門的な助言に利用できるようなより詳細なパッケージが必要となる。個体要因の分析に関しては，すでに独立した評価バッテリーとして，特定の目的ごとに開発されている心理学的検査を教育的対応を見据えながら適切に利用しながら行うことが可能となってきている。しかしながら，環境要因の評価

に関しては，その構成領域と実践的妥当性，応用性など検討すべき課題もある。次の段階として，個体要因との相互作用の評価にも耐えうるような，より専門的に妥当性をもった環境要因評価の原理と評価パッケージの開発が必要となるだろう。

第4節　本章のまとめ

　本章では特別な教育的ニーズの評価をめぐって，特別な教育的対応を行うための判定書作成の上での評価の視点や，実践的な場面で適用される評価表の例を概観し，その特徴を整理した。

　まず，施行規則においては判定書の構成内容で教育的対応を明確に念頭においた評価が意図されていたが，特別な教育的ニーズの原因分析への視点が示されていないという課題があった。実践指針であるコード・オブ・プラクティス（1994）からは生徒にとっての学習における環境要因である学校が，その教育的対応の水準を引き上げるとともに，それを念頭においた評価が求められていることが理解できた。そして，特別な教育的ニーズ・コーディネーター等の実践用に開発された評価表の例では，詳細な分析の実施には限界が認められたが，個体要因と環境要因との相互作用をふまえた評価の視点が明確に盛り込まれていた。こうした特別な教育的ニーズの評価をめぐる制度を概観してみると，個体要因に偏重した1981年教育法以前の生徒のニーズの把握に関わる姿勢の見直しにとどまるだけではなく，環境要因を評価対象に含めることによって実践の質を高めようとする積極的な方向性が生み出されているという特徴の存在が看取された。

　特別な教育的ニーズにかかわる評価は，すでにニーズが生じている場合に適用される評価と，ニーズを生じさせないような事前努力のための環境評価に大別されよう。本章では前者を取り上げて論じたが，後者に関しては，必ず満たしていることが要求される学習環境の質の水準を明確にする必要があ

第 7 章 特別な教育的ニーズの評価の視点と課題 199

るにもかかわらず，環境の中でニーズが生じる構造の理論化が不十分な現状
にあっては，そのための評価対象と方法がまだ導けていない。

イギリスにおいては，各学校における教育の質を高めるために視学制度が
規定されており[37]，視学官が公正かつ有効な調査を行えるようにするために，
ガイドラインも示されている（OfSTED, 1995)[38]。

ところが，視学官制度では，例えば生徒の評価内容が「生徒の達成状況の
評価手続きの有効性と問題点を調査すること」，「生徒の達成状況の評価に関
して有効なシステムがあるかどうか」，「評価の結果がカリキュラム計画の際
の情報として利用されているか」との観点しかない（OfSTED, 1995)[39]こと
からもうかがえるように，教育上のニーズの生じる構造への視座は，現状で
は評価内容に含められていない。特別な教育的ニーズが生じている環境につ
いて，その要因分析の蓄積が課題となるといえよう。

なお，環境要因と個体要因との相互作用に関しては，環境要因は個体要因
に影響を与えるが，個体要因それ自体も環境の構成要素であることを考えれ
ば，両者には循環構造が形成される。相互作用の評価を考えていく上で，こ
の循環構造における規定要因を明らかにする評価が求められる。これらを目
指した評価モデルの理論構築[40]と，構成概念の妥当性検証及び実用性の検
討のための実践的フィードバックが必要と考えられる。これらは将来的には
特別な教育的ニーズの概念の理論の構築作業と連動して見直しや修正が行わ
れることになるであろう。このように，イギリスにおける特別な教育的ニー
ズに関する評価の視点をみてみると，Gulliford（1971）やウォーノック報告
で提起されたような，特別な教育的ニーズの概念で示された個体要因と環境
要因との関係性が含まれていることを読み取ることができる。

日本のように，特別な教育的ニーズの評価といいながら，子どもに関する
評価項目しか用意されていない評価書式や，個別の指導計画における子ども
の評価欄にも子どもの学習環境に関わる評価や，それと子どもの教育的ニー
ズとの関係性がまったく考慮されていないような書式とは，大きく異なって

いることが明らかなのである。イギリスにおける特別な教育的ニーズの概念は，このように実践において用いられる評価に，しっかりと位置づけられていることが重要な特徴といえる。

　次章以降では，こうした特別な教育的ニーズの評価や，各学校において具体的な対応の要の役割を担う特別な教育的ニーズ・コーディネーターの役割に焦点をあてて，特徴を明らかにしていきたい。

注

1) Gulliford, R. (1971): Special Educational Needs. Routledge. pp. 3-5. この中で初めて子どもの欠陥（defect）によるのではなく，特別な教育的ニーズによる理解の視点が明確に示された。

2) Department of Education and Science (1978): Special Educational Needs. Report of the Committee of Enquiry into the Education of Handicapped Children and Young People, HMSO, p. 37.

3) 誤解のないように補足すれば，これは生徒に問題解決場面を経験させないという意味ではない。

4) 本章では特に断りのない限り「評価」は assessment にあてる。evaluation とは区別される用語である。第Ⅱ節冒頭部参照。

5) 評価の検討を行う場合，次の4点の分析が必要である。①評価の原理，②評価の目的，③評価の対象，及び④評価の手続き。本章ではこのうちの特に対象に焦点をあてたものである。

6) 窪島務（1996）：SNE から日本の学校教育を考える。特別な教育的ニーズとインテグレーション学会（現：日本特別ニーズ教育学会）第1回研究大会シンポジウム。提案2。SNE ジャーナル，vol. 1, no. 1, p. 154. における指摘が重要である。窪島は，（特別な教育的ニーズに関するカテゴリーの）「内容の質的な側面に関しては，歴史的，社会的に制約されており，インターナショナルではないことが，往々にして看過されている。…（略）…海外のニーズ論を紹介するだけでは，何の役に立たないだけでなく，問題でさえある」との指摘をふまえた。

7) ウォーノック報告で，従来の障害に代えて特別な教育的ニーズの概念を導入することにしたと述べられていることから，用語が置き換えられたとの誤解が生じたと思われる。こうした誤解は，特に海外動向の紹介でイギリスについて取り上げてい

る場合に「特別なニーズのある子ども（障害のある子ども）」のような記述に典型的である。イギリスにおける特別な教育的ニーズ概念の登場を正確に理解するならば，従来のカテゴリカルな障害の概念にとどまって特別教育を考えるのではなく，特別な教育的ニーズの概念を取り入れて，特別教育の概念を拡大して考えようとされたのだ，ということになる。

8）Ainscow, M. and Muncey, J. (1989): Meeting Individual Needs. Studies in Primary Education. David Fulton. pp. 62-63.

9）教育省発行のガイドブック（Department for Education (1995): Special Educational Needs Tribunal. How to appeal. Crown. p. 19.）には次のように記されている。「assessment　子どもの特別な教育的ニーズについての詳細な検査。特別な教育的ニーズに関する判定書の作成につながる場合がある。」

10）親が判定書の作成にかかわる地方教育当局の決定に不服申請が保障されているが，これは評価の実施の拒否や判定書作成の決定，判定書の内容に関して不服がある場合に限定されており，評価の実施方法に関しては地方教育当局に裁量が委ねられている。(Department for Education (1995): Special Educational Needs Tribunal. How to appeal. Crown. pp. 3-4.)

11）Department of Education and Science (1983): The Education (Special Educational Needs) Regulations 1983. HMSO. に Form of statement として規定されている。

12）河合康（1989）：イギリス特殊教育における特別な教育的ニーズについて。筑波大学心身障害学研究．13(1), pp. 141-148.

13）1990年代に入ってからイギリスでは省庁再編が繰り返されており，1981年教育法施行時の教育科学省（Department of Education and Science: DES）は，1992年に教育省（Department for Education: DfE），また1996年には教育雇用省（Department for Education and Employment: DFEE）となり，さらに児童学校家庭省（Department for Children Schools and Families）を経て，現在は再び教育省（DfE）という名称となっている。

14）Audit Commission and HMI (1992): Getting in on the Act. Provision for Pupils with Special Educational Needs: the National Picture. HMSO.

15）1993年教育法（Department for Education: the Education Act 1993）第156条の規定による。

16）特別な教育的ニーズに関する記載内容に関しては，現行の施行規則で特に下位項目は設定されていない。しかしながら，特別な教育的ニーズの定義が特別な教育的

対応との関係から制度的に行われている以上，判定書の記載もこの規定関係に束縛される。

17）河合康：op cit. note 12）には，1981年教育法下での特別な教育的ニーズの判定書の記述の特徴に関する事例的分析が行われており，その中で，個体要因に関する記述にとどまり，内容に環境要因との相互作用にかかわる記述がみられないことが指摘されている。

18）Department for Education（1994）: Code of Practice on the Identification and Assessment of Special Educational Needs. HMSO.

19）コード・オブ・プラクティスの解説書も出版されている。Oliver, S. and Austen, L.（1996）: Special Educational Needs and the Law. Jordans. はその一例であるが，各規定に関して他の関連制度（Circular など）についてもおさえながら詳述されている。

20）Code of Practice（1994）. para. 2:10-13. と Department for Education（1994）: Circular 6/94., pp. 10-20. にガイドラインが示されている。

21）学校と地方教育当局の責任分担が明示された背景には，学校による特別な教育的ニーズに関する評価とそれにもとづく特別な教育的対応の要請が，評価の裁量権のあった地方教育当局で適切に取り扱われず，問題が生じた場合に責任のなすりあいが生じていたことが大きな要因としてあげられよう。

22）地方教育当局が関与するのはステージ 4 から，そして判定書の作成が具体的になるのはステージ 5 においてである。

23）Code of Practice（1994）. op cit., note 20）, para.4:11. ここでは専門家や助手による一時的援助，小規模な施設・設備の改善に関しては，学校内の資源で対応すべきであり，他方，継続的な専門家の援助，教育以外の諸機関との定期的な連携，リフト（エレベータ）の設置のような大規模な改造に関しては地方教育当局によって特別な費用配分が保障されるべきであるとされている。

24）ibid., para.2:10. これは施行規則第 2 条及び別項 1 の規定に対応している。

25）ibid., para.4:5.

26）ibid., para.4:9.

27）ibid., para.4.10.

28）主に学校で行う評価は次の 3 ステージから構成されている。ステージ 1 は学級担任もしくは教科担任が生徒の特別な教育的ニーズを発見，記録に登録し，特別な教育的ニーズ・コーディネーターに相談を行って活動を開始する段階。ステージ 2 は特別な教育的ニーズ・コーディネーターが担任と協力しながら生徒への特別な教育

第7章　特別な教育的ニーズの評価の視点と課題　203

的対応をマネージメントするために責任を持たされて活動する段階。ステージ3は教師と特別な教育的ニーズ・コーディネーターが学校外の専門家からの支援を受ける段階。(ibid., para.1:4)

29) 特別な教育的ニーズ・コーディネーターとは，通常の教師が，生徒の指導に直接的にかかわるのに対して，学校における生徒の活動全般を見通して，特別な教育的ニーズをもつ生徒に対する学習環境のコーディネートとモニターを行うことに責任を持つ教師である。規模の小さな小学校の場合には，学校長か教頭がこれを兼ねていることが多く，規模の大きな小学校や中等学校では「特別なニーズ部主任（head of special needs）」や「学習支援部主任（head of learning support）」などの立場にある教師が役割を担っている。

30) 特別な教育的ニーズ・コーディネーターの責任と役割は，コード・オブ・プラクティス中のモデルの中で示されている。

31) Department for Education: op cit. note 18). para.2:14-15. このように1993年教育法の施行により，コード・オブ・プラクティスの規定に従って学校における評価の責任の範囲が明示されたことに伴い，特別な教育的ニーズ・コーディネーターの事務的仕事量は一挙に増大した。

32) Ayers, H., Clarke, D., and Ross, A. (1996): Assessing Individual Needs. A Practical Approach. second Edition. David Fulton Pub. p. 4.

32) 「個別指導計画」の原語は Individual Education Plan（または Program）である。イギリスにおいても"IEP"との表現を使用するが，言語や略号こそ同じであるものの，これはアメリカ合衆国における，生徒個人に関する総合的な教育契約ともいえる「個別教育計画」とは異なり，個々の生徒のニーズに対して「個人別に」教育計画を作成するという意味合いのものである。

33) Ayers, H. et. al., op. cit., note 32), p. 37.

34) Ayers, H. et. al., op. cit., note 32), p. 41.

35) Ainscow, M. et. al., op. cit., note 8), p. 64.

36) Fixed Interval Sampling と題された評価表で，授業中の行動の様子が，課題に取り組んでいる，発言している，注視している，うるさくしている，そわそわしているなどのカテゴリーごとにタイムサンプリングができるようになっている（Ayers, H. et. al., op. cit. note 32)。

37) ここでいう視学制度は the Education (Schools) Act 1992の Section 9 を根拠規定としていた。

38) Office for Standards in Education (1995): Guidance on the Inspection of SPE-

CIAL SCHOOLS. HMSO.

39) ibid. p. 76.

40) 新しい評価モデルの原理には，カリキュラム・ベースド・アセスメント（Curriculum Based Assessment）などがある。

第7章 特別な教育的ニーズの評価の視点と課題 205

Primary Assessment Profile

Pupil [   ]　　N C Year [   ]　Date [   ]

Class [   ]　E2L Stage: *1 2 3 4*　Home Language [   ]

Gender: *M* / *F*　Medical [   ]　Teacher [   ]

On each continuum, circle the appropriate number. When indicating behaviour consider only the last 6 weeks. Underline example words which you think are appropriate, adding others which you think describe the pupil's difficulties or achievements

Average or Acceptable
↓
Concern → 1　2　3　4　5 ← Excellent

1) **Attendance** [ ] % age　　1　2　3　4　5

2) **Punctuality**　　1　2　3　4　5

LEARNING / WORK
English
1) **Speaking and Listening** Level [ ]
2) **Reading** Level [ ]
3) **Writing** Level [ ]

Mathematics
1) **Using and Applying Maths** Level [ ]
2) **Number and Algebra** Level [ ]
3) **Shape, Space and Measuring** Level [ ]
4) **Handling Data** Level [ ]

Do these results reflect the pupil's potential?

Science
1) **Experimental and Investigative Science** Level [ ]
2) **Life processes and Living Things** Level [ ]
3) **Materials and Properties** Level [ ]
4) **Physical Processes** Level [ ]

Comments on other subject areas:
(Indicate levels of subjects which are below or above average)

3) **Starting work**　　1　2　3　4　5
Needs to have things very clearly explained
Frequently finds an excuse / Has to be prompted to start
Wants to do something different

4) **Working cooperatively**　　1　2　3　4　5
Chats a lot / Dominates / Fails to work with others
Finds it difficult to share

5) **Work**　　1　2　3　4　5
Work usually unfinished / Badly presented
Only finishes work if kept in / Lack of care or pride
Destroys own work / Easily becomes discouraged
Copies other people / Seems satisfied with very little

6) **Organisational skills**　　1　2　3　4　5
Loses work / Fails to bring equipment

7) **Working independently**　　1　2　3　4　5
Always asking for help
Fails to work on own
Gets on well by themselves

8) **Managing difficulties in work**　　1　2　3　4　5
Quickly gets frustrated / Gives up / Avoids work
Needs a lot of reassurance and help
Finds it difficult to remember things
Finds it difficult to concentrate

From **Assessing Individual Needs** – H. Ayers, D. Clarke and A. Ross – David Fulton Publishers – 1996

Figure 7-1 Ayers, Clarke and Ross (1996) より引用

PERSONAL and SOCIAL

9) Self-confidence   *1 2 3 4 5*
Copes with difficulties, appears worried   Recognises own successes
Over-reacts to events   Can be given responsibilities
Demands attention

10) Awareness of other's needs *1 2 3 4 5*
Seems only concerned about themselves   Can listen to others
Inappropriate helpfulness   Helpful to staff, helpful to peers
Shows insight into others' situations

11) Self-awareness   *1 2 3 4 5*
Can discuss difficulties   Can express feelings appropriately
Reacts defensively / denies having difficulties
Doesn't seem to take responsibility for own actions

12) Following instructions   *1 2 3 4 5*
Unable to follow simple instructions
Able to follow complicated instructions
Frequently needs reassurance

13) Friendship   *1 2 3 4 5*
Has no friends   Has friends
Fails to make positive contact
Tends to follow, Dominates others

14) Responding to correction   *1 2 3 4 5*
Over-reacts   Responds well and changes behaviour
Accepts correction with difficulty

15) Managing disagreements   *1 2 3 4 5*
Gets into lots of disagreements
Disagreements often end in a fight

16) Managing in the playground *1 2 3 4 5*
Finds it difficult to join in   Plays well with others
Gets picked on

BEHAVIOUR

17) Interactions with peers   *1 2 3 4 5*
Physically aggressive, verbally aggressive
Works well with others, Finds it difficult to join in
Gets picked on, Teased

18) Interactions with adults   *1 2 3 4 5*
Physically aggressive, verbally aggressive
Withdrawn, Provoking, Attention demanding

19) Use of equipment   *1 2 3 4 5*
Misuse of equipment, furniture or materials
Minor vandalism, Major vandalism

20) Pupil noise   *1 2 3 4 5*
Constant talking to peers, Shouting out
Interrupting teacher, Non-verbal noises
Tapping

21) Movement about the class *1 2 3 4 5*
Wandering about, moving around on the mat
Interfering with others, Leaving the room

22) Public areas   *1 2 3 4 5*
Corridors, Playground, Assembly, Toilets, Office
Physical / Verbal aggression to staff / pupils
Intentional / unintentional interference of others
Noise, Misuse of equipment, Graffiti, Litter

23) How does the pupil's behaviour compare with others in the class?

Much worse	Worse	Average	Better	Much Better
1	2	3	4	5

Please indicate any areas of strength or improvements made recently:

Please indicate two areas that you are concerned about:

Please indicate any strategies you have found useful:

From **Assessing Individual Needs** – H. Ayers, D. Clarke and A. Ross – David Fulton Publishers – 1996

Figure 7-1　Ayers, Clarke and Ross（1996）より引用（続き）

第 7 章　特別な教育的ニーズの評価の視点と課題　　207

Planning Sheet

Describe the main difficulties causing concern as specifically as possible:

1)

2)

Are there other areas causing concern?

Possible contributory factors

Immediate

Background

How do staff respond?

How do other pupils respond?

What other things happen to / are avoided by the pupil?

How might these factors be reinforcing the learning difficulty / behaviour?

What strengths does the pupil have?

Have you considered the 'context issues'? If so how might these be relevant?

From **Assessing Individual Needs** – H. Ayers, D. Clarke and A. Ross　–　David Fulton Publishers – 1996

Figure 7-2　Ayers, Clarke and Ross（1996）より引用

Describe the overall aim of any intervention to be made

What areas are to be the focus of the intervention

What is the initial strategy to be tried?

Date for initial review

Review of initial strategy

Has the duration been reduced?

Has the frequency been reduced?

Has the intensity been reduced?

What is the next strategy to be tried?

Date for review

Review of intervention

Continue on extention sheet if necessary

From **Assessing Individual Needs** – H. Ayers, D. Clarke and A. Ross – *David Fulton Publishers* – *1996*

Figure 7-2　Ayers, Clarke and Ross（1996）より引用（続き）

第8章 改訂コード・オブ・プラクティスの特別な
教育的ニーズ・コーディネーター制度への影響

第1節　はじめに

　イギリスのすべての公立小学校及び中等学校に配置されている特別な教育的ニーズ・コーディネーターは[1]，1993年教育法およびその施行規則にもとづいて発行されたコード・オブ・プラクティス（Code of Practice, 1994）によって具体的な役割と責任が示されたのが法的に位置づけを与えられた最初である。根拠法は，1996年教育法と同法の一部改正を指示した特別な教育的ニーズ及び障害法（2001）をへて今日に至っている[2]。

　特別な教育的ニーズ・コーディネーターは，公立小学校及び中等学校において任命されている。特別学校の場合には，従来より教育や医療など様々なニーズのある生徒を対象にしていたことから，すでに学校内外の関係機関や保護者との強い協力関係が存在しており，学校としてコーディネーションの機能を具備していると考えられたことから，特別な教育的ニーズ・コーディネーターの配置は義務化されなかった。障害を基準とした教育的対応の用意ではなく，生徒の特別な教育的ニーズの状態に応じて教育的対応を用意するという考え方のもとで様々なニーズの調整を行う機能の存在は，特別な教育的ニーズに対応する制度のもっとも重要な柱を担っていると位置づけられる。具体的には，特別な教育的ニーズをめぐる教育活動において，特別な教育的ニーズ・コーディネーターは特別な教育的ニーズのある状態にある子どもへの教育的対応の具体的手続きについて指示をしたコード・オブ・プラクティスを各学校での実践に導く決定的に重要な役割をもつ存在として認識されて

いる（Hornby, Davis & Taylor, 1995)[3]。

　日本においては，イギリスのコーディネーター制度に多くを模したと考えられる役割が特別支援教育コーディネーターに与えられているが，教育制度が異なるにもかかわらず，ほぼ同じ役割があげられていることは適切なのであろうか。イギリスにおける特別な教育的ニーズ・コーディネーターの役割や責任について具体的に検討することは，今後の日本における特別支援教育の質を高める上でも有効な示唆を得ることができるはずである。

　特別な教育的ニーズへの対応のために，何らかのコーディネーターが必要であることは，ウォーノック報告において指摘されていた。しかしながら，具体的にはウォーノック報告第16章において言及されていたのであるが，その特徴は，様々な専門機関間のサービスの調整に焦点が当てられていたということに留まった。ただし，単に「連絡調整」にその役割があるのではなく，子どもの教育的ニーズに関わる環境要因の整えという視点が強調されていたことが重要な点であると考えられていたことは，重要な視点を提供していたととらえることができるだろう。

　また，義務教育修了後の教育機関でる継続教育カレッジにおける特別な教育的ニーズのある生徒に対する教育においても，「特別ニーズ・コーディネーター（special needs coordinator)」の必要性が教育科学省によって設置された委員会によって指摘された。こうして，一部の学校では，1980年代から生徒の特別な教育的ニーズに関するコーディネーターが配置されるようになっていくのであるが，その役割や責任は法的な根拠がなかったために，担っていた役割も統一されたものとはなりえなかったのである。

　こうした「特別ニーズ・コーディネーター」への実践的需要が高まる直接的な景気となったのが1988年教育改革法によるナショナル・カリキュラムの導入であった。同法によって，特別な教育的ニーズのある生徒へのナショナル・カリキュラムの適用を具体的に調整（内容の一部免除等）の実務を担う役割が各学校において求められるようになったのであった。こうして，カリキ

ュラムに関する調整の役割を担う存在として特別ニーズ・コーディネーターは、配置が促されていったのであった。

特別な教育的ニーズ・コーディネーターが正式に教育制度上に位置づけられたのは、1993年教育法及びその施行規則によって、生徒の評価プロセスにおける学校の責任の範囲が明確にされたことに関係している。すなわち、生徒の特別な教育的ニーズの評価責任者としての役割が規定されることとなった。

特別な教育的ニーズ・コーディネーターの主な役割として1994年の最初のコード・オブ・プラクティスでは当初、7つの項目が挙げられていた。

すなわち、1）各学校の特別な教育的ニーズに関する方針の日常遂行、2）同僚教師への協力と助言、3）特別な教育的ニーズのある生徒への対応の調整、4）各学校の特別な教育的ニーズ（SEN）レジスター（Register）の維持管理と特別な教育的ニーズのある生徒全員の記録（record）の総括、5）特別な教育的ニーズのある生徒の親との協力関係の構築、6）教職員の現職教育、および7）学校外の組織との協力関係の構築の7領域（DfE, 1994）[4]であった。

これは現在よりも役割の項目が1つ少ないのであるが、それぞれの業務量はきわめて多かった。学校の規模によって1名～数名が任命されていたとはいえ、生徒の個別指導計画（IEP）の作成や、地方教育当局（LEA）への申請書類の作成と交渉、その他の学校外の専門機関とのやりとりなどにおわれている様子がたびたび指摘されてきた。1990年代後半におこなわれた調査によって、特別な教育的ニーズ・コーディネーターにとっての絶対的な時間の不足などが指摘されていたが（DfE, 1997）[5]、書類の作成や生徒の記録やその管理に多くの時間が費やされ、各学校における特別な教育的ニーズへの対応のための体制整備に十分に専門性を発揮できないことなどが課題となっていた（DfEE, 1998）[6]。

さて、1994年のサラマンカ宣言と行動大綱がユネスコによって公にされて

からは，イギリスはインクルージョンの推進に国際プロジェクト等を通じて大きな役割を果たしてきた。イギリス国内においては，地域格差や学校間格差の拡大が顕著になったが，ロンドン郊外のニューハムなどでのインクルージョンの実践は，広く世界に知られている。イギリスの場合には，インクルージョンの拡大の背景に社会階層，とりわけ貧困層の学習困難（learning difficulties）問題への対応が無視できなくなったことがある。特別な教育的ニーズの概念が最初に制度化された1981年教育法の時点では，まだ「英語を母国語としない」だけの場合には特別な教育的ニーズのある対象とは見なされなかったが，多くの移民を受け入れてきた今日のイギリスでは[7]，こうした子どもたち（English as second language: ESL）への対応も特別な教育的ニーズに関わる範疇に含まれるようになっている。移民家庭の中でも特に所得水準が低く貧困層に属する場合には，家庭教育の質が十分に維持できないために学習面ばかりでなく情緒的な問題を抱える子どもの増加も課題となっている。イギリスのインクルージョンは，障害をもつ子どもたちばかりでなく，このような異なる社会階層，言語，文化，宗教等に起因する学習困難や学校への適応に困難をもつ子どもたちへの対応が含まれていることを確認しておきたい[8]。したがって，特別な教育的ニーズ・コーディネーターは障害児教育に関わる専門知識ばかりでなく，上述したような多様な教育上のニーズをもつ子どもたちへの特別な支援に関する知識や経験がなければ有効にその役割を果たすことができない。ほとんどの特別な教育的ニーズ・コーディネーターが十分な教職経験をもった上で任命されているのはこのためである。

　さて，1990年代後半には緑書「すべての子どもに優れた教育を（DfEE, 1997)[9]」，及び「特別な教育的ニーズへの対応（SEN 行動計画)[6]」が相次いで発行され，21世紀に向けた新しい方針が政府によって公にされた。

　そして，法改正とともにその具体的な指針を示した改訂コード・オブ・プラクティス（2001)[10] が発行された。これは，その名称の通り，地方教育当局や各学校，及び特別な教育的ニーズ・コーディネーターの役割と責任に関

する実践指針を示したものである。とりわけ，特別な教育的ニーズのある子どもの日々の実践に直接関わる特別な教育的ニーズ・コーディネーターにとっては，これがバイブルともいえるものであることから，その特徴を明らかにすることや影響を検討することは，今後の特別な教育的ニーズ・コーディネーター制度の方向性を把握する上で不可欠であるといえよう。

　本章では，特別な教育的ニーズ・コーディネーターの業務の中でも特に重要な個別指導計画に関する内容を中心に，改訂コード・オブ・プラクティス（2001）の特徴と，特別な教育的ニーズ・コーディネーターの役割や責任に対する影響について，関連資料及び特別な教育的ニーズ・コーディネーターへの面接調査による補足を加えて検討し，特徴を明らかにすることを目的とした。なお，本章においてイギリスという場合にも，これまでの章と同様にイングランドおよびウェールズのみを示し，スコットランドおよび北アイルランドは含めていない。その理由は，スコットランドでは，類似のものはあるが，コード・オブ・プラクティスが発行されていないこと，また，北アイルランドでは1998年にようやく発行されたばかりであり，その内容も異なっているためである（Gordon, 2002）[11]。

第2節　特別な教育的ニーズ・コーディネーター制度の概要と 1990年代の課題

　特別な教育的ニーズ・コーディネーター制度の登場は，大きく2点の動因に集約することができる。すなわち，第一に，各学校において特別な教育的ニーズのある子どもに対する様々な資源（人的・物的）の割り当てや，それをふまえたカリキュラムの調整，学校外の関連機関との連絡調整といった，まさに調整を担う役割の必要性という実践的動因があげられる。そして第二に，すでに述べてきたように，1988年教育改革法の施行によるナショナル・カリキュラムの導入に伴って，それを特別な教育的ニーズのある生徒に適用

するための修正を行う役割が制度的に必要となったことと，1993年教育法，同施行規則及びコード・オブ・プラクティスによって示された，生徒の特別な教育的ニーズの「評価」責任に関する各学校における責任担当者の配置という，制度的規定因があげられる。直接的に各学校への特別な教育的ニーズ・コーディネーターの設置が図られたのは，後者の制度的規定因によっているが，本節では，前者の役割もふまえながら，その役割について述べることにする。

　特別ニーズ教育の展開にあたって，サービスのコーディネートの必要性は，ウォーノック報告においてそのアウトラインが示されていた。ウォーノック報告では，第16章においてこの点を取り上げているが，そこでの議論の中心は，様々な専門機関間のサービスの調整に焦点があてられていた（DES，1978)[12]。

　また，義務教育修了後の教育機関である継続教育カレッジにおける特別な教育的ニーズのある生徒に対する教育においても，特別ニーズ・コーディネーター（Special Needs Coordinator）の必要性が指摘されていた（DES，1987)[13]。このように特別な教育的ニーズ・コーディネーターの必要性とその役割は，1990年代にはいるまでに，実践的な観点から具体的な指摘がなされてきたのである。

　しかしながら，これらはいずれも現在の特別な教育的ニーズ・コーディネーター及びその役割とは，部分的に共通する内容も含まれてはいるが，制度的にまったく異なるものである。特別な教育的ニーズ・コーディネーターに対する実践的需要が急速に高まる契機となったのは，端的には1988年教育改革法において導入されたナショナル・カリキュラムを特別な教育的ニーズのある生徒に適用する際にその内容を一部免除したり，修正して適用するといった措置を覚醒との状況に応じて具体的に計画する担当者の必要性が生じたことに端を発している。

　そして，1993年教育法及びその施行規則によって，特に生徒の評価プロセ

スにおける学校の責任の範囲が明確にされたことによって，評価書類の作成責任者としての特別な教育的ニーズ・コーディネーターの役割が規定されることとなったのである。現在の特別な教育的ニーズ・コーディネーターは，1993年教育法施行規則によって設置され，各学校において特別な教育的ニーズのある生徒への対応を行う上で中心的役割を果たすことがその役割である。

　特別な教育的ニーズ・コーディネーターの業務に関する具体的な指針は，コード・オブ・プラクティスに示された。その中で中心となる7つの領域は以下の通りである（DfE, 1994）[14]。

・各学校の日常のSEN方針の実施
・教師への協力と助言
・特別な教育的ニーズのある生徒への対応の調整
・各学校のSEN記録簿の維持管理と特別な教育的ニーズのある生徒記録の総括
・特別な教育的ニーズのある生徒の親との協力
・職員の現職教育活動
・学校外の組織との協力

　これらの内容をみれば，特別な教育的ニーズ・コーディネーターが各学校における生徒の特別な教育的ニーズの評価とそれをふまえたあらゆる対応（ナショナル・カリキュラムの適用上の修正，学校内資源の適用の調整，個別指導計画の作成等）において中心的な役割と責任を担っていることが，よく理解できる。

　しかし同時に，これらの内容は学校での教育活動全体の方針や日々の実践に深く関わるものであることから，特別な教育的ニーズ・コーディネーターの業務負担が非常に大きいことも理解しておかなければならない。専任で特別な教育的ニーズ・コーディネーターを配置する学校が増加してきているが，

小学校などでは学校長や教頭，教務主任などが兼務している場合も多く，各学校において十分に役割を果たせていない場合がある。こうした状況について，当時の教育雇用省（Department for Education and Employment, 1997）は，特別な教育的ニーズ・コーディネーターの業務等について，ニューキャッスル大学の特別ニーズ研究センター（Special Needs Research Centre）と協力して7つの地方教育当局の管轄内の800校の小・中学校を調査し，その課題等を明らかにしながらガイドブックを作成した。ここで明らかにされた，特別な教育的ニーズ・コーディネーターが抱えている課題は，次の4点に集約された（DfEE, 1997）[15]。

・専門業務時間の確保
・SEN記録簿の維持管理と個々の生徒の進歩状況のモニター
・同僚，親，学校外の組織，及び理事会との協力
・コード・オブ・プラクティスによって推奨されている現職教育役割の担当

　第一番目の課題は，現在の特別な教育的ニーズ・コーディネーターに関わるもっとも大きな問題であり，他の3つの課題にも関係している内容である。特別な教育的ニーズ・コーディネーターを専任として配置する学校が徐々に増えてきているとはいえ，大半の学校では特別な教育的ニーズ・コーディネーターは担任や学校長，教務担当教師などが兼務しているのが実状である。つまり，現在の特別な教育的ニーズ・コーディネーターの多くは，学校内における通常の業務に加えて，生徒の特別な教育的ニーズへの対応に関わる大きな責任を背負っているのである。特に，特別な教育的ニーズのある生徒の「評価」は，地方教育当局による判定書作成のための判断資料となり，地方教育当局からの予算委譲などの付加的な資源を確保する上で重要な位置づけをもつようになったことから，特別な教育的ニーズ・コーディネーターが作成・維持しなければならない特別な教育的ニーズのある生徒に関する評価や

記録の量は非常に多く，また複雑になってきている（これは第二番目の課題である）。各学校においては，1988年教育改革法の施行以後，ナショナル・カリキュラムと到達度判定に関わる業務への対応に追われていることが多く，特別な教育的ニーズ・コーディネーター業務を兼務する教師はこれに加えて，特別な教育的ニーズのある生徒への専門的対応の責任を果たさなければならないのである。このように特別な教育的ニーズ・コーディネーター業務を遂行するための物理的時間が限られており，いかにして時間を確保するのかが大きな課題となっていた。

　第二番目の課題は，生徒の記録の作成・維持・モニターをどのような形で日々の実践の中に位置づけるのかという課題である。具体的な評価や記録の内容や構成は，詳細が定められているわけではなく，各学校がその実情に応じて実施している。このため，専任の特別な教育的ニーズ・コーディネーターを配置できる学校では，詳細な項目設定をして記録の更新や維持も可能であるが，兼務で特別な教育的ニーズ・コーディネーターを配置している学校の場合には，各生徒の記録の構成内容や，モニターの仕方（どのような内容をどのような期間ごとに）について具体的な方針が定められずに，中途半端な記録が蓄積されている，あるいは蓄積さえ不十分になっている学校があった。

　生徒の特別な教育的ニーズの評価において，コード・オブ・プラクティス（1994）では，5つのステージに分けて手続きを示していた。ステージ1からステージ3までは，各学校が責任を持つこととなっているが，その直接の担当者はいうまでもなく特別な教育的ニーズ・コーディネーターである。特にステージ2以降においては，個別指導計画（Individual Education Plan）を文書として作成する必要性が生じるため，具体的な評価項目も含めてその中心的な役割を果たさなければならない。

　しかし，この個別指導計画の作成においても，その具体的な内容に定型様式が存在しなかったため，ここでも各学校の独自の環境に合わせた計画のフォーマットを開発しなければならなかった。独自の評価・記録のフォーマッ

トをすべての特別な教育的ニーズ・コーディネーターが作成することはできないので，特別な教育的ニーズ・コーディネーター向けに日々の生徒の記録を蓄積したり，定期的な評価を行うためのパッケージが開発されるようになった。第7章で特別な教育的ニーズの評価の問題と関連づけて取り上げたのは，こうしたパッケージのことであった。これらは，指針が具体性に欠ける状況の中で，各特別な教育的ニーズ・コーディネーターが模索状態で対応を図らざるを得ない現状の打開に有効に機能することが期待された。

　ただし，その表記の仕方は様々で，ほぼすべての内容が自由記述式に書き込む形式になっているもの（Hornby, Davis, & Taylor, 1995）[16]や，毎日記入することが必要な，日常の行動観察や学習への取り組み方，各教科ごとの学習到達状況などについてはチェック式の記入をするようになっているタイプのもの（Ayres, Clarke, & Ross, 1996）[17]などがあり，それぞれに長所と短所があった。すなわち，前者は各個人の記録・評価を柔軟に行うことができるが，その反面丁寧に記入しようとすれば記載量が多くなり，特別な教育的ニーズ・コーディネーターの負担が大きくなってしまうことがある。後者は記入負担は軽減されるが，項目として設定されている内容以外が「もれ」てしまう危険性が高くなる。いずれのタイプの評価パッケージにも共通している特徴は，特別な教育的ニーズの概念の特徴的基本要素である「環境要因と個体要因との相互作用」の視点がふまえられており，毎日の実践の中で生徒の記録を蓄積することが意識されている点であった。

　さて，第三番目の課題は，教師や親，学校外の組織等との協力関係の構築であった。この点についても，困難を生じさせている原因として，時間の問題が指摘されている。とりわけ，学校の規模が大きい場合には，多数の教職員，親などと関わるだけの時間が確保できないことが問題となり，反対に学校の規模が小さい場合には，複数の仕事を兼務するなどしなければならないために時間が確保できなかったりする場合があるという（DfEE, 1997）[18]。

　そして，第四番目の課題は，現職教育の担当者としての役割である。

最初のコード・オブ・プラクティス（1994）では，特別な教育的ニーズ・コーディネーターが各学校において現職教育の中心的役割を果たすことが想定されている。しかし，実際には特別な教育的ニーズ・コーディネーターは自らがそうした役割を果たしうるだけの能力を備えているとは考えていないようである。これは彼らが現職教育の担当者としての経験がなかったり，特別なニーズ教育の専門家としての経験がなかったりすることに起因していると分析されている（DfEE, 1997）[19]。もちろん，十分な経験と力量を備えた特別な教育的ニーズ・コーディネーターであればこうした役割を果たしうるし，実際にそのような特別な教育的ニーズ・コーディネーターも存在している。

現職教育に関して特別な教育的ニーズ・コーディネーターが担うことが期待される内容として最初のコード・オブ・プラクティス（1994）では，次の7点が挙げられていた[20]。

・コード・オブ・プラクティスの勧告や地方教育当局のガイダンスなどについて情報を伝達する役割
・日常の指導上の具体的な問題に関する同僚教師との協力
・各学校における特別な教育的ニーズへの対応を校務分掌としている教師たちのマネージメント
・様々な SEN 情報を提供するコーナーの職員室への設置
・SEN 記録簿（folder）の作成
・モデル授業の実施
・課外時間及び昼休みにおける相談（surgery）

こうした役割を果たす以外に，特別な教育的ニーズ・コーディネーター自身の研修機会も必要である。当時のシステムにおいては特別な教育的ニーズ・コーディネーターの業務について専門に養成を受けた経験のない特別な教育的ニーズ・コーディネーターが大半を占めており，実際の業務を遂行し

ながら彼ら自身がまず自らの専門的力量を高めなければならない状況におかれていたのである。上述してきた中で，特別な教育的ニーズ・コーディネーターがその業務の遂行にあたって，特に時間的側面で厳しい環境の中で活動していることが理解できるはずである。現在では，ようやく大学等における新任養成から現職教育までを体系的に構成した特別な教育的ニーズ・コーディネーターの全国的な養成システムが開始されたところであるが，まだそれらについての制度的な評価は時期尚早である。こうした養成課程を経て業務遂行にあたるようになった特別な教育的ニーズ・コーディネーターが，どのように従来の課題を解決したのかが見極められるようになるためには今しばらく時間の経過が必要といえよう。

　当時の教育雇用省から刊行されているオフィシャルガイドは特別な教育的ニーズ・コーディネーターが実践を行う上での指針を具体的に示したものであるが，1990年代の後半になるとインターネットの拡大をふまえて新しい試みも行われるようになった。たとえば，現職の特別な教育的ニーズ・コーディネーターを対象にして，彼らがその業務を遂行する上での支援を目的としたプロジェクト[21]や，特別な教育的ニーズ・コーディネーターがその力量を高めるための相互情報交流や課題について議論することを目的としたメーリング・リストによるフォーラムがインターネット上に開設されるようになっていること[22]などがその例としてあげられよう。このように特別な教育的ニーズ・コーディネーターの相互のネットワークの形成や実践の質を高めることを目指した活動が広がりを見せるようになったのである。

　以上のように，特別な教育的ニーズ・コーディネーターは，複数の組織や担当者の連絡・調整という実践的ニーズと1993年教育法の成立に伴って生じた生徒の特別な教育的ニーズの「評価」に関わって各学校でその担当者として責任を中心的に担うとともに制度の統一性を保障するという教育行政的ニーズの２つの動因を背景として登場し，今日のイギリスにおける特別なニーズ教育の実践を支える上で鍵となる職種となっている。

しかしながら，実際の業務を遂行する際に厳しい時間的制約や膨大な業務量をこなさなければならないという問題や，十分に概念規定が定まっていない特別な教育的ニーズの「評価」をどのように行うかといった実践的課題が山積していた。

第3節　改訂コード・オブ・プラクティス（2001）における特別な教育的ニーズ・コーディネーターと個別指導計画に関わる内容の特徴

前節において，特別な教育的ニーズ・コーディネーター制度の概要と，最初のコード・オブ・プラクティス（1994）によって指示された役割遂行における課題の特徴を明らかにした。本節では，こうした課題の解決を念頭に改訂された，新しいコード・オブ・プラクティス（2001）の特徴を明らかにしたい。

まず最初に，改訂されたコード・オブ・プラクティス（2001）の全体的特徴について整理する。2002年1月に施行された改訂版のコード・オブ・プラクティスは，1996年教育法及び1995年障害差別禁止法を一部改正した2001年特別な教育的ニーズ及び障害法（2001年1月施行）の規定を反映しているのが基本的特徴である。特別な教育的ニーズへの対応に関する教育制度は，1993年教育法の施行からすぐに新しい法律が登場した。1996年教育法である。1996年教育法第4部によって，1993年教育法第3部が置換されることとなった。同法では，条文タイトルの見直し[23]や内容の見直しが行われ，条文の数も1993年教育法第3部の36から38条に増えた[24]。内容的には，直接国庫補助特別学校における就学前の子どもへの教育について触れた条文が追加されたこと以外は，1993年教育法から大きな変化はないと考えてよい。なお，1993年教育法にもとづいて発行されたコード・オブ・プラクティス（1994）は，1996年教育法の施行に伴って，2002年までに修正が行われることとなっ

た（実際に発行されたのは2001年）。

　コード・オブ・プラクティスの改訂に際しては，緑書「すべての子どもに優れた教育を（DfEE, 1997)[25]」で示された方針を取り込むこととなった。こうして新しく発行されたコード・オブ・プラクティスにおける改訂の要点は，特別な教育的ニーズのある子どもが通常学校で教育機会を得る権利が全面的に強調されるようになったことと，関連して親の権利と関与がより拡大されたこと，生徒の学校への参加という視点が重視されるようになったこと，教育以外の関連サービスについていっそう考慮されるようになったこと，及び学校外の専門機関との連携がいっそう促されるようになったことなどの点にある[26]。

　また，障害差別禁止法（1995)[27]の規定を学校教育においても適用するために，1996年教育法の第316条を修正して，各学校が障害を理由に適切な対応を行わないことを禁じるなど，特別な教育的ニーズ概念を初めて導入した1981年教育法の「一定の条件が整えば原則として統合教育を推進する」との規定とは，発想の起点が異なっていることに留意しなくてはならない。つまり，今日のイギリスの教育制度においては，保護者の希望など特別な理由がない限り，インクルーシヴで適切な教育を用意することが地方教育当局と各学校の基本責任として規定されてた[28]。

　こうした制度を背景に，改訂コード・オブ・プラクティス（2001）では，すべての子どものニーズに対応する計画，早期発見，最良の実践，子どもの希望，専門家と保護者のパートナーシップ，親の子どものニーズに対する考えの勘案，定期的なレビュー，多角的専門家アプローチ，地方教育当局の迅速な対応，明瞭かつ詳細な判定書などが重視すべき内容として列挙された[29]。そして，地方教育当局には，地域の状況をふまえながら特別な教育的ニーズへの対応のための具体的なガイドラインを明確にすることが定められており（DfEE, 2001)[30]，また，各学校の管理職には全教職員に特別な教育的ニーズのある生徒への必要な対応について周知させる責任が課せられた[31]。

第8章　改訂コード・オブ・プラクティスの特別な教育的ニーズ・コーディネーター制度への影響　223

　改訂コード・オブ・プラクティス（2001）では，特別な教育的ニーズ・コーディネーターの過剰負担を少しでも改善し，専門性を発揮できるような環境を構築するために，学校の管理者に対して，業務時間の確保や他の校務分掌の免除，面接室の準備などを検討するように指示がされた[32]。また，個別指導計画に関しては，目標の設定や調整は特別な教育的ニーズ・コーディネーターや管理職が，そして個別指導計画にもとづく具体的な実践は各教科担任等が実施するようにとの指示もなされた[33]。これによって，学校内のすべての教職員が個別指導計画に関与するようにと意図されたのである。個別指導計画には，複数の目標や具体的な指導体制，レビュー方法などを明確に記載するとともに，その内容について生徒本人及び親と話し合いをもたなければならないことが指示された[34]。本人や親が納得できるような個別指導計画の作成手続きが重視されているのである。また，個別指導計画は少なくとも年に2回のレビューを行うことも定められた[35]。なお，個別指導計画の作成には，学校内だけで行われる場合（スクール・アクション School Action）と学校外の専門家も加わって行われる場合（スクール・アクション・プラス School Action Plus）との2つの段階のものがある。

　このほか判定書が作成されている生徒に関しては，少なくとも毎年一回の年次レビュー（annual review）が義務づけられた。具体的な手続きについては，改訂コード・オブ・プラクティス（2001）の一つの章が割かれていることからもわかるように[36]，特に重要な位置づけとなっている。親の視点や希望を十分に聴取した上で行われる年次レビューにもとづいて，新しい個別指導計画が作成されるが，それと同時に年次レビューの際の記録は判定書の維持や廃止，修正のための重要な資料となるからである。このため，その資料の作成は特別な教育的ニーズ・コーディネーターのきわめて重要な業務となった。

　なお，年次レビューは生徒によって行われる時期が異なっており，必ずしも年度末に実施されるわけではない（集中すると物理的に不可能になるため）。

年次レビューは，それまでの期間にどのような学習上の進歩がみられたかについて検討するとともに，特別な教育的ニーズの変化の有無，対応の修正の必要性の有無などが記録されるようになっている。具体的な書式は，各地方教育当局が用意するのが通例である。

　以上のように，改訂コード・オブ・プラクティス（2001）では，学校内外の資源を活用するとともに，生徒や親の意見をそれまで以上に反映させることを求めていたのである。特別な教育的ニーズ・コーディネーターが学校内外の日常の調整を基本にしながら，法的に規定された地方教育当局とのやりとりのために作成する資料は，その生徒が特別な教育的ニーズへの対応に必要な支援を確実に用意することができるかどうかを左右する重要なものである。資源が限られている通常学校においては，学校全体の教育の質を高める中に特別な教育的ニーズのある生徒への対応を位置づけることが不可欠であるが，そのために個別指導計画や年次レビューの手続きをいっそう丁寧に行うように指示していることが，改訂コード・オブ・プラクティス（2001）の大きな特徴であると考えられる。

第4節　改訂コード・オブ・プラクティスの影響と課題

　特別な教育的ニーズ・コーディネーターにとって，現在の最大の課題は，個別指導計画や関連して作成しなければならない書類があまりに多いことである。特別な教育的ニーズ・コーディネーターの業務時間の確保の問題はすでに多くの文献で指摘されてきたが（真城，1999）[37]，コード・オブ・プラクティスでは，こうした現状に留意するように指示しているにすぎないため，2001年の改訂によっても課題は解決されないであろうと考えられていた（最新のコード・オブ・プラクティスは2015年改訂）。

　全教職員が個別指導計画の作成に関わるようにとの指示がされているが，実際には学校長や教科担任は個別指導計画にはほとんど関与しておらず，負

担が特別な教育的ニーズ・コーディネーターに偏っていることも多い[38]。こうした現状を背景に，最近では，改訂コード・オブ・プラクティスの指示する個別指導計画の作成の意義そのものに，特別な教育的ニーズ・コーディネーターから疑問が呈されるようになってきている。

　Lingard（2001）[39] は，イングランド南西部の中等学校の専任の特別な教育的ニーズ・コーディネーターを対象にした調査をもとに，1）比較的小規模の学校であればコード・オブ・プラクティスで推奨されるシステムは有効であろうが，大規模校では特別な教育的ニーズ・コーディネーターの負担ばかりが大きく，不必要に管理的になってしまう，2）すでに子どものニーズに有効な対応ができている教職員にとっては，個別指導計画は適切に機能している体制を記述しているにすぎない，及び，3）個別指導計画を作成しても教科担任によって具体的な指導に活かされていないという問題点を指摘している。

　コード・オブ・プラクティス（2001）で定められている個別指導計画に関して，Lingard（2001）がとりわけ問題視しているのは，特別な教育的ニーズ・コーディネーターが大変な労力を費やして個別指導計画を作成しても，それが子どもの実際の学習の改善に結びついていないのではないかということである。そして，定められた書式で個別指導計画を作成するよりも，すでにそれぞれの学校で適切に実践されている特別な教育的ニーズへの柔軟な対応体制にそった記述をしたり，これにもとづいて親に情報提供をするほうが，はるかに有効であると調査対象の特別な教育的ニーズ・コーディネーターのほぼ全員が共通して認識していたことを明らかにしている。すなわち，形式的な個別指導計画の作成に振り回されるのではなく，より実効性のあるシステムこそが求められているのである。Lingard（2001）は，学校内で支援体制が用意されていない学校では個別指導計画が必要とされるであろうが，すでに一定の支援体制が構築されている学校では，むしろ形式的な個別指導計画の作成は，特別な教育的ニーズ・コーディネーターの業務時間を圧迫するだ

けであることを指摘しているのである。

　これらについて，イングランド北西部の中等学校2校の特別な教育的ニーズ・コーディネーターに面接したところ，改訂コード・オブ・プラクティス（2001）によって，個別指導計画の作成に関しては親または保護者や本人が設定された目標などについてどのように受け止めているのかを特に丁寧に把握することが求められるようになったため，いっそう多くの時間が費やされなければならなくなっているとの証言が得られた[40]。また，校内体制の整備に時間がかけられず，たとえば，特別な教育的ニーズ・コーディネーターが作成した個別指導計画を各教科担任が十分に実践に活用していないという課題に関しては，やむなく学習支援アシスタント（LSA）に直接指示をして，授業時間中に設定した目標に関わる具体的な支援を提供するなど苦慮している様子であった。こうした状況において，特別な教育的ニーズ・コーディネーター，教科担任，及び学習支援アシスタントの三者関係に余分な神経を使わなくてはならないばかりか，個別指導計画の計画が有効に実践されないことに，大変にストレスを感じているとのことであった[41]。

　このうち1校では，学習支援アシスタントに毎回の授業の際に当該の生徒の学習の様子について簡単な記録を必ず残してもらい，それを生徒ごとにファイリングしてスタッフが閲覧できる場所に備えるとともに，教科担任に対して「レビュー用学習支援情報」と題した調査票に生徒の現在の学習上の困難の様子に関する担任の見解を記入させていた。これは教科担任が特に学習上のニーズのある生徒への意識を継続的にもたせる意味もあるとのことであった。さらに，スクール・サイコロジストなどを交えた専門家会議用に学校独自の「学習支援リファー・フォーム」を用意し，より詳細な検討を行うための資料の作成も行われていた。

　これらはすべて，個別指導計画の作成・更新のために必要な資料となるが，判定書が発行された生徒ばかりでなく，同様の生徒資料の集約や情報の評価は学校内のレジスターに登録している生徒すべてに関して行われていた。判

定書が発行されている生徒の割合は，学校ごとに差が大きいが，おおむね2％〜4％ぐらい，学校内のレジスターへの登録は10％程度の範囲である。すなわち，約1,000人の生徒がいる学校であれば，30人ほどが判定書を発行されており，そのほかにおよそ100名が学習上の困難に関する何らかの記録を作成されているということになる。

これに加えて，改訂コード・オブ・プラクティス（2001）では，判定書が発行された生徒の年次レビュー書類の作成，子どもの検査，学校外の専門家や親との連携，学習支援アシスタントのタイムテーブルの作成などの業務を指示している。改訂コード・オブ・プラクティス（2001）では，さらに時間をかけた丁寧な対応を特別な教育的ニーズ・コーディネーターに要求しているが，上述したことを念頭におけば，多数の生徒に関して個別指導計画の作成や生徒記録の維持管理を特別な教育的ニーズ・コーディネーターだけが行うことについて，Lingard（2001）[42] が大規模校では「原理的に不可能」であると指摘しているのも納得できる。改訂コード・オブ・プラクティス（2001）では，各学校の状況に応じた柔軟な対応の必要性は認識されているものの[43]，個別指導計画そのものは，発行された判定書の維持のために行われる年次レビューを構成するもので，地方教育当局に対して提出しなければならない正式書類なので省略することはもちろん，各学校への地方教育当局からの適切な予算配分のためには統一した基準のもとで生徒のニーズを把握する必要性から，1996年教育法施行規則により各地方教育当局が用意している個別指導計画の書式を大幅に崩すことさえも困難であると考えられる。

しかしながら，各学校での子どもの特別な教育的ニーズへの対応に必要な体制整備の要を担う特別な教育的ニーズ・コーディネーターが書類作成に追われて，具体的な学校内の体制整備に時間を十分に当てられず，作成された個別指導計画が肝心の子どもたちの指導の改善に活かされていないのでは，本末転倒も甚だしい状況であるといえよう。

一方，小学校の場合には中等学校のように特別な教育的ニーズのある生徒

やレジスターに登録される生徒数の多さによる課題は比較的少ないものの，専任の特別な教育的ニーズ・コーディネーターを配置せず，特別な教育的ニーズ・コーディネーターが学級担任を兼務しているのが通常であり，やはり時間の不足は深刻である。Crowther, Dyson, and Millward（2001）[44] は，141名の小学校の特別な教育的ニーズ・コーディネーターを対象にした調査から，1999／2000年度に専業時間をまったく確保できなかった特別な教育的ニーズ・コーディネーターが3分の2にまで上っており，1996／97年度に約4割だった結果を示してその急速な増加傾向を明らかにしている。このように小学校，中等学校を問わず個別指導計画作成やその他の業務に費やされる特別な教育的ニーズ・コーディネーターの業務量の過剰さは，いっそう拡大する傾向が生じていたのである。

　実践をスムーズにするはずのコード・オブ・プラクティス（1994）が，特別な教育的ニーズ・コーディネーターの負担ばかりを増加させ，柔軟な対応を図りにくくさせてしまった課題を解消しようとした DfEE（1998）[6] の行動方針にもとづいて，改訂コード・オブ・プラクティス（2001）では，特別な教育的ニーズ・コーディネーターの負担軽減のために，各学校でのレジスターの作成義務を廃止して，任意作成とするなどの指示に変更された。

　しかしながら，実際にはこれらの大半は個別指導計画を作成する必要性のために廃止のしようがなく，丁寧な対応が指示された特別な教育的ニーズ・コーディネーターの業務は過剰さを増すばかりであった。こうした業務量の過剰さが，特別な教育的ニーズ・コーディネーターが本来担うべき重要な役割である各学校における効果的な学習環境を構築するための学校内外の資源をコーディネートするための時間をきわめて限られたものにしていたのである。

　インターネット上のメーリング・リストを通じて特別な教育的ニーズ・コーディネーターの意見交換が行われている"senco-forum"でも，個別指導計画の作成に異常なほどの時間が費やされていることや，改訂コード・オ

ブ・プラクティス（2001）で指示されている個別指導計画作成への親や生徒本人のいっそうの関与を多数の生徒に関して行うことは物理的に無理であることが2003年頃には指摘されていた（Wedell, 2002）[45]。その上で，こうした状況を改善するために，特別な教育的ニーズ・コーディネーターが個別指導計画の一部内容を各教科担任に記載させたり，学習支援アシスタントの活用とともに混合能力編成の学級で似通ったニーズのある生徒を見いだすための助言などの工夫がなされていることが紹介されていた。こうした工夫された取り組みは，改訂コード・オブ・プラクティス（2001）で強調されている，学校内での現職教育への特別な教育的ニーズ・コーディネーターの貢献につながるとも考えられているが，上述してきたように，書類作成におわれる特別な教育的ニーズ・コーディネーターをとりまく様子はおよそ変わりそうになく，学校内での現職教育に指導的役割を果たす余裕のない特別な教育的ニーズ・コーディネーターが少なくないのである。

第5節　本章のまとめ

　本章では，2001年に改訂されたコード・オブ・プラクティス（2001）の特徴とそれによって指示される特別な教育的ニーズ・コーディネーターの役割について，特に個別指導計画に関連する課題に焦点をあてながら検討した。2016年現在では，2014年に示された新しいコード・オブ・プラクティスが用意されて，次の段階に進もうとしているが，2001年の改訂は，イギリスにおいて特別な教育的ニーズ概念が教育制度に導入されてからの混乱をおさめる上で大きな節目ともなるもので，とりわけ重要な位置づけとなるものである。
　Farrell（2001）[46]が指摘しているように，イギリスでは1981年教育法が施行されるまで，親は自分自身の子どもの記録さえみることができなかったが，現在はこれが法的に保障され，個別指導計画の作成にも関与できるようになったことからもわかるように，制度的には生徒の特別な教育的ニーズに，よ

り丁寧な対応が図られようとしている。しかし，その一方で，個別指導計画の作成やその他の記録の維持管理におわれている特別な教育的ニーズ・コーディネーターが，特別な教育的ニーズのある生徒の学習の質を高める上で，本来の専門性を十分に発揮できないという課題が引き続いていることも明らかとなった。とりわけ，各学校において特別な教育的ニーズ・コーディネーターによって作成された個別指導計画が生徒の学習上の困難の改善に十分に結びついていない事例があることは深刻な課題であるが，これは特別な教育的ニーズ・コーディネーターの能力の問題によっているのではない。改訂コード・オブ・プラクティス（2001）やその根拠法が規定する業務の負担が大きいことは事実であるが，なによりもその背景に各学校が特別な教育的ニーズのある生徒への対応に関する適切な体制を整備できていない実態があることこそが本質的な問題だからである。

　本章で取り上げてきたように，インクルージョンが原則となった環境の中で，多数の生徒の特別な教育的ニーズに対応するための役割や責任が特別な教育的ニーズ・コーディネーターに偏っているのでは，学校の規模がよほど小さくない限り，適切な対応を用意することは物理的に困難である。

　単に，特別な教育的ニーズ・コーディネーターに高い専門性を求めるだけであったり，その役割や責任の範囲を拡大しても，それが機能できる環境（＝在籍する特別な教育的ニーズのある生徒の教育の責任がその学校の全教職員に自覚され行動に結びつくこと）がなければ，特別な教育的ニーズ・コーディネーター制度はその効果を発揮することができない。すなわち，改訂コード・オブ・プラクティス（2001）で指示される内容の実現のためには，各学校において，特別な教育的ニーズ・コーディネーターだけでなく全教職員が関与しながら特別な教育的ニーズへの対応の質を高める取り組みの整備・充実（各学校がこのための方針を明確に示したものをホール・スクール・ポリシー whole school policy と呼ぶ）が不可欠なのである。

　新しいコード・オブ・プラクティスのもとで，特別な教育的ニーズ・コー

第 8 章　改訂コード・オブ・プラクティスの特別な教育的ニーズ・コーディネーター制度への影響　　231

ディネーターの専門性が十分に発揮されるような学校環境を整えることがこれまで以上に強く求められていたのである。

注

1) 中等学校では専任の特別な教育的ニーズ・コーディネーターが配置されているのに対し，小学校や小規模の学校では学級担任等が兼任しているのが通常である。

2) 特別な教育的ニーズに関する現行の法律は，1996年教育法第 4 部（Education Act 1996, part 4）である。なお，同法の一部修正と条文の追加が2001年特別な教育的ニーズおよび障害法（Special Educational Needs and Disability Act 2001, 2001 c.10）によってなされている。

3) Hornby, G., Davis, G., and Taylor, G. (1995): The Special Educational Needs Co-ordinator's Handbook. Routledge. p. 15.

4) Department for Education (1994): Code of Practice: Special Educational Needs. para. 2 : 14.

5) Department for Education and Employment (1997): The SENCO Guide. Stationery Office. p. 5.

6) Depatment for Education and Employment (1998): Meeting Special Educational Needs: A Program for Action. p. 15.

7) 現在は移民許可が厳しくなっているが，1970年代までに入国した同国人を頼って移住する人も多く，まったく英語を話せない子どもも少なくない。ESL への対応は各地方教育当局が積極的に取り組んでいる。

8) 特別ニーズ教育は，各国の社会制度や教育制度，文化などの影響を直接受けるため，日本での特別支援教育について示唆を得ようとする場合には，留意が必要である。

9) Department for Education and Employment (1997): Excellence for All Children, Meeting Special Educational Needs (Green Paper cm 3785).

10) Department for Education and Skills (2001): Code of Practice: Special Educational Needs. (Ref. DfES/581/2001)

11) Gordon, M. (2002): Parliamentary Page. British Journal of Special Education, vol. 29, no. 4, pp. 206-207. によれば，北アイルランドで1998年に発行されたコード・オブ・プラクティスの内容は，イングランドとウェールズでの最初のもの（1994）に近い。なお，スコットランドでは，Manual of Good Practice in Special Educa-

tional Needs が類したものとして発行されているが，いずれもイングランドとウェールズのものとは異なっている。

12）Department of Education and Science (1978) Special Educational Needs. Report of the committee of enquiry into the education of handicapped children and young people. (Warnock Report) HMSO., Chapter 16 (Relations between professionals, confidentiality and co-ordination of service).

13）Department of Education and Science (1987): A 'Special' Professionalism. Report of the FE Special Needs Teacher Training Working Group. p. 31.

14）Department for Education (1994): Code of Practice for. para. 2 : 14.

15）Department for Education and Employment (1997): The SENCO Guide. Good Practice for SENCOs, Individual Education Plans (IEPs), Developing SEN Policies in Schools. the Stationery Office. p. 5.

16）Hornby, G., Davis, G. and Taylor, G. (1995): The Special Educational Needs Co-ordinator's Handbook. A guide for implementing the code of practice. Routledge.

17）Ayers, H., Clarke, D. and Ross, A. (1996): Assessing Individual Needs. A practical approach. 2nd edition. David Fulton Publishers.

18）Department for Education and Employment (1997). op cit., note 15), p. 12.

19）ibid., p. 16.

20）Department for Education (1994): op cit. note 4).

21）これは特別な教育的ニーズ・コーディネーター・エレクトロニック・コミュニケーション・プロジェクト（The SENCO Electronic Communications Project）として BECTa (British Educational Communications and Technology agency) により1997年から実施されていたものである。

22）特別な教育的ニーズ・コーディネーターが特別な教育的ニーズのある生徒の支援に関わる考えや専門性を共有する必要性から設置されたメーリング・リスト形式のフォーラムである。1998年現在でおよそ1,000名ほどの参加者がいる。

23）1993年教育法第160条は「通常の学校における特別な教育的ニーズをもつ子どもの教育保障義務」というタイトルであったが，1996年教育法第316条では「通常の学校において教育されるのが通常である特別な教育的ニーズをもつ子ども」との表現に改められている。具体的な条文規定の内容は，修辞上の修正（eg. this Part of this Act → this Part）を除けば全く同じである。

24）特別な教育的ニーズのある生徒に関して，1996年教育法において増えた条文は，

第8章　改訂コード・オブ・プラクティスの特別な教育的ニーズ・コーディネーター制度への影響　233

第338条「直接国庫補助特別学校を設置するための財政当局の権限」（1993年教育法第183条が2条に分離），第343条「直接国庫補助特別学校における幼児教育」，及び第344条「特別学校の理事会」の3条であり，直接国庫補助特別学校関係の規定が中心である。また，1993年教育法からの改正の際に削除された条文は，特別な教育的ニーズの裁定機関に関する規定のうち，1993年教育法での第181条「スーパービジョンと裁定機関からの申し立て」である。

25）Department for Education and Employment（1997）: Excellence for All Children -meeting special educational needs.（Green Paper）-. The Stationery Office. この Green Paper は Web Site としても閲覧することができる。この Green Paper の内容は，http://www.dfee.gov.uk/sengp/support.htm を参照。

26）Code of Practice（2001）: op cit., note 10), p. iv. SEN and Disability Act では，1996年教育法316条を修正して，判定書をもたない子どもはすべて通常学校で教育を受けさせるべきこと，判定書を発行されている子どもでも保護者の希望や他の子どもの教育活動と両立し得ない場合を除き，通常学校で教育を受けさせることを規定した。具体的な基準は，316条Aに示されている。

27）Department for Education（1995）: Disability Discrimination Act 1995（c. 50）。現在は平等法（Equality Act 2010）に統合されている。

28）念のために補足すれば，これは各学校が「障害を理由に」入学を拒否したり，適切な対応を用意しないことを禁止したのであって，特別学校を否定しているのではない。

29）Code of Practice（2001）: op cit., note 10), para. 1 : 6.

30）Department for Education and Employment（2001）: Special Educational Needs （Provision of Information by Local Education Authorities）（England）Regulations 2001, Appendix A.（Statutory Instruments 2001 No. 3455）

31）Code of Practice（2001）: op cit., note 10) para. 1 : 21.

32）Code of Practice（2001）: ibid., note 10) para. 5 : 33及び6 : 36.

33）Code of Practice（2001）: ibid., note 10) para. 6 : 55.（中等学校の場合）

34）Code of Practice（2001）: ibid., note 10) para. 5 : 50-51及び6 : 58-59.

35）Code of Practice（2001）: ibid., note 10) para. 5 : 53及び6 : 61.

36）Code of Practice（2001）: ibid., note 10) para. 9 : 1-69.

37）真城知己（1999）: イギリス―障害概念の拡大と特別なニーズ教育―。茂木俊彦・清水貞夫（監）。転換期の障害児教育。第6巻世界の障害児教育・特別なニーズ教育。pp. 73-124. など

234

38) 2003年3月12日にイングランド北西部の学校において実施した面接調査による。

39) Lingard, T. (2001): Does the Code of Practice Help Secondary School SENCOs to Improve Learning?, British Journal of Special Education, vol. 28, no. 4, pp. 187-190.

40) 2003年2月〜3月にかけて実施した数次の訪問面接調査による。具体的な同意の取り方は，各特別な教育的ニーズ・コーディネーターによって多少異なるが，個別指導計画において設定した，a．現在の目標，b．目標設定の理由，およびc．具体的な配慮事項の3点について，その理由を一つひとつ丁寧に説明するとともに，それに関する生徒や親の意見を直接聴取するのが基本である。

41) 2003年2月14日の面接調査による。なお，Wedell, K. (2002): All Teachers should be Teachers for Special Needs' -but is it yet possible?, British Journal of Special Education, vol. 29. no. 3, p. 151. でも同様のことが指摘されている。

42) Lingard, op cit., p. 190.

43) Code of Practice (2001): op cit., note 10) para. 1:37.

44) Crowther, D., Dyson, A., and Millward, A. (2001): Supporting Pupils with Special Educational Needs: Issues and Dilemmas for Special Needs Coordinators in English Primary Schools. European Journal of Special Needs Education, vol. 16. no. 2, pp. 85-97.

45) Wedell, K. (2002): What is 'additional and different' about IEPs?. British Journal of Special Education, vol. 29. no. 4, p. 204.

46) Farrell, P. (2001): Special Education in the Last Twenty Years: have things really got better?, British Journal of Special Education, vol. 28, no. 1, pp. 3-8.

第9章　特別な教育的ニーズ・コーディネーターの役割にみる特別な教育的ニーズの概念

－特別な教育的ニーズ・コーディネーターと同僚教師への意識調査と協同の例－

第1節　はじめに

　本書では，ここまでに第二次世界大戦後のイギリスにおける特別教育制度の展開から，2000年頃までの流れの特徴を明らかにしてきた。そして，特別な教育的ニーズへの対応に関わる教育制度として，Gulliford（1971）による特別な教育的ニーズの概念提起から，ウォーノック報告及び1981年教育法による教育制度への位置づけ，1980年代の特別な教育的ニーズへの対応をめぐる混乱と制度改正（1993年教育法）による制度的不備への改善，さらに1996年教育法，そして2001年のコード・オブ・プラクティスの改訂の特徴を取り上げてきた。

　こうした制度の展開の中でも特に，1993年教育法に基づき1994年に発行されたコード・オブ・プラクティスによって特別な教育的ニーズ・コーディネーター制度が登場したことは，特別な教育的ニーズへの対応に関わる教育制度の最も重要な要素の一つとなるものである。

　なぜならば，特定の障害カテゴリーに応じて静的に対応を導く従来の制度と異なり，子ども自身と環境との動的な相互作用の関係のもとで常に変化する特別な教育的ニーズの状態に応じて，教育的対応を変化させながら提供するためには，実践が展開される場における特別な教育的ニーズの把握と対応との調整が常に行われなければならないことを意味するからである。こうし

た柔軟な指導の計画と実施がコード・オブ・プラクティス（2001）によって指示されているのであるが，実践場面においてこの調整を行う役割を与えられたのが特別な教育的ニーズ・コーディネーターなのである（DfES, 2001)[1]。

　特別な教育的ニーズ・コーディネーターは，名称の通り，各学校における特別な教育的ニーズの調整にあたるが，多くの生徒の特別な教育的ニーズの調整のためにはとりわけ同僚教師との協同が重要である。実際に，たとえば学校における個別指導や通常学級における補助指導のために重要な役割を担っているティーチング・アシスタント向けのガイドには，「伝統的にティーチング・アシスタントは，特別な教育的ニーズに対応する校内部門（SEN Department）を通じて組織されており，ティーチング・アシスタントは特別な教育的ニーズ・コーディネーターの下で個別指導を提供しているのである（Watkinson, 2009)[2]」，「特別な教育的ニーズへの対応において，（ティーチング・アシスタントが）一番最初にコンタクトをとるのが特別な教育的ニーズ・コーディネーターである（Burnham & Jones, 2002)[3]」，「（ティーチング・アシスタントが特別な教育的ニーズのある生徒に関わる際に協同する）教師の責任者が特別な教育的ニーズ・コーディネーターである（Kaman, T., 2003)」といった一連の記述がなされ，学校における特別な教育的ニーズへの対応において，特別な教育的ニーズ・コーディネーターが協同しながら柔軟な対応を計画し，実施するようになっていることを読み取ることができる。

　日本においても特別支援教育コーディネーターは，各学校における特別支援教育のキー・パーソンとして位置づけられるとの説明がなされるが，実際には学校内外の連絡・調整役や学校内で特別な支援を必要とする幼児児童生徒への直接指導の役割に留まっている場合も少なくない。石隈（2004)[4] などにより提唱された学校コンサルテーション考え方が，日本の学校制度の中で教師間の指導的色彩が織り込まれるように本来の概念から変質して展開してしまったり，特別支援教育コーディネーターさえもがこの流れに飲み込まれた場合などには，同僚教師との協同とは到底いうことができないようなモデ

ルが構築され，その結果，特定の教師だけに特別支援に関わる大きな負担が偏ってしまうという自体が生じている。これはイギリスにおける特別な教育的ニーズ・コーディネーターとは全く異なる学校内での様相である。これはむしろイギリスにおけるレメディアル教育制度において経験された失敗例を日本において繰り返しているのに他ならない。こうした構造に繋がるリスクを高くしてしまうことは避けなければならない。

　それでは，イギリスにおいては，各学校における特別な教育的ニーズへの対応が，果たして従来のレメディアル教育への反省をふまえた制度へとの変化を明瞭にみることができるのであろうか。特別な教育的ニーズ・コーディネーターは，多忙な業務に忙殺されているとの指摘が数多くなされてきたが，レメディアル教育の担当の教師が，各学校において過剰な業務に忙殺されていたことと，何が異なるのであろうか。こうした点を明らかにするためには，各学校において，実際に特別な教育的ニーズへの対応がどのように制度として展開しているのかを明らかにする必要があると考えられる。

　とりわけ，個体要因と環境要因との相互作用で規定される特別な教育的ニーズの柔軟な構造をふまえた日常的な対応の調整の役割を担っている特別な教育的ニーズ・コーディネーターの役割を明らかにすることで，この点についての特徴を明らかにすることができると考えられることから，本章及び第10章を通じて，特別な教育的ニーズ・コーディネーターの役割と実際の業務遂行が各学校においてどのように展開されているのかを明確にしたいと考えた。

　具体的には，第3節及び第4節において，特別な教育的ニーズ・コーディネーターを対象にした調査を実施した結果を示すとともに，第5節でティーチング・アシスタント等との協同の特徴を明らかにする。第6節においては，特別な教育的ニーズ・コーディネーターの同僚教師を対象にした質問紙及び面接調査を通じて，特別な教育的ニーズ・コーディネーターの役割への期待と実際の遂行状況についての特徴を明らかにする。そして，第10章において，

特別な教育的ニーズ・コーディネーターが機能する条件を考察することを通じて，前章までにみてきた特別な教育的ニーズへの対応に関する教育制度の特徴が，各学校においてどのように浸透してきているのかを明らかにしたい。

　さて，イギリスの障害児教育教員の養成は，特に新任養成に関しては今日の特別な教育的ニーズやインクルージョンまでをも包含した教育が十分に行われているとはいえない状況である。典型的な新任教員養成課程である学部卒業生を対象にした１年間の PGCE（Postgraduate Certificate in Education）コースでは，通常の小学校及び中等学校の教員養成課程のプログラムに「特別な教育的ニーズ」あるいは「インクルージョン」に関する講義がわずかに含められている程度である。ロンドン大学などでは現職教員を対象にした長期・短期の課程が開講されているが，これらも質的・量的に決して十分とはいえない。

　伝統的にイギリスの障害児教育教員の養成は，ろう教育教員などの養成が早くから開始されていたり，1950年代後半までに10種もの障害種別の特別学校が設置されるなどし，それに対応する専門の養成課程を設置することが勧告されるなどしてきたが，主として当該の学校における他の教師からの学習と地方教育当局が行う研修講座によってその専門性が維持されてきたことはよく知られていることである。イギリス自閉症協会が運営する特別学校が一定の専門性を維持している例などはこれを端的に示しているといえよう。

　さて，1981年教育法の法案審議の際に，統合教育の推進にともなって障害児教育に関する教師の専門性の低下が危惧されたのは，特別学校が担っていた教員研修の機能が崩れるとともに通常学校では専門性の伝達がなされえないと考えられたからであった。

　その後，1993年教育法，1996年教育法，そして2001年特別な教育的ニーズ及び障害法やコード・オブ・プラクティスの発行と改訂を通じて制度面でいっそうインクルージョンの方向性を明確にしながらも，これに対応する教員の専門性に関する対策は後手に回ってきた[5]。

こうした中で，今日のイギリスの通常学校における特別なニーズ教育，及びインクルージョンの推進に際して，その鍵となる役割を担う存在の一つが「特別な教育的ニーズ・コーディネーター」である。彼らは，通常学校において障害をはじめとした特別な教育的ニーズのある生徒への専門的対応を学級担任・教科担任，及び学習支援アシスタント（学級アシスタント）のコーディネートを通じて行っている。

しかし，長い間，特別な教育的ニーズ・コーディネーターに関する資格制度は存在しなかった。そして，彼らの専門的養成も2010年以降にようやく開始されたところである。

このため特別な教育的ニーズ・コーディネーターは，大学や地方教育当局が開講する研修講座や，相互の学習会，さらにインターネットを活用した連絡組織の形成などによって，自らその専門性を向上・維持しなければならない状況にある。

特別な教育的ニーズ・コーディネーターには，その役割の1つとして，各学校における「現職教育」を進めることが指示されているが，彼ら自身の現職教育の機会が不足しているのである。

Phillips, Goodwin, and Heron (2001)[6] のように，特別な教育的ニーズ・コーディネーターが十分に役割を果たすために最も重要なスキルはマネージメントに関するものであると指摘する文献があることからもわかるように，特別な教育的ニーズ・コーディネーターには，障害等に関する専門知識や実際の個別指導技術に加えて，関係する教職員や保護者，さらには学校全体を包括して特別な教育的ニーズに関するマネージメントを行う能力が専門性として求められているのである。こうした状況の中で，特別な教育的ニーズ・コーディネーターたちは自らの役割と専門性向上のための研修や学習についてどのように意識しているのだろうか。

本章では，この特別な教育的ニーズ・コーディネーターに焦点をあて，その役割と研修をめぐる課題について制度的背景と特別な教育的ニーズ・コー

240

ディネーターを対象にした意識調査から，役割と課題について検討する。また，同僚教師との協同の特徴を事例的に検討した。

第2節 コード・オブ・プラクティスに示される特別な教育的 ニーズ・コーディネーターの役割とコーディネーター 自身の役割への意識

2016年の時点での特別な教育的ニーズ・コーディネーターの役割を具体的に規定している最新のコード・オブ・プラクティスは，2014年に発行され2015年5月に一部改訂されたものである（DfE and DoH, 2015）[7]。

それ以前のものは，2001年に改訂されたコード・オブ・プラクティス（DfES, 2001）[8] である。本章では，調査を実施した当時の枠組みを提供していた2001年版について取り上げ，名称での混乱を避けるために便宜的に改訂コード・オブ・プラクティス（2001）と呼称して，その枠組みの下での特徴を論じる。

改訂コード・オブ・プラクティスに規定される特別な教育的ニーズ・コーディネーターの主な役割は，各学校における日常の特別な教育的ニーズに関わる学校方針の遂行，同僚の教師との協力関係の構築と助言の提供，教師や学習支援アシスタントなどのマネージメント，特別な教育的ニーズのある生徒への対応のコーディネート，特別な教育的ニーズのある生徒の記録の作成と管理，親や保護者との協力関係の構築，教職員の現職教育への貢献，そして，学校外の専門機関との協力関係の構築であった。

これらは特別な教育的ニーズのある生徒への対応に関わる包括的な責任と役割を特別な教育的ニーズ・コーディネーターが担っていることを示している。

しかし，特別な教育的ニーズ・コーディネーターの制度が導入されてから今日に至るまで[9]，彼らの業務負担の過剰さの課題が多くの文献で指摘され

第9章 特別な教育的ニーズ・コーディネーターの役割にみる特別な教育的ニーズの概念 241

てきた。とりわけ，コード・オブ・プラクティスによって，各学校と地方教育当局の責任分担が明確にされ，生徒の特別な教育的ニーズの評価をより詳細に行うように指示されたために，特別な教育的ニーズ・コーディネーターは，実際の生徒への対応よりも，生徒の評価や記録の維持管理といった事務作業に忙殺されてきた。

これは，判定書を作成されている生徒ばかりでなく，いわゆる「判定書を発行されていないが特別な教育的ニーズのある生徒」のレジスター（記録簿)[10] を用意する必要があったからである。判定書を作成される生徒の割合は，地方教育当局によって差があるが，およそ3～5％ぐらいの比率である。これに対して，判定書をもたない特別な教育的ニーズのある生徒の割合は，10～20％にものぼっているのである。

たとえば，中等学校の場合で考えてみると，学校の規模が1,000名を超えることも珍しくないので，こうした生徒の数は実数にして判定書のある生徒が30名ほど，さらに100名ほどがレジスターを用意しなければならない生徒として存在していることになる。これに対して，各学校の特別な教育的ニーズ・コーディネーターの数は大半が1名，多くても2～3名しかいないのである。小学校の場合には，学校の規模は中等学校の半分以下のものが多いとはいえ，特別な教育的ニーズ・コーディネーターを専任で配置している学校はほとんどなく，大半が学級担任と兼担であり，日常の担任業務に加えて特別な教育的ニーズ・コーディネーターとしての役割を担っている。

改訂コード・オブ・プラクティスでは，こうした特別な教育的ニーズ・コーディネーターの業務負担を少しでも軽減するために，各学校でのレジスターの作成義務を廃止するなどしたが，依然として過剰な負担に苦しんでいる様子が知られている（真城，2003)[11]。

特別な教育的ニーズ・コーディネーターがこうした事務作業に追われるのには理由がある。すなわち，イギリスでは特別な教育的ニーズに関する特別な予算配置は，判定書の発行が基本になるからである。判定書の作成・維持

は，生徒ごとに毎年行われる「年次レビュー」にもとづいて，各地方教育当局が判断をすることになっている。多くの場合には，一度判定書が発行されればそれが維持されるが，特別な教育的ニーズがなくなったと判断された場合には，判定書の発行が取り消される，つまり，特別な予算配置が取り消されることになる。各学校では，獲得した予算によって学習支援アシスタントなどを雇うため，判定書の取り消しは大きな影響を及ぼすことになる。地方教育当局の判定に対する不服がある場合には裁定委員会に諮ることができるが，高額の費用と労力が必要となるため多くの場合は不服申し立てがなされていない。

　各学校の特別な教育的ニーズのある生徒への対応のために，判定書の発行によって特別な予算配置が不可欠であることを証明するための日常の記録や指導計画，さらに保護者の意向に関する文書が大変重要な役割を担っている。こうした文書の作成やとりまとめにあたっては，教師や学習支援アシスタントからの情報収集，生徒への面接，保護者への面接，学校外の専門機関への評価依頼と年次レビュー会議の日程調整や議事録の作成などが必要となる。これらは判定書を作成されているすべての生徒に関して特別な教育的ニーズ・コーディネーターの責任のもとに個別に実施しなければならないのである。

　改訂コード・オブ・プラクティスでは，特別な教育的ニーズ・コーディネーターが各学校での効果的な対応をマネージメントできるように事務作業の負担軽減を図ろうとしたが，生徒の障害や学習困難に関する知識の保有や基本的な事務処理能力は，その資質における必要条件にすぎない。Phillips ら(1999)[12] のように，特別な教育的ニーズ・コーディネーターが十分に役割を果たすために最も重要なスキルはマネージメントに関するものであると指摘する文献があることからもわかるように，特別な教育的ニーズ・コーディネーターには，障害等に関する専門知識や実際の個別指導技術に加えて，関係する教職員や保護者，さらには学校全体を包括して特別な教育的ニーズに関

第9章　特別な教育的ニーズ・コーディネーターの役割にみる特別な教育的ニーズの概念　　243

するマネージメントを行う能力が専門性として求められているのである。

　こうした状況の中で，特別な教育的ニーズ・コーディネーターたちは自らの役割と専門性向上のための研修や学習についてどのように意識しているのだろうか。この点に関する情報を得るために，小規模の質問紙調査と面接調査を実施した。

第3節　特別な教育的ニーズ・コーディネーターの役割への意識　と研修へのニーズに関する調査

1．調査対象

　イングランド北西部の小学校及び中等学校20校に勤務する特別な教育的ニーズ・コーディネーター。

2．調査方法

　質問紙調査とそれに関する面接調査

　イングランド北西部の学校リストをもとに20校に依頼状をランダムに送付した。16名から回答可能との返信があった。(回収率80%)

　回答可能との返信があった学校に対して，電話で再確認をした上で質問紙を郵送にて配布した。また，回収をかねて訪問して面接調査を行った。

3．調査内容

　1）コード・オブ・プラクティスに示される内容への重要度の意識
　2）同僚教師の役割遂行に対する特別な教育的ニーズ・コーディネーターの評価
　3）特別な教育的ニーズ・コーディネーターの研修希望とこれまでの研修経験

本調査において使用した調査票は巻末資料として掲載した。

分析は，上記3点について平均値を産出して解釈を行った。3については，平均値をもとにした分析に加えて，各内容に対する度数を集約して解釈した。

4．調査期間

2003年6月13日～30日

5．結果

今回の調査では対象者が少ないため，結果を一般化することは慎重にならなければならないが，得ることができた点を以下に整理した。

1）コード・オブ・プラクティスに示される内容への重要度の意識

Table 9-1 は，コード・オブ・プラクティスに示される特別な教育的ニーズ・コーディネーターの役割について，彼らがそれをどの程度，重要視しているのかを平均値の高い順に表にしたものである。

これによれば，コード・オブ・プラクティスに示されるいずれの内容に対しても重視される傾向が認められたが，とりわけ，特別な教育的ニーズのある生徒への対応のコーディネート，教師や学習支援アシスタントなどのマネージメント，及び親や保護者との協力関係の構築を強く重視していることが示された。これらはコーディネーターという名称にまさにふさわしい内容である。しかしながら，すでにふれたように，実際の業務においてはこうしたコーディネートよりも，判定書やレジスターの書類作成や管理といった事務作業に忙殺されているのが実情である。

また，現在の仕事の様子に関する自由記述回答でも，「ペーパーワークに忙殺されている。（中等学校）」，「特別な教育的ニーズ・コーディネーターがその役割を果たすためには，生徒たちと関わらない時間が用意されることが不可欠である。せめて週に半日でも用意してもらえれば。（小学校）」といっ

Table 9-1　コード・オブ・プラクティスに示される内容への重要度の意識

	mean	SD
特別な教育的ニーズのある子どもへの対応のコーディネート	4.88	0.34
教師や学習支援アシスタントなどのマネージメント	4.63	0.72
親や保護者との協力関係の構築	4.56	0.63
日常の特別な教育的ニーズに関する学校方針の遂行	4.50	0.89
特別な教育的ニーズのある子どもの記録の管理	4.44	0.81
学校外の専門機関との協力関係の構築	4.38	1.02
同僚教師との協力関係の構築や助言の提供	4.38	0.62
教職員の現職教育への貢献	4.06	0.68

N＝16　（5段階評定）

た意見が寄せられた。

　今回の調査で示された結果には，こうした現状を背景に，特別な教育的ニーズ・コーディネーターがどのように役割を果たしたいかという「希望」が反映されていたのであろう。他方で，職員の現職教育については相対的に低い値が示された。これは特に規模の大きい中等学校などでは，現職教育に費やす時間がまったく確保できないという現状を反映していると考えられる。

2）同僚教師の役割遂行に対する特別な教育的ニーズ・コーディネーターの評価

　同僚の教師が特別な教育的ニーズのある生徒への対応に関して，どの程度，その役割を果たしていると考えているかについて設問を用意した。その結果を表 Table 9-2 に示した。

　Table 9-2 によれば，学級担任（小学校）及び教科担任（中等学校）が，特別な教育的ニーズのある生徒に注意を払いながら日常的な生徒の指導を行っていることがうかがわれたが，各授業におけるインクルージョン環境の構築や，特別な教育的ニーズ・コーディネーターに助言を求めたりする行動はあまり積極的ではないようであった。同様に，生徒の記録をメモに残すことや，

事例会議への参加なども積極的とはいえないようであった。とくに，日常的に授業の様子を特別な教育的ニーズ・コーディネーターに報告することについては，その実行がなかなか難しい様子がうかがわれた。

　また，個別指導計画にそった授業の展開も必ずしも高い値ではなく，特別な教育的ニーズ・コーディネーターによって作成された個別指導計画が十分に実際の指導につながっていない状況がうかがわれた。この点に関しては，Lingard（2001）[13] が，各学校において個別指導計画が単なる実践の記録にとどまり，十分に機能していないと指摘していたことを裏付けるものといえよう。

　調査を補足する形で行った面接調査でも，学級担任や教科担任が個別指導計画を十分に活用していないとの意見がきかれた。こうした場合，特別な教育的ニーズのある生徒への対応は，授業中に当該の生徒に直接関わる学習支援アシスタントに指示をして個別指導計画の内容を実践するようにしている学校もあった。面接調査からは，「10年ほど前に任命されたばかりの頃は，自分自身（特別な教育的ニーズ・コーディネーター）が個別指導の担当を担わざるを得なかったが，ようやく学習支援アシスタントにそれを任せられるようになってきたので，自分の本来の役割であるマネージメントができるようになってきた（中学校）」という証言を得ることができた。

　これは重要な変化を表している内容であった。

　なぜならば，1981年教育法で従来の障害のカテゴリーが否定的に取り上げられた際に問題とされた状況の１つに，障害児の抽出指導を専門的に行うレミディアル・ティーチャーの存在と役割自体が，生徒を学校全体から切り離し，彼らに対する否定的なスティグマを与える要素となっていたことが指摘されていたからである（DES，1978）[14]。つまり，特別な教育的ニーズの概念を導入した背景の理由の一つに，専門教師と特定の生徒のみの結びつきが強すぎてしまうことの問題が自覚され，その改善のために学習環境の整備が必然的に位置づけられるようになったからである。

第9章　特別な教育的ニーズ・コーディネーターの役割にみる特別な教育的ニーズの概念　247

Table 9-2　担任及び教科担任教師の役割遂行に対する
特別な教育的ニーズ・コーディネーターの評価

	mean	SD
特別な教育的ニーズのある子どもへの実際の対応	4.13	0.62
授業中に特別な教育的ニーズのある子どもに注意を向けているか	3.94	0.57
特別な教育的ニーズコーディネーターとの積極的な協力関係の構築	3.75	0.86
子どもの障害や学習困難についての詳細な理解	3.73	0.80
子どもの特別な教育的ニーズへの対応における教師の役割の自覚	3.64	0.74
各子どもの個別指導計画の内容の詳細についての理解	3.63	0.72
個別指導計画にそった授業の展開	3.50	0.85
授業におけるインクルージョン環境の構築	3.44	0.96
特別な教育的ニーズ・コーディネーターからの助言を受けているか	3.43	0.65
標準化された検査結果の内容の理解	3.38	0.81
特別な教育的ニーズのある子どもの記録に関するメモの作成	3.13	0.72
事例会議における積極的な役割の遂行	3.07	1.10
特別な教育的ニーズのある子どもの個別指導計画原案の作成	3.00	1.20
特別な教育的ニーズ・コーディネーターの役割の分担	2.50	1.10
各授業ごとの特別な教育的ニーズのある子どもの学習状況に関する特別な教育的ニーズ・コーディネーターへの報告	2.40	1.12

（5段階評定　1：教師によって行われたことがない　5：日常的に行われている）　N＝16

　さらに，前章までに明らかにしてきた制度構造に由来する課題解決のために，1990年代前半から，各学校がその学習環境を学校全体の取り組みとしていっそう整備することが求められるようになったことを念頭に置けば，それからさらに10年が経過して，具体的に変化が見えるようになったと考えられるからである。特別な教育的ニーズ・コーディネーターが直接的に生徒への個別指導を担う役割の割合が減じられている事例が現れてきたことは，特別な教育的ニーズへの対応が，一部の専門家だけでなく，学校全体として役割が担えるように整備されるようになってきたことを現しているのである。

Table 9-3 には，同僚からの協力に対する特別な教育的ニーズ・コーディネーターの満足の程度を示したが，この表からも特別な教育的ニーズ・コーディネーターが学級担任や教科担任よりもむしろ学習支援アシスタントと密接な協力関係を構築していることがうかがわれた。すなわち，生徒の特別な教育的ニーズへの対応は，判定書にもとづいて作成される個別指導計画によって行われることになっているが，現実には，それを実践するのは各学級担任や教科担任ではなく，学習支援アシスタントによってなされていることが示唆されたのであった。

面接調査では，「教科担任は，他の生徒への対応で手一杯で，特別な教育的ニーズのある生徒に対して個別指導計画があることはわかっているが，とても授業中に個別の対応はできない（中等学校）」とか，「特別な教育的ニーズのある生徒への対応については，アシスタントが授業中に関わっているので，私は学級全体の授業進行をしている（小学校）」というように，個別指導計画で指示された内容よりも授業運営上の理由から特別な教育的ニーズのある生徒への対応は制約を受けているようであった。

学校によっては，毎週 1 回，学習支援アシスタントとの会議を開いたり，スタッフ・ルームでの日常的な会話や掲示を利用したコミュニケーションを図ることを通じて，特別な教育的ニーズ・コーディネーターが他の教職員に伝達や指示したい事柄を補っているようであった。特別な教育的ニーズのある生徒に対する指導において，個別指導計画はきわめて重要な役割を果たすと考えられてきたが，通常学校の場合には個別指導計画の作成をする特別な教育的ニーズ・コーディネーターと個別指導計画を実行する教師や学習支援アシスタントの協力関係の構築や，個別指導計画の実行のための具体的な手だてを教師に提示することまで特別な教育的ニーズ・コーディネーターが主導的に行わなければ，個別指導計画を効果的に実践に移すことが困難な状況があることがうかがえよう。

特別な教育的ニーズ・コーディネーターは，ほとんどが当該の学校で長い

第9章　特別な教育的ニーズ・コーディネーターの役割にみる特別な教育的ニーズの概念　　249

Table 9-3　同僚からの協力に対する特別な教育的ニーズ・コーディネーターの
満足の程度

対　象	mean	SD
学習支援アシスタント（LSA）	4.50	0.52
学校長・理事	4.00	0.63
学級担任・教科担任	3.87	0.50

　教職経験を有している人が任命されているので，各学校の事情を十分に理解
しているがゆえに，特別な教育的ニーズ・コーディネーターとして他の教師
が生徒の特別な教育的ニーズに適切に対応できるようにするための指示を出
さなければならないことと，各学校の事情による制約との間で苦悩している
様子が窺われた。

3）特別な教育的ニーズ・コーディネーターの研修希望とこれまでの研修経験

　Table 9-4 には，特別な教育的ニーズ・コーディネーターの様々な研修機
会に対する参加希望の程度と，それらの内容についてのこれまでの研修や学
習の経験を尋ねた結果を示した（調査票は巻末資料として示した）。

　Table 9-4 の a 欄は研修機会への参加希望の程度を希望の強い順に，そし
て，b 欄はそれらに関する過去の研修や学習経験の状況について尋ねたもの
である。a 欄における 5 段階評定では，1：I do not need training in this
area から 5：I would really like training in this area の内容で希望の程度を
尋ねた。

　これによれば，特別な教育的ニーズのある生徒に対する具体的な指導方法
とそれらに関する同僚への助言については強い参加希望が示されていた。特
に指導方法に関しては，すでに一定の学習や研修の経験をもっていたが，な
おいっそうの研修をしたいとの希望が示されていた。同僚への助言に関して
は，学習や研修経験のある特別な教育的ニーズ・コーディネーターと特にそ

250

うした経験のないコーディネーターにわかれたが，いずれにしても強く関心がもたれていた。特別な教育的ニーズやインクルージョンの考え方についても同様にすでに一定の学習経験がある上に，さらなる研修をしたいとの希望がうかがえた。これらの結果は，上述してきたように各学校において作成された個別指導計画が十分に実行されないなどの課題に対応し，より効果的な指導体制を構築するために，特別な教育的ニーズ・コーディネーター自身が，具体的な指導方法について精通するとともに，教師や学習支援アシスタントが適切にその役割を果たせるような助言をするために必要な専門的スキルを獲得したいと考えているからであろう。

現職教育のマネージメントに関しては，比較的希望が強かったが，大半の特別な教育的ニーズ・コーディネーターは，これに関する学習経験がなかった。

また，会議のマネージメントや学校外の専門機関との連携，親や保護者とのパートナーシップの形成，コード・オブ・プラクティスの内容，及び個別指導計画の作成方法等に関しては研修希望が弱かった。

コード・オブ・プラクティスに関しては，2001年の改訂を受けて，国や各地方教育当局が講習の開催やその実施のための手引き書を発行するなど，その周知に積極的に努めてきたことから，多くの特別な教育的ニーズ・コーディネーターがすでに内容を十分に理解できていることが理由であろう。

専門機関や保護者との連携に関する内容に対する希望が弱かったのは，これらの内容がすでに各特別な教育的ニーズ・コーディネーターごとに定型化されていることが背景にあるためだろう。

インクルーシヴな学校づくりのための特別な教育的ニーズ・コーディネーターの役割や，生徒の評価，同僚との協力関係の構築などについては，学習経験の有無にばらつきがあった。

時間管理スキルについては，ほとんどの特別な教育的ニーズ・コーディネーターがまったく学習経験がなかった。時間管理の問題は，多くの文献で時

Table 9-4　SEN コーディネーターの研修希望とこれまでの研修経験　N＝16

研修の具体的な内容	a. 以下の内容の研修機会への参加希望の程度をお教え下さい（5段階評定）		b. これまでの研修・学習経験についてお教え下さい			
	平均	SD	研修機会への参加及び文献	研修機会への参加	文献による学習	研修・学習の経験がない
SEN をもつ子どもに対する指導方法の開発	3.80	1.01	9 (56.3%)	4 (25.0%)	2 (12.5%)	1 (6.3%)
障害、学習困難、及び情緒障害のある子どもへの指導に関する同僚への助言	3.75	1.24	6 (37.5%)	3 (18.8%)	2 (12.5%)	5 (31.3%)
カリキュラムの調整、及び個別化したカリキュラムの活用	3.40	1.06	4 (28.6%)	4 (28.6%)	2 (14.3%)	4 (28.6%)
SEN 及びインクルージョンの考え方と概念の詳細	3.31	1.01	8 (53.3%)	2 (13.3%)	5 (33.3%)	
現職教育のマネージメント	3.25	0.93	1 (6.7%)	2 (13.3%)	1 (6.7%)	11 (73.3%)
インクルーシヴな学校づくりのための SEN コーディネーターの役割	3.19	1.22	3 (21.4%)	4 (28.6%)	3 (21.4%)	4 (28.6%)
子どもの SEN の評価方法	3.13	1.26	6 (37.5%)	7 (43.8%)	2 (12.5%)	1 (6.3%)
仕事上の時間管理スキル	3.06	1.24	2 (13.3%)	2 (13.3%)	1 (6.7%)	10 (66.7%)
教師や学習支援アシスタントとの協力関係の構築	3.00	1.03	7 (43.8%)	4 (25.0%)	5 (31.3%)	
情報工学及びコンピューターの活用	2.93	1.16	3 (18.8%)	11 (68.8%)	1 (6.3%)	1 (6.3%)
他校や海外の最新の実践	2.81	1.47	3 (18.8%)	2 (12.5%)	2 (12.5%)	9 (56.3%)
事例検討会議などの会議の計画、調整及びマネージメント	2.69	1.20	3 (18.8%)	1 (6.3%)	2 (12.5%)	10 (62.5%)
学校外の専門機関との協力	2.47	1.19	1 (6.3%)	1 (6.3%)	3 (18.8%)	11 (68.8%)
親や保護者とのパートナーシップ	2.44	1.09	1 (6.7%)	2 (13.3%)	3 (20.0%)	9 (60.0%)
コード・オブ・プラクティス及び関連制度に関する理解	2.31	1.40	10 (62.5%)	5 (31.3%)	1 (6.3%)	
IEP の計画、作成、及びモニターの方法	2.25	1.00	4 (25.0%)	4 (25.0%)	6 (37.5%)	2 (12.5%)

間の絶対量の不足の問題として指摘されてきたことであるし，効果的な業務遂行のためには必要不可欠のスキルであるにもかかわらず，それほど強い希望が示されなかったのは，すでに各自ができる工夫をしており，これ以上の改善の余地がないと考えてしまっているためなのかもしれない。この問題に関しては，Phillips ら（1999)[15] が，時間の不足に関わる課題（例：やらなければならないことが多すぎる，計画を立てる時間がない，ペーパーワークが多すぎるなど）ごとに，具体的にどのように対応するかを一覧表にして示すだけでも効果があるのではないかと提案している。時間の効果的な使い方に関する研修は，特別な教育的ニーズ・コーディネーターが意識している以上に有効なものとなる可能性があることを自覚する必要があるだろう。

　以上の結果は，対象者が少ないことから一般化することには慎重にならなければならないが，特別な教育的ニーズ・コーディネーターが，具体的な指導方法に強い関心を持っていることや時間管理スキルへの意識が強いことなどについては，今後の検討課題となると思われる。

　学級担任や教科担任，学習支援アシスタントへの助言のためには，特別な教育的ニーズ・コーディネーター自身が様々な指導法等について熟知していることが不可欠であるが，その一方で，特別な教育的ニーズ・コーディネーターだけが高い専門性を備えてしまうと，他の教師が依存的になったり，特別な教育的ニーズ・コーディネーターが自身の役割をいわゆるレメディアル教師[16] として見なしてしまったりという問題につながることが危惧される。すなわち，専門性が高くなるほどに，特定の教師（特別な教育的ニーズ・コーディネーター）と特定の生徒が学校全体の集団から分離されたという過去への反省がある[17]。

　この問題は，今後の特別な教育的ニーズ・コーディネーターのあり方に関して，重要な課題となることであるので，特別な教育的ニーズ・コーディネーターの業務実態や専門的役割に関する意識などの点からさらに慎重な検討が必要となろう。

大切なのは，特別な教育的ニーズ・コーディネーターの役割の本質は，単に特定の生徒たちに対する個別の専門的指導を行うことにあるのではなく，学校全体が特別な教育的ニーズへの対応の力を高めていくことにある。特別な教育的ニーズ・コーディネーターの制度の原点がそこにあることを念頭においた上で議論を進めることが必要である。これは現在の特別な教育的ニーズ・コーディネーターに対しても，よりいっそうの自覚が求められることでもある。

冒頭でもふれたように，現在のイギリスでは特別な教育的ニーズ・コーディネーターを対象にした体系的な養成機会がようやく開始された段階であり，本研究での調査当時は養成のための機会は，各地方教育当局や一部の大学が短期的な研修機会が用意されていたのにすぎなかった。これは特別な教育的ニーズ・コーディネーターに関する国家的な資格が設定されていないことも一因であるが，資格制度の検討と養成システム（現職における継続的な研修も含む）の確立は，当時においては特別な教育的ニーズ・コーディネーターの多くが強く望んでいることだったのである[18]。

第4節　特別な教育的ニーズ・コーディネーターを対象にした調査に関する考察

イギリスの特別な教育的ニーズ・コーディネーターは，小学校及び中等学校，及び継続教育カレッジに配置されているが，彼らは障害のある生徒たちへの対応ばかりではなく，ESL（英語を母国語としない生徒：English as Second Language）の生徒や，宗教や文化的なマイノリティに所属する生徒，非行や思春期同性愛など多様な課題に直面する生徒たちへの対応もその役割として担っている。すなわち，特別な教育的ニーズ・コーディネーターには，障害児教育に関する専門性ばかりではなく，宗教や文化による独自の習慣や家庭環境，非行などの分野について，広範な知識と対応の能力が求められている。

しかし，高度な専門的指導能力に加えて，それを同僚の教師や学習支援ア
シスタントに伝達する役割，膨大な書類の作成・維持・管理を効果的に行う
能力（情報リテラシーも含む），学校の運営組織（理事会・学校長）への特別な
教育的ニーズに関する方針決定の専門的助言，家庭環境，宗教や文化的特質
もふまえた親や保護者との協力関係，医療機関やソーシャル・サービスなど
学校外の専門機関との連携，会議のマネージメント，そして，これらすべて
に関わる時間管理スキルを各特別な教育的ニーズ・コーディネーターがすべ
て一人で備えるのは大変難しいことである。それにもかかわらず，生徒に対
する専門的指導に直接関わる割合を高くしようとして，すべてを一人で抱え
て行き詰まった例が多く生じたことはよく知られている。

　特別な教育的ニーズ・コーディネーターが，特別なニーズ教育やインクル
ージョンを進めていく上での核となる存在であることは確かであるが，その
アイデンティティは，特別な教育的ニーズに関する「個別指導のスペシャリ
スト」ではなく，特別な教育的ニーズへの対応に関する学校全体の機能を高
めていくことにおかれなければならないのである。まさに，ここに特別な教
育的ニーズ・コーディネーターの役割が，生徒にとっての学習環境を構築す
ることに置かれていることが鮮明になるのである。その名称が表す通り，コ
ーディネーターなのであるから，学習環境を整えるのは当然のことであると
思われがちであるが，各学校における特別な教育的ニーズ・コーディネータ
ーは，いとも容易に専門指導の担当者を兼ねてしまうことになりやすい。そ
れは，各学校において生徒の障害や特別な教育的ニーズに最も詳しく，指導
の経験も長い教師がコーディネーターとして任命されることが多いからであ
る。

　しかし，イギリスの特別な教育的ニーズ・コーディネーターを対象にした
調査から得られた結果からは，国から示された役割への意識においても，そ
して，自らが望む研修内容からも，彼らが自らの役割をコーディネートやマ
ネージメントに置いていることが明瞭に浮かび上がってきた。調査を実施し

た時期は，1994年に発行された実践指針であるコード・オブ・プラクティス
が改訂されたばかりのタイミングであったが，特別な教育的ニーズ・コーディ
ネーターが教育制度上に位置づけられてからおよそ10年ほどの間に，彼ら
自身がその役割を学習環境の整備にしっかりとおいて意識していることがわ
かったのである。これは，イギリスにおける特別な教育的ニーズへの対応の
制度が，学習環境の整備に軸足を置いて展開してきたことを示していると考
えられる。

　イギリスには日本の「通級による指導」のような制度がなく，必要に応じ
てティーチング・アシスタント等が個別指導や抽出指導を担っているのであ
るが，特別な教育的ニーズの概念が教育制度に導入されたばかりの当初は，
この役割を特別な教育的ニーズ・コーディネーターが担わざるを得なかった
のであった。しかし，それがそこから20年の歳月を経て，各学校が特別な教
育的ニーズに対応できる体制を徐々に整備してきたことがわかるのである。

　この点については第5章で明らかにしたように，特別な教育的ニーズの概
念にもとづく制度は，生徒の教育的ニーズの強弱に応じて対応も柔軟に変化
させることができる点が，1970年代までの障害カテゴリーに基づく対応と決
定的に異なる利点であったはずなのだが，そこで前提とされた「各学校が一
定の対応水準を有している」ことが満たされていなかったために，1980年代
に，制度の根本的な矛盾点が露呈してしまい，その改善のために各学校が適
切に役割と責任を果たせるように成立したのが1993年教育法であり，翌年に
発行された実践指針であるコード・オブ・プラクティス（1994）であった。

　本研究における調査が実施されたのは，それから約10年が経過した時点で
あり，この間の変化の一端を特別な教育的ニーズ・コーディネーター自身の
意識にもみることができたと考えられる。

第5節　特別な教育的ニーズ・コーディネーターの小学校における
　　　　同僚教職員との協同の特徴

1．はじめに

　本節では，特別な教育的ニーズ・コーディネーター制度の特徴と役割等についてのコーディネーター自身の意識を明らかにしてきた。ここからは特別な教育的ニーズ・コーディネーターが学校においてどのように同僚の教職員との協同を図っているのかの一端を取り上げることで，実際の業務の特徴について補足することを目的とした。

　具体的には，生徒の特別な教育的ニーズへの対応のためにティーチング・アシスタント（学習支援アシスタント（Learning Support Assisstant）[19]）等と行っている協同に注目しながら，2つの小学校の事例を取り上げてイギリスにおける特別な教育的ニーズ・コーディネーターの各学校での位置づけについて一端を明らかにしたい[20]。

2．方法

1）対象
　イングランド北西部の標準的な規模の小学校2校を対象とした。

2）調査の実施
調 査 方 法：訪問による面接調査によって行った。

調査対象校：

（A校）

訪問調査日：2003年6月24日

調査対象者：A校の特別な教育的ニーズ・コーディネーター1名

第 9 章　特別な教育的ニーズ・コーディネーターの役割にみる特別な教育的ニーズの概念　　257

（B校）

訪問調査日：2003年 6 月26日

調査対象者：B校の特別な教育的ニーズ・コーディネーター 1 名

3 ）調査内容

調査内容は，

1 ）各学校における特別な教育的ニーズ・コーディネーターが同僚教職員
　　と行っている協同の内容，及び

2 ）そこでの特別な教育的ニーズ・コーディネーターの役割遂行の状況，

以上の 2 点とした。

3 ．結果と考察

1 ）A小学校の例

　この小学校は，幼稚部と小学部から構成されており，小学部の生徒
数[21] が約150名ほどの標準的な規模の学校である。生徒の特別な教育的ニー
ズへの対応は，学級担任をかねる 1 名の特別な教育的ニーズ・コーディネー
ターと約10名の学習支援アシスタント，及び学級担任によって図られている。

　特別な教育的ニーズへの対応をめぐる特別な教育的ニーズ・コーディネー
ターと各学級担任との意見交換は，スタッフ・ルームにおける日常的な直接
のディスカッションが中心となっている。この小学校のスタッフ・ルームは
15m^2 くらいの部屋に椅子と掲示版が用意されているだけの簡単なものだっ
たが，むしろ教師間のコミュニケーションには都合がよいようであった。実
際，業間や昼休みには熱心にディスカッションが交わされていた[22]。

　さて，イギリスの小学校の場合，そのほとんどでは特別な教育的ニーズ・
コーディネーターは学級担任を兼ねているため，担任する学級以外の特別な
教育的ニーズのある生徒に対する個別抽出指導を行うための時間がない。し
たがって，小学校では生徒の特別な教育的ニーズへの対応は，学級担任が基

本的な責任をもっている。

　しかし，イギリスの小学校では学級の規模が20人程度であるのが一般的だが，特にニーズの強い状態にある生徒へは，学級担任だけでは必ずしも適切な対応ができない。そこで，特別な教育的ニーズに関する判定書によって，学習支援アシスタント等を配置することが定められた生徒に対しては，通常学級での学習補助や抽出指導を受ける機会も用意されていたのであった。

　学習支援アシスタントによる指導時間と内容は，判定書に示されるが，特別な教育的ニーズごとに毎週2～3時間の個別指導と，それに加えて通常学級における支援がなされるのが標準的である。ここでいう判定書というのは，現在は1996年教育法及び2001年特別な教育的ニーズ及び障害法を根拠規定とし，改訂コード・オブ・プラクティス（2001）[23] によって具体的な指針が示されている，生徒の特別な教育的ニーズへの対応の責任と内容を具体的に示した書類のことであり，その実施には法的な拘束力が伴う。

　たとえば，判定書に「毎週2時間の学習支援アシスタントによる個別指導を受けること」と記載されれば，地方教育当局には，それに必要な予算等を確保しなければならない責任が課せられるとともに，各学校では個別指導を受けられるようにカリキュラムの調整をすることが求められるのである。

　ここでいう調整とは，単に個別抽出指導のための時間とスタッフを確保するという意味だけではない。通常学級で履修しているカリキュラムとの関係の明示化や，通常学級から離れている間の学習内容の補償の方法なども含まれることが特徴である。もし，この点がふまえられないのであれば，生徒の特別な教育的ニーズへの対応は，学校のカリキュラムから分離された位置づけになってしまう。

　こうした結果がもたらされるのであれば，それは「調整」とは呼べず，単なる「割り当て」にすぎないということは十分に認識しておくべきだろう。

　イギリスの特別な教育的ニーズ・コーディネーターが果たしている役割が重要であるのは，それが個々に即した対応を考える際に，それを学校全体の

活動との関係に位置づける視点が含まれているからなのである。個人に適切な指導を用意することは基本であるが，それが学校の教育活動の中で明確な位置づけをもつようにすることが「調整」の要素の一つなのである。

　さて，学習支援アシスタントに類似した補助スタッフとしては，学習メンター（Learning Mentor）がいるが，前者が名称の通り生徒の学習に密接に関わった存在であるのに対して，後者は，感情のコントロールや授業への安定した出席の指導といった，学校生活全体に関わる指導を行う役割を担っている。このほかにも医療的なニーズのある生徒に対しては，看護師や理学療法士が学校に派遣される場合もある。このようにイギリスの学校では教師以外の様々なスタッフが協同して，生徒の特別な教育的ニーズへの対応が図られている。

　中でも，生徒の学習に関してもっとも密接に関わりを持つのが学習支援アシスタントである。各学校における学習支援アシスタントの役割は，次の3点が中心である。

1）学級内での支援
2）個別抽出指導
3）小グループへの指導

　それぞれの生徒の個別指導計画は，特別な教育的ニーズ・コーディネーターによって立案されるが，その実施は各学級担任と学習支援アシスタントや学習メンターによってなされるので，スタッフ同士の意思疎通はきわめて重要である。

　この小学校では，毎日の学習指導に関する学級担任と学習支援アシスタントとの意思疎通を図るために，連絡ノートを作成していた。これは，Figure 9-1 に示したように，担任からの指示内容と生徒の学習の記録，そして学習支援アシスタントによるコメントが内容となり，これを毎日，相互

Figure 9-1　特別な教育的ニーズ・コーディネーターとアシスタントによる連絡ノートの活用

に交換しながら生徒の特別な教育的ニーズへの対応が図られるように活用されていた。

　たとえば，通常学級内での支援の場合であれば，「その日の具体的な学習内容」，「当該の生徒が直面すると考えられる困難」，及び「指導のポイント」が学級担任からの指示として記載される。それを受けて学習支援アシスタントは，実際の支援を行い，その際の生徒の学習の記録と気づいた点等についてのコメントを書き込んで担任に返す。必要に応じて，特別な教育的ニーズ・コーディネーターから直接指示があわせて出される場合もある。

　このようなスタッフ間での連絡ノートのやりとりが反復されることについて，この小学校の特別な教育的ニーズ・コーディネーターは，その有効性を強調していた。すなわち，ノートのやりとりを通じて，生徒の学習と対応の様子が具体的に記録として残されるとともに，担任と学習支援アシスタントとのコミュニケーションが毎日確実に行われるようになるからである。

　また，個別抽出指導の場合にも，学級担任が同様に指導内容について指示を出すが，連絡ノートを通じて抽出指導場面での具体的な学習の様子を的確に把握することができる。これは，生徒が受けている特別な教育的対応が抽出指導の担当者に任せきりにされるのではなく，学級担任が指導責任をもっていることを明確にするという点でも重要な意味を持っている。なぜならば，生徒の特別な教育的ニーズへの対応は，「担当者」として定められた教師だけに責任が偏る方法では，十分な指導ができないことが知られているからで

ある。

かつてイギリスでは，通常学校における障害のある生徒への対応の役割と責任が「レメディアル教師（remedial teacher）」[24] だけに与えられていたために，当該の生徒と治療教師とが学校全体からあたかも分離されたかのような位置づけとなってしまい，それが学習活動全体への大きなデメリットを生じることが強く批判されたことがあった。とりわけ，ウォーノック報告（1978）[25] の指摘を契機に特別な教育的ニーズ論の考え方が教育制度に導入された1980年代以降には，「ホール・スクール・アプローチ（Whole School Approach）」の理念を筆頭に，学校全体で生徒の特別な教育的ニーズへの対応を図ることの重要性が強く認識されるようになり，各学級担任の役割が一層強調されるようになって現在に至っているが，こうした流れが背景にあるのである。

判定書の発行の有無によらず，学齢生徒のおよそ20％が何らかの特別な教育的ニーズをもっているとの認識のもとに[26]，専門的に指導を行う教師だけでなく，すべての教師が生徒の特別な教育的ニーズへの対応の責任を担っているという文脈がそこにあるということである。この小学校のある学習支援アシスタントは，校内の10の学級を担当するとともに，週に2時間の個別抽出指導に携わっていた。多くの学級を担当することは，学習支援アシスタントにとって軽くはない負担となるが，これを通じて学校内の様々な特別な教育的ニーズのある生徒の指導に広く関わることが可能となっているとのことであった。このため，特別な教育的ニーズ・コーディネーターは，学習支援アシスタントとの情報交換とディスカッションを密接にすることによって，多くの特別な教育的ニーズのある生徒への対応が有効に機能しているかどうかを把握することができるようになっていた。すなわち，この小学校では，スタッフ・ルームでの学級担任と特別な教育的ニーズ・コーディネーターとの日常的なディスカッション，連絡ノートの活用を通じた学級担任と学習支援アシスタントとの毎日のやりとり，そして，特別な教育的ニーズ・コーデ

ィネーターと学習支援アシスタントとの情報交換によって，特別な教育的ニーズへの日常的な対応のための校内の協同体制が構築されているのであった。

2）B小学校の例

この小学校では，特別な教育的ニーズ・コーディネーターがレセプション部[27]の担任であるので，他の小学校の特別な教育的ニーズ・コーディネーターとは異なって，午後の時間を他の学級に在籍する特別な教育的ニーズのある生徒への個別指導に当てることができることが特徴であった。

また，学校がパキスタンからの移民家庭の多い地域にあって英語を母国語としない生徒たちが多く，レセプション部では，基本的な英語の指導を行う必要があるため，ウルドゥー語を話すことのできるアシスタントを雇用して，特別な授業を用意しており[28]，その時間も特別な教育的ニーズ・コーディネーターは学級の担当をはずれることができるようになっていた。こうした時間を活用して，特別な教育的ニーズ・コーディネーターは学習支援アシスタントとともに，抽出指導に携わっていた。

このように特別な教育的ニーズ・コーディネーターが他の学級に在籍する生徒の指導を行うことをこの小学校ではフローティング（floating）と呼び，特別な教育的ニーズ・コーディネーターが特別な教育的ニーズのある様々な生徒に直接関わりながら学習の様子を把握する機会として重視していた。

母国語が英語ではないことによる学習面での困難をあわせもつ生徒への対応がこの小学校のすべての学級において経験されているという学校の特徴を背景に，さらに知的障害や肢体不自由といった障害をあわせもつ生徒への指導体制を構築するためには，特別な教育的ニーズ・コーディネーターが日常的に各学級担任や学習支援アシスタントと密接に関わることが不可欠である。そしてその基盤に，各学級での授業の際に，英語を母国語としない生徒たちが生徒の多数を占めている状況の中で，学級担任がそれをふまえた授業を工夫して行っている状況があることがポイントである。これは，この小学校に

特有の，「多くの生徒に共通する特別な教育的ニーズへの対応」であり[29]，すべての学級担任がこれに携わる必然性が文脈として存在しているということである。

そして，この小学校の特別な教育的ニーズ・コーディネーターは，「判定書」を発行されている生徒たちだけでなく，英語を母国語としない生徒たちへの対応という，すべての教師が携わる「多くの生徒に共通する特別な教育的ニーズへの対応」の機会を通じて，さらに知的障害などをあわせもつ生徒への指導について，学級担任や学習支援アシスタントとの協同体制を構築していた。

すなわち，英語を十分に話すことが困難な生徒への指導は，教師間で常に話題になっているが，その際に特別な教育的ニーズ・コーディネーターは個別抽出指導の有効性や，知的障害等に関わる認知面での困難の特徴をそれぞれの生徒に即して具体的に説明をして，単なる学習不振との違いや必要な対応の考え方について他の教師に伝える機会を兼ねるように工夫していたのである。

この学校では，EMAS（Ethnic Minority Achievement Service）[28]によるアシスタントもこうした話し合いに加わって，文化や宗教にかかわる配慮事項についてスタッフに周知していた[30]。

こうした日常の取り組みは，正式に開催される年次レビュー（Annual Review）をはじめとした様々な事例会議の有効性も高める。その理由は，こうした機会が直接担任していない生徒も含めた，様々な生徒の日常の学習の様子に関する共通理解を促進するからである。スタッフ間のディスカッションや話題の内容は，特別な教育的ニーズ・コーディネーターが意図的にし向けるようにしているとのことであった。教師の日常のディスカッションの蓄積が図られることは，すなわち学校全体での体制構築をその学校のすべての教師が考えるようになっていく過程でもあるのである。

この小学校で特別な教育的ニーズ・コーディネーターが特別な教育的ニー

ズのある生徒たちに直接関われる時間を確保することができたのは，特別な
教育的ニーズ・コーディネーターをレセプション部の担任にしたことと，英
語に関する特別な指導の時間があるという条件の存在によってであったが，
フローティングの時間を使って他のスタッフを巻き込んで，学校全体として
の対応の体制を整えようとしていく様子が印象的であった。

4．特別な教育的ニーズ・コーディネーターの同僚教師との協同に
関する考察

　本節で取り上げた2校の例からは，生徒の特別な教育的ニーズへの対応は，
学級内支援，個別抽出指導，そして小グループ指導など，様々な学習形態を
通じて図られているが，それらは特別な教育的ニーズ・コーディネーターだ
けが関与するのではなく，役割と責任を持った他のスタッフとの協同のもと
に展開されているということが示された。ここでいう「協同（collaboration）」
とは，特別な教育的ニーズ・コーディネーターに対する他の教師からの単な
る協力（cooperation）や支援（support）ではなく，それぞれの立場のスタッ
フが「役割と責任」を明確にもって共に活動することを指している。つまり，
特別な教育的ニーズへの対応は，完全な分業ということではなく，スタッフ
ごとの責任と役割の範囲が独立する部分と重なり合う部分とによって構成さ
れるということである。

　もちろん，それぞれの役割によって，「責任をもって遂行すること」の範
囲は異なる。また，生徒の特別な教育的ニーズへの対応や他のスタッフの役
割と責任について「理解しておくこと」が必要な内容がある。

　この「責任をもって遂行すること」と「理解しておくこと」の二側面のそ
れぞれについて，各スタッフが自らに照らして明確に自覚し，実践に取り組
むことが協同をもたらす基盤を構築するのである。

　たとえば，生徒の学習に密接に関わる学習支援アシスタントの責任は，特
別な教育的ニーズ・コーディネーター及び学級担任によって指示された指導

内容を適切に実施することである。そして，生徒の学習上の困難の原因になっている障害やその他の（母国語，宗教，文化といった）個別の事情，個別抽出指導と学級での学習内容との関係，自らが直接関わっていない場面における生徒の学習の様子，他のスタッフによる指導の具体的内容等については，理解しておかなければならないことである。これによって学習支援アシスタントは，特別な教育的ニーズ・コーディネーターや学級担任と協同することが可能となるのである。

　なお，特別な教育的ニーズのある生徒に対する個別に配慮した指導（抽出指導，学級内支援ともに）は，学習支援アシスタントの役割の中心となるものであるが，実際の生徒の学習や対応の様子を特別な教育的ニーズ・コーディネーターに丁寧に報告する役割は学習支援アシスタントのように個別に関わりを持つことができるスタッフでなければ果たすことが困難である。すなわち，現在のイギリスの通常学校における特別な教育的ニーズへの対応には，学習支援アシスタントの存在が欠かすことができないのである。

　さらに，個別の教育的ニーズに応じて学習メンターや看護師，理学療法士といった様々なスタッフが協同しているがゆえに，通常学校における特別な教育的ニーズへの対応を図ることができているという事実は，今後の日本の特別支援教育の推進にあたってこうした補助教員や関連職種の学校内への配置と協同が不可欠となる可能性を示唆している。とりわけ，生徒の特別な教育的ニーズの状態とそれへの対応を，日常の学習に即して常に把握するとともに，特別な教育的ニーズ・コーディネーターを通じて学校全体に共有を図るという点に関しては，生徒に個別に関わることができる学習支援アシスタントの存在はきわめて重要である。

　なお，学校内における生徒の情報の共有化という点に関しては，個別指導計画を単に「個人別の指導計画」として位置づけるだけでなく，学校内で情報共有の資源としても活用することによって，より有効な学校体制を構築できる可能性が拓けることが真城（2003）[31]では指摘されているが，本節で取

り上げた学校のように日常の指導記録に関する学級担任と学習支援アシスタントとの間でやりとりされる連絡ノートも同様の効果を得ることが期待できるものである。

　生徒に関わる様々なスタッフの情報の交換と共有を基盤にした共通理解の形成が，特別な教育的ニーズへの有効な対応を可能とする学校の指導体制の構築につながることは改めて指摘するまでもないが，その具体的な方策として日常的に導入することができることにこそ特別な教育的ニーズ・コーディネーターが中心となって行う協同のための重要な要素が含まれているのである。

　これは，様々な専門家が一堂に会して開催される事例会議はもちろん必要であるが，特別な教育的ニーズへの有効な対応のための協同体制を構築する上では，日常のスタッフのコミュニケーションの質と量を十分に確保することの方が一層大切だという意味である。

第6節　同僚教師を対象にした意識調査－問題の所在－

　かつて文部科学省により発行されたガイドライン（2004）[32]においては，小学校や中学校における特別支援教育コーディネーターの役割として，1）校内の関係者や関係機関との連携，2）親に対する相談窓口，3）担任への支援，4）巡回相談や専門家チームとの連携，5）校内委員会での推進役の5項目が例示されていた。

　近年発刊されているコーディネーターに関する文献は，特に入門書を中心にして，その多くがこのガイドラインの枠組みを手がかりに，コーディネーターの役割について取り上げているようである（福井県特別支援教育研究会，2005[33]；特別支援教育士資格認定協会，2006[34]；相澤・清水・三浦，2007[35]など）。

　こうしたコーディネーターの役割は，かつてイギリス教育雇用省[36]によって，実践指針を示すために発行されたコード・オブ・プラクティス（Code of Practice, 1994, 2001)[37)38)] に示された特別な教育的ニーズ・コーディネーター（Special Educational Needs Coordinator: SENCO）の役割として提示された内容に大変類似している。

すなわち，コード・オブ・プラクティス（2001)[38)] によって示されている特別な教育的ニーズ・コーディネーターの役割は，第8章などでも取り上げたように1）各学校の特別な教育的ニーズに関する方針の日常的遂行，2）同僚教師への協力と助言，3）特別な教育的ニーズのある生徒への対応のコーディネート，4）各学校のSENレジスターの維持管理と特別な教育的ニーズのある生徒全員の記録の総括，5）特別な教育的ニーズのある生徒の親との協力関係の構築，6）教職員の現職教育，及び7）学校外の組織との協力関係の構築であると示されているが，日本の特別支援教育コーディネーターの役割と比べてみると，両者の内容がよく似ていることがわかる。

異なる国であっても，コーディネーターの役割が学校という組織においてある程度類似するのは生じ得ることではあるが，実際には特別な教育的ニーズ・コーディネーター制度の基盤はまったく異なっている。

第一に，イギリスの特別な教育的ニーズ・コーディネーターは，「判定書（the Statement)」制度と切り離すことができない。1980年代よりコーディネーターと呼ばれる担当者が一部の学校には存在し，生徒の特別な教育的ニーズの調整を行ってきたが，コード・オブ・プラクティスによって「判定書」の発行や維持のために特別な教育的ニーズ・コーディネーターの役割と責任が明示されたことに伴って，不可欠の存在となった。これによってたとえば，専門家会議での協議内容を特別な教育的ニーズ・コーディネーターがどのように方向付けるかによってその生徒への特別な教育的対応に法的な根拠が得られるかどうかさえもが左右されるようになったのである[39)]。

このように，イギリスの特別な教育的ニーズ・コーディネーターに与えられた役割と責任には，しっかりとした法的な基盤が存在しているが，日本の特別支援教育コーディネーターには，こうした位置づけを裏付ける条件が用

意されていない。

　イギリスにおいて特別な教育的ニーズ・コーディネーター制度が成立する
基盤を考慮せずに類似した役割を項目として列挙しただけでは，制度として
十分に機能するとは考えにくいことが理解できるはずである。日本の特別支
援教育制度の特徴的内容としてあげられている事柄が，特別な教育的ニーズ
の概念を教育制度に導入する上で直接の影響を及ぼしたウォーノック報告
(1978)[40] で指摘されている内容の枠組みに似ていることについても，同様の
問題点を自覚することが必要であろう。

　このように，イギリスと日本では教育制度の基盤が大きく異なるにもかか
わらず，コーディネーター制度が表面的に類似していると正確な理解が妨げ
られやすい。

　これまで学校におけるコーディネーターを正式に位置づけてこなかった日
本において，特別な教育的ニーズ・コーディネーター制度をすでに展開して
きたイギリスの制度を範にする余地がないとはいいきれないが，コーディネ
ーター制度がよってたつ基盤の違いを正しく認識せずに表面的に制度を輸入
するようなことは大きな瑕疵を生じることにつながる。

　誤解のないように補足すれば，イギリスの特別な教育的ニーズ・コーディ
ネーター制度が優れているというわけではない。

　制度が導入された当初より，多くの課題が指摘されてきた。端的には，特
別な教育的ニーズ・コーディネーターの業務負担の過剰さに関するものが中
心であるが，たとえば，個別指導計画の作成などは規模の大きな学校では実
践的な効果が期待できないばかりでなく，むしろ不必要に管理的側面が強め
られてしまうといったシステムそのものの問題点も指摘されている（Ling-
ard, 2001[41]）。

　コード・オブ・プラクティスにおいては，2001年の改訂の際に，このよう
な特別な教育的ニーズ・コーディネーターの負担を少しでも軽減しつつ，そ
の専門性を発揮できるようにと，特別な教育的ニーズ・コーディネーターの

業務時間の確保や，他の校務負担の免除，専門の相談室の設置などを学校管理者に指示したが，それでもなお，業務負担の過剰な状態は変わっていないことは，第8章において明らかにしたとおりである。

　このように特別な教育的ニーズ・コーディネーターに過剰に負担が偏重してしまうと，本来のコーディネーターとしての役割を十分に果たすことができなくなることから，同僚教師などとの役割分担のシステムを構築することが重要なのである。

　こうした役割分担のシステム構築のためには，特別な教育的ニーズ・コーディネーターの役割が，各学校においてどのように期待されているのか，そして，実際にどのように遂行されているのかを明らかにすることが必要であると考えられる。

第7節　目的

　本章の前半では，特別な教育的ニーズ・コーディネーター自身が，その役割をどのようにとらえているのか，また，同僚教師の役割遂行や協力についての見方を通じて，特別な教育的ニーズ・コーディネーターの制度が特別な教育的ニーズの概念が制度化された中にどのように位置づけられるようになったのかをみてきた。

　そこからは，特別な教育的ニーズ・コーディネーターの役割が，生徒への直接指導から学習環境の整備における役割に変化したことを見ることができた。

　真城（2004[42]，2005[43]）や新井（2007[44]）などは，特別な教育的ニーズ・コーディネーターが，同僚教師やティーチング・アシスタントからの協力を得られるかどうかが，学校内において適切なシステムの構築に直接的な影響があることを指摘しているが，彼らが特別な教育的ニーズ・コーディネーターの役割についてどのようにとらえているのかを把握することが必要であると

考えられる。

　そこで，本章前半で特別な教育的ニーズ・コーディネーター自身による役割に対する意識の特徴を明らかにしたのと同様に，ここでは特別な教育的ニーズ・コーディネーターが同僚教師によってどのような役割を期待されているのか，また，実際にどのような業務を遂行していると評価されているのかについて明らかにすることを目的とした。

第8節　方法

1．対象

　イングランド北西部の小学校及び中等学校教員100名。

2．調査の実施

　2003年6月〜7月に，ランダムに抽出した小学校50校及び中等学校50校に郵送法にて配布し，8月末に回収した。

3．調査内容

　調査票は回答者のプロフィールに関する内容のほか，以下の内容で構成した。

①コード・オブ・プラクティス（2001）に示された特別な教育的ニーズ・コーディネーターの役割に関する重要度評価（8項目）
②具体的な学校内での役割に関する重要度評価（15項目）
③同僚からの協力関係の提供

第9章 特別な教育的ニーズ・コーディネーターの役割にみる特別な教育的ニーズの概念　271

第9節　結果と考察

1．回収状況

　調査票配布数100に対して回収数71（小学校29通，中等学校42通）であり，回収率は71.0%であった。

　回答者の平均勤務年数は13.0年（標準偏差9.68年）であった。

　回答者のうち，特別な教育的ニーズのある子どもの指導に関する専門指導に関するトレーニングを受けたことがある教師は，35名（49.3%）であった。

　また，将来，特別な教育的ニーズ・コーディネーターになりたいという希望を持っている教師は，わずか5名（7.0%）に留まった。

2．結果の処理

　収集したデータは，SPSSを使用して統計的に分析をした。

　分析の視点は，以下の通りである。

1）特別な教育的ニーズ・コーディネーターの役割としてコード・オブ・プラクティスに示される8項目の内容に関する重要度の意識

2）各学校における特別な教育的ニーズ・コーディネーターの役割について，同僚教師がコーディネーターに担ってもらうことを望む「期待度」に関する意識

3）上記2）と同じ内容について，特別な教育的ニーズ・コーディネーターが実際に各学校において果たしている「実際の役割の程度」に関する同僚教師の意識

4）上記に関わる小学校教師と中等学校教師の意識の比較

5）上記に関わる「期待度」と「実際の役割の程度」との比較

272

なお，近年では統計的検定において，従来から用いられてきた有意水準
（p値）に加えて，「効果量（effect size）」を添えることが求められるようにな
ってきたことから，本研究においてもこの流れに従って，効果量も示した[45]。

3．コード・オブ・プラクティス（2001）に示された特別な教育的
ニーズ・コーディネーターの役割内容に関する重要度評価（8項目）

1）全体傾向

まず，コード・オブ・プラクティス（2001）によって，特別な教育的ニー
ズ・コーディネーターの役割として明示された，8項目（「1．各学校におけ
る特別な教育的ニーズへの対応方針の日常的な遂行の統括」，「2．同僚教師との協同
や助言の提供」，「3．教師やティーチング・アシスタント等の特別な教育的ニーズへ
の対応チームのマネージメント」，「4．特別な教育的ニーズのある子どものための対
応のコーディネート」，「5．特別な教育的ニーズのあるすべての子どもの記録の管
理」，「6．特別な教育的ニーズのある生徒の親との協同」，「7．教職員の現職教育へ
の貢献」，及び「8．学校外の関係機関との協同」）の内容について，小学校及び
中等学校の教師たちが，これらの役割の内容に関して，どの程度重要である
と考えているのかを5段階で評価してもらった。

これは各学校において教師たちが，特別な教育的ニーズ・コーディネータ
ーの役割の中で，どの内容を重視しているのかを明らかにするためである。

小学校及び中等学校の教師による重要度の評価の結果を Table 9-5 に示し
た。

Table 9-5 によれば，すべての内容に関する平均値が4を超えることから
もわかるように，特別な教育的ニーズ・コーディネーターへの役割について，
いずれも重視していることがわかる。

その中でも，特別な教育的ニーズ・コーディネーターの役割について，特
別な教育的ニーズのある子どものための対応のコーディネート，同僚教師と
の協同や助言の提供，そして，教師やティーチング・アシスタント等の特別

第9章　特別な教育的ニーズ・コーディネーターの役割にみる特別な教育的ニーズの概念　273

Table 9-5　コード・オブ・プラクティスに示される特別な教育的ニーズ・
　　　　　　コーディネーターの役割内容に対する重要度の評価（小学校・中等学校全体）

	average	SD
Overseeing the day-to-day Operation of the School's SEN Policy	4.01	1.12
Liaising with and Advising Fellow Teachers	4.56	0.63
Managing the SEN Team of Teachers and/or TA (LSAs)	4.56	0.67
Coordinating Provision for Children with SEN	4.68	0.58
Overseeing the Records on all Children with SEN	4.30	0.82
Liaising with Parents of Pupils with SEN	4.37	0.78
Contributing to the In-Service Training of Staff	4.17	0.88
Liaising with External Agencies	4.48	0.74

な教育的ニーズへの対応チームのマネージメントの3つの役割が特に重視されていることがうかがわれた。

　他方で，各学校における特別な教育的ニーズへの対応方針の日常的な遂行の統括や同僚教師への現職教育に関しては，相対的に他の項目よりも低い評価結果となった。

　これは，ほぼ同時期に実施されたCowne（2005）[46]の結果ともおおむね一致する結果であった。

　Layton and Robertson（2004）[47]は，特別な教育的ニーズ・コーディネーターを対象にした調査で，学校内での彼ら自身の役割がリーダーシップではなく，むしろマネージメントにおかれているという興味深い結果を導いている。本研究の調査において，同僚教師によって評価された特別な教育的ニーズ・コーディネーターの役割の重要性の特徴が，まさにこれに符合していることがわかる。

　すなわち，現職教育や学校方針の遂行といった学校内での特別ニーズ教育の実践を牽引する役割ではなく，日常の具体的対応に必要な諸事のマネージメントが特別な教育的ニーズ・コーディネーターの役割であると同僚教師に

よって評価されていたのである。換言すれば，特別な教育的ニーズ・コーディネーターが日常の過剰な業務負担に追われる一方で，学校全体の体制整備にまで手が回らないという状況は，日常において実践的な助言の提供を求める同僚教師やティーチング・アシスタントからの意識にも遠因の存在がうかがわれる。

これは，現在の特別な教育的ニーズ・コーディネーターが学校内で特別な教育的ニーズに対応するための核となる役割を果たす上で，同僚教師の意識の問題を取り上げなければならないことを示唆している。また，学校内での質の高い特別ニーズ教育を提供するために，同僚教師の果たす役割と特別な教育的ニーズ・コーディネーターとの協同に関する検討が必要である。その際，特に個別の配慮に関して重要な役割を担っているティーチング・アシスタントの役割についても同時に勘案した検討が必要となることを示唆している。

ただし，全体傾向からはこうした点が示唆されたが，イギリスの特別な教育的ニーズ・コーディネーターは，小学校と中等学校では，その位置づけが異なっていることを考慮しなければならない。調査当時，イギリスの小学校は，各学校の規模が小さいこともあって，特別な教育的ニーズ・コーディネーターは学級担任が兼任している場合が一般的であった。

これに対して，中等学校の場合には，学校の規模が大きく，また特別な教育的ニーズ・コーディネーターを専任で複数名を配置している学校が一般的であった。つまり，小学校と中等学校の場合では，特別な教育的ニーズ・コーディネーターのおかれる環境に大きな違いがあることを考慮するべきなのである。

そこで，次に，コード・オブ・プラクティス（2001）に示された役割8項目について，小学校と中等学校の教師の意識を比較することにした。

第9章　特別な教育的ニーズ・コーディネーターの役割にみる特別な教育的ニーズの概念　　275

2）コード・オブ・プラクティスに示された8項目の役割に対する小学校と中等学校の教師の重要度意識の比較

　改訂コード・オブ・プラクティスに示された8項目の役割について，小学校と中等学校の教師に分けて役割の重要度について同僚教師から評価してもらった結果を Table 9-6 として示した。

　この表によれば，小学校教師からは，同僚教師との協同や助言の提供，特別な教育的ニーズのある子どものための対応のコーディネート，そして，学校外の関係機関との協同の3つの役割が特に重視されていることがうかがわ

Table 9-6　コード・オブ・プラクティスに示される特別な教育的ニーズ・コーディネーターの役割内容に対する重要度の評価（小学校と中等学校の教師による評定の比較）

	school	average	SD	p	ES (r)
Overseeing the day-to-day Operation of the School's SEN Policy	Primary	3.69	1.31	0.041 (*)	0.24
	Secondary	4.24	0.90		
Liaising with and Advising Fellow Teachers	Primary	4.52	0.63	0.611 (n.s)	0.07
	Secondary	4.60	0.63		
Managing the SEN Team of Teachers and/or TA (LSAs)	Primary	4.28	0.80	0.002 (**)	0.36
	Secondary	4.76	0.48		
Coordinating Provision for Children with SEN	Primary	4.48	0.74	0.019 (*)	0.28
	Secondary	4.81	0.40		
Overseeing the Records on all Children with SEN	Primary	4.07	0.89	0.055 (+)	0.26
	Secondary	4.46	0.75		
Liaising with Parents of Pupils with SEN	Primary	4.03	0.87	0.004 (**)	0.40
	Secondary	4.60	0.63		
Contributing to the In-Service Training of Staff	Primary	4.07	0.92	0.437 (n.s)	0.10
	Secondary	4.24	0.85		
Liaising with External Agencies	Primary	4.45	0.74	0.773 (n.s)	0.04
	Secondary	4.50	0.74		

1）*p＜.01　**p＜.05　+p＜.10
2）Effect Size (ES) の目安：.10（小）.30（中）.50（大）

れた。

　小学校において特に同僚教師との協同が重要であると評定されていたのは，小学校特有の背景があると考えられる。

　小学校は規模が小さく，特別な教育的ニーズ・コーディネーター自身も，他の教師と同様に学級担任であるのが一般的である。つまり，小学校における特別な教育的ニーズ・コーディネーターと同僚教師との関係は，コーディネーターと学級担任という関係であると同時に，「学級担任同士」としての関係性をも有している。

　専任の特別な教育的ニーズ・コーディネーターを配置できない小規模の小学校の場合，コーディネーターは学級担任としての業務とコーディネーターとしての他の教師への関与のバランスをとることが求められている。

　こうした状況が，同僚教師から協同の役割が重視される背景要因となっていたのではないかと考えられる。

　また，学校外の関係機関との協同が重要度評価の上位に位置していたことも，小学校特有の状況を念頭に置けば妥当な解釈をすることができよう。

　小規模の学校の場合には，人的にも物理的にも資源が限られるため，学校内の資源だけでは，生徒の特別な教育的ニーズに対応しきれない。それゆえに，学校外の資源を求める割合が高くなるのである[48]。

　一方，中等学校教師の場合には，もっとも重要であると評価された内容は，特別な教育的ニーズのある子どものための対応のコーディネートであった。

　5段階評定での平均値が4.81，SD が0.4という数値は，多くの教師が「大変重要である」と評価していたということを意味している。

　次に値が高かったのが，教師やティーチング・アシスタント等の特別な教育的ニーズへの対応チームのマネージメントであった。そして，同僚教師との協同や助言の提供，特別な教育的ニーズのある生徒の親との協同，が続いた。

　中等学校は，学校の規模が生徒数1000名を超えるのが一般的であり，特別

第9章　特別な教育的ニーズ・コーディネーターの役割にみる特別な教育的ニーズの概念　　277

な教育的ニーズ・コーディネーターも複数名が配置されていることが多い。

　まだ，ティーチング・アシスタント等の補助職員の数も多く，一校で30名以上ものティーチング・アシスタントを雇用している学校も珍しくない。これに加えて，生活面や情緒面での安定の指導を担当するメンター（mentor）や，学校外から訪問指導に訪れるスピーチ・セラピストなども多い。

　このように中等学校では，特別な教育的ニーズへの対応のために，様々な種類の資源が量的にも多く存在しているのである。

　こうした条件の下では，これらの多様な資源が学校の教育活動全体の中に，適切に位置づけることが特に求められるはずである。

　これこそが中等学校において特別な教育的ニーズ・コーディネーターが，特別な教育的ニーズのある子どものための対応のコーディネートと，教師やティーチング・アシスタント等の特別な教育的ニーズへの対応チームのマネージメントの役割を特に重要であると評価されている理由であると考えられる。

　中等学校の場合，親との協同が重視されていることも特徴的である。

　イギリスの中等学校では，中間の学年に当たる9年生の際に，将来の進路希望に応じてその後の学習カリキュラムが分かれていくことになるため，14,15歳の時点で，進路に関する重要な相談が行われる。特別な教育的ニーズのある生徒の場合，大学への進学は少ないが，継続教育カレッジ（further education college）への進学によって職業教育を希望する場合が増えてきている[49]。

　継続教育カレッジにおける職業教育のコースは，職域や職種に応じて細かく分かれているが，重い障害のある生徒を対象にした基礎的な生活習慣の獲得や公共の交通機関の利用の学習といった，職業前教育のためのコースも設置されており，こうした学習機会が用意されることに伴って，生徒の進路先も多様化している。職業選択に向けた機会が早くも15歳頃に訪れるということから，保護者の学校への関与が重視されている。

また，イギリスでは，特別な教育的ニーズのある生徒に関するすべての方針の決定には，必ず保護者の同意が必要である。中等学校では，上述した進路選択や学習内容の選択など，小学校よりも多くの保護者マター（parental matter），すなわち，保護者の同意を得なければならない機会が多いのである。もし，保護者との良好な関係を築くことができず，同意を得られないと，教育活動を前に進めることができない場合さえ生じてしまう。

たとえば，特別な教育的ニーズに関する判定書に記された内容に従って，その生徒の特別な教育的ニーズへの対応に必要なティーチング・アシスタントを雇用した際，ティーチング・アシスタントがどのような形で支援に入るのかは，生徒本人と保護者，教科担任，ティーチング・アシスタント，そして，特別な教育的ニーズ・コーディネーターが相談して決定することになるが，その際に，最終的に保護者の同意が必要なのであるが，特に教科担任と保護者との意見が対立することが生じやすい。その調整役として，特別な教育的ニーズ・コーディネーターの役割が重視されているのである[50]。

このように，保護者と円滑な関係形成における特別な教育的ニーズ・コーディネーターの役割が重視される背景が存在しているのである。

さて，小学校と中等学校の教師を比較したところ，8項目全ての数値において中等学校の教師の方が値が高かった。

Table 9-6において，有意水準（p値）と効果量（ES）の双方を勘案しながら解釈した結果，8項目中5項目において小学校と中等学校の教師の評価に差があると考えられた。

これらの項目は，各学校における特別な教育的ニーズへの対応方針の日常的な遂行の統括，教師やティーチング・アシスタント等の特別な教育的ニーズへの対応チームのマネージメント，特別な教育的ニーズのある子どものための対応のコーディネート，特別な教育的ニーズのあるすべての子どもの記録の管理，及び，特別な教育的ニーズのある生徒の親との協同，であった。

いずれの項目においても，特別な教育的ニーズ・コーディネーターの役割

第9章　特別な教育的ニーズ・コーディネーターの役割にみる特別な教育的ニーズの概念　279

をより重視する傾向のあることが明らかとなった。

　中等学校におけるこうした傾向は，中等学校では一般的に特別な教育的ニーズ・コーディネーターが専任で配置されるため，小学校よりもコーディネート業務に当てる時間を確保しやすい条件があることと，改訂後のコード・オブ・プラクティス（2001）[51] によって個別指導計画の作成の際に親や本人の意見聴取を丁寧に把握することが求められるように指示されたことが背景要因に存在するとの指摘に符合するものである[52]。

　本研究では，コード・オブ・プラクティスに示された8項目の役割を念頭に，より具体的に各学校において特別な教育的ニーズ・コーディネーターがどのような役割を期待されているのか，そして，実際にその役割を果たしているのかを明らかにしたいと考え，各学校での様子を把握するために，項目を追加して調査を実施した。次節では，これについて述べていくことにする。

4．各学校における特別な教育的ニーズ・コーディネーターの役割に対する「期待（重要度認識）」の特徴

1）特別な教育的ニーズ・コーディネーターに期待する役割の内容の枠組み

　コード・オブ・プラクティスで示された8項目について，より具体的な場面を提示しながら，特別な教育的ニーズ・コーディネーターに期待する役割に関する同僚教師の意識を明らかにするために，15項目からなる調査票によって得られたデータを分析した。

　特別な教育的ニーズ・コーディネーターに期待する役割の解釈をしやすくするために，15項目について因子分析を行った。

　なお，因子分析の方法は，以下のように選択した。

　まず，因子抽出の目的が，特別な教育的ニーズ・コーディネーターに期待する役割の特徴を解釈しやすく整理するためであることから，第一因子から因子寄与が最大となるように推定する主因子法を採用することにした。また，特別な教育的ニーズ・コーディネーターの役割は，相互に関連性を有する性

質のものであることから，因子抽出は斜行回転のプロマックス法によること
とした。

　因子分析の結果，KMO（Kaiser-Meyer-Olkin）の標本妥当性の測度は0.742
であり，Bartlett の球面性検定の優位性も十分であったこと（p＜.001）から，
標本の妥当性が保証され解釈できると考えられた。

　因子分析の結果から，「（第一因子）親や学校外の機関との関係及び管理運
営業務」，「（第二因子）インクルーシヴ教育や指導方法に関する役割」，「（第
三因子）子どもの特別な教育的ニーズの詳細な把握」，及び「（第四因子）子ど
もへの直接指導と教育課程の調整」の４つの因子が抽出された。

　なお，15項目全体での Cronbach の α 係数は，0.863であり，十分に信頼
性が確保されていることが示された。念のため，４つの因子について，
Cronbach の α を産出したところ，２項目ずつしかない第三因子と第四因子
は値がやや低かったが，第一因子及び第二因子から，十分に信頼性が確保さ
れていることが示された。回転後の第一因子から第四因子までの累積寄与率
は，55.6％であった。

　以上の結果を Table 9-7 として示した。

　Table 9-7 をみると，第一因子は，コード・オブ・プラクティス（2001）で
指示された８項目の役割に照らすと，「６．特別な教育的ニーズのある生徒
の親との協同」，「７．教職員の現職教育への貢献」，「８．学校外の関係機関
との協同」，「５．特別な教育的ニーズのあるすべての子どもの記録の管理」，
及び「３．教師やティーチング・アシスタント等の特別な教育的ニーズへの
対応チームのマネージメント」の５つの項目を総合した内容に関連する質問
項目が十分な因子負荷量を示していると理解することができた。

　インクルーシヴ教育や指導方法に関する役割である第二因子は，コード・
オブ・プラクティス（2001）における，「１．各学校における特別な教育的
ニーズへの対応方針の日常的な遂行の統括」，及び「２．同僚教師との協同
や助言の提供」に関わる内容項目で構成されていた。

第9章　特別な教育的ニーズ・コーディネーターの役割にみる特別な教育的ニーズの概念　281

Table 9-7　特別な教育的ニーズ・コーディネーターに期待する役割についての意識の因子分析

		Factor 1	Factor 2	Factor 3	Factor 4	a
第一因子	Making the bridge between parents and the school	0.874	−0.057	−0.007	−0.112	0.832
	Taking the role of consultant for parents	0.808	−0.095	−0.049	0.081	
	Arranging and managing staff training opportunities	0.633	0.072	0.011	0.048	
	Liaising with external agencies	0.598	0.047	0.162	−0.246	
	Managing good staff meeting	0.568	0.164	−0.298	0.301	
	Keeping pupils' records, registers and Statements	0.555	−0.116	0.276	0.010	
第二因子	Helping to make the school more inclusive	−0.076	0.986	−0.219	−0.042	0.821
	Making sure to diffuse the inclusion policy	−0.083	0.730	0.049	0.026	
	Giving you advice on implementation of IEP in brief	0.136	0.604	0.144	0.019	
	Giving you advice on assessing and recording of pupils' needs	0.018	0.415	0.352	0.167	
	Giving you advice on how to teach children with SEN	0.161	0.337	0.295	−0.012	
第三因子	Assessing and evaluate pupils' SEN in detail	−0.013	−0.136	0.822	0.209	0.587
	Giving you detailed information on pupils' SEN	0.029	0.135	0.557	−0.109	
第四因子	Teaching pupils with SEN directly	0.007	−0.138	0.182	0.722	0.594
	Arranging the curriculum for pupils with SEN	−0.089	0.149	0.066	0.635	

$a = 0.863$

1）因子抽出法：主因子法
2）回転法：Kaiser の正規化を伴うプロマックス法
3）信頼性係数は各因子ごとにも Cronbach の a を産出した

　第三因子は，「2．同僚教師との協同や助言の提供」の中でも，子どもの評価とその詳しい情報提供に関わる項目で構成されていた。
　第四因子は，教育課程の調整や直接指導に関わる内容で，コード・オブ・プラクティス（2001）で指示された内容に照らせば，「4．特別な教育的ニーズのある子どものための対応のコーディネート」に該当する内容であると

解釈した。

　次に，このように整理した枠組みにそって，小学校と中等学校の教師による，特別な教育的ニーズ・コーディネーターに期待する役割の特徴について述べたい。

　２）特別な教育的ニーズ・コーディネーターに期待する役割に関する小学校と
　　　中等学校の教師の意識の特徴
　ａ．小学校教師の意識の特徴
　小学校教師が特別な教育的ニーズ・コーディネーターに期待する役割の内容を評定の平均値の高い順に並べたものを，Table 9-8 として示した。

　Table 9-8 をみると，小学校の教師は個別指導計画の内容も含めた子どもへの具体的な指導方法に関する助言や情報提供，学校外の機関との協同関係の構築などについて，特別な教育的ニーズ・コーディネーターへの期待が強いことが示された。

　もっとも期待する役割として挙げられた役割が，特別な教育的ニーズのある生徒に関する詳細な情報と，具体的な指導方法についての助言であった。

　イギリスの小学校は規模が小さいために，学校内の人的資源が限られている学校が多い。特別な教育的ニーズ・コーディネーターが学級担任を兼ねているのもこのためである。

　特別な教育的ニーズのある生徒に対しては，学級担任が自ら必要な指導を用意しなければならないのである。判定書によって，ティーチング・アシスタントが配置されている場合もあるが，中等学校よりも個別に抽出した指導が少なく，学級担任が全体の指導と同時に特別な教育的ニーズのある生徒への指導も提供する形態が多いのである[53]。

　こうしたことが，小学校の教師たちが生徒に関する詳細な情報と併せて具体的な指導方法に関する助言を特別な教育的ニーズ・コーディネーターに求めている背景にあると考えられる。

第 9 章　特別な教育的ニーズ・コーディネーターの役割にみる特別な教育的ニーズの概念　283

Table 9-8　特別な教育的ニーズ・コーディネーターに期待する役割（小学校教師）

	Average	SD
Giving you detailed information on pupils' SEN	4.34	0.72
Giving you advice on how to teach children with SEN	4.34	0.77
Liaising with external agencies	4.24	0.87
Giving you advice on implementation of IEP in brief	4.21	0.74
Giving you advice on assessing and recording of pupils' needs	3.86	0.83
Helping to make the school more inclusive	3.75	0.84
Making the bridge between parents and the school	3.66	0.90
Making sure to diffuse the inclusion policy	3.59	0.84
Arranging and managing staff training opportunities	3.55	0.95
Arranging the curriculum for pupils with SEN	3.52	0.91
Keeping pupils' records, registers and Statements	3.45	1.09
Taking the role of consultant for parents	3.38	1.05
Managing good staff meeting	3.34	1.09
Assessing and evaluate pupils' SEN in detail	3.14	1.19
Teaching pupils with SEN directly	2.75	1.10

　さて，他方で，特別な教育的ニーズ・コーディネーターに対しては，子ど
もへの直接指導はあまり期待していないことが明らかとなった。学級担任を
兼ねている特別な教育的ニーズ・コーディネーターに直接指導を求めるのは，
何らかの工夫によって特別な教育的ニーズ・コーディネーターが自由になる
時間を確保される場合に限られるからである。平均値が低く，標準偏差の値
が大きいことが，学校によって異なる事情があることを示している。特別な
教育的ニーズ・コーディネーターを就学直前のいわゆるレセプション・クラ
スの担当にして，自由な時間が確保できるように工夫した学校などでは，コ
ーディネーターによる学校内の様々な生徒への対応を提供することが可能と
なるが，こうした工夫の例については，本章後半で協同の例として取り上げ

284

ることにする。

　さて，小学校においては，学校内の他の教職員の会議のマネージメントの役割も期待されていないことが示された。

　イギリスの学校では，日本のように各教職員が自らの机を有するような職員室が用意されていないのが通例で[54]，教職員のミーティングは，会議室や簡易なスタッフ・ルームで行われることも少なくない。

　特別な教育的ニーズのある生徒への対応に関わる会議は，学校全体で行われるのではなく，個々の生徒ごとに独立して行われる。また，ティーチング・アシスタントも，専用で利用できる部屋が用意されていないのが一般的であるので，教職員のミーティングで特別な教育的ニーズ・コーディネーターが全体の統括をするイメージが乏しいのかも知れない。

　親との関わりにおいて特徴的であったのは，家庭とのつながりはやや意識されているものの，保護者に対するカウンセリング等の役割は特に期待されているわけではないこともわかる。

　特別な教育的ニーズの記録や，レジスター，そして判定書の管理については，必須の役割であるが，同僚教師からは特に強く期待されているわけではない。このことが示しているのは，特別な教育的ニーズに関する記録や判定書の管理が同僚教師の具体的な日々の実践と連動して意識されていないということである。

　小学校における教師から求められる特別な教育的ニーズ・コーディネーターの役割は，担任教師による生徒への具体的な指導への助言が強く意識されていると特徴づけることができるだろう。

ｂ．中等学校教師の意識の特徴

　中等学校の教師が特別な教育的ニーズ・コーディネーターに期待する役割の内容を評定の平均値の高い順に並べたものを，Table 9-9 として示した。

　Table 9-9 からは，中等学校の教師が特別な教育的ニーズ・コーディネー

第 9 章　特別な教育的ニーズ・コーディネーターの役割にみる特別な教育的ニーズの概念　　285

Table 9-9　特別な教育的ニーズ・コーディネーターに期待する役割（中等学校教師）

	Average	SD
Giving you detailed information on pupils' SEN	4.67	0.53
Giving you advice on how to teach children with SEN	4.52	0.67
Liaising with external agencies	4.43	0.77
Assessing and evaluate pupils' SEN in detail	4.43	0.83
Making the bridge between parents and the school	4.36	0.88
Giving you advice on implementation of IEP in brief	4.26	0.77
Giving you advice on assessing and recording of pupils' needs	4.26	0.89
Keeping pupils' records, registers and Statements	4.21	1.00
Arranging the curriculum for pupils with SEN	4.07	1.07
Taking the role of consultant for parents	4.05	0.85
Helping to make the school more inclusive	3.86	1.03
Making sure to diffuse the inclusion policy	3.79	0.89
Arranging and managing staff training opportunities	3.76	0.96
Teaching pupils with SEN directly	3.69	1.32
Managing good staff meeting	3.40	1.06

ターに対して全般に高い期待をしていることがわかる。これは15項目中10項目で平均値が4点以上であることから明らかである。

　特別な教育的ニーズ・コーディネーターに対してもっとも強く期待している役割が，生徒の特別な教育的ニーズに関する情報提供を求めている点，次いで具体的な指導方法についての助言を求めている点であったことは，小学校の教師と同様であったが，平均値が各々4.67（SD＝0.53），4.52（SD＝0.67）ときわめて高い値であることから，特別な教育的ニーズ・コーディネーターの役割への期待が非常に大きいことがわかる。

　小学校の教師の場合には，下位から2番目であった「生徒の特別な教育的ニーズの評価」に関する内容が，中等学校の教師の場合には，上位4番目に

位置づけられていた。そして，親との協同のための役割も大きく期待されていることがわかった。

　他方で，特別な教育的ニーズのある生徒への直接指導や教職員のミーティングのマネージメントの役割は，小学校と同様にあまり期待されていないことが示された。

　教職員のマネージメントに関しての期待が低いことは，すなわち，各学校における特別な教育的ニーズ・コーディネーターの位置づけが，管理運営に関連した。

　職種として認識されていないことを示している。

　現在は，2009年の法律によって，特別な教育的ニーズ・コーディネーターが，学校の理事組織の一員となることが明示され，特別な教育的ニーズへの対応が各学校の管理運営と切り離せないものであることが明確になったが，本調査を実施した2003年頃の特別な教育的ニーズ・コーディネーターの学校における位置づけは，まだ不十分なものであったことがわかる。

ｃ．小学校教師と中等学校教師の比較

　Table 9-10 は，特別な教育的ニーズ・コーディネーターに期待する役割に関する小学校と中等学校の教師による意識を示したものである。

　小学校と中等学校の教師による評定の結果の比較をすると，特別な教育的ニーズ・コーディネーターの役割について，全項目に関して中等学校教師の方がより強い期待を持つ傾向のあることが伺えた。

　有意水準（p値）と効果量（ES）を考慮して，15項目中の8項目において，小学校の教師と中等学校の教師の意識に統計的に有意な差異があると解釈した。

　差異の認められたのは，生徒の特別な教育的ニーズの評価や詳細な情報の提供に関する第三因子に属する項目（「生徒の特別な教育的ニーズの評価（t(47) $= -5.062$，$p < .01$，es(r) $= 0.60$）」及び「生徒の特別な教育的ニーズに関する詳細

第9章　特別な教育的ニーズ・コーディネーターの役割にみる特別な教育的ニーズの概念　287

Table 9-10　特別な教育的ニーズ・コーディネーターに期待する役割についての意識
（小学校と中等学校の教師による評定結果の比較　t 検定）

		Primary	Secondary	p	ES（r）
第一因子	Making the bridge between parents and the school	3.66	4.36	0.002（**）	0.39
	Taking the role of consultant for parents	3.38	4.05	0.006（**）	0.37
	Arranging and managing staff training opportunities	3.55	3.76	0.364	0.12
	Liaising with external agencies	4.24	4.43	0.355	0.12
	Managing good staff meeting	3.34	3.40	0.818	0.03
	Keeping pupils' records, registers and Statements	3.45	4.21	0.004（**）	0.37
第二因子	Helping to make the school more inclusive	3.75	3.86	0.635	0.06
	Making sure to diffuse the inclusion policy	3.59	3.79	0.354	0.12
	Giving you advice on implementation of IEP in brief	4.21	4.26	0.796	0.03
	Giving you advice on assessing and recording of pupils' needs	3.86	4.26	0.057（+）	0.24
	Giving you advice on how to teach children with SEN	4.34	4.52	0.315	0.14
第三因子	Assessing and evaluate pupils' SEN in detail	3.14	4.43	0.000（**）	0.60
	Giving you detailed information on pupils' SEN	4.34	4.67	0.033（*）	0.25
第四因子	Teaching pupils with SEN directly	2.75	3.69	0.002（**）	0.37
	Arranging the curriculum for pupils with SEN	3.52	4.07	0.022（*）	0.28

1 ）**p＜.01　*p＜.05　+p＜.10
2 ）Effect Size（ES）の目安：.10（小）.30（中）.50（大）

な情報の提供（t(69) = −2.176，p＜.05，es(r) = 0.25)」）と，教育課程の調整等に関する第四因子のすべての項目（「特別な教育的ニーズのある生徒のカリキュラムの調整（t(66) = −2.346，p＜.05，es(r) = 0.28)」及び「特別な教育的ニーズのある生徒への直接指導（t(64) = −3.222，p＜.01，es(r) = 0.37)」）と，第一因子のうち，親との関係に関する全ての項目（「親と学校との橋渡し（t(60) = −3.268，p＜.01，es(r) = 0.39)」及び「親からの相談に関する役割（t(52) = −2.841，p＜.01，es(r) = 0.37)）」）と，生徒の記録や判定書の維持に関する項目（「生徒の記録，レジスター，及び判定書の維持（t(65) = −3.011，p＜.01，es(r) = 0.37)）であった。

　インクルーシヴ教育や指導方法に関する第二因子を構成する項目群では，小学校と中等学校の教師間で統計的有意差が認められた項目は，生徒の教育的ニーズの評価と記録に関する項目（t(63) = −1.937，p = .057，es(r) = 0.24)以外にはなかった。これは，インクルーシヴ教育の推進の考え方や，具体的な指導方法及び個別指導計画に関して特別な教育的ニーズ・コーディネーターに求める助言の役割は，小学校と中等学校で共通することが多いからであると考えられる。

　このほか，小学校と中等学校に共通して認められた傾向としては，以下のような点が明らかとなった。

　子どもに関する詳細な情報提供や，具体的な指導方法の助言，学校外の機関との協同関係の構築への期待が強い一方で，子どもへの直接指導の実施や教職員スタッフ会議の運営，校内での現職教育の計画などについては，他の項目に比べるとそれほど役割を期待されていないようであった。なお，子どもへの直接指導については，特に小学校ではその役割があまり期待されていないことが示されているが，これは，小学校の特別な教育的ニーズ・コーディネーターが専任ではなく，学級担任を兼任している場合が多いため，他の学級において直接的な指導の提供が難しいことが理由であったと考えられる。

　Crowther, Dyson, and Millward（2001)[55] が実施した調査で，コーディネートに関する専業時間をまったく確保できなかったと回答した特別な教育的

ニーズ・コーディネーターが，小学校では３分の２にも上っていたことが報告されていることからも，小学校の特別な教育的ニーズ・コーディネーターが「コーディネーターらしく」その役割を遂行することが困難である状況がうかがわれた。

　子どもへの直接指導は本来は特別な教育的ニーズ・コーディネーターの役割ではないが，小学校では他の学級において実践の支援を直接提供することは物理的に無理があるということである。

　ただし，小学校では特別な教育的ニーズ・コーディネーターが子どもの直接指導がまったくできないわけではない。たとえば，本章の後半で取り上げるように，特別な教育的ニーズ・コーディネーターを就学直前の子どもを対象にして多くの小学校に設置されているレセプション部に所属させることで，午後の時間がフリーになるようにしたり，移民家庭の子どもを対象にしたEMAS（Ethnic Minority Achievement Service）や EAL（English as Additional Language）の制度を利用している学校では，これに関する授業が実施されている時間に特別な教育的ニーズ・コーディネーターが時間を確保することができるので，こうした時間を効率的に活用している学校もあるからである。

　中等学校で特別な教育的ニーズ・コーディネーターの役割に対する期待が全般的により強かったことに関しては次のような理由が考えられた。

　中等学校は，小学校に比較して学校規模が大きく，専任でコーディネーターを配置している場合が大半である（規模が大きい学校は複数の特別な教育的ニーズ・コーディネーターを配置している）ため，親への対応も含めて，具体的な評価や教育課程の調整を図りやすい環境が背景に存在している。すなわち，中等学校の場合，特別な教育的ニーズ・コーディネーターを専任で雇用し，生徒の評価や記録，ティーチング・アシスタントへの指示を通じた特別な教育課程の適用やモニタリングなどを効率的に行えるとともに，コーディネーターとしての役割に携わる時間が小学校よりは物理的に確保しやすいので，生徒の特別な教育的ニーズへの対応に関する相談を同僚教師から受けやすく，

彼らにとって特別な教育的ニーズ・コーディネーターが具体的に果たしている役割をより実感しやすいことが特有の条件としてあげられるのである（真城，2005[43]）。

　以上のような同僚教師の意識からみえてくるのは，特別な教育的ニーズ・コーディネーターが，各学校において子どもの特別な教育的ニーズの評価や記録に関する業務，同僚教師に対する情報や助言の提供，親や関係機関との協同関係の構築に主な役割が期待されている一方で，学校をよりインクルーシヴにするための考え方の普及や学校内での現職教育や会議の運営に関してはあまり役割を期待されていないということである。

　子どもに関する情報や助言の提供などは，各教師やティーチング・アシスタントが研修を積むことで特別な教育的ニーズ・コーディネーターの負担を軽減できる内容であり，そのための現職研修機会が欠かせないはずである。

　特別な教育的ニーズ・コーディネーターの本来の役割は，各学校において特別な教育的ニーズへの対応の質を高めるための様々な調整を行うリーダーシップを担うことであることがコード・オブ・プラクティスには示されているが，こうした本来の役割を遂行できるようにするためには，同僚教師やティーチング・アシスタントなどが担う役割や質の向上が欠かせない。

　今後，こうした視点からの教師やティーチング・アシスタントに焦点を当てた研究が必要であると考えられる。

5．特別な教育的ニーズ・コーディネーターの役割の「遂行状況」に対する同僚教師の意識の特徴

1）特別な教育的ニーズ・コーディネーターが遂行している役割内容の枠組み

　前節までは，特別な教育的ニーズ・コーディネーターに対して，同僚教師がどのような役割を期待しているのか，その特徴を明らかにしてきた。

　本節では，特別な教育的ニーズ・コーディネーターが，各学校において実際にどのような役割を果たしているととらえられているのかを，前節と同じ

第9章　特別な教育的ニーズ・コーディネーターの役割にみる特別な教育的ニーズの概念　　291

15項目の調査票を用いて，明らかにしたい。

　本節でも，前節と同様に，解釈をしやすくするために，調査票で用いた15項目を因子分析を利用して集約した。

　因子分析は，因子抽出の目的が上記のように解釈の利便性のためとしたことから，因子寄与を第一因子から最大となるように集約する方法である主因子法を採用することにした。また，特別な教育的ニーズ・コーディネーターの役割は，相互に連関する性質を有することから，因子抽出に際しては斜行回転のプロマックス法を利用した。因子分析の結果，KMO（Kaiser-Meyer-Olkin）の標本妥当性の値が0.73，Bartlett の球面性検定の優位性も十分であったこと（p<.001）から，因子分析の適用に耐えうると判断した。

　スクリープロットの値の減少傾向から，4因子での解釈をすることが妥当であると判断した。15項目全体での Cronbach の α 係数は，0.877であり，十分に信頼性が確保されていることが示された。念のため，4つの因子について，Cronbach の α を産出したところ，いずれも十分に信頼性が確保されていることが示された。抽出した4因子の累積寄与率は62.1%であった。

　以上から，特別な教育的ニーズ・コーディネーターが各学校で実際に遂行している役割の内容に関する因子分析の結果を，Table 9-11 として示した。

　第一因子は，「助言や情報の提供及びマネージメント」と名称をつけられる項目群で，各学校における特別な教育的ニーズへの日常的な対応に関係する項目で構成されていた。コード・オブ・プラクティス（2001）で指示された内容に照らせば，「2．同僚教師との協同や助言の提供」と「3．教師やティーチング・アシスタント等の特別な教育的ニーズへの対応チームのマネージメント」，及び「7．教職員の現職教育への貢献」に含まれる内容で構成されていた。

　第二因子は，子どもや親への直接的な支援に関する項目群で，「子どもへの直接指導と親との関係形成」であった。この因子に含まれる内容は，コード・オブ・プラクティスでは，「4．特別な教育的ニーズのある子どものた

Table 9-11 特別な教育的ニーズ・コーディネーターの役割遂行状況の実際に対する
同僚教師の意識の因子分析

		Factor 1	Factor 2	Factor 3	Factor 4	α
第一因子	Giving you advice on assessing and recording of pupils' needs	0.940	− 0.036	− 0.069	− 0.064	0.833
	Giving you advice on implementation of IEP in brief	0.916	− 0.177	0.066	0.102	
	Giving you advice on how to teach children with SEN	0.830	− 0.048	− 0.088	− 0.026	
	Arranging and managing staff training opportunities	0.516	0.173	− 0.046	− 0.008	
	Giving you detailed information on pupils' SEN	0.431	0.173	0.323	− 0.054	
	Managing good staff meeting	0.366	0.093	0.022	0.093	
第二因子	Teaching pupils with SEN directly	− 0.019	0.836	− 0.216	− 0.006	0.801
	Taking the role of consultant for parents	0.074	0.759	0.226	− 0.147	
	Arranging the curriculum for pupils with SEN	− 0.084	0.749	− 0.1453	0.259	
	Making the bridge between parents and the school	− 0.033	0.636	0.379	− 0.145	
第三因子	Keeping pupils' records, registers and Statements	− 0.190	− 0.089	0.861	0.097	0.756
	Liaising with external agencies	0.106	− 0.191	0.830	− 0.010	
	Assessing and evaluate pupils' SEN in detail	0.045	0.194	0.530	0.200	
第四因子	Helping to make the school more inclusive	− 0.074	− 0.117	0.194	0.913	0.837
	Making sure to diffuse the inclusion policy	0.199	0.261	− 0.131	0.683	

$\alpha = 0.877$

1）因子抽出法：主因子法
2）回転法：Kaiser の正規化を伴うプロマックス法
3）信頼性係数は各因子ごとにも Cronbach の α を産出した

めの対応のコーディネート」と「6. 特別な教育的ニーズのある生徒の親との協同」の内容であった。

　第三因子は，「生徒の評価と情報管理」に関する項目群で，記録の維持管理や外部の機関との連携に関する項目で構成された。コード・オブ・プラクティスにおける「5. 特別な教育的ニーズのあるすべての子どもの記録の管

理」及び「8．学校外の関係機関との協同」に関わる内容であった。

　第四因子は，学校における「インクルーシヴ教育」に関する項目のみで構成されていた。これは，コード・オブ・プラクティスに示される特別な教育的ニーズ・コーディネーターの役割としては，「1．各学校における特別な教育的ニーズへの対応方針の日常的な遂行の統括」が該当する。

　次に，このように整理された枠組みに沿って，特別な教育的ニーズ・コーディネーターが各学校において，実際にどのような役割を遂行していると評価されているのかを，小学校と中等学校の教師の視点から特徴を整理したい。

2）特別な教育的ニーズ・コーディネーターに期待する役割に関する 小学校と中等学校の教師の意識

ａ．小学校教師の意識の特徴

　特別な教育的ニーズ・コーディネーターの役割について，小学校において実際に遂行している程度に関する評定を平均値の高い順に並べたものを，Table 9-12 として示した。

　Table 9-12 をみると，小学校の教師は，自校の特別な教育的ニーズ・コーディネーターが遂行している役割として，「学校外の関係機関との協同」，「生徒の記録やレジスター，及び判定書の維持・管理」，「親と学校との橋渡し」，「生徒の特別な教育的ニーズの詳細な評価」，「個別指導計画の実施に関する助言の提供」，そして，「生徒の特別な教育的ニーズに関する詳細な情報の提供」に関する内容について上位に挙げ，いずれも十分にその役割を果たしていると評価していた。

　その中でも突出して高かったのが，関係機関との協同の役割であった。

　特別な教育的ニーズ・コーディネーターの役割の中で，コード・オブ・プラクティス（2001）が指示している 8 番目の役割（必ずしも最下位に位置づけられる役割というわけではない）であった。

　最初に実践指針として示されたコード・オブ・プラクティス（1994）でも，

Table 9-12 特別な教育的ニーズ・コーディネーターによる実際の役割遂行の程度
（小学校教師）

	Average	SD
Liaising with external agencies	4.64	0.68
Keeping pupils' records, registers and Statements	4.39	0.79
Making the bridge between parents and the school	3.96	0.88
Assessing and evaluate pupils' SEN in detail	3.82	0.82
Giving you advice on implementation of IEP in brief	3.79	0.96
Giving you detailed information on pupils' SEN	3.79	0.92
Helping to make the school more inclusive	3.78	0.80
Taking the role of consultant for parents	3.71	0.81
Giving you advice on assessing and recording of pupils' needs	3.64	0.91
Giving you advice on how to teach children with SEN	3.46	1.14
Making sure to diffuse the inclusion policy	3.46	0.76
Managing good staff meeting	3.39	1.10
Arranging and managing staff training opportunities	3.32	0.91
Arranging the curriculum for pupils with SEN	3.00	1.19
Teaching pupils with SEN directly	2.85	1.29

改訂されたコード・オブ・プラクティス（2001）でも，関係機関との協同の役割は一番最後に示されていた。示された順番が，国が示した優先順位ではないのであるが，特別な教育的ニーズ・コーディネーターに期待される役割として，関係機関との協同は，実際のところあまり重視されていなかった。

　なぜならば，この役割は，スクール・アクション（学校内の資源だけで対応するフェーズ）だけでは必要な対応ができなくなり，学校外に支援を求めるスクール・アクション・プラスの段階ではじめて位置づけられるものだったからである。また，コード・オブ・プラクティスで指示される以前は，生徒の担任教師が直接，関係機関と連絡をとっていたことから，特別な教育的ニ

ーズ・コーディネーターだけにその役割を集中させることが意図されたわけでもなかったのである。

　しかしながら，本調査の結果からは，小学校の特別な教育的ニーズ・コーディネーターが，他の役割に先んじて関係機関との協同に奔走していることが示された。しかも，小学校の教師は，自校の特別な教育的ニーズ・コーディネーターが担っている役割をそれほど高く評価していなかった（平均値が4を超えたものはわずか2項目のみ）にもかかわらず，関係機関との協同に関する項目だけは，4.64と突出して値が高い，すなわち，特別な教育的ニーズ・コーディネーターが，小学校においてはこの役割に特化して担っていると認識されていると理解することができる。

　他方，「特別な教育的ニーズのある子どもへの直接指導」や，「特別な教育的ニーズのある生徒のカリキュラムの調整」，さらに，「現職教育機会の開催や調整」に関する役割内容はあまり担っていないととらえられていたことがわかる。

　こうした結果は，小学校の特別な教育的ニーズ・コーディネーターが置かれている様子を端的に現していると考えられる。特に，生徒への直接指導については，唯一，平均が2点台という低い値であった。ただし，これは特別な教育的ニーズ・コーディネーターが役割を果たしていないのではなく，小学校においては特別な教育的ニーズ・コーディネーターが，生徒の直接指導に携わることが通常は必要ないという状況を反映したものである。

　小学校では，特別な教育的ニーズ・コーディネーターは学級担任を兼担しているのが一般的であるため，他の学級の生徒への直接指導が一般的には物理的に困難であるという事情もある。つまり，小学校においては，特別な教育的ニーズ・コーディネーターは，自身の担任する学級があるために，自由に他の学級を訪れることができなかったり，生徒の指導に大きな影響を与えるような動きを学校内ですることが難しいのである。そのため，他の教師からは，記録の管理や学校外との連絡といった，事務的な業務ばかりが目立っ

て見えてしまうということなのではないだろうか。2003年に本調査と同時に補足的に実施した各学校への訪問調査では，何人もの学級担任から，自校の特別な教育的ニーズ・コーディネーターが，実際にどのような役割を担っているのか，実のところよくわからないとの証言を得ている。

　これを念頭に置けば，小学校の特別な教育的ニーズ・コーディネーターは，生徒の特別な教育的ニーズに対応するために，他の教師と十分な協議を日常的にあまり行うことができていないのではないかという課題が浮かび上がってくる。

ｂ．中等学校教師の意識の特徴

　次に，中等学校において，特別な教育的ニーズ・コーディネーターがどのような役割を遂行しているとみられているのかについて述べる。

　中等学校の教師から自校の特別な教育的ニーズ・コーディネーターが遂行している役割の内容について，その程度を評定してもらった結果を平均値の高い順に並べたものを，Table 9-13 として示した。

　Table 9-13 からは，中等学校の教師が特別な教育的ニーズ・コーディネーターがよく役割を遂行していると評価されていることがわかる。これは平均値が 4 以上の項目が全体の半数を超えていることからも明らかである。

　具体的な役割の内容についてみると，特別な教育的ニーズ・コーディネーターがもっとも良く役割を果たしていると評価されたのは，「生徒の記録やレジスター，及び判定書の維持・管理」であった。

　この項目も含めた，「生徒への直接指導」，「親と学校との関係形成」，「関係機関との協同」の 4 項目がいずれも4.5以上の高い値を示していた。すなわち，これらの役割を特別な教育的ニーズ・コーディネーターが特によく遂行していたということである。

　1981年教育法によって判定書制度が導入された当初は，その内容の不明瞭さなどが問題視され，1993年教育法によって1980年代のこうした問題を解決

第9章　特別な教育的ニーズ・コーディネーターの役割にみる特別な教育的ニーズの概念　　297

Table 9-13　特別な教育的ニーズ・コーディネーターによる実際の役割遂行の程度
（中等学校教師）

	Average	SD
Keeping pupils' records, registers and Statements	4.69	0.52
Teaching pupils with SEN directly	4.57	0.69
Making the bridge between parents and the school	4.51	0.76
Liaising with external agencies	4.51	0.82
Giving you detailed information on pupils' SEN	4.28	1.03
Assessing and evaluate pupils' SEN in detail	4.26	1.04
Taking the role of consultant for parents	4.21	0.89
Arranging the curriculum for pupils with SEN	4.00	1.05
Helping to make the school more inclusive	3.95	1.05
Making sure to diffuse the inclusion policy	3.74	0.82
Managing good staff meeting	3.68	1.09
Giving you advice on implementation of IEP in brief	3.67	1.06
Giving you advice on how to teach children with SEN	3.54	1.12
Arranging and managing staff training opportunities	3.51	1.14
Giving you advice on assessing and recording of pupils' needs	3.36	1.16

するために実践指針としてのコード・オブ・プラクティスが導入され，そこ
で判定書の作成までの段階がより詳細に定められることになった。特別な教
育的ニーズ・コーディネーター制度は，その実際の遂行の際に不可欠の存在
として位置づけられることとなったが，コーディネーターに判定書の維持管
理に関わる大きな負担がかかることとなったのであった。Lingard
(2001)[56] は，そうした特別な教育的ニーズ・コーディネーターの過剰な業務
について指摘していたが，本研究の調査でもこれが裏付けられることとなっ
た。
　特別な教育的ニーズ・コーディネーターにとって重要なのは，Warnock

が1993年教育法の法案審議の際に強調していたように[57]，判定書制度そのものがもつ構造的欠陥の改善のために，各学校が特別な教育的ニーズへの対応の責任をしっかりと果たせるような学校の体制を整備することであった。

判定書制度の構造的欠陥というのは，「特別な教育的ニーズを有するものの判定書を発行されていない生徒への対応のための制度的根拠が存在しない」事態のことである。

このために，コード・オブ・プラクティス（1994）では，判定書を発行されていなくても，必要な対応を検討できるようにするために，各学校にレジスター（register），すなわち，判定書の発行の有無にかかわらず特別な教育的対応が必要である生徒のリストを作成するように指示したのであった。

特別な教育的ニーズ・コーディネーター制度が登場した直接の理由は，判定書制度に必要な生徒の評価の実務，及び，レジスターの作成と維持管理の実務を担う担当者が学校に必要であることが一番の理由であった。

その意味で，本調査で明らかにされた特別な教育的ニーズ・コーディネーターが，判定書の維持管理をとくによく遂行しているという評価は，むしろ妥当な状況であるように見えるかも知れない。

しかしながら，1993年教育法によって導入されたレジスター制度は，特別な教育的ニーズ・コーディネーターへの負担があまりに重くなりすぎてしまったために，2001年にコード・オブ・プラクティスが改訂された際に，作成義務は廃止されたのであった。

本調査は，2003年に実施したものであるから，すでにレジスター制度はコード・オブ・プラクティスによって指示されなくなっていた時期である。

ところが，実際には各学校においてレジスター制度が廃止されていなかった事実が浮かび上がってくるのである。

本調査での結果を裏付けるために実施した訪問調査においても，ほぼすべての特別な教育的ニーズ・コーディネーターが，レジスターを廃止することが難しいと証言していた。レジスター制度に代わる手段がなかったからであ

第9章　特別な教育的ニーズ・コーディネーターの役割にみる特別な教育的ニーズの概念　　299

る。

　特別な教育的ニーズ・コーディネーターが，特別な教育的ニーズのある生徒の記録やレジスター，判定書の維持管理に追われる状況が継続していたことは，各学校において，本来特別な教育的ニーズ・コーディネーターに期待された特別な教育的ニーズに対応できる学校体制の構築という役割を果たすために，学校内における様々な調整に手をかける余裕がないことを意味している。

　特別な教育的ニーズ・コーディネーター制度が適切に機能するためには，書類の維持管理に関わる業務負担が適正な水準になることが不可欠であるといえよう。

　中等学校における特別な教育的ニーズ・コーディネーターが遂行している役割で特徴的なのは，小学校では最低の15番目であった，特別な教育的ニーズのある生徒への直接指導が上から2番目に位置づけられていたことである。平均値が4.57という非常に高い値であることから，これが中等学校における特別な教育的ニーズ・コーディネーターの重要な役割として位置づけられている実態が明らかとなった。一方で，これと連動するように，個別指導計画の実施方法について同僚教師に助言を提供する役割が，小学校では上位に位置づけられていたのに対して，中等学校では下位にあった。

　中等学校では，生徒の特別な教育的ニーズへの直接的な対応は，各教科の担任ではなく，特別な教育的ニーズ・コーディネーターだったのである。

　Lingard（2001）[56] をはじめとしたイギリスの特別な教育的ニーズ・コーディネーターの業務負担の問題を取り上げた研究（Cowne（2005）[58]; Crowther, Dyson, & Millward（2001）[59]; Layton & Robertson（2004）[60]; Layton（2005）[61]; National Union of Teachers（2004）[62]; Phillips, Goodwin, & Heron（2001）[63]）では，いずれもいわゆる事務的な作業に忙殺されている状況を指摘してきたが，本調査によって，特別な教育的ニーズ・コーディネーターは，書類作成だけでなく，特別な教育的ニーズのある生徒への直接指導の役割にも追われていたこ

とが明らかとなったのである。

　中等学校の場合の特別な教育的ニーズ・コーディネーターが遂行している役割で特徴的なのは，特別な教育的ニーズのある生徒への教育課程の調整の平均値が4点であったことである。

　小学校では最下位から2番目であった教育課程の調整が，中等学校ではちょうど中間の位置を占めていた。これは，中等学校の方が教育課程の調整がしやすい条件が存在していることを示している。イギリスの中等学校は小学校よりも教育課程の選択肢がずっと多いからである。

　さて，「生徒のニーズの評価や記録についての助言の提供」や，「特別な教育的ニーズのある生徒への指導方法に関する助言」，さらに，「学校内での現職教育」に関する内容は，十分に特別な教育的ニーズ・コーディネーターが役割を果たしているとはいえないと評価されていた。

　中等学校で現職教育の役割が相対的に低い位置づけとなっていた点は，小学校の場合と同様であった。

　コード・オブ・プラクティスによって，各学校における現職教育の役割が特別な教育的ニーズ・コーディネーターに指示されていたが，実際にはその遂行が難しい状況があることが明らかとなった。

　また，生徒のニーズの評価や記録についての助言に関する項目や，指導方法に関する助言の役割の評価が低いのも，特別な教育的ニーズ・コーディネーター自身が，評価や記録，そして直接指導の役割を担っていることと関連していると考えられる。

3）各学校において特別な教育的ニーズ・コーディネーターが実際に遂行している役割に関する小学校と中等学校の教師の意識の比較

　前節までに，小学校と中等学校において特別な教育的ニーズ・コーディネーターが実際に遂行している役割の特徴を学校種ごとに示してきたが，学校種の違いをより丁寧に把握するために，本節では小学校と中等学校の教師の

回答結果を直接比較して検討する。

　Table 9-14 として，特別な教育的ニーズ・コーディネーターが各学校において実際にどのような役割を遂行していると評価されているのかを，小学校と中等学校の教師による5段階評定の結果を示した。

　両者の意識の違いを明確にするために，各項目について t 検定を実施した。Table 9-14 では平均値と有意水準（p 値），及び効果量（ES（r））について示した。

　その結果，有意水準（p 値）のみで判断する視点からは，5項目に関して小学校と中等学校の同僚教師の意識の違いに統計的な有意差が認められた。本研究では，有意水準に加えて，近年，明示することが一般的になってきている効果量（ES）の視点を加味して結果を解釈したところ，5項目に加えてさらに2項目において統計的な有意差があると判断できると考えた。

　これらの7項目の具体的な内容は，「生徒の特別な教育的ニーズに関する詳細な情報の提供（t(62) = −2.080，p<.05，es(r) = 0.26）」，「親からの相談に関する役割（t(61) = −2.342，p<.05，es(r) = 0.29））」，「特別な教育的ニーズのある生徒への直接指導（t(62) = −6.863，p<.01，es(r) = 0.66）」，「特別な教育的ニーズのある生徒のカリキュラムの調整（t(54) = −3.529，p<.01，es(r) = 0.43）」，及び「親と学校との橋渡し（t(53) = −2.664，p<.05，es(r) = 0.34）」，「生徒の記録，レジスター，及び判定書の維持（t(65) = −1.876，p = .065，es(r) = 0.27）」，「生徒の特別な教育的ニーズの評価（t(64) = −1.909，p = .061，es(r) = 0.23）」であった。

　これらにおいては，いずれも中等学校における同僚教師からの評価が，小学校における同僚教師よりも高いことが示された。また，これらの項目は，一項目以外はすべて第二因子と第三因子に帰属する内容であった。

　このような小学校と中等学校の教師の意識の違いには，どのような背景があるのだろうか。

　まず，第一に注目すべき点は，すべての項目に関して中等学校の教師の方

Table 9-14 特別な教育的ニーズ・コーディネーターの役割遂行状況の実際に対する同僚教師の意識（小学校と中等学校の教師による評定結果の比較　t検定）

		Primary	Secondary	p	ES (r)
第一因子	Giving you advice on assessing and recording of pupils' needs	3.64	3.36	0.266	0.14
	Giving you advice on implementation of IEP in brief	3.79	3.67	0.633	0.06
	Giving you advice on how to teach children with SEN	3.46	3.54	0.792	0.03
	Arranging and managing staff training opportunities	3.32	3.51	0.448	0.09
	Giving you detailed information on pupils' SEN	3.79	4.28	0.042 (*)	0.26
	Managing good staff meeting	3.39	3.68	0.291	0.14
第二因子	Teaching pupils with SEN directly	2.85	4.57	0.000 (**)	0.66
	Taking the role of consultant for parents	3.71	4.21	0.022 (*)	0.29
	Arranging the curriculum for pupils with SEN	3.00	4.00	0.001 (**)	0.43
	Making the bridge between parents and the school	3.96	4.51	0.010 (**)	0.34
第三因子	Keeping pupils' records, registers and Statements	4.39	4.69	0.065 (+)	0.27
	Liaising with external agencies	4.64	4.51	0.482	0.09
	Assessing and evaluate pupils' SEN in detail	3.82	4.26	0.061 (+)	0.23
第四因子	Helping to make the school more inclusive	3.78	3.95	0.456	0.09
	Making sure to diffuse the inclusion policy	3.46	3.74	0.172	0.18

1 ）**p＜.01　*p＜.05　+p＜.10
2 ）Effect Size（ES）の目安：.10（小）.30（中）.50（大）

が，自校の特別な教育的ニーズ・コーディネーターに対して，役割の遂行について高い評価をしていたことである。すなわち，中等学校の教師の方が，特別な教育的ニーズ・コーディネーターは，積極的に役割を果たしていると考えられているということである。特に，生徒への直接指導に関しては，効果量が0.66という大きな値が示されていることから，両者に特に大きな差異があると理解することができる。この点については，すでに学校種ごとの項において背景を考察したので重複を避けるが，直接指導ができる専任の特別な教育的ニーズ・コーディネーターが配置されている中等学校と，学級担任を兼ねる小学校の特別な教育的ニーズ・コーディネーターとの違いは，イギリスにおける特別な教育的ニーズへの対応に関する制度の大きな特徴である。

　また，特別な教育的ニーズのある生徒への教育課程の調整も，効果量が0.43と大きな値を示しており，小学校と中等学校に大きな差異があることが示された。教育課程の調整は，特別な教育的ニーズへの対応を柔軟に展開するためには不可欠の要素であることから，学校種を問わず，調整の役割が求められるはずであるが，現実には，教育課程の調整が小学校においては難しい場合があることを示している。

　この点については，ナショナル・カリキュラムに連動した到達度評価との関係で考えることができる。

　すなわち，小学校においては，ナショナル・カリキュラムのステージ1（1，2年生）とステージ2（3，4，5年生）の2回の節目に到達度評価が行われる。特に，ステージ2における到達度評価では，中等学校への進学を控えた時期であることを考慮しなければならない。

　イギリスにおける公立の中等学校への就学は，独特の学校選択制度があり，その際にステージ2における到達度評価も考慮されている。このためステージ2では，特に到達度評価を念頭に置いた準備が求められるようになっているのである。これに，各小学校の規模の小ささという条件が加わると，各学校において提供することが可能な教育課程を複数用意する，あるいは，個別

に柔軟な教育課程を組織するだけの余裕がなくなっている。

　特別な教育的ニーズに関する判定書を発行されている生徒の場合には，ティーチング・アシスタントを雇用できたり，学校外の関係機関での指導を受けることができたりしているが，これらはあくまでも「配慮（consideration）」にとどまり，教育課程そのものの編成にまでは影響が及ばない。

　これに対して中等学校では，どの生徒の場合でも，ナショナル・カリキュラムのステージ３において教科の選択が可能である基本条件が備わっている。学校の規模も大きいため，複数の教育課程を用意しても，それぞれに履修する生徒の数を確保することができることから，うまくアレンジすれば特別な教育的ニーズのある生徒を少人数のグループとして学習集団を編制して特別な教育課程を柔軟に編成することも可能である。こうした条件の違いが，教育課程編成における特別な教育的ニーズ・コーディネーターの役割遂行への評価に現れていると理解することができるのである。

　この，教育課程編成における特別な教育的ニーズ・コーディネーターの役割遂行に関して小学校と中等学校に違いがあるという点も，イギリスの特別な教育的ニーズへの対応に関する制度の重要な特徴である。

　このほか，親との関係形成や協同に関する２項目においても小学校と中等学校では，特別な教育的ニーズ・コーディネーターの役割遂行に差があることが示された。効果量はいずれも中程度の値が示されていることから，両者に違いがあると解釈して問題ないと思われる。

　親との関係についての小学校と中等学校の違いは，上記のような特別な教育的ニーズのある生徒への直接指導や，教育課程編成における条件との関係がある。

　中等学校では，特別な教育的ニーズ・コーディネーターが，特に対応の必要な生徒への直接指導や教育課程の編成の対応を担っていることから，必然的に親とのやりとりが量的にも質的にも小学校よりも大きいのである。小学校の場合には，判定書に関わる内容を除けば，日常的な親とのやりとりは学

第9章　特別な教育的ニーズ・コーディネーターの役割にみる特別な教育的ニーズの概念　　305

級担任が担うし，特別な教育的ニーズのある生徒の場合にも直接指導を学級担任が担当しているので，日常的な指導の内容については学級担任が当事者である。個別の配慮をティーチング・アシスタントが提供する場合でも，親との直接のやりとりは学級担任の責任で行わなければならず，ティーチング・アシスタントは指導の様子についての伝達を書面で学級担任に託す形式となる。

　小学校でも必要に応じて特別な教育的ニーズ・コーディネーターが学級担任とともに親との協議の場に同席することもあるが，コーディネーターとは主に判定書に関わる点が中心になる。

　教育課程編成の視点からも，中等学校の場合には，様々な編成が行われるので，親への説明や同意を得ることが必要になるが，小学校の場合には，ティーチング・アシスタントによる配慮の提供程度にとどまり，教育課程自体はそもそも選択の余地が小さいために，親とこの点について協議や同意を求める機会自体が少ないのである。

　こうした小学校と中等学校における条件の違いが，親と特別な教育的ニーズ・コーディネーターとのやりとりにおける役割遂行への評価に反映されていると理解することができる。

　生徒に関する詳細な情報を同僚教師に提供したり，それに必要な生徒の詳細な評価を行うという役割についても小学校と中等学校との間で差異が認められたが，この点については次のように考えることができるだろう。

　中等学校では，各教科ごとに指導する教師が異なり，また，ティーチング・アシスタントも教科や指導の領域によって異なる担当者が生徒に対応する。小学校との大きな違いはこの点にある。すなわち，中等学校では，教師やティーチング・アシスタントが特別な教育的ニーズのある生徒に対して関わっている時間が小学校よりも限定されている。

　このため，中等学校では個々の生徒に関わる情報が混乱しやすい条件が生じているという課題がある。

これに対処するために，どの学校の特別な教育的ニーズ・コーディネーターも，生徒ごとに指導に関わるファイルを作成するのが一般的である。

　このファイルは毎日の学習について，どの教職員がどの時間に生徒に関わり，各教科では何について学習の目標として設定し，その際に何に留意しておかなければならないのか等が詳細に記されている。

　実はこれこそが，前項でふれた個々の生徒に応じた個別の教育課程といえるものである。

　このファイルには，生徒の特別な教育的ニーズの内容や，どのような教科でどのような配慮が必要とされているかなどの詳細が記されている。

　各教科担任やティーチング・アシスタントは，このファイルを活用しながら特別な教育的ニーズのある生徒への指導を行っているのである。

　特別な教育的ニーズ・コーディネーターが生徒に関する詳細な情報を提供したり，生徒の詳細な評価結果を同僚教師に伝えるという役割について，中等学校の教師が十分に評価しているのには，このような背景が影響していると考えられる。

　生徒の特別な教育的ニーズの記録やレジスター，及び判定書の維持管理の役割についても小学校と中等学校の教師からの評価に差異が認められた。

　ただし，この点については，小学校，中等学校いずれの学校でも，特別な教育的ニーズ・コーディネーターがもっともその役割を果たしていると評価された内容であり，両者に統計的には有意差が認められているものの，遂行している役割の程度に実質的な差があるとは考えにくい。

　両者の評定に統計的有意差が生じたのは，本項で説明してきたように，中等学校の教師の方が，より特別な教育的ニーズ・コーディネーターとの接点が大きいことが背景にあるのだろう。

　つまり，小学校においては特別な教育的ニーズ・コーディネーターが学級担任を兼ねていれば必然的に同僚教師との関わりの時間には制約が生じるし，中等学校の特別な教育的ニーズ・コーディネーターの方がどの教師とも関わ

る機会や時間をより長く確保することができるのである。

このために中等学校の教師の方が，自校の特別な教育的ニーズ・コーディネーターの働きぶりに接する機会が多くなっているので，小学校の教師よりもコーディネーターの業務についてより詳しく知っており，それが結果に影響したと考えられる。

第10節　特別な教育的ニーズ・コーディネーターの役割に関する「期待」と実際の「遂行状況」の比較

１．はじめに

ここまで，特別な教育的ニーズ・コーディネーターが各学校において担うことが期待される役割の内容についての意識の分析と，実際に各学校において遂行している役割についての意識の分析を学校種ごとに行ってきた。

その結果，イギリスにおける小学校と中等学校のおかれている条件の違いから，中等学校では，生徒への直接指導の実施，親との関係の強さ，生徒の記録やレジスター，判定書の維持管理の役割が特に顕著であることが浮かび上がってきた。

本節では，各学校における特別な教育的ニーズ・コーディネーターの位置づけについて，彼らに期待する役割と実際の遂行状況とを比較して，同僚教師からみた特別な教育的ニーズ・コーディネーターについて，その姿を明確にすることを目的とした。

２．特別な教育的ニーズ・コーディネーターの役割に関する「期待（重要度認識）」と「実際の遂行状況」との比較

１）小学校教師と中等学校教師全体の特徴

まず，小学校教師と中等学校教師全体で，特別な教育的ニーズ・コーディ

ネーターに期待する役割と，実際に遂行している役割との比較を行った。

　すなわち，同僚教師が特別な教育的ニーズ・コーディネーターに対して期待する役割の内容と，それについて実際にどのように役割を果たしていると評価されているのかの相違点を明確にする分析を行った。

　具体的には，特別な教育的ニーズ・コーディネーターの主な役割として設定した15項目について，それぞれ「期待（重要度）」と「遂行状況」の平均点を小学校と中等学校の学校種別に比較して検討した。

　まず，全体の傾向を把握するために，小学校と中等学校の教師全体での，期待の程度と実際の遂行状況，有意水準（p値），及び効果量（ES（r））の値を Table 9-15 として示した。

　これをみると，全15項目中 8 項目において有意水準の観点から統計的な有意差が認められた。また，有意水準が .10未満で，かつ小〜中程度の効果量が示されている項目も差が認められると判断した。

　これらの項目を，役割への期待の方が，実際の遂行状況よりも高いタイプのもの（「期待」＞「遂行状況」）と，期待よりも実際の遂行状況の方が高いタイプのものに分けてみると，期待の方が高かった内容としては，「特別な教育的ニーズのある生徒への指導方法に関する助言の提供」，「個別指導計画の実施に関する助言の提供」，「生徒の特別な教育的ニーズに関する詳細な情報の提供」，「生徒のニーズの評価や記録に関する助言の提供」，「特別な教育的ニーズのある生徒への教育課程の調整」，「親と学校との橋渡しの形成」，及び「教職員の現職教育機会の調整」の 7 項目であった。

　一方で，期待よりも実際の遂行状況の方が高く評価された内容は，「特別な教育的ニーズのある生徒への直接指導」と，「生徒の記録，レジスター，及び判定書の維持管理」に関する役割であった。

　この結果から浮かび上がってくるのは，特別な教育的ニーズ・コーディネーターへの期待が，実際のコーディネーターの業務遂行を上回っているものが多いということである。

第 9 章　特別な教育的ニーズ・コーディネーターの役割にみる特別な教育的ニーズの概念　　309

Table 9-15　特別な教育的ニーズ・コーディネーターの役割への期待度と実際の
遂行状況の評定の比較（小学校及び中等学校の教師全体の比較　　t 検定）

	expecting	conduct	p	ES (r)
Making sure to diffuse the inclusion policy	3.72 (.88)	3.62 (.80)	0.391	0.11
Helping to make the school more inclusive	3.79 (.95)	3.88 (.95)	0.400	0.10
Giving you advice on how to teach children with SEN	4.42 (.72)	3.51 (1.12)	0.000 (**)	0.60
Giving you advice on implementation of IEP in brief	4.21 (.76)	3.71 (1.02)	0.001 (**)	0.39
Giving you detailed information on pupils' SEN	4.52 (.64)	4.07 (1.00)	0.001 (**)	0.39
Giving you advice on assessing and recording of pupils' needs	4.07 (.89)	3.48 (1.06)	0.000 (**)	0.44
Arranging the curriculum for pupils with SEN	3.83 (1.02)	3.57 (1.21)	0.094 (+)	0.21
Teaching pupils with SEN directly	3.38 (1.26)	3.83 (1.30)	0.017 (*)	0.30
Managing good staff meeting	3.42 (1.04)	3.56 (1.10)	0.344	0.12
Keeping pupils' records, registers and Statements	3.94 (1.03)	4.57 (.66)	0.000 (**)	0.51
Making the bridge between parents and the school	4.09 (.87)	3.56 (1.10)	0.002 (**)	0.44
Taking the role of consultant for parents	3.81 (.94)	4.00 (.89)	0.150	0.17
Arranging and managing staff training opportunities	3.75 (.89)	3.43 (1.05)	0.047 (*)	0.24
Assessing and evaluate pupils' SEN in detail	3.90 (1.17)	4.07 (.97)	0.242	0.14
Liaising with external agencies	4.39 (.80)	4.57 (.76)	0.159	0.17

1 ）**p＜.01　*p＜.05　+p＜.10
2 ）Effect Size（ES）の目安：.10（小）.30（中）.50（大）

　言い方を変えれば，同僚教師から期待されるほどには特別な教育的ニー
ズ・コーディネーターが，その役割を学校において十分に果たせていないと
いう可能性も考えられる。

　期待よりも実際の遂行状況の方が高く評価されたのは，生徒への直接指導
の実施と記録や判定書の維持管理の内容のみであった。

　こうした結果を丁寧に解釈するためには，小学校と中等学校の条件の違い
を考慮すべきであることから，各学校種にわけて考察を行うことにした。

2）小学校教師の意識の特徴

　まず，小学校の教師について，期待の程度と実際の遂行状況，有意水準（p値），及び効果量（ES（r））の値を，Table 9-16 として示した。

　これをみると，全15項目中 6 項目において有意水準の観点から統計的な有意差が認められた。また，有意水準が.10未満で，かつ中～大きな程度の効果量が示されている 1 項目についても有意差がある項目とした。

　これらの項目を，役割への期待の方が，実際の遂行状況よりも高いタイプのもの（「期待」＞「遂行状況」）と，期待よりも実際の遂行状況の方が高いタイプのものに分けてみたところ（Table 9-17），期待の方が高かった内容としては，「特別な教育的ニーズのある生徒への指導方法に関する助言の提供（t(27)＝4.076，p＜.01，es(r)＝0.62)」，「個別指導計画の実施に関する助言の提供（t(26)＝1.954，p＝.062，es(r)＝0.36)」，「生徒の特別な教育的ニーズに関する詳細な情報の提供（t(27)＝2.948，p＜.01，es(r)＝0.49)」，「特別な教育的ニーズのある生徒への教育課程の調整（t(27)＝2.260，p＜.05，es(r)＝0.40)」の 4 項目であった。

　とりわけ，指導方法に関する助言の提供と，生徒の特別な教育的ニーズに関する詳細な情報の提供の 2 項目については，いずれも効果量が特に大きく，大きな期待が寄せられる一方で，それに応えられていない様子が浮かび上がってくる。

　一方で，期待よりも実際の遂行状況の方が高く評価された内容は，「生徒の記録，レジスター，及び判定書の維持管理（t(27)＝－4.100，p＜.01，es(r)＝0.62)」，「特別な教育的ニーズのある生徒に関する詳細な評価（t(27)＝－3.100，p＜.01，es(r)＝0.51)」と，「学校外の関係機関との協同（t(27)＝－2.100，p＜.05，es(r)＝0.37)」に関する 3 つの役割であった。

　このうち，生徒の記録や判定書の維持管理に関する役割と，生徒の詳細な評価に関する役割は，効果量が大きく（各々0.62，0.51），特別な教育的ニーズ・コーディネーターが，周囲の期待よりもずっと大きくこれらの役割を遂

第 9 章　特別な教育的ニーズ・コーディネーターの役割にみる特別な教育的ニーズの概念　　311

Table 9-16　特別な教育的ニーズ・コーディネーターの役割への期待度と実際の遂行状況の評定の比較（小学校教師　t 検定）

	expecting	conduct	p	ES (r)
Making sure to diffuse the inclusion policy	3.54 (.81)	3.46 (.76)	0.538	0.12
Helping to make the school more inclusive	3.70 (.82)	3.78 (.80)	0.574	0.11
Giving you advice on how to teach children with SEN	4.32 (.77)	3.46 (1.14)	0.000 (**)	0.62
Giving you advice on implementation of IEP in brief	4.19 (.74)	3.78 (.97)	0.062 (+)	0.36
Giving you detailed information on pupils' SEN	4.32 (.72)	3.79 (.92)	0.007 (**)	0.49
Giving you advice on assessing and recording of pupils' needs	3.82 (.82)	3.64 (.91)	0.232	0.23
Arranging the curriculum for pupils with SEN	3.50 (.92)	3.00 (1.19)	0.032 (*)	0.40
Teaching pupils with SEN directly	2.85 (1.08)	2.77 (1.24)	0.759	0.06
Managing good staff meeting	3.43 (1.00)	3.39 (1.10)	0.882	0.03
Keeping pupils' records, registers and Statements	3.54 (1.00)	4.39 (.79)	0.000 (**)	0.62
Making the bridge between parents and the school	3.75 (.75)	3.96 (.88)	0.246	0.22
Taking the role of consultant for parents	3.46 (.96)	3.71 (.81)	0.244	0.22
Arranging and managing staff training opportunities	3.64 (.83)	3.32 (.91)	0.164	0.27
Assessing and evaluate pupils' SEN in detail	3.11 (1.20)	3.82 (.82)	0.004 (**)	0.51
Liaising with external agencies	4.25 (.89)	4.64 (.68)	0.046 (*)	0.37

1 ）**p＜.01　*p＜.05　+p＜.10
2 ）Effect Size（ES）の目安：.10（小）.30（中）.50（大）

Table 9-17　期待と実際の遂行状況に有意差のあった項目（小学校教師）

期待＞実際の遂行状況	期待＜実際の遂行状況
・特別な教育的ニーズのある生徒への指導方法に関する助言の提供 ・個別指導計画の実施に関する助言の提供 ・生徒の特別な教育的ニーズに関する詳細な情報の提供 ・特別な教育的ニーズのある生徒に関する詳細な評価	・生徒の記録、レジスター及び判定書の維持管理 ・特別な教育的ニーズのある生徒への教育課程の調整 ・学校外の関係機関との協同

行していることが明らかとなった。

　この結果から，小学校においては，特別な教育的ニーズ・コーディネーターへの期待が，実際の役割遂行を上回っている内容と，反対に期待以上に役割を遂行している内容とがあるということがわかる。

　この点に関する考察は，中等学校の教師による評価の結果を示した後で，両校種をあわせて行いたい。

3）中等学校教師の意識の特徴

　次に中等学校の教師について，期待の程度と実際の遂行状況，有意水準（p 値），及び効果量（ES（r））の値を，Table 9-18 として示した。

　これをみると，全15項目中 6 項目において有意水準の観点から統計的な有意差が認められた。

　これらの項目を，役割への期待の方が，実際の遂行状況よりも高いタイプのもの（「期待」＞「遂行状況」）と，期待よりも実際の遂行状況の方が高いタイプのものに分けてみたところ（Table 9-19），期待の方が高かった内容としては，「特別な教育的ニーズのある生徒への指導方法に関する助言の提供（t(38)＝4.499，p＜.01，es(r)＝0.59）」，「個別指導計画の実施に関する助言の提供（t(38)＝2.767，p＜.01，es(r)＝0.41）」，「生徒の特別な教育的ニーズに関する詳細な情報の提供（t(38)＝2.110，p＜.05，es(r)＝0.32）」，「生徒のニーズの評価や記録に関する助言の提供（t(38)＝4.027，p＜.01，es(r)＝0.55）」の 4 項目であった。

　中でも，指導方法に関する助言の提供と，生徒の特別な教育的ニーズの評価と記録に関する助言の提供の 2 つの内容については，効果量が大きく，期待の大きさに対して，実際の遂行状況の値が特に低いと解釈することができる。

　他方で，期待よりも実際の遂行状況の方が高く評価された内容は，「特別な教育的ニーズのある生徒への直接指導（t(36)＝−3.400，p＜.01，es(r)

第 9 章 特別な教育的ニーズ・コーディネーターの役割にみる特別な教育的ニーズの概念 313

Table 9-18 特別な教育的ニーズ・コーディネーターの役割への期待度と実際の
遂行状況の評定の比較 (中等学校教師　t 検定)

	expecting	conduct	p	ES (r)
Making sure to diffuse the inclusion policy	3.86 (.91)	3.74 (.82)	0.524	0.11
Helping to make the school more inclusive	3.85 (1.04)	3.95 (1.05)	0.523	0.10
Giving you advice on how to teach children with SEN	4.49 (.68)	3.54 (1.12)	0.000 (**)	0.59
Giving you advice on implementation of IEP in brief	4.23 (.78)	3.67 (1.06)	0.009 (**)	0.41
Giving you detailed information on pupils' SEN	4.67 (.53)	4.28 (1.02)	0.041 (*)	0.32
Giving you advice on assessing and recording of pupils' needs	4.26 (.91)	3.36 (1.16)	0.000 (**)	0.55
Arranging the curriculum for pupils with SEN	4.08 (1.04)	4.00 (1.05)	0.702	0.06
Teaching pupils with SEN directly	3.76 (1.26)	4.57 (.69)	0.002 (**)	0.49
Managing good staff meeting	3.42 (1.08)	3.68 (1.09)	0.143	0.24
Keeping pupils' records, registers and Statements	4.23 (.96)	4.69 (.52)	0.006 (**)	0.42
Making the bridge between parents and the school	4.36 (.87)	4.51 (.76)	0.383	0.14
Taking the role of consultant for parents	4.05 (.86)	4.21 (.89)	0.403	0.14
Arranging and managing staff training opportunities	3.82 (.94)	3.51 (1.14)	0.160	0.23
Assessing and evaluate pupils' SEN in detail	4.46 (.76)	4.26 (1.04)	0.263	0.18
Liaising with external agencies	4.49 (.72)	4.51 (.82)	0.878	0.02

1) **p＜.01　*p＜.05　⁺p＜.10
2) Effect Size (ES) の目安：.10（小）.30（中）.50（大）

Table 9-19 期待と実際の遂行状況に有意差のあった項目 (中等学校教師)

期待＞実際の遂行状況	期待＜実際の遂行状況
・特別な教育的ニーズのある生徒への指導方法に関する助言の提供 ・個別指導計画の実施に関する助言の提供 ・生徒の特別な教育的ニーズに関する詳細な情報の提供 ・生徒のニーズの評価や記録に関する助言の提供	・特別な教育的ニーズのある生徒への直接指導 ・生徒の記録、レジスター、及び判定書の維持管理

＝0.49)」と，「生徒の記録，レジスター，及び判定書の維持管理（t(38)
＝−2.890，p＜.01，es(r)＝0.42)」の2項目であった。生徒への直接指導につ
いては，大きな効果量が，そして，生徒の記録や判定書の維持管理について
も，中〜大きな程度の効果量が認められたことから，いずれの項目について
も同僚教師が期待している以上に，特別な教育的ニーズ・コーディネーター
が強くその役割を果たしていることがわかる。

4）「期待（重要度）」と「実際の遂行状況」の比較に関する考察

同僚教師は，全体としては特別な教育的ニーズ・コーディネーターに対し
て，その主な役割として特別な教育的ニーズのある生徒の記録や評価，特別
な教育的ニーズのある生徒に対する指導方法や情報の提供，そして，個別指
導計画のマネージメントを期待しているようであった。

これとは対照的に，小学校においても中等学校においても共通に，同僚教
師は特別な教育的ニーズのある生徒に対する指導に関する助言や情報を特別
な教育的ニーズ・コーディネーターから期待するほどには得られていないと
評価していることが明らかとなった。

特に，中等学校の教師は，助言や情報提供に関するすべての調査項目につ
いて，特別な教育的ニーズ・コーディネーターが期待するよりも役割を十分
に果たしていないと評価していた。

こうした特徴について，有意差の視点と効果量の視点から，期待と実際の
遂行状況と対照させながら学校種ごとの特徴について整理すると，
Table 9-20，及び Table 9-21 のようになる。

Table 9-20 からは，小学校においても特別な教育的ニーズのある生徒への
教育課程の調整を特別な教育的ニーズ・コーディネーターが求められている
が，それに十分に応えられていないことがわかる。この点に関して中等学校
では，有意差がなかったのは，教育課程の調整が期待される程度に特別な教
育的ニーズ・コーディネーターが実際に遂行できているからである。

第 9 章　特別な教育的ニーズ・コーディネーターの役割にみる特別な教育的ニーズの概念　　315

Table 9-20　特別な教育的ニーズ・コーディネーターの役割への「期待度と実際の
　　　　　　 遂行状況」と「小学校と中等学校間の有意確率の違い」の対照

	小学校では差があったのに中等学校では差がなかった項目	中等学校では差があったのに小学校では差がなかった項目
期待の方が実際の遂行状況よりも高かった項目	・特別な教育的ニーズのある生徒の教育課程の調整	・特別な教育的ニーズの評価と記録についての助言の提供
実際の遂行状況の方が期待よりも高かった項目	・生徒の特別な教育的ニーズの詳細な評価 ・学校外の関係機関との協同	・特別な教育的ニーズのある生徒への直接指導

Table 9-21　特別な教育的ニーズ・コーディネーターの役割への「期待度と実際の
　　　　　　 遂行状況」と「小学校と中等学校間の効果量の大きさの違い」の対照

	小学校と中等学校いずれでも効果量が大きかった項目	小学校では効果量が大きいのに中等学校では小さかった項目	中等学校では効果量が大きいのに小学校では小さかった項目
期待の方が実際の遂行状況よりも高かった項目	・特別な教育的ニーズのある生徒への指導方法の助言	・生徒の特別な教育的ニーズに関する詳細な情報提供	・生徒の特別な教育的ニーズの評価と記録に関する助言の提供
実際の遂行状況の方が期待よりも高かった項目		・生徒の記録や判定書の維持管理 ・生徒の特別な教育的ニーズの詳細な評価	・特別な教育的ニーズのある生徒への直接指導

　中等学校では，特別な教育的ニーズ・コーディネーターが期待以上に生徒
の直接指導にも携わっていることが示された。この点に関して，小学校では，
兼担の特別な教育的ニーズ・コーディネーターに対してこの役割を期待する
ことが難しいことが認識されているので，期待と実際の遂行状況との値に差
がみられなかったのである。

小学校で，生徒の特別な教育的ニーズの評価や関係機関との協同について，期待以上に特別な教育的ニーズ・コーディネーターが役割を果たしているととらえられていたのは，学級担任を兼ねるコーディネーターに，多くの負担をかけないようにとの意識が反映されたものであるという証言が得られている[64]。

中等学校では，特別な教育的ニーズの評価と記録についての助言の提供が，期待に応えられていないと評価されていた。同僚教師からは評価や記録についての助言が求められていたが，特別な教育的ニーズ・コーディネーターたちは，助言を提供するのではなく，自らがその役割を担っていたのであった。

効果量の大きさとの関係（Table 9-21）からは，小学校及び中等学校共通に，生徒への具体的な指導方法に関する助言を強く求めているが，それに応えられていない様子がわかる。また，小学校では生徒の特別な教育的ニーズに関する情報提供が強く求められているのに，それに応えられていない様子も示された。

中等学校では，生徒の評価や記録に関する助言が特に強く求められていたからこそ，実際に提供されていないことに対して落差の大きな評価がなされていた。

こうした同僚教師の評価から窺えるのは，中等学校における特別な教育的ニーズ・コーディネーターは，同僚教師に助言を提供するのではなく，むしろ自分自身で直接指導を行っている実態が背景に存在していることである。これは，特別な教育的ニーズ・コーディネーターの生徒への直接指導に関する項目の遂行状況の評価が，特に高い値を示している（4.57±.69）ことから導かれる解釈である。

実際，多くの特別な教育的ニーズ・コーディネーターは，特別な教育的ニーズのある生徒に対する指導経験が豊富な教師であることから，同僚教師よりもより質の高い指導を生徒に提供できることが期待されているのである。そして，特別な教育的ニーズ・コーディネーターによる質の高い指導が，同

僚教師やティーチング・アシスタントにとっての指導モデルとなっていたのであった。この点については，質問紙調査を補足するために行った面接調査でも，同僚教師や特別な教育的ニーズ・コーディネーター自身から同じ証言が得られた[64]。

　しかしながら，特別な教育的ニーズのある生徒に対する直接指導を特別な教育的ニーズ・コーディネーターに過度に期待することが，むしろ学校全体での対応を難しくしてしまうという課題を生じる可能性を持っている。この種の同僚教師からの期待が，特定の専門家と特定の生徒を学校全体から切り離してしまうことにつながる危険性がかねてより指摘されていたからである。すなわち，かつて1970年代に「レメディアル教師（remedelial teachers）」が生徒を通常学級から抽出して専門的指導を熱心に行えば行うほどに，当該の生徒と指導を担当するレメディアル教師のペアが学校全体からむしろ分離されるという構造を生じたという問題である[65]。これは，後にホール・スクール・アプローチの理念が，「学校内のすべての教師が何らかの役割と責任を分かち合うこと」を重視する背景となっていくことにつながるが，専門性の高い教師だけが指導に携わることがむしろ他の教師の無関与を引き起こしかねないという問題が存在したのである。時には，学校内の治療（補償）教育を行う部門が，まるで通常学級に対する「安全装置（backstop provision）」として見なされることさえあったという問題も指摘されていた[65]。

　レメディアル教師が「専門性」の名の下に一部の生徒のみを対象に指導を集中的に行い個別指導の時間が長くなり，その一方で他の生徒と学習活動に参加する時間が短くなると，レメディアル教育の部門が学校全体から孤立的な位置づけになりやすいという問題が指摘されたのであった。

　こうした排他的な環境がインクルーシヴ教育の考え方を拡大させることの妨げになるのである。個々の生徒の能力差は，小学校よりも中等学校において拡大しやすくなるために，中等学校の教師の方が多様な能力差のある集団の中で特別な教育的ニーズのある生徒への対応に戸惑いやすいと考えられる

からである。こうしたことが中等学校において，特別な教育的ニーズ・コーディネーターにより期待する意識を生み出していると考えられるのである。

特別な教育的ニーズ・コーディネーターによる直接指導は，時にこうした排他的な環境を生み出す遠因となることもある。それは，特別な教育的ニーズ・コーディネーターが，ただでさえ生徒の記録や判定書の維持管理のために忙殺されているために時間が限られてしまうのに，個々の生徒への指導に費やしてしまうことで，学校全体の体制整備のために費やす時間が失われてしまうことが第一の理由である。

そして，第二に，特別な教育的ニーズ・コーディネーターによる直接指導は，同僚教師に，より依存的な態度を生み出すことにつながる可能性が高くなるからである。中等学校における直接指導や記録や判定書の維持管理業務に特別な教育的ニーズ・コーディネーターが振り回される現状は，かつてレメディアル教育における失敗が繰り返されるのではないかという危惧を生じるのである。

Ainscow and Muncey (1989)[66] は，特別な教育的ニーズへの対応が効果的に展開できる学校というのは，協同と分担（collaboration and sharing）がしっかりと意識されていると特徴付けられることを指摘している。各学校において，特別な教育的ニーズへの対応に関して，特に専門性の高い指導を行うことのできる教師がいることは，たしかに有効なことである。しかし，その数が限定的であり，また，学校が有する資源として他の教師に拡げ，継承していく体制を備えなければ，一部の教師だけに負担がむしろ偏っていくことになる。

他方で，すべての教師が特別な教育的ニーズへの対応に関して対応できる能力が，具体的にはどの程度を指すのか定めることも容易ではない。

学校内の全教師が特別な教育的ニーズへの担当者である，という表現は，スローガンとしては美しいが，ともすれば責任の所在が不明瞭になり，誰もほとんど対応の責任や提供を担っていない，ということさえ生じかねないの

である。

　Ainscow ら（1989）は，常に「すべての教師がすべての生徒への責任を共有すべき」ことを主張してきたが，Wedell（2002）[67] が指摘するように，これは現実に可能であるのだろうか。イギリスの場合，特別な教育的ニーズ・コーディネーターだけでなく，多様なティーチング・アシスタントやメンター，各教科担任などが学校において協同していることから，こうした学校内での多職種による協同が一つの解決の方向性を見いだす可能性を指摘することができよう。

　少なくとも，特別な教育的ニーズ・コーディネーターに，直接指導の役割を強く期待したり，実際にその遂行が頻繁になされているようでは，学校全体での体制整備にはむしろ阻害要因となりかねない。あくまでもコーディネーターは，その名称が示すように，「調整」に本来の役割が置かれるべきはずだからである。

　特別な教育的ニーズ・コーディネーターが，各学校において，そうした本来の役割に専念できるようにするためには，各教師やティーチング・アシスタントが，従来以上に役割の分担を果たすことが求められるのはいうまでもない。

　そして，それを現実とするためには，現職教育が不可欠である。

　本調査からは，小学校の場合も中等学校の場合も，特別な教育的ニーズ・コーディネーターに対して，現職教育はあまり期待されていなかったが，学校全体での体制整備のためには，こうした役割も重要と考えられる。

　イギリスの学校においては，伝統的に各教員の独立性が強く，ティーチング・アシスタントへの指示も学級担任や教科担任が判断の権限をもっている。こうした文化の中で，特別な教育的ニーズ・コーディネーターが「学校内で」現職研修を実施することは，コード・オブ・プラクティスに指示されていても現実には難しいのではないかと，本調査の計画に助言を提供したマンチェスター大学の Farrell 教授は証言していた[68]。

320

　各学校における特別な教育的ニーズへの対応のための体制整備の１つとして，学校内での現職教育に明確な位置づけを持たせることが課題として指摘できるだろう。

第11節　まとめ

　本調査の結果からは，小学校と中等学校とでは，学校の条件が異なるため同僚教師による特別な教育的ニーズ・コーディネーターの役割への期待や遂行状況に対する同僚教師の意識にもこれに対応した相違が確認された。

　今回の調査対象になった教師の意識からは，特別な教育的ニーズ・コーディネーターへの期待が強く認識されていることが明らかとなった。特に中等学校ではその傾向が顕著であった。

　しかしながら，他方では，特別な教育的ニーズ・コーディネーターが，過剰な業務に忙殺される背景に，同僚教師から期待される内容も関係していることが示唆された。このことは，今後，各学校においてより質の高い特別ニーズ教育を展開するのに必要な協同体制を構築するために，同僚教師の果たす役割の自覚を促す働きかけが重要であることを意味している。すなわち，特別な教育的ニーズ・コーディネーターが本来の役割を十分に発揮できるようにするために，同僚教師やティーチング・アシスタントを対象にした研修のあり方が課題となるということである。

　各学級において担任教師によって提供される子どもの特別な教育的ニーズへの対応の質を高めることが，特別な教育的ニーズ・コーディネーターの負担を軽減することはいうまでもない。そして，各学校の環境条件に適した形での現職教育のアレンジメントは，学校全体を俯瞰することができる特別な教育的ニーズ・コーディネーターの重要な役割であり，学校内での様々な教職員との協同関係の質を高めることが，各学校が子どもの特別な教育的ニーズへの対応の質も向上させていくのである。こうしたことがマネージメント

業務に追われるのではなく，学校における特別ニーズ教育推進のためのリーダーシップを十分に発揮できるような特別な教育的ニーズ・コーディネーターの実践を可能にするはずである。

コーディネーターを配置すれば，すなわちコーディネーションが可能となるのではなく，その基盤整備に学校全体で取り組むことが不可欠である。

回答者のわずか7％しか特別な教育的ニーズ・コーディネーターになりたいとの希望を持っていなかったことは，学校内で協同体制が十分に構築できていない状況下で，特別な教育的ニーズ・コーディネーターが各担任やティーチング・アシスタントへのアドバイスの提供に追われ，マネージメントこそすれ校内でリーダーシップを発揮するにはほど遠い状況に彼らがおかれていることを如実に物語っている。

次章以降では，同僚教師やティーチング・アシスタントとの協同の中で，特別な教育的ニーズ・コーディネーターがその本来の役割を十分に果たすことができるのか，それを支える理論と実践条件について，補足的に検討したい。

注

1) Department for Education and Skills (2001) Code of Practice: Special educational needs. (Ref.DfES/581/2001)

2) Watkinson, A. (2009): The essential guide for experienced teaching assistants. -meeting the national occupational standards at level 3. David fulton.

3) Burnhum, L. and Jones, H. (2002): The Teaching Assistant's Handbook. S/NVQ Level 3. Hainemann.

4) 石隈利紀 (2004)：学校心理士によるコンサルテーションの方法。「学校心理士」認定運営機構（企画・監修）石隈利紀・玉瀬耕治・緒方明子・永松裕希（編）。学校心理士─理論と実践2：学校心理士による心理教育的援助サービス─。北大路書房。pp. 74-87.

5) これは単に制度面での不備ばかりによっているのではなく，最もラディカルかつ強力なインクルージョンの理論と実践を提案するソーシャル・モデルによる研究者

や実践家たちが，特別な教育的ニーズのある生徒に対する個別アプローチに懐疑的な姿勢を示していることも背景の一つにある。

6) Phillips, S, Goodwin, J., and Heron, R. (2001): Management Skills for SEN Coordinators in the Primary School. Falmer press.

7) Department for Education and Department of Health (2015): Special educational needs and disability code of practice: 0 to 25 years. Statutory guidance for organisations which work with and support childrenand young people who have special educational needs or disabilities. Ref: DFE-00205-2013.

8) DfES (2001): op cit. note 1) は，1994年に発行された最初のコード・オブ・プラクティスの改訂版であり，1996年教育法がその根拠規定である。

9) 特別な教育的ニーズ・コーディネーターの制度は，1994年のコード・オブ・プラクティスに始まるが，1978年にウォーノック報告が公にされ，1981年教育法によって特別な教育的ニーズの概念が教育制度に位置づけられて以降，非公式にこうした役割を担う教師を整備してきた学校がある。それらの学校では，コード・オブ・プラクティスが発行する以前から「特別な教育的ニーズ・コーディネーター」の名称が使われていた。

10) レジスターには，生徒の特別な教育的ニーズの内容とそれへの対応が示される。多くの学校の場合には，判定書を発行されている生徒と発行されていない生徒の場合とでレジスターの書式に違いはない。

11) 真城知己 (2003)：改訂コード・オブ・プラクティスの SENCO への影響と課題－IEP に関わる内容を中心に－。SEN ジャーナル第 9 巻。pp. 67-81. において検討し，依然として特別な教育的ニーズ・コーディネーターの過剰負担が制度的に続く可能性を指摘した。

12) Phillips, S, et al. (2001) op cit. note 6).

13) Lingard, T. (2001): Does the Code of Practice Help Secondary School SENCOs to Improve Learning?, British Journal of Special Education, vol. 28, no. 4, pp. 187-190.

14) Department of Education and Science (1978) Special Educational Needs. Report of the committee of enquiry into the education of handicapped children and young people. (Warnock Report) HMSO.

15) Phillips, S. et. al., op sit note 6), pp. 63-65.

16) Remedial Teacher は治療教師や補償教師などと訳されてきたが，1970年代までを中心に特に障害のある生徒を抽出するなどの形式で専門的な指導を行ってきた教師

をさしている。特別な教育的ニーズ・コーディネーターの制度が導入された当初は，多くの特別な教育的ニーズ・コーディネーターが自らの役割をこれに重ねて意識したために，特定の生徒と特定の教師が他の学習集団から切り離され，インクルージョンの推進をむしろ妨げてしまった問題が指摘されている。

17）これについては，特別な教育的ニーズ論の中でも，ソーシャル・モデルの立場から強く論じられている。

18）今回の調査対象の16名中，定年を間近に控えた教師を除く全員が国家資格の制定を希望していたが，これは例外的な意見ではないだろう。

19）学習支援アシスタントは，現在ではティーチング・アシスタント（Teaching Assisstant）と総称されているが，学校によっては従来からの名称である LSA を使用しているところもある。

　　本調査で対象にしたイングランド北西部では，2000年代の初めまで学習支援アシスタント（LSA）の名称を地域で使用してきたので，ここでは調査時に対象で使用されていた用語をそのまま表記することにした。

20）筆者は，この20年ほどの間にイギリスにおける数多くの学校を訪問調査し，特別な教育的ニーズ・コーディネーターとの面接も行ってきたが，各学校の状況の違いはとても大きい。このため「典型的な」実践例として取り上げることには違和感がある。本章で取り上げた2校の事例は，あくまでもコーディネーター制度のあり方を考えるための実践活動の例として理解してもらいたい。

21）念のために補足すれば，イギリスでは小学校，中等学校を問わずすべて pupil との表記で統一されているので，本章では小学校で学ぶ子どもを指す場合でも生徒との語をあてている。

22）小学校では午前と午後の間には教職員の休憩時間がある。このため，給食を生徒たちとは別にスタッフルームで教師だけでとる場合も多い。こうした時間や業間が教師間のコミュニケーションのための機会を兼ねているのである。

23）Department for Education and Skills（2001）: Code of Practice: Special educational needs.（Ref.DfES/581/2001）

24）イギリスの remedial teacher は，もともとは知的障害に対する「治療的」発想から登場した専門指導のことである。特に，知的障害（1981年教育法施行までは Educationally Sub-normal: ESN と称された）のある生徒を対象にして，ドイツの Heilpädagogik をモデルにした補習型の指導が展開された。このため「補償教師」と訳される場合もある。

25）Department of Education and Science（1978）: Special Educational Needs.（Warnock Report）．HMSO．

26） 20％という推定値は，1950年代に行われた学習に遅れを伴う生徒に関する調査を根拠にして算出されたものであるため，今日的状況を反映できるような新たな調査が必要であろう。

27） レセプション部とは，就学直前の4歳児を対象にしたもので，それぞれの小学校に併設されている。この部門は，様々な文化や家庭背景をもつ生徒たちが学校にスムーズに適応できるようにすることを大きな役割として担っている。学習課題はアルファベットの学習や，時計の読み方，コミュニケーションの基礎などで，多くは午前中で課程を終える。

28） イギリスでは，こうした移民家庭の生徒たちを対象にして言語や生活指導の支援を行うための EMAS という制度があり，これに必要な支援のためのアシスタントはこれによって雇用されている。

29） この概念については，31）の文献中で詳しく説明されているが，特に支援を強く必要とする生徒だけでなく，その学校に在籍する多くの生徒が共通してもつ教育的ニーズへの対応への視座が特別な教育的ニーズも含めた多様な教育的ニーズの包含には必要であると考えられている。

30） イスラム教の生徒たちは，平日の日中にも礼拝があるため，その日は学校を欠席しなければならなかったり，様々な宗教的制約のもとに生活をしている。教師は，生活習慣や文化の違いも含めて，こうした生徒たちの生活を理解することが必要であるが，その際にも EMAS によるアシスタントの役割が重要なのである。

31） 真城知己（2003）：特別な教育的ニーズ論．文理閣．

32） 文部科学省（2004）：小・中学校における LD（学習障害），ADHD（注意欠陥／多動性障害），高機能自閉症の児童生徒への教育支援体制整備のためのガイドライン（試案）．東洋館出版社．

33） 福井県特別支援教育研究会編（2006）：すぐに役立つ特別支援教育コーディネーター入門．東京書籍．

34） 特別支援教育士資格認定協会編（2006）：特別支援教育の理論と実践Ⅲ．特別支援教育士の役割・実習．金剛出版．

35） 相澤雅文・清水貞夫・三浦光哉編（2007）：必携・特別支援教育コーディネーター．クリエイツかもがわ．

36） 教育雇用省は，2007年6月にその後身である教育技能省と貿易産業省とが統合されて，児童学校家庭省（Department for Children, Schools and Families: DCSF）に改組されている。

37）Department for Education（1994）: Code of Practice. Special Educational Needs. HMSO.

38）Department for Education and Skills（2001）: Code of Practice. Special Educational Needs.（Ref./DfES/581/2001）

39）こうした状況については，真城知己（2005）：イギリスの特別な教育的ニーズ・コーディネーター（DVD教材）．千葉大学真城研究室．で紹介されている。

40）Department of Education and Science（1978）: Special Educational Needs.（Warnock Report）. HMSO.

41）Lingard, T.（2001）: Does the Code of Practice help secondary school SENCOs to improve learning?, British Journal of Special Education, vol. 28, no. 4, pp. 187-190.

42）真城知己（2004）：イギリスの「特別な教育的ニーズ・コーディネーター（SENCO）」の小学校における協同．千葉大学教育学部教育実践研究．11，pp. 55-64.

43）真城知己（2005）：イギリスの特別な教育的ニーズ・コーディネーター（DVD教材）．千葉大学真城研究室．

44）新井英靖（2007）英国の学習支援アシスタントの発展過程に関する研究，発達障害研究，29（4），pp. 280-288.

45）統計的検定の際に「効果量（effect size: ES）」を明示することの必要性や，その意味については，平井明代（2012）：教育・心理系研究のためのデータ分析入門．東京図書．や，豊田秀樹（2009）：検定力分析入門．東京図書．などがわかりやすい。

46）Cowne, L.（2005）: What do special educational needs coordinators think they do?, British Journal of Learning Support, 20（2），pp. 61-68.

47）Layton, L. and Robertson, C.（2004）: Exploring the role of the special educational needs co-ordinator. International report to the school of education, The University of Birmingham.

48）マンチェスター大学のPeter Farrell教授への聞き取り調査から，この点の解釈の妥当性の証言を得られている。

49）継続教育カレッジでの対応や進路選択については，真城知己・石部元雄（1990）：イギリスにおける特別な教育的ニーズを持つ青年に対する継続教育について。筑波大学心身障害学研究，第15巻，1号，pp. 63-72.，真城知己（2003）：英国における移行支援の制度と実際。肢体不自由教育，第162号，pp. 152-158.，及び真城知己（2008）：イギリスの継続教育と移行支援。石部元雄・柳本雄次編。特別支援教育―理解と推進のために―。福村出版。pp. 204-217. を参照。

50）2003年4月に訪問した North Manchester High School for Boys における Freiser, B. 教諭への聞き取り調査の際に得られた事例に基づく。

51）Department for Education and Skills（2001）: Code of Practice. Special Educational Needs.（Ref./DfES/581/2001）

52）第8章参照。

53）小学校では，1970年代までのレメディアル教育によって，障害のある生徒とその指導を担当する教師がまるで学校全体から切り離されたように位置づけられてしまったことへの強い反省から，通常学級においてできるだけ対応を提供することが意識されるようになって現在に至っている。小学校における特定の生徒と教師が学校全体から分離される構造の問題については，Ainscow, M. and Florek, A.（1989）: Special Educational Needs: towards a Whole School Approach. Devid Fulton. が詳しい。

54）いわゆる日本のような職員室は存在していないと理解した方が良い。スタッフ・ルームは，情報伝達のための掲示板と，電話，そして簡易なイスと机が用意されている程度の簡単なものが多い。

55）Crowther, D., Dyson, A., and Millward, A.（2001）: Supporting pupils with special educational needs: issues and dilemmas for special needs coordinators in English primary schools. European Journal of Special Needs Education, vol. 16. no. 2, pp. 85-97.

56）Lingard, T.（2001）: Does the Code of Practice Help Secondary School SENCOs to Improve Learning?, British Journal of Special Education, vol. 28, no. 4, pp. 187-190.

57）茂木俊彦・清水貞夫（監修）（1999）：転換期の障害児教育．別巻ビデオ『特別なニーズ教育とウォーノック女史』．三友社。

58）Cowne, E.（2005）: What do special educational needs coordinators think they do?, Support for Learning, 20(2), 61-76.

59）Crowther, D., Dyson, A., and Millward, A.（2001）: op cit. note 55）.

60）Layton, L. and Robertson, C.（2004）: Exploring the role of the special educational needs co-ordinator. International report to the school of education, The University of Birmingham.

61）Layton, L.（2005）: Special educational needs coordinators and leadership: a role too far?, Support for Learning, 20(2), 53-60.

62）National Union of Teachers（NUT）（2004）: Special educational needs co-ordinators and the revised Code of Practice: an NUT survey. London. NUT.

63) Phillips, S., Goodwin, J., and Heron, R. (2001): Management skills for SEN Coordinators in the primary school. Falmer press.

64) 2003年9月に2校の小学校と2校の中等学校において3名の教師と4名の特別な教育的ニーズ・コーディネーターから証言を得た。

65) Sewell, G. (1982): Reshaping Remedial Education. Croom Helm.

66) Ainscow, M. and Muncey, J. (1989): Meeting individual needs. David Fulton.

67) Wedell, K. (2002): All teachers should the teachers for special needs' -but is it possible?, British Journal of Special Education, 29(3), 151.

68) 2003年5月に本調査の実施計画を立てていた際に助言を求めた際に得られた証言である。

第10章　特別な教育的ニーズ・コーディネーターが
機能する条件

第1節　はじめに

　これまでにも繰り返し指摘されてきたことであるが，海外の類似制度の理解には十分な注意が必要である。外国の制度への無批判な同化主義ともいえるような論調は過去のことであるが，一部の実践雑誌に掲載される海外動向などには，いまだにそれに近い印象を残す記事もないわけではない。

　こうした状況の中，日本における特別支援教育コーディネーターについて考える上で，最近，もっとも引き合いに出されることが多くなったものの一つが，イギリスの特別な教育的ニーズ・コーディネーターである。

　特別な教育的ニーズ・コーディネーターは，イングランドとウェールズでは，1993年教育法と翌年のコード・オブ・プラクティスを根拠規定にして創設されたもので，すべての小学校と中等学校に配置されている[1]。

　特別な教育的ニーズ・コーディネーターが障害のある生徒への教育的対応のための重要な役割と責任を持った存在ということから，日本においてはこれについての言及が増えているが，特別支援教育コーディネーターと関係づけて論じる場合には，細心の注意を払うことが必要である。それは，この二つの制度は名称こそ「コーディネーター」という点で共通するものの，その役割や責任は，大きく異なるものだからである。各々の制度が成立する条件となる学校教育や関連サービスの違いをふまえずに，両者を比較検討すること自体が大きな瑕疵を生じることにつながってしまう危険性さえもっている。

　たとえば，日本の特別支援教育コーディネーターは，その対象が「(学習

障害，注意欠陥多動性障害，高機能自閉症を含んだ）障害のある児童生徒」に限定されているのに対して，イギリスの特別な教育的ニーズ・コーディネーターが対応する責任の範囲は，異なる文化，宗教，言語を背景とする家庭の子どもへの対応や，貧困家庭の子ども，虐待，10代の妊娠と出産，薬物中毒などきわめて多様なニーズをもつ子どもにまで及んだものであるという違いについては，単なる対象範囲の違いとして理解するのは不適切である。また，日本の特別支援教育コーディネーターに与えられる役割は，個々の子どもへの対応をよりきめ細かく丁寧に行うことに主眼がおかれ，その象徴として個別の指導計画や個別の教育支援計画の作成を徹底することや，学校内外の「協力」体制の構築に重点がおかれているが，このことからも看取されるように，日本では実務面での役割が強調される一方で，責任の範囲が不明瞭という特徴がある。

　これに対して，イギリスの特別な教育的ニーズ・コーディネーターは，様々な法的な責任をもたされた存在である。たとえば，彼らが作成する年次レビューの報告は，その学校が獲得する予算の額にまで影響を及ぼす重要なものであり，内容の不備はもし裁判になった場合には，そこで責任を追及されるほどの責任が伴うものである。

　もちろん，こうした例示の意図は，イギリスの制度が秀逸で，翻って日本の制度が不十分であるということではない。決して，イギリスの特別な教育的ニーズ・コーディネーターの制度は，優れたものではないからである。ただ，両制度の立脚点の違いを十分にふまえない制度比較にもとづく知見を鵜呑みにしたり，（特に教育分野における）コーディネーターの機能と責任に関する理論研究を蓄積することなしに安易に調整役としてのコーディネーター制度の導入を進めることが，学校に混乱と教育的対応の質の低下さえ引き起こしかねないことには十分に注意しなければならない。とりわけ，日本の特別支援教育コーディネーターに関しては，教育分野におけるコーディネーターの機能に関する議論が，その必要性に言及されるばかりで，これまでに十

分な深化が図られてこなかったこと，そして日本の教育制度文化を基盤にした障害児教育分野におけるコーディネーターに関する理論研究が皆無といってもよい状況であるにも関わらず，制度的導入が先行しようとしている状況を勘案するとき，イギリスの特別な教育的ニーズ・コーディネーターの制度と，現在，構想が進められている日本の特別支援教育コーディネーターを単純に比較して論じることは，都合の良い解釈が横行する原因ともなりかねないことから，ここではそうした方法をとることはさけたい。

こうしたことを念頭に，本章では，イギリスにおける特別な教育的ニーズ・コーディネーターに関わる特徴や課題を取り上げながら，この制度を支えるための条件を整理することを目的とした。

第2節　特別な教育的ニーズ・コーディネーターとイギリスにおける特別な教育的ニーズのとらえ方

イギリスの特別な教育的ニーズ・コーディネーターの制度を理解するためには，この国における特別な教育的ニーズの概念特徴をふまえることが前提となる。

第3章で述べたように，イギリスにおける特別な教育的ニーズの概念は，1970年代のはじめに障害と環境要因との関係についての問題意識を背景にイギリスで提起された。そして，1978年のウォーノック報告，及び1981年教育法によって教育制度に導入されたことを契機に世界的に知られるようになった。1980年代には，この考え方を背景にして，通常学校においても特定の専門家だけに責任を偏らせるのではなく，学校全体で特別な教育的ニーズへの対応を図る体制を構築しようとするホール・スクール・アプローチの概念が提案されるなどしてきた。

特別な教育的ニーズの概念に基づく教育の考え方の特徴は，障害のカテゴリーなどによる一律ではなく，特別な教育的ニーズの強さに応じて，予算措

置などが定められるという点であるが，環境要因が十分に考慮されないと，予算配分原理などに大きな問題を生じる構造をもっている。第5章で取り上げたように，1980年代後半には，（環境要因としての）各学校における体制整備が十分に進まなかったため，実際に地方教育当局と各学校との責任のなすりつけあいや，特別な教育的ニーズへの対応のための学習環境に不備がある学校ほど多くの予算が配置されるという矛盾が生じるといった問題が顕在化した。この点に関しては，Audit Commission and HMI（1992)[2]によって，地方教育当局及び各学校に対して，特別な教育的ニーズに関わる方針の具体的内容を公にすることが勧告され，責任を明確に示しうるだけの体制を整えることが求められるようになった。

　一方，学校教育に競争原理を導入した1988年教育改革法の成立によって，ナショナル・カリキュラムが導入され，特別な教育的ニーズのある生徒に対して各学校においてその修正のための実務担当者が必要とされるようになった。

　ナショナル・カリキュラムの導入に伴う修正作業の実務担当者の必要性や，特別な教育的ニーズに関わる各学校の対応方針の作成と公表への要請に加え，対応のための責任と予算措置の根拠となる「判定書（Statement）」の申請のための書類作成担当者の必要性が，イギリスにおける特別な教育的ニーズ・コーディネーター制度が用意される背景となったのであった。

　1993年教育法と翌年のコード・オブ・プラクティス（1994）によって，特別な教育的ニーズ・コーディネーターが明確に位置づけられるようになってからは，判定書の申請に必要な年次レビューや個別指導計画の作成といった事務処理作業に忙殺されるという事態にとまどう様子が数多く報告されるようになった。この傾向は1990年代から現在に至るまで続いている。

　現在の特別な教育的ニーズ・コーディネーターの役割は，改訂コード・オブ・プラクティス（2001)[3]に示されており，各学校における特別な教育的ニーズに関わる日常の学校方針の遂行，同僚教師との協力関係の構築と助言の

提供，教師や学習支援アシスタントなどのマネージメント，特別な教育的ニーズのある生徒への対応のコーディネート，特別な教育的ニーズのある生徒の記録の作成と管理，親や親との協力関係の構築，教職員の現職教育，及び学校外の専門機関との協力関係の構築が具体的内容として指示されている。

　改訂コード・オブ・プラクティス（2001）では，特別な教育的ニーズ・コーディネーターの業務負担を軽減することの必要性が言及され，レジスター（記録簿）の作成義務が廃止されるなどしたものの，Crowther, Dyson and Millword（2001）[4] が指摘しているように，依然として過剰な負担をかかえるコーディネーターが多いことが知られている。そればかりか，各学校における特別な教育的ニーズへの対応体制を十分に構築できないという問題も引き続き指摘されている。

　Lingard（2001）[5] によれば，特に学校の規模が大きな場合には，特別な教育的ニーズ・コーディネーターが不必要に管理的になってしまったり，作成した個別指導計画が教科担任教師等によって実施されない問題が生じているというのである。これは，インクルージョンが原則とされるようになったイギリスにおいても，特別な教育的ニーズ・コーディネーターだけに特別な教育的ニーズへの対応の役割や責任が偏っているのでは適切な対応を用意することが困難であること，そして，単に特別な教育的ニーズ・コーディネーターだけに高い専門性を求めて依存的になったり，彼らの役割や責任の範囲を拡大しても，それが機能できる学校の環境整備に取り組まなければ，この制度自体が成り立たないということを意味しているのである。もちろん，必要な環境整備の核としての役割は特別な教育的ニーズ・コーディネーターが担うことになっているのであるが，学校理事会をはじめとした管理職への日常的な働きかけや，学校外の専門家や親との緊密な関係の形成も含めて，その役割と責任に関する検討課題も多い。

　2010年にイギリス教育省が公式に特別な教育的ニーズ・コーディネーターのための養成研修を各大学に委託するまでは，地方教育当局や一部の大学が

用意する特別な教育的ニーズ・コーディネーターを対象にした研修講座以外に，彼らがその専門性を高めるための系統的な学習を受けられる機会はほとんどなかった。このため，実際の彼らの専門性の質には，現在でもかなりの格差があることが課題となっている。

　ただし，ここで留意しなければならないのは，彼らに求められる専門性は，個別指導のスペシャリストではないということである。もちろん，専門的指導も十分に実践できる方が望ましいのであるが，特別な教育的ニーズ・コーディネーターとしての役割を果たす上で，特定のアプローチに関して「実行できること」と「理解していること」とは区別しなければならない。個別指導ばかりに傾倒した実践を展開した特別な教育的ニーズ・コーディネーターの大半が，職務遂行に行き詰まってしまったのは，彼らが自身の役割のアイデンティティを生徒への直接指導においたことが原因であったことが知られている（Layton, 2005）[6]。

　この点で，第9章で実施した調査で明らかになった，中等学校の特別な教育的ニーズ・コーディネーターが直接指導の役割を相当強く担っている状況は，今後も，こうした問題が継続する可能性を示唆しているものであると考えられる。

　通常学校の場合，特定の教師と特定の少数の生徒とのつながりが緊密性を増せばますほど，彼らが学校全体の集団から「分離された」存在になる確率も高くなるといわれる。そして，こうした分離状態が強くなればなるほど，他の教師やアシスタント，そして管理職も特別な教育的ニーズへの対応の役割と責任を特定の教師だけに依存するようになるという問題が生じてしまうのである。

　もちろん，特別な教育的ニーズ・コーディネーターが，直接，生徒との関わりをもつことはとても重要である。生徒の日常的な特別な教育的ニーズを把握するためには，これは不可欠な機会でもある。

　しかし，それはあくまでも生徒の特別な教育的ニーズへの対応のための日

常の実践を直接提供する責任を担っているのは各学級担任や教科担任であり，また，より密接に関わるのは学習支援アシスタント等であることが，前提になっていなければならないものである。特別な教育的ニーズ・コーディネーターが直接的に生徒と関わるのは，生徒の学習の様子を把握し，個別指導計画の修正を行ったり，他の教師への助言の提供をすることが目的とされるものだからである[7]。つまり，特別な教育的ニーズ・コーディネーターが，各学校において十分にその役割を発揮するためには，他の様々な教職員がそれぞれに役割と責任を明確にもった学校の体制を整えていくことが伴わなければならないのである。

　このように特別な教育的ニーズ・コーディネーター制度が適切に機能するためには，一定の条件を整える必要があることがわかる。すなわち，特別な教育的ニーズ・コーディネーターが適切に役割と責任を果たすことを可能とするためには，一定の条件の存在が求められるということである。

　それでは，いったいイギリスにおいて特別な教育的ニーズ・コーディネーター制度が成り立っていることを支えている条件とはいったいいかなる要素から構成されているのであろうか。

　本章では特別な教育的ニーズ・コーディネーター制度を支えている条件について取り上げて，そこに特別な教育的ニーズの概念に関する教育制度の特徴が位置付いていることを明らかにする。

第3節　イギリスの特別な教育的ニーズ・コーディネーター制度を支える条件

　本節では，イギリスの特別な教育的ニーズ・コーディネーター制度が成り立つために必要な条件について取り上げながら，背景にある特別な教育的ニーズの概念をふまえた教育制度の特徴について検討する。

1．特別な教育的ニーズのある生徒への対応の根拠となる
　　判定書制度の存在

　特別な教育的ニーズに関する判定書（the statement of special educational needs）は，1981年教育法によって導入されたもので，特別な教育的ニーズと特別な教育的対応（special educational provision）の内容を示し，地方教育当局による予算配分の根拠となるものである。現在は，およそ5％くらいの生徒に対して発行されている。判定書制度を巡っては，制度開始当初は判定書の発行が躊躇されたり，記述があいまいで，地方教育当局や各学校の責任が不明瞭になってしまったり，判定書を発行されない生徒たちへの対応がおろそかにされてしまうという問題が生じていたが（河合，1989）[8]，今日では，地方教育当局と各学校の責任分担を明確に示したものとしての位置づけを確立している。とりわけ，学校においてどのような対応の責任があるのかが，それぞれの生徒ごとに示されたことによって，それを遂行するための体制整備に法的な根拠が与えられるようになっている意味は大きい。

　判定書は，コード・オブ・プラクティスの発行（1994，2001，2014に改訂）によって，さらに具体的な内容の記述に関する指針が示されたことに伴い，一層，明瞭な記述がなされるようになった。地方教育当局ごとに記述傾向の特徴もないわけではないが，いずれにも共通するのは1980年代に作成された判定書の内容と比較すると，格段に内容が丁寧に記述されるようになっていることである。

　特別な教育的ニーズ・コーディネーターにとっては，一定の法的拘束力を持った根拠となる判定書制度の存在は，各学校での実践を展開する上で，必要な予算を獲得して学校体制の構築を進めたり，策定した個別指導計画を「絵に描いた餅」ではなく実効性をもつものとするために重要な制度なのである。実際の業務においては，判定書を発行されていない生徒への対応の方が圧倒的に人数も多いのであるが，特別な教育的ニーズ・コーディネーター

が中心となって学校の体制を構築する上では，判定書制度の存在は彼らの業務の根幹に関わるものとなっているのである。

　特別な教育的ニーズ・コーディネーターを対象にした調査からも，各学校において判定書の維持管理が以下に彼らの役割を特徴付けているかが明確となったが，各学校での判定書の維持管理のためにはコーディネーターの存在が不可欠である。判定書制度の存在は，教育行政的には特別な教育的ニーズ・コーディネーターの第一の存在理由（レーゾンデートル raison d'être）なのである。

２．地方教育当局と各学校の責任が明確に示されていること

　判定書は，各学校での責任ばかりでなく，地方教育当局の責任についても，これを明確に規定している。地方教育当局が，当該の生徒に対してどのような資源を割り当てるのかといった内容が，具体的に判定書に記述されるからである。これにもとづいて，地方教育当局は，必要な予算措置を講じるのである。

　特別な教育的ニーズ・コーディネーターは，地方教育当局に対して判定書を発行されている生徒に関して必ず年次レビューの議事録を関係書類とともに提出しなければならないことがコード・オブ・プラクティス（2001）によって定められている。この制度によって，各学校がどのように対応を図ってきたのかが地方教育当局に伝えられるのである。

　地方教育当局では，その内容を勘案して，翌年度の予算の配分などを決定する。

　もし，地方教育当局と各学校での責任が明確に示されなければ，対応を巡って地方教育当局と各学校が互いに責任回避にはしってしまったり，必要な予算措置が講じられないといった課題が生じる可能性があるが，判定書によって役割分担が明確に示されることで，特別な教育的ニーズ・コーディネーターは，各学校での対応の様子を，その学校の責任遂行の状況とともに明確

に示すことが出来るのである。判定書においては，モニタリングについても記述され，どの程度の間隔で各生徒の特別な教育的ニーズの状態や学校が提供する対応の内容の再検討を行うかについても指示するようになっている。これは，用意された対応が生徒の特別な教育的ニーズに有効であるかどうかを，各学校の対応の実際を継続的に再評価することによって検討しようとするものである。すなわち，判定書によって示された対応について，学校が十分に責任を果たせているのかどうかモニターされる制度が用意されているのである。

　このように，必要な対応のための行政責任が明確に示される制度が存在していることが，特別な教育的ニーズ・コーディネーターの業務遂行を支える背景となっているのである。

3．各学校に生徒への対応に関する方針を明確にして公表することが課せられていること

　各学校での対応が適切になされているかどうかの説明は，特別な教育的ニーズ・コーディネーターだけに委ねられているのではない。各学校には，学校理事会が特別な教育的ニーズへの対応に関する方針を明確にして公表しなければならない責任が課せられているのである（DfEE, 2001)[9]。

　各学校が対応の方針を公表するように定められたのには，すでにふれたように，1980年代後半に特別な教育的ニーズへの対応のための体制を構築する努力を怠った学校が，その結果として環境要因の不適切さのために生徒の特別な教育的ニーズを増長させていたにもかかわらず，予算だけを獲得して他の教育活動に流用していたという問題点に対応することが背景の一つとなっていたことが指摘されている（真城, 2005)[10]。具体的には，OFSTED (Office for Standards in Education) の視学官による調査を受けることを指しているが，各学校が特別な教育的ニーズへの対応について，学校外に明確に示す義務を課すことで，学校理事会をはじめとした学校の運営組織や各教員に，その学

校における特別な教育的ニーズへの対応についての自覚を促す機会ともなる。このことは，特別な教育的ニーズ・コーディネーターがその役割を遂行する上でも重要な意義がある。

　一部の学校では，特別な教育的ニーズ・コーディネーターだけに責任を委ね，他の教員や学校の運営組織が生徒の特別な教育的ニーズへの対応にほとんど関心を示さないという問題が生じていたが，各学校が対応方針を公表しなければならないという規定によって，運営組織や他の教師も包含して，どのように特別な教育的ニーズ・コーディネーターと関係をもって対応のための体制を構築していけばよいかが意識されるようになるからである。

　もし，これがなければ，各学校において，特別な教育的ニーズ・コーディネーターだけが特別な教育的ニーズへの対応を委ねられ，孤軍奮闘する状況が続いたことであろう。各学校の管理職や教師全員が，学校全体として対応に取り組む体制を構築するための責任と役割を共有することが重要なのである。

４．特別な教育的ニーズが「障害」だけに限定されず，言語，宗教，文化的マイノリティ等に由来するニーズへの対応も含めて想定されていること

　イギリスにおける特別な教育的ニーズへの対応は，判定書を発行されないものの，特別な教育的ニーズがあると考えられる生徒への対応の必要性が一層自覚されるようになっている。これにともなって，特に言語や宗教にも十分に配慮した個別指導計画の作成がなされるようになっただけでなく，学習支援アシスタントや学習メンターの配置も，生徒の言語や宗教に通じた人材が雇用されるようになっている。

　このことは，障害だけに視点をおいた対応ではなく，各学校が生徒の様々なニーズの一つに障害による影響についても位置づけて，必要な対応を考えるようになっていることを表している。生徒の特別な教育的ニーズを障害や

その関連領域だけにとどめて考えるのではなく，家庭環境等の様々な要因を含めて必要な対応を用意しようと考える文脈がそこにある。したがって，特別な教育的ニーズ・コーディネーターには，学習障害（イギリスでは Specific Learning Difficulty（SpLD）が用いられる[11]）や注意欠陥多動性障害等も含めた障害ばかりでなく，こうした多様なニーズへの理解と対応のために必要な知見が求められることを意味している。

　さらに，実際の対応にあたっては，彼らだけではなく学級担任（小学校）や教科担任（中等学校）も，多様な生徒の特別な教育的ニーズへの対応に，日常的に関与することが必然となるのである。なぜならば，言語や宗教，貧困も含めた家庭環境の課題等に由来する特別な対応を必要とする生徒が，どの学校にも存在しているからである。

　たとえば，第9章で取り上げたB小学校のように，イギリスにはパキスタンからの移民家庭も多いが，彼らはウルドゥ語を母国語とし，イスラム教を宗教としてもっており，平日にモスクでの礼拝に参加をする。こうした文化背景をもつ家庭の子どもで特別な教育的ニーズのある生徒への対応には，もちろん言語や宗教への対応も含まれるが，それは同じ文化背景を持つ他の生徒たちにも共通する対応となる。すなわち，彼らの固有文化としてのウルドゥ語やイスラム教に関する配慮は，特別な教育的ニーズのある生徒だけでなく，他の生徒にも共通した対応となるということである。これは，同じ民族の家庭が集合して地域を形成している場合が多いことが背景となっている。したがって，こうした場合には当該の学校のほぼすべての教師が，英語を母国語としない生徒への対応に必ず携わることになるのである。

　つまり，特別な教育的ニーズ・コーディネーターだけが対応に関わるのではなく，多くの生徒に共通する特別な対応（本例では言語と宗教）が，すべての教師によって提供されるべく文脈が形成されているということである。

　このような状況は，特別な教育的ニーズ・コーディネーターだけに対応の責任が偏重することなく，教育課程の調整や，指導体制の構築の必要性を学

校全体で自覚し，必要な体制整備を進めていくことができる条件を整えやすいのである。こうした文脈が学校において形成されることが，「学習上の困難を引き起こすあらゆる原因を包含して（DES, 1978)[12]」対応を考える特別な教育的ニーズの考え方にもとづいた教育の特徴でもある。

　イギリスの特別な教育的ニーズ・コーディネーターの中には，こうした移民家庭が多い地域の学校で活動する者がどの自治体にも必ず存在している。障害に関わることだけでなく，学校内で多様な教育的ニーズに対応する必要性が存在することが，特別な教育的ニーズ・コーディネーターの役割の重要性が各学校において明確に認識される上で重要な要件となっているのである。

5．特定の生徒だけを抽出して専門的対応に直結させるのではなく学校全体の機能を高める中に特別な教育的ニーズへの対応を位置づける文脈の存在

　生徒の特別な教育的ニーズへの対応のために，各学校において特定の教師だけが責任を持たされるのではなく，学校全体で対応の体制を整えていこうとする，ホール・スクール・アプローチの理念は，1980年代後半に行き詰まったと評価されたこともあったが[13]，この考え方は現在にまで至っている。とりわけ，インクルージョンへの志向が鮮明になってくると，Ainscow (1999)[14]のように，学校が生徒の多様性（diversity）を包含して対応を用意できるようにすることこそが重要であるといった論調が強く主張されるようになる。必要な専門的指導の提供がインクルージョンと整合しないと考える立場からは，時には個別指導を完全に否定するほどの強硬な論が展開されることもあり，なお，論争が続いてはいるが少なくとも各学校が生徒の多様な特別な教育的ニーズに対応できる体制の構築を目指す点はインクルージョンに関する論に共通している。

　こうした中で，特別な教育的ニーズ・コーディネーターには，学校内の資源を最大限に活用して行う対応（スクール・アクション）と，学校外の機関も

含めて行う対応（スクール・アクション・プラス）を十分に検討することがコード・オブ・プラクティスによって求められている。ここでのポイントは，彼らは単に特定の生徒を抽出（withdrawn または pick up）して，専門的対応を学校外の機関に委ねるべく，連携をつくろうとするのではなく，学校内外が協同することを念頭に，必要な学校内の体制を整えていくことを模索しているという点である。

　現実には，なお対応のための体制が不十分な学校も多いが，そうした状況の中でも，安易に専門機関に対応を任せようとするのではなく，あくまでも学校内と学校外の役割分担を明確にしながら適切な体制をつくることに力を注ごうとしているのである。すなわち，学校内での対応についてもその見直しを行い，学校全体の機能を高める中に特別な教育的ニーズへの対応を位置づけようとされているということである。学校がこのような方向性をもつとき，特別な教育的ニーズ・コーディネーターは，その機能をより効果的に発揮することが可能となる。

　日本の特別支援教育コーディネーターは，通常学校及び特別支援学校のいずれにも配置されることになっているが，イギリスの特別な教育的ニーズ・コーディネーターは通常学校のみで，原則として特別学校には配置されていない。

　この大きな理由の一つは，特別学校の場合には，すでに生徒の特別な教育的ニーズへの対応を学校全体で図ろうとする体制が構築されていると見なされているからである。裏を返せば，通常学校における対応の体制を構築する際に，学校内の体制を整えるための強力な促進役となることが特別な教育的ニーズ・コーディネーターには求められているということなのである。さらに，学校の体制が整ってくれば，判定書を作成されていないが特別な教育的ニーズのある生徒に対しても，特別な教育的ニーズ・コーディネーターだけにその責任と役割を偏重させなくても，適切な対応を図ることが可能となると考えられている。

第10章　特別な教育的ニーズ・コーディネーターが機能する条件　　343

　これは，特に強いニーズがあると考えられる生徒だけを抽出して専門的対応に結びつけるという発想のもとでは，得ることが困難な展開であることが理解できよう。かつての治療（補償）教育への反省から，学校内の一部だけに高い専門性資源を構築するのではなく，（必要に応じて高い専門資源を活用しながらも）各学校が提供する学校全体の制度の中に，特別な教育的ニーズへの対応を構築しようとする上で，特別な教育的ニーズ・コーディネーターの役割が位置づけられているのである。

6．ティーチング・アシスタントなどの様々な支援スタッフの存在

　さて，小学校や中等学校では，ティーチング・アシスタント（学習支援アシスタント Learning Support Assisstant: LSA）や学習メンター（Learning Mentor）などの支援スタッフが雇用されていることも特別な教育的ニーズ・コーディネーターが役割を果たすための大きな条件である。

　通常学級における実際の授業場面では，学級担任や教科担任よりも，ティーチング・アシスタントが特別な教育的ニーズのある生徒により密接に関わりをもつ。そこで，特別な教育的ニーズ・コーディネーターが作成した個別指導計画の内容は，学習支援アシスタントとの緊密な関係を通じて提供される場合が多くなる。もちろん，学級や教科担任にも同じ内容が知らされるが，学習支援アシスタントはその活動の状況を特別な教育的ニーズ・コーディネーターに対して報告することになっており，授業の際の支援の記録は，毎回の授業ごとに行われるのが通常である（報告を毎回の授業ごとに行うのは困難であるが）[15]。

　また，たとえば，中等学校のように規模の大きな学校ではティーチング・アシスタント部門が独立して存在していることがあるが，その定例会議（週に1回程度）に特別な教育的ニーズ・コーディネーターが出席して，全体の学習支援の状況についてティーチング・アシスタントと特別な教育的ニーズ・コーディネーターとが方針や実践上の課題について協議を行って，必要

に応じて指導に関する細かい軌道修正を実施している。

　さらに，学校への出席や感情のコントロールといった課題については，学習メンターによる学級内外での支援が用意されており，彼らとも個別の事例についての協議が日常的に実施されている。多くの場合，ティーチング・アシスタントは一つの学校のみに，そして学習メンターは複数の学校にまたがった活動を行っているが，いずれにしても，日常の実践において，生徒がどのような学習上の進捗を見せているのか，現在の課題は何かといった事柄がほぼリアルタイムで特別な教育的ニーズ・コーディネーターに報告されるようになっている。

　特別な教育的ニーズ・コーディネーターが，すべての生徒に直接関わりながらこうした情報を日常的に収集することは物理的に困難であるので，もし，ティーチング・アシスタント等との記録や直接の協議を通じた情報収集体制がなければ，彼らが多くの生徒への対応をマネージメントすることは大変難しくなるであろう。

　判定書に指示された内容について，ティーチング・アシスタント等がその役割を十分に果たすためには，特別な教育的ニーズ・コーディネーターによる各学校における具体的な調整が必要なため，アシスタントにとってコーディネーターの存在は不可欠であるが，特別な教育的ニーズ・コーディネーターにとっても，生徒の特別な教育的ニーズへの対応を実行性を持って進めていくためには，ティーチング・アシスタント等の存在が不可欠なのである。

　このように，特別な教育的ニーズ・コーディネーター制度は，ティーチング・アシスタント等の制度と相互に必要な存在として位置づくものであることが理解できるのである。

7．特別な教育的ニーズ・コーディネーターと各教師や関連スタッフとのコミュニケーションの機会が日常的に用意されていること

　特別な教育的ニーズの概念は，通常と呼ばれる状態との相対的な概念であ

るが，1981年教育法で「通常の教育的対応に追加した（additional），もしくは通常とは異なる（different）教育的対応を必要とするような学習上の困難がある状態」[16]として示されて以降，今日までの数次の教育法の改定の際にも，この考え方が基本の定義として踏襲されてきている。

　ここで，特別な教育的ニーズの概念と，インクルーシヴ教育の概念との関係性について触れておきたい。

　インクルーシヴ教育の概念についても，数多くのとらえ方が存在している。

　しかし，それらに共通する基本要素は，「包含（外務省訳の邦語では包摂）」というキーワードに集約される。そして，包含する対象は，「多様性（diversity）」であることも共通要素である。つまり，インクルーシヴ教育の概念に関する共通の構造は，「多様性の包含」ということである。

　これ以外の要素については，インクルージョンの概念を用いて，どのような帰結をもたらしたいかという意図によって，様々に分かれている。たとえば，すべての「人」を包含することを目指す立場からは，「多様性を持った人を包含する」ことを軸にした論が展開される。社会学を基盤に据えた論者は，フル・インクルージョン（Full Inclusion）という用語を使いながら，社会的に排除される人を生み出さない社会制度の構築を意図した論を展開するし，障害児教育の分野で，すべての障害児を通常学校に包含することを意図する立場からは，障害児を通常学校に包含するための論を展開する，という具合にである。特別な教育的ニーズの概念との関連で，インクルージョンの概念を考えるとすると，そこで包含する対象となるのは，「教育的ニーズの多様性」ということになる。そして，教育的ニーズの多様性が包含された状態というのは，それまで「特別な対応」，すなわち，通常に追加，もしくは通常とは異なる対応が，各学校において提供される実践において，「通常の教育的対応」と呼べる状態に変化させられることを意味している。つまり，特別な教育的ニーズの概念でいうところの「特別な対応」を「通常の対応」に変化させる過程が，まさにインクルーシヴ教育の過程に符合するというこ

となのである。イギリスにおいてもインクルーシヴ教育の推進に向けて，特別な教育的ニーズの概念を踏まえて対応を考えようとする動きが見られる（Farrell & Ainscow, 2002)[17]。

　ユネスコが21世紀の教育の柱の一つとしてインクルーシヴ教育を目指すことを示しているが，その展開を支える具体的な方法論として特別ニーズ教育を掲げていることを念頭におけば[18]，特別な教育的ニーズの概念が具体的な制度の基盤に据えられる合理性を理解することができるはずである。このように特別な教育的ニーズの概念は，インクルーシヴ教育の概念と深い関連性を有していることを理解しておかなくてはならない。

　さて，だからこそ，インクルーシヴな学校体制の構築にはこの考え方に関するすべての教師や職員の十分な理解が欠かせないのである。しかし，それは文書として用意されたものを読めば理解がはかられるという性質のものではない。日常の様々な実践場面に即して学校全体での理解と対応が深まっていくのである。

　そこで，特別な教育的ニーズ・コーディネーターと各教師やティーチング・アシスタント等との日常的なコミュニケーションの場が用意されていることが大切となってくる。実際，休み時間などに教師のスタッフ・ルームやティーチング・アシスタントの控え室に足を運び，コミュニケーションを図ろうと努めている特別な教育的ニーズ・コーディネーターも少なくない。スタッフ・ルームに特別な教育的ニーズに関する情報やインクルージョンについて啓蒙する掲示物を張ったり，全校に共通する配慮事項についての周知を図るための連絡欄を用意するなど，日常的に他の教職員に向けた発信を行っているのである[19]。さらに，生徒への対応について教師が集まっている時に話題として取り上げて，直接指導に携わっている教師以外のスタッフにも，特別な教育的ニーズへの対応に関するディスカッションに参加を促すように工夫をしている特別な教育的ニーズ・コーディネーターもいる。

　こうした環境については，このように特別な教育的ニーズ・コーディネー

ター自身が積極的に構築するように役割を果たしている場合もあるが，学校
内での教職員間の日常的なコミュニケーションが図れる環境が用意できてい
るかどうかによって，彼らが特別な教育的ニーズへの対応について，教職員
との協同体制を構築する上での素地が大きく異なるのである。

　特別な教育的ニーズ・コーディネーターは，小学校では関係機関との協同
の役割遂行に熱心であるように見られたり，中等学校では生徒の記録や判定
書の維持管理に忙殺されているように見なされているが，学校内における体
制整備にきわめて重要な役割がおかれているのである。そして，その役割を
効果的に担うためには，日常的な教職員との関係形成がなければ成り立たな
いのである。

　2008年と2009年の施行規則によって，特別な教育的ニーズ・コーディネー
ターは，各学校の理事組織にその位置づけを明確に持つようになったが
（DCSF, 2008, 2009）[20][21]，これは，学校の体制整備において，重要な位置づけ
を有していることが制度的に裏付けられたことを意味している。

　このような制度が整えられたことは，特別な教育的ニーズ・コーディネー
ターが各学校における校内体制整備において，より大きな権限と責任を有す
るようになることを意味しており，そのためにもいっそうの同僚教職員との
日常的なコミュニケーションが維持されることが必要なのである。

8．年次レビュー（annual review）制度の存在

　年次レビュー制度の存在も，特別な教育的ニーズ・コーディネーターが機
能する上で重要なものである。

　年次レビューとは，判定書を作成されている，特別な教育的ニーズのある
生徒に関わって翌年度の予算配置などを継続させるために，学級担任や教科
担任，ティーチング・アシスタント，学習メンター，スクール・サイコロジ
ストといった関係者，そして本人及び親を交えて行われる，その学校が行っ
た対応について振り返るとともに，その後の方針を定めるための事例会議の

ことである。この会議は，特別な教育的ニーズ・コーディネーターが関係者の日程調整を行って学校で開催するが，本人や親以外の参加者は，各々の立場からの特別な教育的ニーズに関する評価や記録に関する書類をもって集まる。そして，各分野からは，実施した評価結果の報告がなされるとともに，学校内での対応を中心に，本人や親の意見もふまえて，それまでの対応と今後の対応の基本方針についての協議が行われる。ここでは本人や親の学校における対応に関する意見を丁寧に把握しようとする点が特徴である[22]。

　年次レビューの会議においては，参加している特別な教育的ニーズのある生徒本人の自尊感情を傷つけないように最大限の配慮がなされる。特に，課題面ばかりが話題にのぼっている印象を与えてしまうと，「自分は問題ばかりもった存在なのだろうか」という不安を生じさせてしまうので，本人には，現在の学習に対する意識や教師への印象，今後希望したいことなどに関する内容の場面を中心に，途中から参加してもらうようにしている場合も少なくない。

　専門家だけで指導方針が定められるのではなく，生徒や家族の視点を重視した会議の進め方がなされている点は，特別な教育的ニーズ・コーディネーターによるコーディネートがもっとも機能する機会でもある。なぜならば，年次レビューでは，どのような対応が有効となるかについての議論が中心になるからである。

　換言すれば，単に生徒の能力についての評価がなされるのではなく，その生徒に対して用意された対応がどのように機能したのかという点，すなわち，指導体制などに関する環境要因の評価も議論に含まれるので，生徒に関わる教師以外の学習支援アシスタントや学習メンター，行動マネージメントの専門家，ST などによって提供される様々な対応をどのように生徒に用意するかが検討されることになるからである。

　単に，特別な教育的ニーズのある生徒の課題を評価して，安易に専門的資源に結びつけようとするのではなく，今後，用意されることが必要な対応の

あり方を協議することが含まれる点が重要である。これができなければ，コーディネーターは単にニーズとサービスとの接点に存在しているにすぎなくなる。ただニーズと対応のための資源との結びつきのためだけに存在していることをコーディネートとは呼ばない。イギリスにおいても実質的に機能していない特別な教育的ニーズ・コーディネーターがいるが，その多くはこれに該当する人たちであろう。

　繰り返しになるが，過去，現在の対応と，未来の対応のあり方を考えることが年次レビューの重要な役割なのである。単にニーズと対応を結びつけるのではなく，学校内外における対応の用意の仕方を再構成して調整することにコーディネーターの役割が存在するということである。

　そして，その際に，特別な教育的ニーズのある生徒や家族の視点から対応のあり方を考えていく発想のおき方がなされる時，生徒が毎日通ってくる学校の職員である特別な教育的ニーズ・コーディネーターが，調整の役割を担いうる文脈ができてくるのである。それは，彼らが校内で活動する教師や，学校外の機関の担当者を生徒の日常の学習活動に即した位置に引き寄せる調整を行うからである。

　イギリスでは，たとえばスクール・サイコロジストが生徒の特別な教育的ニーズに関わる評価に携わる場合，特別の事情がない限り，その生徒が学校で学習している際の様子を特別な教育的ニーズ・コーディネーターの招きに応じて確かめにくるのが通例である。それは，特別な教育的ニーズのある生徒の学習上の困難は，標準化された検査だけでは把握することができず，また，必要な対応についても生徒の日常の学習に即して立案されなければ，適切なものとすることは難しいからである。年次レビューの会議が開かれる当日だけでなく，普段から生徒の学習活動と対応との関係を調整することが必要だということである。

　このように考えるとき，特別な教育的ニーズのある生徒や家族の視点から特別な教育的ニーズとそれへの対応を考えることの重要性が得心できるはず

である。

　「子どものニーズに即して」と表現されていても，実際には，専門家の視点だけに依拠した一方的なニーズの把握と対応であったり，限られた専門的視点からの評価や指導方針の立案に陥りがちな，いわゆる「分断されたサービス」の寄せ集めにすぎない対応になってしまう危険性があるが，上述したように，特別な教育的ニーズ・コーディネーターは，一部の特別な教育的ニーズのある生徒に関わる単なる連絡や結びつきを作る上での調整のための役割を担った存在なのではなく，学校全体の教育機能の向上を柱に，用意する対応を再構成する役割を担っている。ニーズと対応の単なる結びつきの形成ではなく，そこに対応の再構成が含まれることがコーディネートなのである。

　このように，特別な教育的ニーズ・コーディネーターは，一連の年次レビューを通じて調整の役割における機能を発揮することができるのである。

第4節　本章のまとめ

　以上，イギリスの特別な教育的ニーズ・コーディネーターが機能するために必要な条件のうちの主要なものを整理してきたが，こうした条件に共通するもっとも重要な要素はいかなることであろうか。

　結論からいうならば，それは地方教育当局とともに，各学校が対応の責任を自覚することが起点にすえられていることと，それに関する法的な根拠が用意されていることである。各学校の対応の責任に関する法的な裏付けを用意しないままに，コーディネーターを配置するだけであれば，彼らだけに対応に関わる役割と責任が偏るばかりでなく，特に，通常学校においては，レメディアル教育のように，特別な対応を受けている生徒とその対応に直接携わっている教職員が，学校の組織全体から分離されていく危険性が生じる。

　イギリスにおける特別な教育的ニーズ・コーディネーターが機能できるのは，本章で取り上げたような条件が背景にあって，初めて成り立つものなの

である。

　特にインクルーシヴ教育を見据えるならば，特別な教育的ニーズへの対応を考える際には，生徒の障害以外の様々な要因を考慮することは避けられない。虐待や，言語や宗教の違い，貧困問題といった様々な理由で特別な教育的ニーズがある状態におかれている生徒が，学校教育制度から排除されないように，つまり，インクルードできるようにすることが求められるからである。特別な教育的ニーズ・コーディネーターは，障害も含めて様々な理由で教育的ニーズのある生徒への対応を，トータルで把握し，調整することが求められているのである。実際，イギリスの特別な教育的ニーズ・コーディネーターの多くは，そうしたことについての知識ももっている（児童虐待が日本とは比較にならないほどイギリスにおいて深刻な社会問題として広く知られていることが背景にある）。

　だからこそ，彼らはすぐには障害のある生徒に対して評価のための検査を実施したりしない。その代わりに，他の理由で特別な対応を必要としている生徒と同様に，彼らが安心して学習活動に参加できる環境を整えることに時間をかけているのである。

　イギリスの特別な教育的ニーズ・コーディネーターが，障害だけでなく，虐待や言語や宗教の違い，貧困問題といった様々なことがらを含めて関わっていることは，すなわち彼らが一人一人の生徒の生活に密着した視点の中で活動をしているということである。学校でのコーディネーターの仕事は，あくまでも「生徒にとって適切な学習環境を整える」ためのものである。そのために必要なことがらはすべて念頭におくことが必要なのである。同僚の教師への支援も，学校内外の様々な人との関係を構築することも，すべてはこの一点の目的の手段にすぎない。

　生徒が学校で直面している課題は，学校で生じたものばかりではないのはいうまでもない。だからこそ，学校外の機関との関係を構築して対応を図ることが必要なのである。そして，その際に基本となるのは，それぞれの生徒

とその家庭，さらには地域（異文化地域の場合はなおさら）に寄り添った姿勢である。

　もしも，特別な教育的ニーズ・コーディネーターが，生徒の障害だけにしか注目せずに，学校内での対応を調整しようとしてしまうならば，障害以外に起因する特別な対応を必要とする生徒の教育的ニーズが満たされない事態をむしろ生み出すことにつながってしまう。

　これは障害に関してのみ注目した場合でも当てはまることである。

　特定の障害だけにしか目を向けなければ，他の障害に起因するニーズをむしろ強めてしまう場合が生じるからである。例を挙げるならば，車いすでの移動に配慮した「段差や凹凸のない校内の通路や，車いすが利用しやすい広いトイレの空間」は，視覚障害のある生徒にとっては，むしろ歩きにくかったり，トイレ内での位置関係が把握できず，ニーズを強めてしまう場合がある。

　障害以外に起因するニーズも，これと同様に複数のニーズを唯一の手段で満たすことは難しい場合が少なくない。特に，宗教上の事由が関係する場合などは，特に対応の調整が難しい場合が容易に生じてしまう。特別な教育的ニーズ・コーディネーターとして各学校で長い教職経験を有する教師が任命されているのは偶然ではなく，各学校が有する特有の条件や，学校が所在する地域が直面する諸課題への対応にも熟知していないと，有効な調整を行うことが難しいからなのである。

　2008年の施行規則では，特別な教育的ニーズ・コーディネーターに任命される教師が満たさなければならない条件が明示された（DCSF, 2008)[23]。特別な教育的ニーズ・コーディネーターの位置づけは，生徒への指導の専門性に重点が置かれるのではなく，その名称が示すように，様々な調整を行う役割が制度的にも一層明確になったのである。

　このように，特別な教育的ニーズ・コーディネーターの役割は，制度的根拠を追加しながら，次第に整えられるようになってきたが，それでもなおイ

ギリスにおける特別な教育的ニーズ・コーディネーターの役割や責任に関しては，まだ理論的な研究が十分に行われていないのである。

これは，特別な教育的ニーズ・コーディネーターだけに関わる研究の必要性というより，コーディネーションに関する理論の構築が求められているということができる。特別な教育的ニーズ・コーディネーターは，学校内外の様々な組織や個人との協同が欠かせないことから，協同に関わる学際的な研究が必要であるが，この点はほとんど未開拓に近い状況である。異なる連携モデルをもって活動している諸分野にまたがる関係のあり方についての検討が必要とされているのである。この点に関しては，Leathard（2003）[24]のような複数の分野における連携に関するモデルの特徴を整理した研究があるが，連携の必要性や課題を指摘する論文はあっても，具体的な方策を導くような研究は絶対数が少なく，今後，こうした研究をすすめることが必要となろう。

その際には，コーディネートに関する基本概念の整理も不可欠となる。たとえば，Hudson（1998）[25]は，専門家間の協同について，単に情報のやりとりをするものは「コミュニケーション」，担当者が異なる機関でそれぞれの業務をしつつ，公式に職域を越えた活動が位置づけられているものを「コーディネーション」，異なる専門家が物理的に相互を行き来してアプローチを行う場合を「コロケーション（場の共有）」，そして，相互に業務委託の権限を持ちながら専門家がアプローチを分担するものを「コミッショニング」として，後者ほど高次の協同アプローチとして位置づけたモデルを提案しているが，こうした階層的な概念を参考にして連携や協同のあり方を考えていくこともできるだろう。

特別な教育的ニーズ・コーディネーター向けの研修は，従来は基本的に地方教育当局が開催する講習が中心だったが，2008年及び2009年の施行規則が定められたことによって，ようやく各大学で養成のための講座が開講されるようになったところである。

今後，学校理事会のメンバーとしての位置づけが明確化されたことが，ど

のように特別な教育的ニーズ・コーディネーターの役割と責任に新たな方向性を示すことになるのか，継続的な情報収集が必要である。

注

1 ）現行法は，1996年教育法及び，その一部修正を規定した2001年特別な教育的ニーズ及び障害法である。また，本章で取り上げているコード・オブ・プラクティス（2001）は，イングランド及びウェールズを対象に発行されているものを指している。北アイルランドのコード・オブ・プラクティス（1998）や，スコットランドにおける同類のマニュアル・オブ・グッド・プラクティス（2005）（正式名称：A Manual Of Good Practice In Special Educational Needs）は，いずれも少しずつ内容が異なるものである。したがって，本章でイギリスという場合，対象をイングランド及びウェールズに限定して使用している。

2 ）Audit Commission and HMI（1992）: Getting in on the Act. provision for pupils with special educational needs: the National picture. HMSO.

3 ）Department for Education and Skills（2001）: Code of Practice: Special educational needs.（Ref.DfES/581/2001）

4 ）Crowther, D., Dyson, A., and Millward, A.（2001）: Supporting pupils with special educational needs: issues and dilemmas for special needs coordinators in English primary schools. European journal of special needs education, vol. 16, No. 2, pp. 85-97.

5 ）Lingard, T.（2001）: Does the Code of Practice help secondary school SENCOs to improve learning?, British Journal of Special Education, vol. 28, no. 4, pp. 187-190.

6 ）Layton, L.（2005）: Special educational needs coordinators and leadership: a role too far?, Support for Learning, 20(2), 53-60.

7 ）特別な教育的ニーズ・コーディネーターが，学校内を巡回して必要な指導を提供するのは，小学校と中等学校では状況が異なる。それは，小学校では特別な教育的ニーズ・コーディネーターは，学級担任を兼務するのが通常だからである。小学校の場合，自身の学級を離れて特別な教育的ニーズのある生徒の個別指導を行うことを「フローティング（floating）」と呼ぶ場合もある（第14章参照）。中等学校の場合には，専任なので小規模の学校であれば，小学校に比べれば時間はとりやすい。

8 ）河合康（1989）: イギリス特殊教育における特別な教育的ニーズについて．心身障害学研究，vol. 13, no. 2, pp. 141-148.

9）Department for Education and Employment（2001）: The Education（Special Educational Needs）（England）（Consolidation）） Regulations 2001, Statutory Instruments 2001 No. 3455.

10）真城知己（2005）：イギリスの SEN コーディネーター．DVD 教材．千葉大学真城研究室．

11）イギリスにおいて学習障害について Learning Disability ではなく，Specific Learning Difficulty（SpLD）の用語が使われているのは，ウォーノック委員会での審議の際に当時の教育科学省からディスレキシア（Dyslexia）を対象から除外する指示がなされていたことに起因する．当時のディスレキシアの概念への誤解と誤用からこの用語が否定的なラベルとなりかねないことを回避するためであった．そこで，これに代わる用語としてイギリスでは SpLD が使用されることとなったのであった。

12）Department for Education and Science（1978）: Special Educational Needs（Warnock Report）. HMSO.

13）これについては新井英靖（2011）：英国の学習困難児に対する教育的アプローチに関する研究．風間書房．が詳しい。

14）Ainscow, M.（1999）: Understanding the development of inclusive schools. Falmer press.

15）第 9 章で示した特別な教育的ニーズ・コーディネーターとティーチング・アシスタントとの協同の例を参照。

16）1981年教育法第 1 条の規定による。

17）Farrell, P. and Ainscow, M.（eds）（2002）Making special education inclusive. David fulton.

18）サラマンカ宣言と行動大綱（1994）においてインクルーシヴ教育の方向性を一出して以降，ユネスコは折に触れてインクルーシヴ教育の実現のための具体的な制度として特別ニーズ教育を位置づけている。

19）第 9 章での A 小学校の事例を参照のこと。

20）Department for Children Schools and Families（2008）: The Education（Special Educational Needs Co-ordinators）（England）Regulations 2008（2008 No. 2945）

21）Department for Children Schools and Families（2009）: The Education（Special Educational Needs Co-ordinators）（England）（Amendment）Regulations 2009.（2009 No. 1387）

22）2001年に改訂されたコード・オブ・プラクティスでは，本人や親の希望をより一

356

　層考慮すべきことが規定されるようになった。

23）DCSF（2008）: op cit. note 20）.では，各学校において特別な教育的ニーズ・コー
　ディネーターとして任命される条件として，当該の学校で十分な経験を積んでいる
　ことや一定の養成研修を受けることが示された。このように特別な教育的ニーズ・
　コーディネーターは，当該の学校の固有の条件にも精通していることが制度的に求
　められるようになったのである。

24）Leathard, A.（ed.）（2003）Interprofessional collaboration from pilicy to practice
　in health and social care. Brunner-Routledge.

25）Hudson, B.（1998）Prospects of partnership. Health service journal, vol. 108,
　pp. 26-27.

第11章　総合考察

第1節　特別な教育的ニーズへの対応のための教育制度が
　　　　もたらした意義

　横尾（2008）[1] は，イギリスにおいて「特別な教育的ニーズのある子ども」
に関する明確な判断基準（criteria）がない理由を，「英国の SEN に関する判
断基準がない理由は，障害のラベリングを止めて，子どもの実態に即した教
育を行うということをその理念としたためである。…（中略）…つまり，
SEN における「教育的ニーズ」は「学習の困難さ」と対になる考え方なの
である」としているが，この説明は，Beveridge（1993）[2] が指摘するような，
特別な教育的ニーズは「学習困難」という新たなカテゴリーとなってしまう
という危惧が表明された際の論理と同様に，同概念の構造的な特性を理解し
ていない視点からのものである。徳永（2005）[3] も特別な教育的ニーズの対象
を概念図化しているが，こうした対象規定に表現しようとすること自体がこ
の概念の特性を把握できていないことにほかならない。

　行政的には静的モデル，すなわち，特別な教育的ニーズが「ある」状態と
「ない」状態とが，明確な境界線で分けられ，一定の長期的に stability を継
続している方が，サービスの確定をさせる上で都合がよいので，日本におけ
る障害に関わる教育行政や福祉行政においては，すべてこのような構造を有
してきた。こうした日本における教育行政の常識が念頭から抜けなければ，
徳永（2005）や横尾（2008）の解釈のように，こうした対象規定の必要性が
強く意識されてしまうのは無理もないことなのかもしれない。「子どものあ
る属性」とそれに対応する「教育サービス」とが静的に対応していた方が行

政的には都合がよいし，運用もしやすいからである。

　しかしながら，イギリスにおける特別な教育的ニーズの概念のもつ大きな特徴は，それまでの障害カテゴリーのような静的な定義ではなく，動的な性質を有していたことである。そして，これが教育制度に導入されることで，ニーズに応じた支援を提供できるようになる。つまり，ニーズの強いところには手厚い支援を用意し，ニーズが軽減されれば支援もそれに応じて減じていく。これによって，より個々の子どもの状態に柔軟に対応することが可能となる考え方を提供する概念なのである。

　しかし，特別な教育的ニーズの概念は，この動的な性質ゆえに教育制度に位置づけることには難しさもあった。1981年教育法が施行された直後の1980年代に大きな混乱が生じたのは，まさにその象徴であった。

　ニーズの強いところに手厚い支援を用意するという構造は，きわめて優れた理想的なアイデアとも思われたが，これが成り立つためには，環境要因である各学校が一定の水準での対応を提供できるようにすること，もしくは，質の高い教育を提供する努力を絶やさないことが前提にならなければならなかったのである。なぜならば，個体と環境との組合せで成立する特別な教育的ニーズの概念なのであるから，もし，環境要因が不適切であれば，それが原因となって子どもの特別な教育的ニーズの状態は強められてしまう。そして，環境が不適切であるために特別な教育的ニーズが強められているにも関わらず，その学校にはより多くの資源配分がなされる構図に陥る可能性を制度が有してしまっていたのである。各学校が改善のための努力の過程にある場合はやむを得ないとしても，意図的に生徒の特別な教育的ニーズを「重く」申請するような学校まで出てきてしまったのであった。その一方で，生徒の特別な教育的ニーズに対応するための努力を惜しまなかった学校は，その結果として生徒の特別な教育的ニーズを軽減することができた。

　これは教育の在り方としては高く評価されるべきことであるが，生徒の特別な教育的ニーズが軽減されたために，地方教育当局から配分される資源が

削減されるという事態が生じてしまったのである。

　このように対応を行わなかった学校では，生徒の特別な教育的ニーズが強められて，より多くの資源配分がなされ，他方で，努力を惜しまなかった学校は資源配分が削減されるようでは，システムそのものが崩壊してしまう。

　本論では触れなかったが，第5章で取り上げたイギリス政府による報告書を発行した母体である Audit Commission and HMI は，その名称の通り，日本の会計検査院に相当する役割を有している組織である。つまり，配分された公的費用の妥当性を検証するための組織だったのである。この Audit Commission and HMI のチェックによって，各学校が特別な教育的ニーズへの対応に適切に取り組めるようにするための制度化が求められたのである。

　Audit Commission and HMI は，導入から10年もしないうちに，特別な教育的ニーズに関する制度全体の見直しにも踏み込んで，特別な教育的ニーズの評価の信頼性の問題や，各学校と地方教育当局の責任分担の問題を明らかにして，それへの対応を図ることを勧告したのであった。これによって，各学校が特別な教育的ニーズに適切に対応していることが求められたのであった。そして，イギリス政府はそれをすぐに次の制度改正に盛り込んだのであった。

　それが1993年教育法であり，この規定にもとづいて正式に設置された特別な教育的ニーズ・コーディネーターの制度なのである。1993年教育法にもとづいて発行されたコード・オブ・プラクティスは，具体的な実践指針を提示した。これは2001年に改訂されている。その指示に従って，各学校は，まず，特別な教育的ニーズへの対応方針を公表することが義務づけられたのである。

　これによって，各学校は具体的にどのように特別な教育的ニーズへの対応を，学校の教育活動の中に位置づけているのか，学校にはどのような資源が備えられているのか，どのような専門性を持った教職員を配置しているのか，といった基本情報が誰でもアクセスできる情報として公開されるようになったことで，特別な教育的ニーズへの取り組みの姿勢の改善に繋がったのであ

った。さらに，毎年の取り組みの水準を担保するために導入された制度が，年次レビューである。年次レビューは，特別な教育的ニーズのある生徒に対して，学校がそれまでにどのような資源を割り当て，どのように対応し，そして，その生徒にどのような効果をもたらしたのかを検証するための会議である。この仕組みを導入したことによって，適切な対応のための努力を行っていない学校は，それが顕在化して翌年の予算割り当てが削減されるようになったし，適切な対応のための努力を尽くしている学校には，相応の予算の配分がなされるようになったのである。

　この判断の重要な資料となるのが，年次レビューの会議録なのである。そして，その作成責任者として，特別な教育的ニーズ・コーディネーターが位置づけられているのである。すなわち，特別な教育的ニーズ・コーディネーターが招集する年次レビューには，担任，ティーチング・アシスタント，メンター，学校の管理職，スクール・サイコロジストなどの職員や言語療法士，行動治療センターの専門職員などの学校外の専門家，そして，親や本人も参加して，その年に学校が行ってきた実践について振り返りをおこなって，翌年の方針を立てるのである。このため，特別な教育的ニーズ・コーディネーターが，この年次レビューを適切に運営できることは，会議の内容や結論を左右することから，きわめて重要なのである。こうした役割の重さは，特別な教育的ニーズ・コーディネーターの存在意義をより強固なものとし，各学校で不可欠の存在としているのである。

　イギリス政府は，特別な教育的ニーズの概念を制度に導入したことをさらに学校全体の改善につなげるために，緑書（1997）と行動計画（1998）を立て続けに発行したのであった。

　こうした学校全体の改善を意識した流れは，現在のインクルーシヴ教育制度にもその特徴をみることができる。つまり，イギリス政府はインクルーシヴ教育において特別学校の存在を否定することなく，一貫して通常学校の責任の拡大を図ろうと努めてきたのである。これは，まさに通常学校の改善の

模索そのものといえよう。

　第8章でみたように，2001年のコード・オブ・プラクティスの改訂では，特別な教育的ニーズ・コーディネーターの専門性が十分に発揮されるような学校環境をそれまで以上に整えることが強く求められるようになったことを明らかにした。また，特別な教育的ニーズの概念では，環境要因に注目することが重要な意味を持つが，本研究では，この視点が教育法の施行規則やコード・オブ・プラクティス，そして，各学校で指導計画を作成する際のガイドブックなどにも看取することができることを明らかにした。本研究では，継続教育や移行支援，さらに学校選択の制度などもみてきたが，ここでもいずれも特別な教育的ニーズの概念と関連づけられたものであることが明らかであった。

　このようにイギリスの特別な教育的ニーズへの対応に関する諸制度は，いずれも学校改善の視点を有していることが特徴であると考えられるのである。

　特別な教育的ニーズの概念が動的な性質であるがゆえに，この概念を据えた教育制度は，柔軟性と信頼関係（学校と地方教育当局，学校と家庭，教師と生徒など様々）と教育の質の担保のいずれをも両立させなければならない。

　第6章でみてきたように，1996年教育法から2001年特別な教育的ニーズ及び障害法までの過程で，特別な教育的ニーズの概念が一層浸透し，制度が基底においても運用においてもより柔軟性をもつように改正されてきていることが明らかとなった。このようにイギリスにおいては，特別な教育的ニーズの概念が教育制度に着実に浸透してきていることがわかるのである。

　特別な教育的ニーズ・コーディネーターと同僚教師を対象にした調査（第9章）からは，彼らの業務負担の過剰さに関する問題が明らかとなった。特に中等学校においては，生徒への直接指導を特別な教育的ニーズ・コーディネーター自身が担ってしまっている状況が浮かび上がり，この状態が，かつてのレメディアル教育での問題の再現に繋がる可能性も懸念された。同様に，特別な教育的ニーズ・コーディネーター自身が過剰に役割を抱え込んでしま

うことが，かえって学校全体での対応の体制整備の妨げにつながることも明らかになった。一方で，同じく第9章でみたように，ティーチング・アシスタントとの有効な協同関係を構築するなどして，各学校における効果的な対応の仕組みを模索する様子もみることができた。そして，特別な教育的ニーズ・コーディネーターの役割は，単独で成立しているのではなく，特別な教育的ニーズに関する様々な制度の存在によって，はじめて成り立つ構造をもっていることも明らかとなった（第10章）。

　さて，2008年の施行規則では，特別な教育的ニーズ・コーディネーターの各学校における役割を抜本的に改善するための規定が用意されることとなった。それが，特別な教育的ニーズ・コーディネーターの養成課程の設置と，学校理事会における彼らの位置づけの明確化であった。実際に，これらは2016年までに制度的に具現化されている。

　こうした近年の動向については，まだ実践的に評価をするには時期尚早であることから，今後，丁寧に経過を把握しながら検討していきたいと考えている。

第2節　日本の特別支援教育制度への示唆

　本研究の課題意識であった，日本において特殊教育制度から特別支援教育制度に転換が図られたことによって，果たしてどのような改善がもたらされたのかという点に関して，イギリスの特別な教育的ニーズへの対応に関する教育制度は，本質的に重要な示唆を与えてくれている。

　それは，制度の基盤に理論が据えられていることの重要性である。

　イギリスにおける特別な教育的ニーズの概念は，なおあいまいさを残しているし，概念自体についても議論の余地は十分にあると考えられる。

　しかしながら，本研究でみてきたように，イギリスの制度の場合，その基底に特別な教育的ニーズの概念が位置づけられていたがゆえに，常に学校全

体の改善を図ってきたのである。

　日本の特別支援教育においても，まるで枕詞のように「一人ひとりに応じた支援」という表現が使われているが，これはつまり，言葉だけをみればニーズに応じた教育ということである。

　イギリスでは，動的な性質を有する特別な教育的ニーズの概念を教育制度の基盤に据えて展開するように模索を続けてきたことによって，教育制度も柔軟さを有することの必要性が理解されたし，実際にそれを支える年次レビューの制度や各学校の特別な教育的ニーズに関する対応方針の公表といったシステムによって，各学校の教育の質的改善がもたらされてきたのであった。

　しかるに，日本の特別支援教育制度には，こうした理論的基盤が新しく用意されていないまま現在に至ってしまっている。つまり，言葉で表現されるほどには，一人ひとりに対応した教育制度にはなっていないのである。なぜならば，従来の特殊教育制度から，根本的な理論モデルやパラダイムが転換できていないからである。

　現在の特別支援教育制度は，従来の特殊教育制度で維持されてきた子どもの「機能的・能力的障害」を静的に規定し，それをふまえて教育サービスの提供の判断をするという構造が根幹にあるという点で，従来の特殊教育制度からその本質は変わっていない。この指摘に対しては，2002年の学校教育法施行令改正において，第22条における障害の表現が修正されたことを根拠に反論する立場もあろう。つまり，第22条における障害に関する規定は，従来よりも緩やかな表現になり，その運用も子どもや家庭の状況に応じて柔軟に運用されるようになったではないか，と。そして，就学指導が就学相談へと変化することに代表されるように，一人ひとりの諸条件を勘案する制度になってきたではないか，と。

　たしかに，かつて，第22条を形式的に解釈・運用したような自治体が存在し，そのために就学の際に多くの子どもや保護者が経験する必要のない苦しみを強いられたことを思いはかれば，わずかでも改善の方向に向けられたこ

と自体は積極的に受け止めることはできる。この点で十分に意義があること
は確かであろう。しかしながら，対象規定における発想の根本が変わってい
ないことが，今後の日本における特別支援教育の展開に影響を及ぼす可能性
は強く自覚されるべきであろう。

　本章の冒頭で指摘したような，学校において特定の制度により，制度的に
根拠を有する子ども（たとえば障害のある子ども）は追加の支援を受けること
が可能なのに，同様の教育的ニーズを有していても制度的に根拠を有しない
がために，教育制度による十分な対応を受けることができない子ども（たと
えば虐待を受けている子ども）が他方で存在するという状況が，特別支援教育
の制度下において継続されてしまうような，制度構造が現在もあるというこ
とである。たとえ様々な文書等において「特別な教育的ニーズ」の用語があ
ふれ，「一人ひとりの教育的ニーズに応じた」といった美辞麗句が枕詞のよ
うに用いられていようが，制度の根幹にある視点が特殊教育制度から変わっ
ていないままに，これらの言葉が使われ続けていれば，いずれ日本における
「特別な教育的ニーズ」という用語は，概念のもつ重要な本質とはまったく
異なる意味づけを持たされた「別の言葉」になってしまうであろう。

　イギリスにおける教育制度において，「特別な教育的ニーズのある子ども
は，従来の対象と対照させるとこのようになる」といった例示が示されない
のは，この概念の本質がふまえられた制度であるがゆえに，例示しようがな
いからである。つまり，同じ子どもであっても，特別な教育的ニーズが「あ
る」状態の時もあれば，「ない」状態の時もあり，それに応じて用意される
対応の量も質も変わってしまうために，「対象者」として固定化することが
できないのである。

　年次レビューの制度は，まさにこの文脈におかれたものである。年次レビ
ューは，単に毎年の実践を各学校において振り返って，整理・記録し，関係
機関との連携や引き継ぎ等において活用するためのものではない。もちろん，
そうした側面においても利用することはできるし，ある意味では実際にその

ように活用もされている。

　しかし，年次レビューの制度は，特別な教育的ニーズの概念を教育制度上に位置づけて展開する上では，決して欠くことのできない要素なのである。すなわち，常に個体要因と環境要因との相互作用の関係性の中で動的に変化する特別な教育的ニーズの状態は，一定の期間ごとに再評価がなされなければ，仕組みとして構造的に成り立たないからである。

　年次レビューで評価された子ども自身の要因や学校のそれまで対応が，特別な教育的ニーズの具体的内容となり，それをふまえて以後の判定書の内容の修正や廃止などに影響が及ぶという構造となっているのは，子どもの特定の「属性」に対して対応が用意されているのではなく，その「属性」も含め，複数の要因との関係性の中で，必要な対応を判断するという運用がなされることを意味している。

　障害があれば，すなわち，特定の教育的対応が用意されるという単純な対応関係になっているわけではないのである。

　海外の研究者等がイギリスの特別な教育的ニーズに関わる教育制度をみる場合，「個人の障害とそれへの教育的対応」という自国の制度を念頭に解釈しやすいために，イギリスの教育制度も，（自国と同様に）個人の属性としての障害と，用意される教育的対応との間に，単純な対応関係があるかのように見えてしまうはずであることから，イギリスの学校や地方教育当局を対象に訪問調査をして検討した程度では，この制度がもつ本質的な特徴に気づくことは難しいであろう。

　しかし，特別な教育的ニーズが動的に変化する性質を有しているという概念特性を制度化したことで，様々な運用上の課題が生じてきたにも関わらず，特別な教育的ニーズに関する教育制度の根幹に「特別な教育的ニーズ」の概念を据えることを放棄せずに今日まで継続していることに，イギリスの特別な教育的ニーズに対する教育制度の大きな特質が存在するのである。

　制度を整えるにあたって，対象規定を明確にした方がその後の制度の運用

が容易であることはイギリスの教育省において自覚されないわけがない。運用上の便を考えれば，対象規定をすることがもっとも合理的であることは，あらゆる制度において自明のことであるし，実際に様々な課題が生じてきたにも関わらず，対象規定をせずに今日までこの制度を維持してきていることにこそ目を向けなければならないのである。

　日本や他国のように，静的な対象規定を示さないことの理由にこそ，イギリスの特別な教育的ニーズへの対応に関わる教育制度の特質が内包されていることを見いだせるのである。

　本書において焦点を当てたイギリスにおける特別な教育的ニーズに関わる教育制度は，「特別な教育的ニーズ」の概念が本質的に有する，動的で不安定な構造を，あえて制度の根幹に位置づけながら，そしてそれゆえに引き起こされる様々な混乱をしても，なおその構造を維持し続けてきたことにこそ，特質があると考えられるのである。

　日本の場合，表面的に特別支援教育の対象者が拡大されても，それに応じた新しい教育制度の基盤となる考え方が据えられないのであれば，特別支援教育コーディネーターを配置しても，個別指導を受けられる幼児児童生徒は増えても，幼稚園，小学校，中学校，高等学校，そして特別支援学校のいずれにおいて学校自体の改善が進むとは限らない。

　ようやく特別支援教育に携わりたいという意欲の高い教師の人数が増えたとか，通常学級の教師が障害のある児童生徒への態度を改めたといった話は聞かれるようになったものの，特別支援教育を進めていくと，結果として学校が全体として改善されるという感触を得ながら実践に携わっている教師は実はほとんどいないのではないだろうか。それは，特別支援教育を進めると学校のどのような点が改善されると考えるかとの問いかけをして，その答えを聞けばすぐに明らかになるであろう。「誰もが理解できるような授業を意識するようになった」，「障害のある子どもが通常学校に増えたことで，そうした子どもへの意識が芽生えるようになった」，「共生社会の実現を意識する

ようになった」といった答えに留まっていないだろうか。これら一つひとつは，必ずしも誤っているわけではないのであるが，それぞれについて，その方向性で突き進めていくと，うっかりするとその延長に見えてくるのは，「学習速度の非常に速い子どもが，通常の授業では満足できなくなる」，「障害のある子どもを支援の対象として見るようになる子どもが増える」，「誰も排除しないといいながら，そこには強く同化主義の視点からの暗黙の強制がなされるようになる」といった状況なのである。各々について詳述は避けるが，これらは，学校の改善や社会の改善とはほど遠い位置づけのものに容易に向かってしまう可能性を有しているということである。

　その理由こそが，特別支援教育の制度が，明確な理論的基盤を有していないために，明確な将来像を描き出すことができないままであるということなのである。

　特別支援教育コーディネーターの役割こそ，イギリスの特別な教育的ニーズ・コーディネーターに似ているが，日本の特別支援教育コーディネーターがどんなに努力をしても，翌年の学校への資源配分に効果が見えるようなシステムではない。どんなに教師が個別の指導計画を熱心に作成しても，それが活用されるシステムが各学校に位置づけられていなければ，負担が大きい割には，子どもへの指導の質は改善されない。こうした状況がこれからも続いてしまう可能性は大いに考えられる。これを改善するためには，特別支援教育の制度の基盤となる理論が必要であると考えられるのである。そして，新しい制度がその対象となる幼児児童生徒や，実践に携わる教師や様々な専門職員，保護者や家族に対して確実に利益をもたらせるように，必要な財政を確保する制度構造の開発が欠かせない。

　特別な教育的ニーズの概念が，学校改善をもたらす制度構築に有効であることは，イギリスの場合には示された。これが日本の特別支援教育にも，特別な教育的ニーズの概念を位置づけることの有効性を示す直接の根拠とはならない。

今後，特別な教育的ニーズの概念も含めて，どのような理論を基盤に据えることで，日本の特別支援教育制度が，子どもや学校に利益をもたらす構造を持てるようになるのか，本研究が議論や研究の契機となれば幸いである。

早晩，日本においては特に通常学校における特別支援教育が，個人の属性のみを根拠として対象を限定しているために生じる実践的矛盾が指摘されるようになるはずである。そのときこそ子どもの個体要因と環境要因との相互作用を基本に考える特別な教育的ニーズ論の考え方の必要性が強く意識されるようになるはずである。

特別な教育的ニーズ論において，「特別な」と呼ばれる状態を「通常」と呼ばれる状態に変化させていくプロセスこそが，インクルーシヴ教育において，包含される対象を拡大するプロセスにそのまま符合するからである。本書では，イギリスにおける特別な教育的ニーズに関わる教育制度の特質を明らかにすることに焦点をあてているので，この点については論じていない。

そして，日本の特別支援教育制度が，将来，特別な教育的ニーズの概念を取り入れる方向性を打ち出すかどうかは定かではないが，日本の特別支援教育制度がより一層幼児児童生徒に利益をもたらすことができるような制度となるように，理論開発に継続的に取り組みたい。

第3節　結論と残された課題

1．結論

本書では，イギリスにおける特別な教育的ニーズに関する制度の特徴を，法的に位置づけられた1980年代から2000年代までの時期を対象に明らかにすることを目的として，検討を行った。

そして，イギリスにおける特別な教育的ニーズに関わる教育制度が，特別な教育的ニーズ概念が有する個体要因と環境要因との相互作用による動的な

性質を根幹に据えていること，そして，それゆえに対象規定の曖昧さや，運用における地方教育当局と各学校との関係における課題の生起，特別な教育的ニーズ・コーディネーターの役割の内容規定や業務負担の過剰さの問題，学校内の資源と学校外の資源の利用に関わる制度の創設と課題などといった他国では経験のない様々な課題が生じていた。

しかし，そうした課題への対応を図る制度改正を重ね，特別な教育的ニーズ概念を教育制度において位置づけるために必要な多くの要件が明確化されるようになったのであった。そして，そうした特徴は，法制度ばかりでなく，たとえば特別な教育的ニーズの評価の視点などに象徴されるように，実践面においても着実に浸透していることが明らかとなった。

本研究では，1981年教育法によって特別な教育的ニーズの概念が教育制度に位置づけられてから，常に学校全体の改善の視点と連動しながら今日まで至っていることが明らかにされたのであった。

イギリスでは特別な教育的ニーズの概念を教育制度の基底に据えたことで，その概念の動的な性質ゆえに，かつて経験したことのない様々な課題が引き起こされた。そして，その課題の解決を意図した制度の修正が加えられる過程で，特別な教育的ニーズ・コーディネーターの制度や，関係機関の専門家も参加して行われる年次レビューの制度などが必然的に求められる制度構造を構築されてきたことが示された。何よりもこれらが常に学校全体で特別な教育的ニーズへの対応に関する学習環境の改善に繋がる構造をもたらしてきたことが，イギリスの特別な教育的ニーズに関する教育制度の最大の特質である。

特別な教育的ニーズの概念を教育制度に導入することには，単に障害のある生徒への対症療法ではなく，学校全体の学習環境改善をももたらす制度が必然的に構築されるという点に大きな意味があるのである。

単に用語や制度を表面的に自国に導入するのではなく，その背景となる基盤理論を明確に位置づけることの重要性があらためて自覚されるのである。

2．残された課題

　これまでのイギリスの教育行政研究においては，政権の教育政策における位置づけと関連させて論じることが常識であった。これに対して，本書では，あえてそれにふれずに検討をおこない，論を構成してきた。これは教育行政の専門からすれば，違和感のあることかもしれない。

　本研究であえてこのような検討の仕方をしたのは，以下のような理由がある。

　たしかに，特別な教育的ニーズに関わる教育制度が，各政権によって提示された新しい制度の影響を受けてきたことは事実である。1988年教育改革法によって登場したナショナル・カリキュラムの導入への対応などはその最たるものであろう。

　しかし，本書でとりあげた特別な教育的ニーズの概念を根本に据えているという構造自体は，1981年教育法から30年が経て，その間に政権が交代しても変わっていないのである。概念がもつ不明瞭さゆえに行政的には，課題を生じやすい制度であるにもかかわらずである。

　イギリスにおける特別な教育的ニーズに関わる教育制度において，動的な性質のまま特別な教育的ニーズ概念がいわば「軸」とでもいうべき存在であるかのように貫かれているということへの気づきから，本書では，これまでの教育行政研究とは異なり，政権の影響というフィルターを用いずに，どこまで制度の特徴を浮かび上がらせることができるかを試みた。こうした手法自体の妥当性は当然のことながら今後の課題として検証されなければならない。

　2014年には新しいコード・オブ・プラクティスが教育省と保健省の合同で発行され，特別な教育的ニーズへの対応の基本枠組みを提供してきた判定書制度がEHCプラン（Education, Health, Care Plan）へと拡大されることとなった。2016年現在，判定書からEHCプランへと移行が進められているところ

である。この制度転換は，単により包括的な方向性が示された，すなわち，諸領域が連携して総合的な支援体制が構築されることが期待されるというような見方でとらえると大きな誤解をすることになる。すでにそうした論調で「紹介」する報告がみられるようになっているが，これが表面的な諸相にすぎず，その背景には別の要因が潜んでいるであろうことは，本書で明らかにしてきた「特別な教育的ニーズ」への対応の制度が本質に備える動的かつ複雑な背景構造を念頭におけば明らかである。

　加えて，2016年にEUからの離脱が決定したことは，イングランドとそれ以外の構成国，特にスコットランドとの教育制度の相違が急速に進展することも予期するし，人の移動の制限が大きくなれば公立学校も直接的に影響を受けることとなる。特別な教育的ニーズへの対応も，一層複雑さを増し，表面に現れる制度の背景にある論理や政策を，これまで以上に慎重に吟味することが欠かせなくなる。しばらくは，研究主題として取り扱うこと自体が難しくなるであろう。

　しかしながら，こうした時期には，後の分析に不可欠となる様々な議論が活発に行われることにもなり，それらの記録を一次資料として丁寧に収集・保存しておくことができる格好の機会ともなる。研究成果の公開へのプレッシャーに拙速な対応に追われて，誤った結論を得た研究を公開してしまうことほど恥ずかしいことはない。焦らずに着実な研究を進めていきたいと思う。

　今後，従来の研究と同様に政権の影響をより大きく反映させた検討にも取り組み，本研究で得られた知見との整合性を問い直してみたいと考えている。

注

1）横尾俊（2008）：我が国の特別な支援を必要とする子どもの教育的ニーズについての考察．―英国の教育制度における「特別な教育的ニーズ」の視点から―．国立特別支援教育総合研究所紀要．第35巻，pp. 123-136.

2）Beveridge, S. (1993): Special educational needs in schools. Routledge.

3）徳永豊（2005）：「特別な教育的ニーズ」の概念と特殊教育の展開．―英国におけ

る概念の変遷と我が国における意義について—．国立特殊教育総合研究所紀要．第32巻，pp. 57-67.

引用文献一覧

1. Abberley, P. (1992): The concept of oppression and the development of a social theory of disability. Booth, T., Swann, W., Masterton, M. and Potts, P. (eds.) Policies for diversity in education. Open university press. pp. 231-245.

2. Abell, S. (1989): Special educational needs: an adult education response. Evans, R. (ed.). Special Educational needs -policy and practice-. Brackwell. pp. 58-64.

3. Addy, L.M. (2003): How to understand and support children with dyspraxia. LDA.

4. Advisory Centre for Education (1981): Written memoranda submitted to the committee, special standing committee, Education Bill (1981), Parliamentary debates, House of Commons Official Report, HMSO, p. 9.

5. Ainscow, M. (1993): Beyound special education: some ways forward. Visser, J. and Upton, G. (eds.) Special education in Britain after warnock. David fulton publishers. pp. 166-182.

6. Ainscow, M. (1994): Special Needs in the classroom. UNESCO.

7. Ainscow, M. (1989): How should we respond to individual needs? Ainscow, M. and Florek, A. (eds.) Special educational needs: towards a whole school approach. David fulton publishers. pp. 69-80.

8. Ainscow, M. (1998): Would it work in theory?: arguments for practitioner research and theorising in the special needs field. Clark, C., Dyson, A., and Millward, A. (eds.) Theorising special education. Routledge. pp. 7-20.

9. Ainscow, M. (1999): Understanding the development of inclusive schools. Falmer press.

10. Ainscow, M. (2002): Using research to encourage the development of inclusive practices. Farrell. P. and Ainscow, M. (eds.) Making special education inclusive. - from research to practice. David fulton publishers. pp. 25-38.

11. Ainscow, M., Booth, T. and Dyson, A. (1999): Inclusion and exclusion in schools: listening to some hidden voices. Ballard, K. (ed.) Inclusive education. - international voices on disability and justice. Falmer press. pp. 139-151.

12. Ainscow, M. and Florek, A. (1989): A whole school approach. Ainscow, M. and

Florek, A. (eds.) Special educational needs: towards a whole school approach. David fulton publishers. pp. 1-4.

13. Ainscow, M. and Muncey, J. (1989): Meeting individual needs. David Fulton.

14. 相澤雅文・清水貞夫・三浦光哉編 (2007)：必携・特別支援教育コーディネーター．クリエイツかもがわ．

15. Alcott, M. (1997): An introduction to children with special educational needs. Hodder & stoughton.

16. Allan, J. (1999): I don't need this: acts of transgression by students with special educational needs. Ballard, K. (ed.) Inclusive education. - international voices on disability and justice. Falmer press. pp. 67-80.

17. Allan, J. (1994): Integration in the United Kingdom. Riddell, S. and Brown, S. (eds.) Special educational needs policy in the 1990s. warnock in the market place. Routledge. pp. 157-174.

18. Allan, J., Brown, S., and Riddell, S. (1998): Permission to speak?: theorising special education inside the classroom. Clark, C., Dyson, A., and Millward, A. (eds.) Theorising special education. Routledge. pp. 21-31.

19. Alston, J. and Taylor, J. (1990): Handwriting helpline. Dextral books.

20. 新井英靖 (2000)：イギリス1944年教育法における『精神遅滞』概念の成立過程に関する研究．1920年代の学業不振問題に対する『特殊教育』の枠組みの変化を中心に．障害者問題史研究紀要．No. 39, pp. 49-56.

21. 新井英靖 (2000)：イギリスの『学習困難児』問題への教育的トリートメントに関する研究．1950年代から1960年代の通常学校における特別な教育の展開過程を中心に．SNE ジャーナル．vol. 5. pp. 56-78.

22. 新井英靖 (2003)：イギリス『特別な教育的ニーズ』概念に関する基礎的検討．戦後イギリスの『学習困難児』の実態調査を中心に．茨城大学教育学部紀要, vol. 52. pp. 263-275.

23. 新井英靖 (2003)：イギリス1960年代～1970年代における『統合』政策に関する研究．発達障害研究．vol. 25. no. 1, pp. 39-49.

24. 新井英靖 (2004)：英国の特別な教育的ニーズ概念に関する理論的検討と『特別教育』改革の視座．日英教育研究フォーラム．vol. 8, pp. 39-55.

25. 新井英靖 (2004)：英国1981年教育法の『統合教育』に関する研究．1981年教育法の審議過程にもとづいて．関東教育学会紀要, vol. 31. pp. 1-11.

26. 新井英靖 (2004)：戦後英国リメディアル教育の普及過程に関する研究．茨城大

学教育学部紀要，vol. 53, pp. 301-312.

27. 新井英靖（2005）：英国の特別な教育的ニーズコーディネーターの役割と専門性について．特殊教育学研究，vol. 29, r.o. 4, pp. 280-288.

28. 新井英靖（2006）：英国インクルージョン教育の実践的課題．茨城大学教育実践研究，vol. 25, pp. 129-139.

29. 新井英靖（2006）：英国1960年代のリメディアル教育の特質に関する一考察．リメディアル教育の拡大に寄与した研究者の見解を中心に．茨城大学教育学部紀要，vol. 55. pp. 235-246.

30. 新井英靖（2007）：イギリスの特別ニーズ教育の動向．日本特別ニーズ教育学会（編）特別ニーズ教育．ミネルヴァ書房．pp. 207-213.

31. 新井英靖（2007）：英国の学習支援アシスタントの発展過程に関する研究．発達障害研究．vol. 29. no. 4, pp. 280-288.

32. 新井英靖（2009）：英国のパストラル・ケアの発展過程に関する研究．茨城大学教育実践研究．vol. 28, pp. 65-77.

33. 新井英靖（2011）：英国の学習困難児に対する教育的アプローチに関する研究．風間書房．

34. Armstrong, D. (1995): Power and partnership in education. Routledge.

35. Armstrong, D., Armstrong, F., and Barton, L. (1998): From theory to practice: special education and the social relations of academic production. Clark, C., Dyson, A., and Millward, A. (eds.) Theorising special education. Routledge. pp. 32-43.

36. Armstrong, D. and Galloway, D. (1992): On being a client: conflicting perspectives on assessment. Booth, T., Swann, W., Masterton, M. and Potts, P. (eds.) Policies for diversity in education. Open university press. pp. 193-203.

37. Armstrong, D. and Galloway, D. (1994): Special educational needs and problem behaviour. Riddell, S. and Brown, S. (eds.) Special educational needs policy in the 1990s. warnock in the market place. Routledge. pp. 175-195.

38. Arthur, H. (1989): INSET issues and whole school policies. Ainscow, M. and Florek, A. (eds.) Special educaticnal needs: towards a whole school approach. David fulton publishers. pp. 140-150.

39. Asher, C. (1981): Language teaching and less able pupils. Audio-visual language journal, vol. 13, no. 3, pp. 151-153.

40. Atkinson, J. (1989): Developing a whole-school approach to disruptive pupils.

Evans, R. (ed.). Special Educational needs -policy and practice-. Brackwell. pp. 83-93.

41. Audit Commission and HMI (1992): Getting in on the Act. Provision for Pupils with Special Educational Needs: the National Picture. HMSO.

42. Audit Commission and HMI (1992): Getting the Act Together. Provision for Pupils with Special Educational Needs. A Management Handbook for Schools and Local Education Authorities. HMSO.

43. Ayers, H., Clarke, D. and Ross, A. (1996): Assessing Individual Needs. A practical approach. second edition.David Fulton Publishers.

44. Bailey, J. (1998): Medical and psychological models in special needs education. Clark, C., Dyson, A., and Millward, A. (eds.) Theorising special education. Routledge. pp. 44-60.

45. Bailey, J. and Barton, B. (1999): The impact of hospitalization on school inclusion: the experiences of two students with chronic illness. Ballard, K. (ed.) Inclusive education. - international voices on disability and justice. Falmer press. pp. 81-96.

46. Ballard, K. and McDonald, T. (1999): Disability, inclusion and exclusion: some insider accounts and interpretations. Ballard, K. (ed.) Inclusive education. - international voices on disability and justice. Falmer press. pp. 97-115.

47. Barber, M. (2002): The teacher who mistook his pupil for a nuclear incident: environment influences on the learning of people with profound and multiple learning difficulties. Farrell. P. and Ainscow, M. (eds.) Making special education inclusive. - from research to practice. David fulton publishers. pp. 183-194.

48. Barne, C. (2003): Disability, user-controlled services - partnership or conflict? Leathard, A. Interprofessional collaboration - from policy to practice in health and social care. Brunner-Routledge. pp. 200-211.

49. Barthorpe, T. (1993): Support services - value for Money. Visser, J. and Upton, G. (eds.) Special education in Britain after warnock. David fulton publishers. pp. 74-82.

50. Bartlett, D. and Peacey, N. (1992): Assessments - and issues - for 1992. British journal of special education. vol. 19, no. 3, pp. 94-97.

51. Barton, L. (1993): Labels, markets and inclusive education. Visser, J. and Upton, G. (eds.) Special education in Britain after warnock. David fulton publishers.

引用文献一覧　　377

pp. 30-42.

52. Barton, L. (2005): The politics of education for all. Nind, M., Rix, J., Sheehy, K. and Simmons, K. (eds.) Inclusive Education: diverse perspectives. David fulton publishers. pp. 57-64.

53. Batty, P. Moon, B. and Roaf, C. (1989): Changing the curriculum at peers. Ainscow, M. and Florek, A. (eds.) Special educational needs: towards a whole school approach. David fulton publishers. pp. 33-39.

54. Bayliss, P. (1998): Models of complexity: theory-driven intervention practices. Clark, C., Dyson, A., and Millward, A. (eds.) Theorising special education. Routledge. pp. 61-78.

55. Beasley, F. and Upton, G. (1989): Effectiveness of locational integration for children with moderate learning difficulties. Jones, N. (ed.) Special educational needs review. The falmer press. pp. 146-160.

56. Bell, P. (1989): A policy for integration using supportive education. Evans, R. (ed.). Special Educational needs -policy and practice-. Brackwell. pp. 3-11.

57. Benjamin, S. (2002): The micropolitics of inclusive education - an ethnography. Open university press.

58. Benjamin, S. (2005): 'Valuing diversity': a cliche for the twenty-first century? Rix, J., Simmons, K., Nind, M. and Sheehy, K. Policy and power in inclusive education. Open university. Routledge Falmer. pp. 175-190.

59. Beresford, P. and Croft, S. (1981): Intermediate treatment, special education and the personalization of urban problems. Swann, W. (ed.) The practice of special education. Basil blackwell. pp. 187-207.

60. Betts, D. (1989): Further Education and the 1988 Act. British Journal of Special Education. vol. 16, no. 3, pp. 123-125.

61. Beveridge, S. (1993): Special educational needs in schools. Routledge.

62. Bines, H. (1986): Redefining remedial education. Croom helm.

63. Bines, H. (1989): Developing a whole school policy for special needs in primary schools. Ainscow, M. and Florek, A. (eds.) Special educational needs: towards a whole school approach. David fulton publishers. pp. 17-23.

64. Bines<H. (1993): Whole School Policies in the new era. British Journal of Special Education, vol. 20, no. 3, pp. 91-94.

65. Blake, D. and Hanley, V. (1995): The dictionary of educational terms. Arena.

66. Blamires, M. (2002): Is a social model sufficient to enable inclusive educational practice? O'Brien, T. Enabling inclusion - blue skies...dark clouds? Optimus publishing. pp. 99-112.

67. Board of Education (1944): The Education Act 1944. (7 and 8 Geo 6, c.31).

68. Bolton, A., Closs, A. and Norris, C. (2000): Researching the education of children with medical conditions: reflections on two projects. Closs, a. (ed.) The education of children with medical conditions. David fulton publishers. pp. 39-50.

69. Booth, T. (1981): Demystifying integration. Swann, W. (ed.) The practice of special education. Basil blackwell. pp. 288-313.

70. Booth, T.A. (1981): From normal baby to handicapped child: unravelling the idea of subnormality in families of mentally handicapped children. Swann, W. (ed.) The practice of special education. Basil blackwell. pp. 242-259.

71. Booth, T. (1992): Integration, disability and commitment: a response to Maarten Soeder. Booth, T., Swann, W., Masterton, M. and Potts, P. (eds.) Policies for diversity in education. Open university press. pp. 261-278.

72. Booth, T. (1993): Raising standards: sticking to first principles. Dyson, A. and Gains, C. (eds.) Rethinking special needs in mainstream schools towards the year 2000. David fulton publishers. pp. 131-140.

73. Booth, T. (1998): The poverty of special education: theories to the rescue? Clark, C., Dyson, A., and Millward, A. (eds.) Theorising special education. Routledge. pp. 79-89.

74. Bovair, K. (1993): A role for the special school. Visser, J. and Upton, G. (eds.) Special education in Britain after warnock. David fulton publishers. pp. 110-125.

75. Bowers, T. (1993): Funding special education. Visser, J. and Upton, G. (eds.) Special education in Britain after warnock. David fulton publishers. pp. 59-73.

76. Bowman, I. (1981): Maladjustment: a history of the category. Swann, W. (ed.) The practice of special education. Basil blackwell. pp. 102-121.

77. Boxer, R. and Halpin, D. (1989): Planning for support teaching. Evans, R. (ed.) Special educational needs. -policy and practice-. Blackwell. pp. 152-157.

78. Boyce, P. (1981): Special education in initial training. Special education: forward trends, vol. 8, no. 2, pp. 17-19.

79. Bradley, J. and Dr.Seamus (1982): Sixteen and What Next?. Special Education:

Forward Trends, vol. 9, no. 3, pp. 9-12.

80. Brennan, W.K. (1985): Curriculum for special needs. Open university press.

81. The British Psychological Society (1981): Written memoranda submitted to the committee, special standing committee, Education Bill (1981), Parliamentary debates, House of Commons Official Report, HMSO. p. 3.

82. Broomhead, R. and Darley, P. (1992): Supportive parents for special children: working towards partnership in Avon. Booth, T., Swann, W., Masterton, M. and Potts, P. (eds.) Policies for diversity in education. Open university press. pp. 204-210.

83. Brown, C. (1999): Parent voices on advoacy, education, disability and justice. Ballard, K. (ed.) Inclusive education. - international voices on disability and justice. Falmer press. pp. 28-42.

84. Brown, S. and Riddell, S. (1994): The impact of policy onpractice and thinking. Riddell, S. and Brown, S. (eds.) Special educational needs policy in the 1990s. warnock in the market place. Routledge. pp. 214-235.

85. Bryans, T. (1993): The 1981 education act: a critical review of assessment principles and practice. Wolfendale, S. (ed.) Assessing special educational needs. Cassell. pp. 17-34.

86. Buck, M. (1989): Developing a network of support. Ainscow, M. and Florek, A. (eds.) Special educational needs: towards a whole school approach. David fulton publishers.pp. 52-60.

87. Buck, M. (1989): Which model? six ways into support. Ainscow, M. and Florek, A. (eds.) Special educational needs: towards a whole school approach. David fulton publishers. pp. 100-108.

88. Burnham, L. (2003): The teaching assistants's handbook. NVQ/SVQ and CH-CHE level 2. Heinemann.

89. Burnham, L. and Carpenter, K. (2004): The teaching assistant's handbook. Secondary schools edition. Heinemann.

90. Burnham, L. and Jones, H. (2002): The teaching assistant's handbook. S/NVQ level. 3. Heinemann.

91. Butt, N.D. (1981): Written memoranda submitted to committee, Special standing committee, Education Bill (1981), Parliamentary debates, House of Commons Official Report, HMSO. pp. 10-11.

92. Butt, N. (1993): The S.E.N. Coordinator in secondary schools. Visser, J. and Upton, G. (eds.) Special education in Britain after warnock. David fulton publishers. pp. 83-97.

93. Butterfield, S. (1993): National Curriculum progression. Chitty, C. (ed.) The National Curriculum: is it working? Longman. pp. 101-124.

94. Carpenter, B. (1997): Finding the family: early intervention and families of children with special educational needs. Carpenter, B. (ed.) Families in context. - emerging trends in family support and early intervention. David fulton publishers. pp. 20-30.

95. Carpenter, B. (1997): Moving forward together: collaborative research with families. Carpenter, B. (ed.) Families in context. - emerging trends in family support and early intervention. David fulton publishers. pp. 164-175.

96. Carrington, S. and Elkins, J. (2005): Comparison of a traditional and an inclusive secondary school culture. Rix, J., Simmons, K., Nind, M. and Sheehy, K. Policy and power in inclusive education. Open university. Routledge Falmer. pp. 85-96.

97. Carson, I. (2002): An inclusive society? one young man with learning difficulties doesn't think so! Farrell. P. and Ainscow, M. (eds.) Making special education inclusive. - from research to practice. David fulton publishers. pp. 205-214.

98. Central office of information (1994): Education reform in schools. HMSO.

99. Central office of information (1996): Education. - aspects of Britain. HMSO.

100. Chapman, E. and McCall, S. (1989): Visually handicapped children: current issues. Jones, N. (ed.) Special educational needs review. The falmer press. pp. 85-100.

101. Chazan, M., Laing, A., Shackleton, M., Jones, B., and Jones, G. (1981): Young children with special needs in ordinary schools. Swann, W. (ed.) The practice of special education. Basil blackwell. pp. 132-135.

102. Cheminais, R. (2000): Special educational needs for newly qualified and student teachers. - updated in line with the revised code of practice. David fulton publishers.

103. Chitty, C. (1993): Key stage 4: the National Curriculum abandoned? Chitty, C. (ed.) The National Curriculum: is it working? Longman. pp. 146-160.

104. Chitty, C. (1993): Managing a coherent curriculum: four case studies. Chitty,

C. (ed.) The National Curriculum: is it working? Longman. pp. 80-100.

105. Chitty, C. (1993): The school curriculum: from teacher autonomy to central control. Chitty, C. (ed.) The National Curriculum: is it working? Longman. pp. 1-23.

106. Clark, C., Dyson, A., and Millward, A. (1998): Theorising special education: time to move on? Clark, C., Dyson, A., and Millward, A. (eds.) Theorising special education. Routledge. pp. 156-173.

107. Clark, C. and Eeson, P. (1993): Turning the kaleidoscope: working with teachers concerned about special educational needs. Dyson, A. and Gains, C. (eds.) Rethinking special needs in mainstream schools towards the year 2000. David fulton publishers. pp. 34-47.

108. Clark, C., Dyson, A., Milward, A.J. and Skidmore, D. (2001): The case of Downland. (Wearmouth, J. (ed.) Special educational provision in the context of inclusion. David fulton publishers.) pp. 99-118.

109. Clarke, P. (2010): Mentoring together. Write, T. (ed.) How to be a brilliant mentor - developing outstanding teachers. Routledge. pp. 80-94.

110. Clayton, T. (1989): The role of welfare assistants in supporting children with special educational needs in ordinary primary schools. Evans, R. (ed.). Special Educational needs -policy and practice-. Brackwell. pp. 103-106.

111. Clegg, S. and McNulty, K. (2005): The creation of learner identities as part of social inclusion: gender, ethnicity and social spece. Rix, J., Simmons, K., Nind, M. and Sheehy, K. Policy and power in inclusive education. Open university. Routledge Falmer. pp. 213-222.

112. Closs, A. (2000a): Issues for the effectiveness of children's school education. Closs, a. (ed.) The education of children with medical conditions. David fulton publishers. pp. 93-106.

113. Closs, A. (2000b): Resources to support education staff working with children with medical conditions. Closs, a. (ed.) The education of children with medical conditions. David fulton publishers. pp. 179-194.

114. Clough, P. and Corbett, J. (2002): Theories of inclusive education. Paul chapman publishing.

115. Cole, T. (1989): Apart or A Part? Integration and the Growth of British Special Education. Open University Press. p. 136.

116. Cole, T., Visser, J., and Upton, G. (1999): Effective schooling for pupils with emotional and behavioural difficulies. David fultonpublishers.

117. Collins, M. (2009): Raising self-esteem in primary schools. SAGE.

118. Cooper, C. (2002): Understanding school exclusion. The University of Hull.

119. Cooper, D. (1989): Another Hurdle for FE. British Journal of Special Education. vol. 16. no. 2, p. 57.

120. Cooper, P. (2005): AD/HD. Lewis, A. and Norwich, B. (eds.) Special teaching for special children? pedagogies for inclusion. Open university press. pp. 123-137.

121. Cooper, P. and Jacobs, B. (2011): From inclusion to engagement. - helping students engage with schooling through policy and practice. Wiley-blackwell.

122. Cope, C. and Anderson, E. (1981): Special provision for PH pupils in secondary schools. Swann, W. (ed.) The practice of special education. Basil blackwell. pp. 153-172.

123. Copeland, I. (1991): Special Educational Needs and the Education Reform Act 1988. British Journal of Educational Studies. vol. 39, no. 2, pp. 190-206.

124. Corbett, J. (1993): Entitlement and ownership: assessment in further and higher education and training. Wolfendale, S. (ed.) Assessing special educational needs. Cassell.pp. 112-130.

125. Corbett, J. (1994): Challenges in a competitive culture - a policy for inclusive education in Newham. Riddell, S. and Brown, S. (eds.) Special educational needs policy in the 1990s. warnock in the market place. Routledge. pp. 74-91.

126. Corker, M. (1992): Empowering the voluntary sector: the campaign for policy change. Booth, T., Swann, W., Masterton, M. and Potts, P. (eds.) Policies for diversity in education. Open university press. pp. 322-333.

127. Cornwall, J. (2002): Enabling inclusion: is the culture of change being responsibly managed? O'Brien, T. Enabling inclusion - blue skies...dark clouds? Optimus publishing. pp. 127-142.

128. Coulby, J. and Coulby, D. (2001): Pupil participation in the social and education processes of a primary school. (Wearmouth, J. (ed.) Special educational provision in the context of inclusion. David fulton publishers.) pp. 245-263.

129. Cowne, E. (2000): The SENCO handbook. - working within a whole-school approach. (Third edition) David fulton publishers.

引用文献一覧 383

130. Cowne, E. (2003): The SENCO handbook. - covers the Code of Practice 2001 and the DRC Code of Practice for schools 2002. (Fourth edition) David fulton publishers.

131. Cowne, L. (2005) What do special educational needs coordinators think they do?, British Journal of Learning Support (Support for Learning), 20(2), pp. 61-68.

132. Crockett, J.B. (2002): Beyond inclusion: preventing disabilities from handicapping the futures of our children. O'Brien, T. Enabling inclusion - blue skies...dark clouds? Optimus publishing. pp. 81-98.

133. Crow, L. (2005): Including all of our lives: renewing the social model of disability. Nind, M., Rix, J., Sheehy, K. and Simmons, K. (eds.) Inclusive Education: diverse perspectives. David fulton publishers. pp. 135-149.

134. Crowther, D., Dyson, A., and Millward, A. (2001): Supporting Pupils with Special Educational Needs: Issues and Dilemmas for Special Needs Coordinators in English Primary Schools. European Journal of Special Needs Education, vol. 16. no. 2, pp. 85-97.

135. Cuerden, J. (2010): Mentoring the newly qualified teacher. Write, T. (ed.) How to be a brilliant mentor - developing outstanding teachers. Routledge. pp. 123-139.

136. Cunnison, S. (1992): Challenging patriarchal culture through equal opportunities: an action research study in a primary school. Booth, T., Swann, W., Masterton, M. and Potts, P. (eds.) Policies for diversity in education. Open university press. pp. 87-100.

137. David, T., Moir, J., and Herbert, E. (1997): Curriculum issues in early childhood: implications for families. Carpenter, B. (ed.) Families in context. - emerging trends in family support and early intervention. David fulton publishers. pp. 137-149.

138. Davie, R. (1989): Special educational needs: policy into practice. Evans, R. (ed.). Special Educational needs -policy and practice-. Brackwell. pp. 3-11.

139. Davie, R. (1993): Implementing Warnock's multi-professional approach. Visser, J. and Upton, G. (eds.) Special education in Britain after warnock. David fulton publishers. pp. 138-150.

140. Davie, R. (1993): The Education Act 1993. British Journal of Special Educa-

tion, vol. 20, no. 3, p. 83.

141. Davie, R. (1993): Interdisciplinary perspectives on assessment. Wolfendale, S. (ed.) Assessing special educational needs. Cassell. pp. 133-149.

142. Davis, P. and Hopwood, V. (2002): The inclusion of children with visual impairment in the mainstream primary school classroom. Farrell. P. and Ainscow, M. (eds.) Making special education inclusive. - from research to practice. David fulton publishers. pp. 163-172.

143. Dean, J. (1989): Special needs in the secondary school. Routledge.

144. Debenham, C. and Trotter, S. (1992): Welcome to Newham! - defining services to parents. Booth, T., Swann, W., Masterton, M. and Potts, P. (eds.) Policies for diversity in education. Open university press. pp. 415-432.

145. Dee. L. (1993): What happens after school? Visser, J. and Upton, G. (eds.) Special education in Britain after warnock. David fulton publishers. pp. 126-137.

146. Department for Children Schools and Families (2008): The Education (Special Educational Needs Co-ordinators) (England) Regulations 2008 (2008 No. 2945)

147. Department for Children Schools and Families (2009): The Education (Special Educational Needs Co-ordinators) (England) (Amendment) Regulations 2009. (2009 No. 1387)

148. Department for Education, Welsh Office, Scottish Office Education Department, Department of Education for Northern Ireland, and Universities Funding Council (1993): Education Statistics for the United Kingdom 1993 Edition. HMSO.

149. Department for Education (1994): Code of Practice: Special Educational Needs. HMSO.

150. Department for Education (1994): The Education (Special Educational Needs Code of Practice) (Appointed Day) Order 1994. No. 1414. HMSO.

151. Department for Education (1994): Circular 6/94. HMSO.

152. Department for Education (1995): The National Curriculum. England. HMSO.

153. Department for Education (1995): Disability Discrimination Act 1995 (c. 50)

154. Department for Education (1995): Special Educational Needs Tribunal. How to appeal. Crown.

155. Department for Education (2010): The Importance of Teaching. The Schools White Paper. cm7980. Crown.

引用文献一覧　385

156. Department for Education and Employment (1996a): A good practice guide: supporting pupils with medical needs. London.

157. Department for Education and Employment (1996b): Circular 14/96: supporting pupils with medical needs in school. London.

158. Department for Education and Employment (1997): Excellence for all children. -Meeting Special Educational Needs- (Green Paper cm 3785). HMSO.

159. Department for Education and Employment (1997): The SENCO guide. - Good Practice for SENCOs, Individual Education Plans (IEPs), Developing SEN policies in Schools. The Stationery Office.

160. Department for Education and Employment (1998): Meeting special educational needs: A Programme of Action. HMSO.

161. Department for Education and Employment (2000): Disapplication of the National Curriculum. Ref. 118/2000. HMSO.

162. Department for Education and Employment (2000): Learning and Skills Act 2000. (c.21)

163. Department for Education and Employment (2000): Working with teaching assistants. - a good practice guide. Ref: DfEE 0148/2000.

164. Department for Education and Employment (2001): Special Educational Needs (Provision of Information by Local Education Authorities) (England) Regulations 2001, Appendix A. (Statutory Instruments 2001 No. 3455)

165. Department for Education and Employment (2001): The Education (Special Educational Needs) (England) (Consolidation)) Regulations 2001, Statutory Instruments 2001 No. 3455.

166. Department of Education and Science (1945): Handicapped Pupils and School Health Service Regulations. HMSO.

167. Department of Education and Science (1969): The Health of the School Child 1966-68. HMSO.

168. Department of Education and Science (1978): Special Educational Needs. Report of the committee of enquiry into the education of handicapped children and young people. (Warnock Report) HMSO.

169. Department of Education and Science (1980): A New Training Initiative: A Programme for Action. HMSO.

170. Department of Education and Science (1983): The Education (Special Educa-

tional Needs) Regulations 1983. HMSO.

171. Department of Education and Science (1984): Teacher Training and Special Educational Needs. Report of the ACSET. HMSO.

172. Department of Education and Science (1987): A 'special' professionalism. report of the FE special needs teacher training working group. HMSO.

173. Department of Education and Science (1988): . Circular 8/88.

174. Department of Education and Science (1989): Education Reform Act 1988: Temporary Exceptions from the National Curriculum. Circular 15/89.

175. Department of Education and Science (1989): Special Schools for Pupils with Emotional and Behavioural Difficulties. Circular 23/89.

176. Department for Education and Skills (2001) Code of Practice: Special educational needs. (Ref.DfES/581/2001)

177. Department for Education and Skills (2001): Inclusive Schooling - Children with Special Educational Needs-. Statutory Guidance. DfES/0774/2001.

178. Department for Education and Skills (2005): 14-19 Education and Skills. HMSO. (cm 6476)

179. Diniz, F.A. and Usmani, K. (2005): Changing the discourse on 'race' and special educational needs. Nind, M., Rix, J., Sheehy, K. and Simmons, K. (eds.) Inclusive Education: diverse perspectives. David fulton publishers. pp. 87-94.

180. Disability Discrimination Act 1995. (chapter 50)

181. Dodd, M., Griffiths, A., Nicklin, P. and Shoesmith, S. (1989): Integrating children and services: a small authority's approach. Evans, R. (ed.) Special educational needs. -policy and practice-. Blackwell. pp. 137-145.

182. Dodgson, H. (1989): In-class support. -threat or challenge?-. Evans, R. (ed.) Special educational needs. -policy and practice-. Blackwell. pp. 158-163.

183. Dolton, P., Makepeace, G.H., and Treble, J.G. (1994): The Youth Training Scheme and the School-to-Work Transition. Oxford Economic Papers, vol. 46, pp. 629-657.

184. Dorries, B. and Haller, B. (2005): The news of inclusive education: a narrative analysis. Nind, M., Rix, J., Sheehy, K. and Simmons, K. (eds.) Inclusive Education: diverse perspectives. David fulton publishers. pp. 274-294.

185. Douglas, G. and McLinden, M. (2005): Visual impairment. Lewis, A. and Norwich, B. (eds.) Special teaching for special children? pedagogies for inclusion.

引用文献一覧　　387

Open university press. pp. 26-40.

186. Doyle, B. (1997): Transdisciplinary approaches to working with families. Carpenter, B. (ed.) Families in context. - emerging trends in family support and early intervention. David fulton publishers. pp. 150-163.

187. Drakeford, B. (1997): The whole-school audit. - development plannning for primary and special schools. David fulton publishers.

188. Drifte, C. (2003): Handbook for pre-school SEN provision. - the code of practice in relation to the early years. David fulton.

189. Dyson, A. (1993): Do we need special needs coordinators? Visser, J. and Upton, G. (eds.) Special education in Britain after warnock. David fulton publishers. pp. 98-109.

190. Dyson, A. (2005): Special needs education as the way to equity: an alternative approach? Rix, J., Simmons, K., Nind, M. and Sheehy, K. Policy and power in inclusive education. Open university. Routledge Falmer. pp. 121-129.

191. Dyson, A. and Gains, C. (1993): Special needs and effective learning: towards a collaborative model for the year 2000. Dyson, A. and Gains, C. (eds.) Rethinking special needs in mainstream schools towards the year 2000. David fulton publishers. pp. 155-172.

192. Dyson, A. and Hick, P. (2005): Low attainment. Lewis, A. and Norwich, B. (eds.) Special teaching for special children? pedagogies for inclusion. Open university press. pp.

193. Dyson, A. and Millward, A. (1999): Falling down the interfaces: from inclusive schools to an exclusive society. Ballard, K. (ed.) Inclusive education. - international voices on disability and justice. Falmer press. pp. 152-166.

194. Dyson, A and Millward, A. (2002): Looking them in the eyes: is rational provision for students 'with special educational needs' really possible? Farrell.P. and Ainscow, M. (eds.) Making special education inclusive. - from research to practice. David fulton publishers. pp. 13-24.

195. East, V. and Evans, L. (2001): A quick guide to children's special needs. Question publishing.

196. Education Act 1944. (chapter 31)

197. Education Act 1970. (chapter 52)

198. Education Act 1981. (chapter 60)

199. Education Act (No. 2) 1986. (chapter 61)

200. Education Reform Act 1988. (chapter 40)

201. Education Act 1993. (chapter 35)

202. Education Act 1996. (chapter 65)

203. The Education (Special Educational Needs Co-ordinators) (England) Regulations 2008. 2008 No. 2945.

204. The Education (Special Educational Needs Co-ordinators) (England) Regulations 2009. 2009 No. 1387.

205. Education, Science and Arts Committee (1987): Special Educational Needs, Implementation of Education Act 1981. HMSO.

206. Edwards, A. (1996): Can action research give coherence to school-based learning experiences of students? O'Hanlon, C. (ed.) Professional development through action research in educational settings. Falmer press. pp. 141-154.

207. Ekins, A. (2012): The Changing Face of Special Educational Needs. -impact and implications for SENCOs and their schools. Routledge.

208. Elliott, J. and Adelman, C. (1996): Reflecting where the action is: the design of the ford teaching project. O'Hanlon, C. (ed.) Professional development through action research in educational settings. Falmer press. pp. 7-18.

209. 遠藤明子 (1988): 現代における障害児教育の視点. 講談社出版サービスセンター.

210. Engel, C. and Gursky, E. (2003): Management and interprofessional collaboration. Leathard, A. Interprofessional collaboration - from policy to practice in health and social care. Brunner-Routledge. pp. 44-55.

211. Evans, R. (1993): Effective thinking or effective policy? Dyson, A. and Gains, C. (eds.) Rethinking special needs in mainstream schools towards the year 2000. David fulton publishers. pp. 141-154.

212. Evans, L. (2007): SENCO at a glance. - a toolkit for success. Continuum.

213. Evans, J. and Lunt, I. (1992): Local management of schools and special educational needs. Jones, N. and Docking, J. (eds.) Special educational needs and the education refortm act. Trentham books. pp. 31-46.

214. Evans, J., Lunt, I., Norwich, B., Steedman, J. and Wedell, K. (1994): Clusters - a collaborative approach to meeting special educational needs. Riddell, S. and Brown, S. (eds.) Special educational needs policy in the 1990s. warnock in the

market place. Routledge. pp. 92-112.

215. Evans, T. (1976): Teaching children of mixed ability. Special education: forward trends, vol. 3, no. 3. pp. 8-11.

216. Farrell, M. (2001): Standards & special educational needs. continuum.

217. Farrell, M. (2004): Special educational needs. - a resource for practitioners. Paul chapman publishing.

218. Farrell, P. (2001): Special Education in the Last Twenty Years: have things really got better?, British Journal of Special Education, vol. 28, no. 1, pp. 3-8.

219. Farrell, P. and Ainscow, M. (2002): Making special education inclusive: mapping the issues. Farrell.P. and Ainscow, M. (eds.) Making special education inclusive. - from research to practice. David fulton publishers. pp. 1-12.

220. Farrell, P. and Balshaw, M. (2002): Can teaching assisstants make special education inclusive? Farrell. P. and Ainscow, M. (eds.) Making special education inclusive. - from research to practice. David fulton publishers. pp. 39-50.

221. Feiler, G. (1988): The end of traditional assessment. Thomas, G. and Feiler, A. (eds.) Planning for special needs - a whole school approach. Simon & schuster education. pp. 32-54.

222. Feiler, A. and Thomas, G. (1988): Special needs: past, present and future. Thomas, G. and Feiler, A. (eds.) Planning for special needs - a whole school approach. Simon & schuster education. pp. 5-31.

223. Fish, J. (1989): What is special education? Open university press.

224. Fizgerald, D. (2007): Coordinating special educational needs. Routledge.

225. Fleeley, P. and Skilling, C. (2000): Towards quality educational services for children out of school for reasons of health. Closs, a. (ed.) The education of children with medical conditions. David fulton publishers. pp. 119-130.

226. Fleming, M (2011): Starting drama teaching. David fulton.

227. Fletcher-Campbell, F. (2005): Moderate learning difficulties. Lewis, A. and Norwich, B. (eds.) Special teaching for special children? pedagogies for inclusion. Open university press. pp. 180-191.

228. Flint, D. (2010): Mentoring in a primary school. Write, T. (ed.) How to be a brilliant mentor - developing outstanding teachers. Routledge. pp. 112-122.

229. Forth, E. (1981): House of Commons, Debates on Education Act 1992, 15 December 1992, vol. 216, c187.

230. Fox, M. (2003): Including children 3-11 with physical disabilities. - practical guidance for mainstream schools. David fulton publishers.

231. Frankham, J. (2002): Inclusive education and lesbian and gay young people. Farrell. P. and Ainscow, M. (eds.) Making special education inclusive. - from research to practice. David fulton publishers. pp. 73-87.

232. Frederickson, N. (1993): Using soft systems methodology to rethink special needs. Dyson, A. and Gains, C. (eds.) Rethinking special needs in mainstream schools towards the year 2000. David fulton publishers. pp. 1-21.

233. Frederickson, N. and Cline, T. (2002): Special educational needs, inclusion and diversity. Open university press.

234. Freeman, A. and Gray, H. (1989): Organizing special educational needs. a critical approach. Paul chapman publishing.

235. Freshwater, K. and Leyden, G. (1989): Limited Options: where are leavers now? British Journal of Special Education. vol. 16, no. 1, pp. 19-22.

236. Friel, J. (1992): Getting to grips with the flaws. British journal of special education. vol. 19, no. 3, p. 92.

237. 福井県特別支援教育研究会編 (2006)：すぐに役立つ特別支援教育コーディネーター入門．東京書籍．

238. Gains, C. (2002): Inclusion: decisions, routes and destination. O'Brien, T. Enabling inclusion - blue skies...dark clouds? Optimus publishing. pp. 171-180.

239. Galletley, I. (1993): The youth village. Dyson, A. and Gains, C. (eds.) Rethinking special needs in mainstream schools towards the year 2000. David fulton publishers. pp. 57-63.

240. Galloway, D. (1989): INSET and the whole school approach. Ainscow, M. and Florek, A. (eds.) Special educational needs: towards a whole school approach. David fulton publishers. pp. 111. 119.

241. Garner, P. (2001): What's the weight of a badger? Teacher's experiences of working with children with learning difficulties. (Wearmouth, J. (ed.) Special educational provision in the context of inclusion. David fulton publishers.) pp. 119-136.

242. Garner, P. (2002): Goodbye Mr Chips: special needs, inclusive education and the deceit of initial teacher training. O'Brien, T. Enabling inclusion - blue skies...dark clouds? Optimus publishing. pp. 53-64.

引用文献一覧　391

243. Garnett, J. (1976): 'Special' Children in a comprehensive. Special education: forward trends, vol. 3, no. 1. pp. 8-11.

244. Garrett, J. (1989): Microelectronics and the microcomputer in special education. Jones, N. (ed.) Special educational needs review. The falmer press. pp. 74-84.

245. Garner, P., Hinchcliffe, V. and Sandow, S. (2001): Teachers and differentiation. (Wearmouth, J. (ed.) Special educational provision in the context of inclusion. David fulton publishers.) pp. 305-318.

246. Garnett, J. (1989): Support teaching: taking a close look. Ainscow, M. and Florek, A. (eds.) Special educational needs: towards a whole school approach. David fulton publishers. pp. 89-99.

247. Gersch, I.S. (2001): Listening to children. (Wearmouth, J. (ed.) Special educational provision in the context of inclusion. David fulton publishers.) pp. 228-244.

248. Ghaill, M.M. (1993): The National Curriculum and equal opportunities. Chitty, C. (ed.) The National Curriculum: is it working? Longman. pp. 125-145.

249. Gilbert, C. (1992): Planning school development. Booth, T., Swann, W., Masterton, M. and Potts, P. (eds.) Policies for diversity in education. Open university press. pp. 54-69.

250. Gilbert, C. and Hart, M. (1992): A curricular response to diversity at Whitmore high school. Booth, T., Swann, W., Masterton, M. and Potts, P. (eds.) Policies for diversity in education. Open university press. pp. 38-53.

251. Giles, C. and Dunlop, S. (1989): Changing direction at tile hill wool. Ainscow, M. and Florek, A. (eds.) Special educational needs: towards a whole school approach. David fulton publishers. pp. 40-51.

252. Gilliland, J. and McGuiness, J. (1989): Counselling and special educational needs. Jones, N. (ed.) Special educational needs review. The falmer press. pp. 20-43.

253. Gipps, C., Gross, H., and Goldstein, H. (1987): Warnock's Eighteen per Cent-Children with Special Needs in Primary Schools-. The Falmer Press.

254. Gliedman, J. and Roth, W. (1981): Parents and professionals. Swann, W. (ed.) The practice of special education. Basil blackwell. pp. 226-241.

255. Golby, M. and Gulliver, R. (1981): Whose remedies, whose ills? acritical review

of remedial education. Swann, W. (ed.) The practice of special education. Basil blackwell. pp. 173-186.

256. Golding, J. (1981): Physical handicap in children: sources of variation. Swann, W. (ed.) The practice of special education. Basil blackwell. pp. 25-40.

257. Goodey, C. (1992): Fools and heretics: parents' views of professionals. Booth, T., Swann, W., Masterton, M. and Potts, P. (eds.) Policies for diversity in education. Open university press. pp. 165-176.

258. Gordon, M. (2002): Parliamentary Page. British Journal of Special Education, vol. 29, no. 4, pp. 206-207.

259. Gore, A. (9th Earl of Arran) (1988): House of Lords Debates, Education Reform Bill. 23 June 1988, vol. 498, cc985-1041, p. 985.

260. Graf, M. with Birch, A. (2009): The teaching assistant's guide to understanding and supporting learning. Continuum.

261. Graham, P.J. (1981): Written memoranda submitted to committee, Special standing committee, Education Bill (1981), Parliamentary debates, House of Commons Official Report, HMSO. pp. 15-16.

262. Grant, P., Mindell, N., Pettersen, J. and Sidwell, M. (1989): The problem centred approach. - an INSET initiative-. Evans, R. (ed.) Special educational needs. -policy and practice-. Blackwell. pp. 146-151.

263. Greaves, M. and Sydenham, D. (1992): Careers education guidance for pupils with specila needs. Jones, N. and Docking, J. (eds.) Special educational needs and the education refortm act. Trentham books. pp. 117-128.

264. Gregory, E. (1989): Issues of multiprofessional co-operation. Evans, R. (ed.). Special Educational needs -policy and practice-. Brackwell. pp. 107-115.

265. Gregory, S. (2005): Deafness. Lewis, A. and Norwich, B. (eds.) Special teaching for special children? pedagogies for inclusion. Open university press. pp. 15-25.

266. Griffiths, K. (2001): The special needs co-ordinator in the secondary school. (Wearmouth, J. (ed.) Special educational provision in the context of inclusion. David fulton publishers.) pp. 137-148.

267. Grugeon, E. (1992): Ruled out or rescued? - a statement for balbinder. Booth, T., Swann, W., Masterton, M. and Potts, P. (eds.) Policies for diversity in education. Open university press. pp. 177-192.

268. Gulliford, R. (1971): Special educational needs. Routledge and kegan paul.

269. Gulliford, R. (1981): Teacher training and Warnock. Special education: forward trends, vol. 8, no. 2, pp. 13-15.

270. Gunn, S. (2004): Understanding change and being an integral part of the process. Tyrer, R, Gunn, S., Lee, C., Parker, M. Pittman, M. and Townsend, M. A toolkit for the effective teaching assistant. Paul chapman publishing. pp. 30-49.

271. Halliwell, M. and Williams, T. (1993): Towards an interactive system of assessment. Wolfendale, S. (ed.) Assessing special educational needs. Cassell. pp. 166-184.

272. Halsey, A.H. (1981): Education can compensate. Swann, W. (ed.) The practice of special education. Basil blackwell. pp. 353-358.

273. Hanko, G. (1989): Sharing expertise: developing the consultative role. Evans, R. (ed.). Special Educational needs -policy and practice-. Brackwell. pp. 67-82.

274. Hanks, R. (2011): Common SENSE for the inclusive classroom. How teachers can maximise existing skills to support special educational needs. Jessica Kingsley Publishers.

275. Harris-Cooksley, R. and Catt, R. (2001): Classroom strategies for teacher and pupil support. (Wearmouth, J. (ed.) Special educational provision in the context of inclusion. David fulton publishers.) pp. 264-282.

276. Harrington, J. (1989): The role of school governors in meeting special educational needs. Evans, R. (ed.). Special Educational needs -policy and practice-. Brackwell. pp. 83-94.

277. Hart, S. (1996): Beyond special needs. - enhancing children's learning through innovative thinking. Paul chapman publishing.

278. Hart, S. and Travers, P. (2005): Learning in context: identifying difficulties for learners. Nind, M., Rix, J., Sheehy, K. and Simmons, K. (eds.) Inclusive Education: diverse perspectives. David fulton publishers. pp. 241-250.

279. Hegarty, S. (1994): England and Wales. Meijer, C.J.W., Pijl, S.J., and Hegarty, S. (eds.).New Perspectives in Special Education. A Six-Country Study of Integration. Blackwell.

280. Hegarty, S. and Pocklington, K. (1981): A junior school resource area for the visually impaired. Swann, W. (ed.) The practice of special education. Basil blackwell. pp. 136-152.

281. Higgins, K. (1993): The LEA, grant-maintained schools and the funding agency for schools. Morris, R. (ed.) Education and the low. Longman. pp. 128-150.

282. Hinton, S. (1993): Assessing for special needs and supporting learning in the early years and nursery education. Wolfendale, S. (ed.) Assessing special educational needs. Cassell. pp. 37-56.

283. 平井明代 (2012)：教育・心理系研究のためのデータ分析入門. 東京図書.

284. 平山諭・石部元雄 (1985)：イギリス障害児教育の動向. 一一九八一年教育法を中心に一. 津曲裕次・清水寛・松矢勝宏・北沢清司 (編). 障害者教育史. 川島書店. pp. 100-105.

285. Hockley, L. (1989): On being a support teacher. Ainscow, M. and Florek, A. (eds.) Special educational needs: towards a whole school approach. David fulton publishers. pp. 81-88.

286. Hockley, L. (1989): Sharing information concerning LEA's organisation of educational support services and developing the role of the support teacher. Evans, R. (ed.). Special Educational needs -policy and practice-. Brackwell. pp. 125-134.

287. Hodgson, A. (1989): Meeting special needs in mainstream classroom. Ainscow, M. and Florek, A. (eds.) Special educational needs: towards a whole school approach. David fulton publishers. pp. 63-68.

288. Hollanders, H. (2002): Pastral care, inclusion and counselling. Farrell. P. and Ainscow, M. (eds.) Making special education inclusive. - from research to practice. David fulton publishers. pp. 63-72.

289. Hornby, G. (2002): Promoting responsible inclusion: quality education for all. O'Brien, T. Enabling inclusion - blue skies...dark clouds? Optimus publishing. pp. 3-20.

290. Hornby, G., Davis, G., and Taylor, G. (1995): The Special Educational Needs Co-ordinator's Handbook. Routledge.

291. House of Commons (1981): Special Standing Committee, Education Bill, Parliamentary Debates, Fourth Sitting, 5 March. p. 189-190.

292. House of Commons (1981): Special Standing Committee, Education Bill, Parliamentary Debates, Fifth Sitting, 10 March. p. 214.

293. Howard, P. (1992): Challenging behaviour support. Booth, T., Swann, W., Masterton, M. and Potts, P. (eds.) Policies for diversity in education. Open university press. pp. 386-393.

294. Howe, K.R. and Welner, K.G. (2005): School choice and the pressure to perform: deja vu for children with disabilities? Rix, J., Simmons, K., Nind, M. and Sheehy, K. Policy and power in inclusive education. Open university. Routledge Falmer. pp. 36-46.

295. Howes, A., Emanuel, J. and Farrell, P. (2002): Can nature groups facilitate inclusive practice in primary schools? Farrell. P. and Ainscow, M. (eds.) Making special education inclusive. - from research to practice. David fulton publishers. pp. 101-110.

296. Hudson, B. (1998) Prospects of partnership. Health service journal, vol. 108, pp. 26-27.

297. Hughes, S. (2010): Mentoring and coaching: the helping relationship. Write, T. (ed.) How to be a brilliant mentor - developing outstanding teachers. Routledge. pp. 95-111.

298. Hull Learning Services (2005): Supporting children with co-ordination difficulties. David fulton publishers.

299. Hutchinson, D. (1982): The Role of Further Education Colleges. Special Education: Forward Trends. vol. 9, no. 3, pp. 31-34.

300. Hutchinson, D. and Clegg, A. (1972): Experiment in further education. Special Education, 61 (3), 21-23.

301. 石隈利紀 (2004)：学校心理士によるコンサルテーションの方法.「学校心理士」認定運営機構（企画・監修）石隈利紀・玉瀬耕治・緒方明子・永松裕希（編）. 学校心理士―理論と実践 2 : 学校心理士による心理教育的援助サービス―. 北大路書房. pp. 74-87.

302. Jamieson, M., Parlett, M. and Pocklington. K. (1981): How children cope. Swann, W. (ed.) The practice of special education. Basil blackwell. pp. 2-12.

303. Jarvis, J., Iantaffi, A. and Sinka, I. (2005): Inclusion in mainstream classrooms: experiences of deaf pupils. Nind, M., Rix, J., Sheehy, K. and Simmons, K. (eds.) Inclusive Education: diverse perspectives. David fulton publishers. pp. 206-218.

304. Jennings, S. (1989): The trying time: dramatherapy with adolescents. Jones, N. (ed.) Special educational needs review. The falmer press. pp. 101-114.

305. Jewers, A. (1989): Developments in further education for young people with special educational needs. Evans, R. (ed.) Special educational needs. -policy and practice-. Blackwell. pp. 202-214.

306. Jewell, T. (1992): Working as an educational psychologist. Booth, T., Swann, W., Masterton, M. and Potts, P. (eds.) Policies for diversity in education. Open university press. pp. 404-414.

307. Jones, N. (1979): An appraisal of mixed ability teaching. Special education: forward trends, vol. 6, no. 3. pp. 28-31.

308. Jones, N. (1981): Oxfordshire looks towards the future. Special education: forward trends, vol. 8, no. 2, pp. 23-265.

309. Jones, E. and Ware, J. (1997): Early intervention services to children with special needs: a Welsh study. Carpenter, B. (ed.) Families in context. - emerging trends in family support and early intervention. David fulton publishers. pp. 121-136.

310. Jordan, L. (1992): Integration policy in Newham, 1986-90. Booth, T., Swann, W., Masterton, M. and Potts, P. (eds.) Policies for diversity in education. Open university press. pp. 377-385.

311. Jordan, R. (2005): Autistic spectrum disorders. Lewis, A. and Norwich, B. (eds.) Special teaching for special children? pedagogies for inclusion. Open university press. pp. 110-122.

312. Kamen, T. (2003): Teaching assistant's handbook. Hodder & stoughton.

313. Kane, J. (2005): Exclusion from school: different voices. Rix, J., Simmons, K., Nind, M. and Sheehy, K. Policy and power in inclusive education. Open university. Routledge Falmer. pp. 96-106.

314. 河合康・石部元雄 (1985)：イギリス特殊教育における親の教育関与への権利について. ―「1981年教育法」を中心にして―. 心身障害学研究, vol. 9, no. 1, pp. 39-47.

315. 河合康・石部元雄 (1986)：イギリス特殊教育の動向. ―「ウォーノック報告」及び「1981年教育法」以降における―. 心身障害学研究, vol. 10, no. 2, pp. 153-160.

316. 河合康 (1986)：イギリスの特殊教育. The Education (Special Educational Needs) Regulation 1983を中心にして. 総合リハビリテーション, vol. 14, no. 2, pp. 139-142.

317. 河合康 (1989)：イギリス特殊教育における特別な教育的ニーズについて. 心身障害学研究, vol. 13, no. 2, pp. 141-148.

318. 河合康 (1990)：イギリス特殊教育に対する「1988年教育改革法」の影響. 上越

教育大学研究紀要．vol. 10, no. 1. pp. 153-167.

319. 河合康（2002）：イギリスにおける「2001年特別な教育的ニーズ・障害法」の内容と意義．―「1996年教育法」の修正に焦点を当てて―．上越教育大学研究紀要．第21巻，第2号，pp. 675-690.

320. 河合康（2007）：イギリスにおけるインテグレーション及びインクルージョンをめぐる施策の展開．上越教育大学研究紀要．第26巻，pp. 381-397.

321. Kay, J. (2002): Teaching assistant's handbook. Continuum.

322. Kerr, T. (1992): Reviewing provision for special education in Avon. Booth, T., Swann, W., Masterton, M. and Potts, P. (eds.) Policies for diversity in education. Open university press. pp. 365-376.

323. Kershner, R. and Chaplain, R. (2001): Understanding special educational needs. - a teacher's guide to effective school-based research. David fulton publishers.

324. Kidd, R. (2002): Theory into practice in inclusion: the views of a practitioner. O'Brien, T. Enabling inclusion - blue skies...dark clouds? Optimus publishing. pp. 159-170.

325. 木村浩（2006）：イギリスの教育課程改革．その軌跡と課題．東信堂．

326. King. D. (1992): The governor's role in special educational needs in the mainstream school. Jones, N. and Docking, J. (eds.) Special educational needs and the education refortm act. Trentham books. pp. 47-60.

327. Knight, P. and Farmer, A. (1992): History and children with special needs in national curriculum. Jones, N. and Docking, J. (eds.) Special educational needs and the education refortm act. Trentham books. pp. 83-100.

328. 越野和之（2002）：「特別支援教育特別ニーズ教育の関係」をめぐって．森博俊＋障害をもつ子どもと教育実践研究会編．「特別ニーズ教育」「特別支援教育」と障害児教育．群青社．pp. 50-67.

329. Kozoll, R.H., Osborne, M. and Garcia, G.E. (2005): Migrant worker children: conceptions of homelessness and implications for education. Rix, J., Simmons, K., Nind, M. and Sheehy, K. Policy and power in inclusive education. Open university. Routledge Falmer. pp. 191-201.

330. Krais, K. (2009): Getting your child into secondary school. Hodder education.

331. Krais, K. (2010): Get your child into the school you want. Hodder education.

332. 窪島務（1996）：SNEから日本の学校教育を考える．特別なニーズ教育とイン

テグレーション学会（現：日本特別ニーズ教育学会）第1回研究大会シンポジウム．提案2．SNE ジャーナル，vol. 1, no. 1, p. 154.

333. Lacey, P. and Lomas, J. (1993): Support services and the curriculum. David fulton publishers.

334. Landy, M. (1989): Co-ordinating special needs provision in further education: a personal perspective. Evans, R. (ed.) Special educational needs. -policy and practice-. Blackwell. pp. 185-201.

335. Layton, L. and Robertson, C. (2004): Exploring the role of the special educational needs co-ordinator. International report to the school of education, The University of Birmingham.

336. Layton, L. (2005): Special educational needs coordinators and leadership: a role too far?. Support for Learning, 20(2), 53-60.

337. Leaman, L. (2007): Dictionary of disruption. - a practical guide to behaviour management. continuum.

338. Leathard, A. (2003): Models for interprofessional collaboration. Leathard, A. Interprofessional collaboration - from policy to practice in health and social care. Brunner-Routledge. pp. 93-118.

339. Lecey, P. and Lomas, J. (1993): Support services and the curriculum. -a practical guide to collaboration-. David fulton publishers.

340. Lee, T. (1992): Local management of schools and special education. Booth, T., Swann, W., Masterton, M. and Potts, P. (eds.) Policies for diversity in education. Open university press. pp. 281-296.

341. Lee, C. (2004): TAs and teachers working together: collaborative and supportive partnerships. Tyrer, R, Gunn, S., Lee, C., Parker, M. Pittman, M. and Townsend, M. A toolkit for the effective teaching assistant. Paul chapman publishing. pp. 50-72.

342. Levey, B. and Miller, S. (1989): Social skills training. -a relevant skill for support services?-. Evans, R. (ed.). Special Educational needs -policy and practice-. Brackwell. pp. 116-124.

343. Lewis, J. (1998): Embracing the holistic/constructivivist paradigm and side-stepping the post-modern challenge. Clark, C., Dyson, A., and Millward, A. (eds.) Theorising special education. Routledge. pp. 90-105.

344. Lindsay, G. (1993): Baseline assessment and special educational needs. Wolfen-

dale, S. (ed.) Assessing special educational needs. Cassell. pp. 57-71.

345. Lingard, T. (2001): Does the Code of Practice Help Secondary School SEN-COs to Improve Learning?, British Journal of Special Education, vol. 28, no. 4, pp. 187-190.

346. Lloyd-Smith, M. (1992): The education reform act and special needs education: conflicting ideologies. Jones, N. and Docking, J. (eds.) Special educational needs and the education refortm act. Trentham books. pp. 11-24.

347. Loreto College St. Stephen's Green (2012): Special Educational Needs Policy.

348. Lukes, J.R. (1981): Finance and policy-making in special education. Swann, W. (ed.) The practice of special educat.on. Basil blackwell. pp. 314-334.

349. Lunt, I. (1988): Special needs in the primary school. Thomas, G. and Feiler, A. (eds.) Planning for special needs - a whole school approach. Simon & schuster education. pp. 108-121.

350. Lunt, I. and Evans, J. (1994): Dilemmas in special educational needs. - some effects of local management of schools. Riddell, S. and Brown, S. (eds.) Special educational needs policy in the 1990s. warnock in the market place. Routledge. pp. 29-50.

351. Lunt, I. and Norwich, B. (1999): Can effective schools be inclusive schools? University of London.

352. Luscombe, J. (1993): Rethinking the role of the special educational needs co-ordinator: devolving the remedia. department. Dyson, A. and Gains, C. (eds.) Rethinking special needs in mainstream schools towards the year 2000. David fulton publishers. pp. 64-76.

353. Lynas, W. (2002): Specialist teachers and inclusion: a case study of teachers of the deaf working in mainstream schools. Farrell. P. and Ainscow, M. (eds.) Making special education inclusive. - from research to practice. David fulton publishers. pp. 151-162.

354. Maguire, M., Macrae, S. and Milbourne, L. (2005): Early interventions: preventing school exclusions in the primary setting. Rix, J., Simmons, K., Nind, M. and Sheehy, K. Policy and power in inclusive education. Open university. Routledge Falmer. pp. 130-143.

355. Malinowski, M. and Clark, A. (1982): Further Education in the Centres. Special Education: Forward Trends, vol. 9, no. 3, pp. 35-37.

356. Manchester City Council (2007): Report for Resolution. Transition of Learning Disabled Young People from Children's Service to Adult Services. Children and Young People Overview and Scrutiny Committee.

357. Marjoram, T. (1989): The special needs of Gifted children. Jones, N. (ed.) Special educational needs review. The falmer press. pp. 62–73.

358. Marlett, N. and Buchner, D. (1992): Special education funding for childre with severe disabilities in Alberta. Booth, T., Swann, W., Masterton, M. and Potts, P. (eds.) Policies for diversity in education. Open university press. pp. 297–304.

359. Martin, D. (2005): English as an additional language and children with speech, language and communication needs. Lewis, A. and Norwich, B. (eds.) Special teaching for special children? pedagogies for inclusion. Open university press. pp. 96–109.

360. Mason, M. (1992): The integration alliance: background and manifesto. Booth, T., Swann, W., Masterton, M. and Potts, P. (eds.) Policies for diversity in education. Open university press. pp. 222–230.

361. Mason, S., O'Sullivan, A., O'Sullivan, T. and Cullen, M. A. (2000): Parents' expectations and experiences of their children's education. Closs, a. (ed.) The education of children with medical conditions. David fulton publishers. pp. 51–64.

362. McIntyre, D. (1993): Special needs and standard provision. Dyson, A. and Gains, C. (eds.) Rethinking special needs in mainstream schools towards the year 2000. David fulton publishers. pp. 22–33.

363. McIntyre, D. and Postlethwaite, K. (1989): Attending to individual differences: a conceptual analysis. Jones, N. (ed.) Special educational needs review. The falmer press. pp. 44–61.

364. Mercer, J.R. (1981): Sociological perspectives on mild mental retardation. Swann, W. (ed.) The practice of special education. Basil blackwell. pp. 13–24.

365. Mercer, N. (2001): Talking and working together. (Wearmouth, J. (ed.) Special educational provision in the context of inclusion. David fulton publishers.) pp. 187–215.

366. Merrett, F. (2001): Helping readers who have fallen behind. (Wearmouth, J. (ed.) Special educational provision in the context of inclusion. David fulton publishers.) pp. 216–227.

367. Miles, S. (2002): Learning about inclusive education: the role of EENET in

promoting international dialogue. Farrell. P. and Ainscow, M. (eds.) Making special education inclusive. - from research to practice. David fulton publishers. pp. 51-62.

368. Miller, C. and Freeman, M. (2003): Clinical teamwork: the impact of policy on collaborative practice. Leathard, A. Interprofessional collaboration - from policy to practice in health and social care. Brunner - Routledge. pp. 121-132.

369. Miller, O. and Hodges, L. (2005): Deafblindness. Lewis, A. and Norwich, B. (eds.) Special teaching for special children? pedagogies for inclusion. Open university press. pp. 41-52.

370. Ministry of Education (1964): Slow Learners at School. pamphlet No. 46.

371. Mittler, P. (1981): Training for the 21st century. Special education: forward trends, vol. 8, no. 2, pp. 8-11.

372. Mittler, P. (1989): Towards special training needs for all? Jones, N. (ed.) Special educational needs review. The falmer press. pp. 1-19.

373. Mittler, P. (1993): Special needs at the crossroads. Visser, J. and Upton, G. (eds.) Special education in Britain after warnock. David fulton publishers. pp. 13-29.

374. Mittler, P. (2000): Working towards inclusive education.David fulton publishers.（ピーター・ミットラー著，山口薫（訳）インクルージョン教育への道．東京大学出版会）

375. Mittler, P. (2001): Equal opportunities - for whom? (Wearmouth, J. (ed.) Special educational provision in the context of inclusion. David fulton publishers.) pp. 36-45.

376. 茂木俊彦・清水貞夫（監修）(1999)：転換期の障害児教育．別巻ビデオ『特別なニーズ教育とウォーノック女史』．三友社出版.

377. 文部科学省（2004)：小・中学校における LD（学習障害），ADHD（注意欠陥／多動性障害），高機能自閉症の児童生徒への教育支援体制整備のためのガイドライン（試案）．東洋館出版社.

378. Moore, J. (1993): How will the 'self-management school' manage? Dyson, A. and Gains, C. (eds.) Rethinking special needs in mainstream schools towards the year 2000. David fulton publishers. pp. 121-130.

379. Morris, R. Reid, E. and Fowler, J. (1993): Education act 93: a critical guide. AMA.

380. Mortimer, H. (2004): Specia needs handbook. - meeting special needs in primary schools. Scholastic.

381. Muncey, J. and Ainscow, M. (1989): Launching SNAP in Coventry. Ainscow, M. and Florek, A. (eds.) Special educational needs: towards a whole school approach. David fulton publishers. pp. 120-133.

382. Munn, P. (1994): The role of the learning support teacher in Scottish primary and secondary classrooms. Riddell, S. and Brown, S. (eds.) Special educational needs policy in the 1990s. warnock in the market place. Routledge. pp. 196-213.

383. Nash, F. (1993): Frexible learning. Dyson, A. and Gains, C. (eds.) Rethinking special needs in mainstream schools towards the year 2000. David fulton publishers. pp. 48-56.

384. National Union of Teachers (NUT) (1982): Survey of Educational Provision for 16-19 Year Olds with Special Needs.

385. National Union of Teachers (NUT) (2004): Special educational needs co-ordinators and the revised Code of Practice: an NUT survey. London. NUT.

386. Newell, P. (1982): Further Education: the Legal Basis. Special Education: Forward Trends. vol. 9, no. 3, p. 6.

387. Newell, S. and Hughes, S. (2010): Emotional intelligence. Write, T. (ed.) How to be a brilliant mentor - developing outstanding teachers. Routledge. pp. 64-79.

388. Newton, M. (1992): A changing learning support survice. Booth, T., Swann, W., Masterton, M. and Potts, P. (eds.) Policies for diversity in education. Open university press. pp. 394-403.

389. Norwich, B. (1993): Has 'special educational needs' outlived its usefulness? Visser, J. and Upton, G. (eds.) Special education in Britain after warnock. David fulton publishers. pp. 43-58.

390. Norwich, B. (2010): A respose to 'Special Educational Needs: a new look'. Terzi, L. (ed.) Special Educational Needs. a new look. Contimuum. pp. 47-113.

391. Norwich, B. and Daniels, H. (2001): Teacher support team for special educational needs in primary schools. (Wearmouth, J. (ed.) Special educational provision in the context of inclusion. David fulton publishers.) pp. 149-168.

392. Norwich, B. and Lewis, A. (2005): How specialized is teaching pupils with disabilities and difficulties? Lewis, A. and Norwich, B. (eds.) Special teaching for special children? pedagogies for inclusion. Open university press. pp. 1-14.

393. O'Brien, T. (2002): Enabling inclusion: where to now? O'Brien, T. Enabling inclusion - blue skies...dark clouds? Optimus publishing. pp. 181-186.

394. O'Brien, T. (2002): Learning from hard cases. O'Brien, T. Enabling inclusion - blue skies...dark clouds? Optimus publishing. pp. 37-52.

395. O'Brien, T. (2005): Social, emotional and behavioural difficulties. Lewis, A. and Norwich, B. (eds.) Special teaching for special children? pedagogies for inclusion. Open university press. pp. 166-179.

396. Office for Standards in Education (1995): Guidance on the Inspection of SPECIAL SCHOOLS. HMSO.

397. 緒方登志雄 (1990)：英国におけるノーマライゼーション，発達障害研究，第11巻第4号，pp. 43-50.

398. O'Hanlon, C. (1993): Changing the school by reflectively re-defining the role of the special needs co-ordinator. Dyson, A. and Gains, C. (eds.) Rethinking special needs in mainstream schools towards the year 2000. David fulton publishers. pp.

399. O'Hanlon, C. (1996): is there a difference between action research and quality development? - within or beyound the constraints? O'Hanlon, C. (ed.) Professional development through action research in educational settings. Falmer press. pp. 73-88.

400. O'Hanlon, C. (2003): Educational inclusion as action research. - an interpretive discourse. Open university press.

401. Oliver, S. and Austen, L. (1996): Special educational needs and the Law. Jordans.

402. Osler, A. and Osler, C. (2005): Inclusion, exclusion and children's right: a case study of a student with Asperger syndrome. Rix, J., Simmons, K., Nind, M. and Sheehy, K. Policy and power in inclusive education. Open university. Routledge Falmer. pp. 107-118.

403. Paige-Smith, A. (1996): Seeing-off cuts: researching a professional and parents' campaign to save inclusive education in a london borough. O'Hanlon, C. (ed.) Professional development through action research in educational settings. Falmer press. pp. 89-102.

404. Panckhurst, J. (1981): Special provision in post-school education. Swann, W. (ed.) The practice of special education. Basil blackwell. pp. 208-225.

405. Parker, M. (2004): Self esteem - enhancing the role of the teaching assistant. Tyrer, R, Gunn, S., Lee, C., Parker, M. Pittman, M. and Townsend, M. A toolkit for the effective teaching assistant. Paul chapman publishing. pp. 73–96.

406. Parkinson, G. (2002): Interdisciplinary support for children with epilepsy in mainstream schools. Farrell. P. and Ainscow, M. (eds.) Making special education inclusive. - from research to practice. David fulton publishers. pp. 173–182.

407. Pascal, C. and Bertram, T. (2004): Sure Start: for everyone. Inclusion pilot projects summary report. Evidence & Research.

408. Pearson, L. (1993): From the task group on assessment and testing to standard tasks and tests. Wolfendale, S. (ed.) Assessing special educational needs. Cassell. pp. 3–16.

409. Pearson, S. (2002): Inclusion: a developmental perspective. O'Brien, T. Enabling inclusion - blue skies...dark clouds? Optimus publishing. pp. 143–158.

410. Peter, M. (1976): Warnock: two years on. Special education: forward trends, vol. 3, no. 4. pp. 8–9.

411. Peter, M. (1977): Warnock: three years on. Special education: forward trends, vol. 4, no. 4. pp. 8–9.

412. Peter, M. (1978): After the report - what next? Special education: forward trends. vol. 5. no. 3. pp. 39–40.

413. Peter, M. (1992a): Government planning and legislation for special needs. Jones, N. and Docking, J. (eds.) Special educational needs and the education refortm act. Trentham books. pp. 25–30.

414. Peter, M. (1992b): A curriculum for all: a hard task for some. Booth, T., Swann, W., Masterton, M. and Potts, P. (eds.) Policies for diversity in education. Open university press. pp. 305–313.

415. Phillips, S., Goodwin, J. and Heron, R. (1999, 2001): Management skills for SEN coordinators in the primary school. Falmer press.

416. Pickles, P. (2001): Therapeutic provision in mainstream curricula for pupils with severe motor difficulties. (Wearmouth, J. (ed.) Special educational provision in the context of inclusion. David fulton publishers.) pp. 291–304.

417. Pijl, Y.J. Pijl, S.J., and van den Bos, K. (1999): Teachers' motives for referring students to special education. Ballard, K. (ed.) Inclusive education. - international voices on disability and justice. Falmer press. pp. 10–27.

引用文献一覧　405

418. Pijl, S.J. and van den Bos, P. (1998): Decision making in uncertainty. Clark, C., Dyson, A., and Millward, A. (eds.) Theorising special education. Routledge. pp. 106-115.

419. Pittman, M. (2004): Supporting learning and teaching. Tyrer, R, Gunn, S., Lee, C., Parker, M. Pittman, M. and Townsend, M. A toolkit for the effective teaching assistant. Paul chapman publishing. pp. 97-117.

420. Polat, F. (2002): Building tommorrow together: effective transition planning for pupils with special needs. Farrell. P. and Ainscow, M. (eds.) Making special education inclusive. - from research to practice. David fulton publishers. pp. 195-204.

421. Pollard, A. (1988): The social context of special needs in classroom. Thomas, G. and Feiler, A. (eds.) Planning for special needs - a whole school approach. Simon & schuster education. pp. 223-242.

422. Porter, J. (2005): Severe learning difficulties. Lewis, A. and Norwich, B. (eds.) Special teaching for special children? pedagogies for inclusion. Open university press. pp. 53-66.

423. Portwood, M. (2000): Understanding developmental dyspraxia. - a textbook for students and professionals. David fulton publishers.

424. Portwood, M. (2005): Dyspraxia. Lewis, A. and Norwich, B. (eds.) Special teaching for special children? pedagogies for inclusion. Open university press. pp. 150-165.

425. Posch, P. (1996): Changing the culture of teaching and learning: implications for action research. O'Hanlon, C. (ed.) Professional development through action research in educational settings. Falmer press. pp. 61-70.

426. Postlethwaite, K. and Hackney, A. (1992): Organising the school's response. - special needs in mainstream schools. Routledge.

427. Potts, P. (1998): From Milton Keynes to the middle kingdom: making sense of special education in the 1990s. Clark, C., Dyson, A., and Millward, A. (eds.) Theorising special education. Routledge. pp. 116-125.

428. Pound, L. and Moore, M. (1989): Integration pre-school: a case study. Evans, R. (ed.) Special educational needs. -policy and practice-. Blackwell. pp. 164-171.

429. Power, D.J. (1981): Principles of curriculum and methods development in special education. Swann, W. (ed.) The practice of special education. Basil black-

well. pp. 435-447.

430. Pritchard, D.G. (1963): Education and the Handicapped 1760-1960. Routledge.

431. Pritchard, D.G. (1978): Forerunners of the Warnock report. Special education: forward trends. vol. 5. no. 3. pp. 36-37.

432. Proctor, N. (1992): Geography and pupils with special needs. Jones, N. and Docking, J. (eds.) Special educational needs and the education refortm act. Trentham books. pp. 101-116.

433. Ramjhun, A.F. (2002): Implementing the code of practice for children with special educational needs. - a practical guide. David fulton publishers.

434. Ranson, S. (1993): From 1944 to 1988: Education, citizenship and democracy. Flude, M. and Hammer, M. (eds.) The education reform act 1988. - its origins and implications-. The falmer press. pp. 1-20.

435. Read, G. (2005): Dyslexia. Lewis, A. and Norwich, B. (eds.) Special teaching for special children? pedagogies for inclusion. Open university press. pp. 138-149.

436. Reason, R. (1993): Curriculum assessment. Wolfendale, S. (ed.) Assessing special educational needs. Cassell. pp. 72-90.

437. Reason, R. and Palmer, S. (2002): Checking individual pregress in phonics. Farrell. P. and Ainscow, M. (eds.) Making special education inclusive. - from research to practice. David fulton publishers. pp. 125-138.

438. Redpath, A. (1989): Skills for successful support. Ainscow, M. and Florek, A. (eds.) Special educational needs: towards a whole school approach. David fulton publishers. pp. 134-139.

439. Reeves, S. and Freeth, D. (2003): New forms of technology, new forms of collaboration? Leathard, A. Interprofessional collaboration - from policy to practice in health and social care. Brunner-Routledge. pp. 79-92.

440. Ribbins, P. (1993): Telling tales of secondary heads: on educational reform and the National Curriculum. Chitty, C. (ed.) The National Curriculum: is it working? Longman. pp. 24-79.

441. Richards, J. (1996): Redefining, reconstruction and reflecting on the group process. O'Hanlon, C. (ed.) Professional development through action research in educational settings. Falmer press. pp. 103-118.

442. Richmond, R.C. (2001): Inclusive schools, the quality of education and OFST-

ED school inspection. (Wearmouth, J. (ed.) Special educational provision in the context of inclusion. David fulton publishers.) pp. 46-71.

443. Riddell, S., Brown, S. and Duffield, J. (1994): Conflicts of policies and models. Riddell, S. and Brown, S. (eds.) Special educational needs policy in the 1990s. warnock in the market place. Routledge. pp. 113-139.

444. Riddell, S. and Brown, S. (1994): Special educational needs provision in the United Kingdom - the policy context. Riddell, S. and Brown, S. (eds.) Special educational needs policy in the 1990s. warnock in the market place. Routledge. pp. 1-28.

445. Riddell, S., Wilson, A. Adler, M. and Mordaunt, E. (2005): Parents, professionals and special educational needs policy frameworks in England and Scotland. Rix, J., Simmons, K., Nind, M. and Sheehy, K. Policy and power in inclusive education. Open university. Routledge Falmer. pp. 72-84.

446. Rieser, R. (2005): The struggle for inclusion: the growth of a movement. Nind, M., Rix, J., Sheehy, K. and Simmons, K. (eds.) Inclusive Education: diverse perspectives. David fulton publishers. pp. 174-192.

447. Rix, J. (2005): A parent's wish-list. Nind, M., Rix, J., Sheehy, K. and Simmons, K. (eds.) Inclusive Education: diverse perspectives. David fulton publishers. pp. 74-86.

448. Roaf, C. (2001): Working with outside agencies. (Wearmouth, J. (ed.) Special educational provision in the context of inclusion. David fulton publishers.) pp. 169-186.

449. Roaf, C. (2005): Learning support assistants talk about inclusion. Nind, M., Rix, J., Sheehy, K. and Simmons, K. (eds.) Inclusive Education: diverse perspectives. David fulton publishers. pp. 221-240.

450. Roberts, M. and Constable, D. (2003): Handbook for learning mentors in primary and secondary schools. David fulton publishers.

451. Robertson, C. (2002): The social model of disability and the rough ground of inclusive education. O'Brien, T. Enabling inclusion - blue skies...dark clouds? Optimus publishing. pp. 113-126.

452. Robinson, P. (1989): Whose act is it anyway? Evans, R. (ed.). Special Educational needs -policy and practice-. Brackwell. pp. 12-19.

453. Robinson, G. and Maines, B. (1989): A self-concept approach to dealing with

pupils. Evans, R. (ed.) Special educational needs. -policy and practice-. Blackwell. pp. 178-184.

454. Robinson, K.H. and Ferfolja, T. (2005): 'What are we doing this for?' dearling with lesbian and gay issues in teacher education. Rix, J., Simmons, K., Nind, M. and Sheehy, K. Policy and power in inclusive education. Open university. Routledge Falmer. pp. 202-212.

455. Robson, C. (1981): A minicourse in structured teaching. Special education: forward trends, vol. 8, no. 2, pp. 26-27.

456. Rooney, S. (2002): Inclusive solutions for children with emotional and behavioural difficulties. Farrell. P. and Ainscow, M. (eds.) Making special education inclusive. - from research to practice. David fulton publishers. pp. 87-100.

457. Rose, R. and Howley, M. (2002): Entitlement or denial? - the curriculum and its influences upon inclusion processes. O'Brien, T. Enabling inclusion - blue skies...dark clouds? Optimus publishing. pp. 65-80.

458. Rushton, A. (2002): The impact of domestic violence on children: implications for schools. Farrell. P. and Ainscow, M. (eds.) Making special education inclusive. - from research to practice. David fulton publishers. pp. 111-124.

459. Russell, P. (1993): The education reform act. - the implications for special educational needs-. Flude, M. and Hammer, M. (eds.) The education reform act 1988. -its origins and implications-. The falmer press. p. 207-224.

460. Ryan, J. and Thomas, F. (1981): Mental handicap: the historical background. Swann, W. (ed.) The practice of special education. Basil blackwell. pp. 80-92.

461. Sameroff, A.J. (1981): Early influences on development: fact or fancy? Swann, W. (ed.) The practice of special education. Basil blackwell. pp. 64-79.

462. 真城知己・石部元雄 (1989)：戦後のイギリス特殊教育に関する一考察―ウォーノック報告に焦点をあてて―．心身障害学研究，14(1)，pp. 91-98.

463. 真城知己・石部元雄 (1990)：イギリスにおける特別な教育的ニーズを持つ青年に対する継続教育について．筑波大学心身障害学研究，14(1)，pp. 63-72.

464. 真城知己 (2003)：英国における移行支援の制度と実際．肢体不自由教育，第162号，pp. 152-158.

465. 真城知己 (2008)：イギリスの継続教育と移行支援．石部元雄・柳本雄次編．特別支援教育―理解と推進のために―．福村出版．pp. 204-217.

466. 真城知己 (2003)：特別な教育的ニーズ論．文理閣．

引用文献一覧　409

467. Sayer, J. (1987): Secondary schools for all? - strategies for special needs. Cassell.

468. Schnorr, R.F., Matott, E., Paetow, M. and Putnam, P. (2005): Building-based change: one school's journey toward full inclusion. Rix, J., Simmons, K., Nind, M. and Sheehy, K. Policy and power in inclusive education. Open university. Routledge Falmer. pp. 160-172.

469. Scottish Advisory Council (1951): Pupils with Mental or Educational Disabilities. HMSO.

470. Scott, E. (1993): Rethinking the role of the special needs co-ordinator: the institutional developer. Dyson, A. and Gains, C. (eds.) Rethinking special needs in mainstream schools towards the year 2000. David fulton publishers. pp. 89-98.

471. Seach, D., Lloyd, M. and Preston, M. (2002): Supporting children with autism in mainstream schools. Questions publishing.

472. Sears, J. (2010): Collaborative working: the heart of good mentoring. Write, T. (ed.) How to be a brilliant mentor - developing outstanding teachers. Routledge. pp. 28-46.

473. Segal, S. (1978): Before Warnock and beyond. Special education: forward trends. vol. 5. no. 3. p. 38.

474. 清田夏代 (2005)：現代イギリスの教育行政改革．勁草書房．

475. Sewell, G. (1982): Reshaping remedial education. Croom helm.

476. Sewell, G. (1988): Free flow and the secondary school. Thomas, G. and Feiler, A. (eds.) Planning for special needs - a whole school approach. Simon & schuster education. pp. 122-138.

477. Sewell, G. (1996): Special needs provision. - assessment, concern and action. Cassell.

478. Sheely, K. (2005): New technology and inclusion: the world (wide web) is not enough. Nind, M., Rix, J., Sheehy, K. and Simmons, K. (eds.) Inclusive Education: diverse perspectives. David fulton publishers. pp. 115-128.

479. 清水貞夫 (2012)：インクルーシヴ教育への提言．クリエイツかもがわ．

480. Shuard, H. (1992):Mathematics and pupils with special needs. Jones, N. and Docking, J. (eds.) Special educational needs and the education refortm act. Trentham books. pp. 61-82.

481. Shuttleworth, V. (2000): The special educational needs coordinator. maximising your potential. Pearson education.

482. Simpson, J. (1993): Rethinking the special needs co-ordinator: the quality assurer. Dyson, A. and Gains, C. (eds.) Rethinking special needs in mainstream schools towards the year 2000. David fulton publishers. pp. 77–88.

483. Sinha, C. (1981): The role of psychological research in special education. Swann, W. (ed.) The practice of special education. Basil blackwell. pp. 400–416.

484. Skidmore, D. (2004): Inclusion - the dynamic of school development. Open university press.

485. Slee, R. (1998): The politics of theorising special education. Clark, C., Dyson, A., and Millward, A. (eds.) Theorising special education. Routledge. pp. 126–136.

486. Slee, R. and Allan, J. (2005): Excluding the included: a reconsideration of inclusive education. Rix, J., Simmons, K., Nind, M. and Sheehy, K. Policy and power in inclusive education. Open university. Routledge Falmer. pp. 13–24.

487. Smith, P. (1989): Support for special needs in the primary school. Evans, R. (ed.). Special Educational needs -policy and practice-. Brackwell. pp. 32–43.

488. Snowling, M. and Hulme, C. (1989): Dyslexia: recent trends and future prospects. Jones, N. (ed.) Special educational needs review. The falmer press. pp. 188–206.

489. Soeder, M. (1992): Disability as a social construct: the labelling approach reviseted. Booth, T., Swann, W., Masterton, M. and Potts, P. (eds.) Policies for diversity in education. Open university press. pp. 246–260.

490. Solity, J. (1988): Systematic assessment and teaching - in context. Thomas, G. and Feiler, A. (eds.) Planning for special needs - a whole school approach. Simon & schuster education. pp. 186–208.

491. Special Educational Needs and Disability Act 2001. (Chapter 10)

492. Stakes, R. and Hornby, G. (1996): Meeting special needs in mainstream schools. - a practical guide for teachers. David fulton publishers.

493. Stangvik, G. (1998): Conflicting perspectives on learning disabilities. Clark, C., Dyson, A., and Millward, A. (eds.) Theorising special education. Routledge. pp. 137–155.

494. Stephen, F. (1981): Handicap in Northern Ireland: a special case? Swann, W.

(ed.) The practice of special education. Basil blackwell. pp. 335-352.

495. Stierer, B. (1992): Assessing Achievement in the National Curriculum: reporting failure or recording success? Jones, N. and Docking, J. (eds.) Special educational needs and the education refortm act. Trentham books. pp. 129-143.

496. Stowell, R. (1989): Young people with special needs in the further education context. Evans, R. (ed.). Special Educational needs -policy and practice-. Brackwell. pp. 53-57.

497. Sutherland, G. (1981): The origins of special education. Swann, W. (ed.) The practice of special education. Basil blackwell. pp. 93-101.

498. Sutton, A. (1989): The inpact of conductive education. Jones, N. (ed.) Special educational needs review. The falmer press. pp. 161-187.

499. Swann, W. (1981): Distance teaching draw close. Special education: forward trends, vol. 8, no. 2, pp. 21-23.

500. Swann, W. (1988): Learning difficulties and curriculum reform: integration or differentiation? Thomas, G. and Feiler, A. (eds.) Planning for special needs - a whole school approach. Simon & schuster education. pp. 85-107.

501. Tait, K. and Hart, H. (2000): The role and achievements of voluntary organisations supporting education. Closs, a. (ed.) The education of children with medical conditions. David fulton publishers. pp. 65-76.

502. 高橋智 (1994):「精神薄弱」概念の理論誌研究の課題と方法. 日本福祉大学研究紀要, 第90巻, 第一分冊, p. 269.

503. Tann, S. (1988): Grouping and the integrated classroom. Thomas, G. and Feiler, A. (eds.) Planning for special needs - a whole school approach. Simon & schuster education. pp. 154-170.

504. Tansley, A.E. and Gulliford, R. (1959): The Education of Slow Learning Children. Routledge.

505. Tassoni, P. (2003): Supporting special needs. - understanding inclusion in the early years. Heinemann.

506. Tawney, R.H. (1922): Secondary Education for All: a policy for labour. The Labour Party. (成田克矢訳., 1971, 『すべての者に中等教育を』明治図書.)

507. Teacher Training Agency (1998): Consultation on national standards for special educational needs (SEN) specialist teachers. London.

508. Teacher Training Agency (1999): National special educational needs specialist

standards. London.

509. Terzi, L. (2010): Afterword: difference, equality and the ideal of inclusion in education. Terzi, L. (ed.) Special Educational Needs. a new look. Contimuum. pp. 143-164.

510. Tew, B. (1989): Spina bifida and hydrocephalus. Jones, N. (ed.) Special educational needs review. The falmer press. pp. 127-145.

511. Thomas, E. and Ferguson, T. (1964): The Handicapped School Leaver. British Council for the Rehabilitation of the Disabled.

512. Thomas, D. (1993): Gritty, sensible and utilitarian - the only model? special educational needs, initial teacher training and professional development. Dyson, A. and Gains, C. (eds.) Rethinking special needs in mainstream schools towards the year 2000. David fulton publishers. pp. 110-120.

513. Thomas, E. and Ferguson, T. (1964) The Handicapped School Leaver. British Council for the Rehabilitation of the Disabled.

514. Thomas, G. (1988): Planning for support in the mainstream. Thomas, G. and Feiler, A. (eds.) Planning for special needs - a whole school approach. Simon & schuster education. pp. 139-153.

515. Thomas, G. and Jackson, B. (1989): The whole school approach to integration. Ainscow, M. and Florek, A. (eds.) Special educational needs: towards a whole school approach. David fulton publishers. pp. 7-15.

516. Tilstone, C. and Upton, G. (1993): Enhancing the quality of provision. Visser, J. and Upton, G. (eds.) Special education in Britain after warnock. David fulton publishers. pp. 151-165.

517. Tizard, J. (1978): Research in special education. Special education: forward trends, vol. 5, no. 3, pp. 23-26.

518. Tod, J. (2002): Enable inclusion for individuals. O'Brien, T. Enabling inclusion - blue skies...dark clouds? Optimus publishing. pp. 21-36.

519. 特別支援教育士資格認定協会編 (2006)：特別支援教育の理論と実践Ⅲ. 特別支援教育士の役割・実習. 金剛出版.

520. 徳永豊 (2005)：「特別な教育的ニーズ」の概念と特殊教育の展開. ―英国における概念の変遷と我が国における意義について―. 国立特殊教育総合研究所紀要. 第32巻, pp. 57-67.

521. Tomlinson, S. (1981): Professionals and ESN (M) education. Swann, W. (ed.)

The practice of special education. Basil blackwell. pp. 260-277.

522. 豊田秀樹（2009）：検定力分析入門．東京図書．

523. Townsend, M. (2004): Using ICT to support teaching and learning. Tyrer, R, Gunn, S., Lee, C., Parker, M. Pittman, M. and Townsend, M. A toolkit for the effective teaching assistant. Paul chapman publishing. pp. 118-152.

524. Trickey, G. and Stobart, G. (1988): Linking innovation, evaluation and classroom practice. Thomas, G. and Feiler, A. (eds.) Planning for special needs - a whole school approach. Simon & schuster education. pp. 67-84.

525. Turner, P. (1979): Three heads respond to warnock. Special education: forward trends, vol. 6, no. 3. pp. 19-21.

526. Tutt, R. (2007): Every child included. Paul chapman publishing.

527. Tyrer, R., (2004): Being a teaching assistant. Tyrer, R, Gunn, S., Lee, C., Parker, M. Pittman, M. and Townsend, M. A toolkit for the effective teaching assistant. Paul chapman publishing. pp. 7-29.

528. Tyson, M. (1978): On being a Warnock member. Special education: forward trends, vol. 5, no. 3. pp. 34-35.

529. Vanclay, L. (2003): Supporting families: an interprofessional approach? Leathard, A. Interprofessional collaboration - from policy to practice in health and social care. Brunner-Routledge. pp. 158-171.

530. Vevers, P. (1992): Getting in on the Act. British journal of special education. vol. 19, no. 3, pp. 88-91.

531. Visser, J. (1993): A broad, balanced, relevant and differentiated curriculum? Visser, J. and Upton, G. (eds.) Special education in Britain after warnock. David fulton publishers. pp. 1-12.

532. Vlachou, A.D. (1997): Struggles for inclusive education. Open university press.

533. Wain, J. and Cook, T. (2005): In the name of inclusion: 'we all, at the end of the day, have the needs of the children at heart' Rix, J., Simmons, K., Nind, M. and Sheehy, K. Policy and power in inclusive education. Open university. Routledge Falmer. pp. 59-71.

534. Walford, G. (1990): Privatization and priviledge in education. Routledge.（岩橋法雄訳（1993）：現代イギリス教育とプライヴァイタイゼーション―教育で特権は買えるか―．法律文化社.）

535. Wall, A. (2003): Some ethical issues arising from interprofessional working.

Leathard, A. Interprofessional collaboration - from policy to practice in health and social care. Brunner-Routledge. pp. 69-78.

536. Ware, J. (1989): The fish report and pupils with severe learning difficulties. Jones, N. (ed.) Special educational needs review. The falmer press. pp. 115-126.

537. Ware, J. (2005): Profound and multiple learning difficulties. Lewis, A. and Norwich, B. (eds.) Special teaching for special children? pedagogies for inclusion. Open university press. pp. 67-80.

538. Warnock, M. (2010): Special Educational Needs: A New Look. Terzi, L. (ed.) Special Educational Needs. a new look. Continuum. pp. 11-45.

539. Warnock, M. (2010): Response to Brahm Norwich. Terzi, L. (ed.) Special Educational Needs. a new look. Continuum. pp. 115-141.

540. Watkinson, A. (2009): The essential guide for experienced teaching assistants. - meeting the national occupational standards at level 3. David fulton.

541. Watkinson, A. (2010): The essential guide for new teaching assistants. - assisting learning and supporting teaching in the classroom. David fulton.

542. Wearmouth, J. (2001): Investigating inclusion: an evaluation of a teachers' professional development course. (Wearmouth, J. (ed.) Special educational provision in the context of inclusion. David fulton publishers.) pp. 72-93.

543. Wearmouth, J. (2001): Pygmalion lives on. (Wearmouth, J. (ed.) Special educational provision in the context of inclusion. David fulton publishers.) pp. 283-290.

544. Weatherley, R. and Lipsky, M. (1981): Street level bureaucrats and institutional innovation: implementing special education reform. Swann, W. (ed.) The practice of special education. Basil blackwell. pp. 378-399.

545. Wedell, K. (2002): All Teachers should be Teachers for Special Needs' -but is it yet possible?, British Journal of Special Education, vol. 29. no. 3, p. 151.

546. Wedell, K. (2002): What is 'additional and different' about IEPs?. British Journal of Special Education, vol. 29. no. 4, p. 204.

547. Weedon, C. (1994): Learning difficulties and mathematics. Riddell, S. and Brown, S. (eds.) Special educational needs policy in the 1990s. warnock in the market place. Routledge. pp. 140-156.

548. Weightman, J. (1988): Effecting change in schools: working in the organisation. Thomas, G. and Feiler, A. (eds.) Planning for special needs - a whole

school approach. Simon & schuster education. pp. 55–66.

549. Wendon, L. (1989): Talking about language with five to seven year olds. Evans, R. (ed.) Special educational needs. -policy and practice-. Blackwell. pp. 172–177.

550. Wheldall, K. (1988): The forgotten 'A' in behaviour analysis: the importance of ecological variables in classroom management with particular reference to seating arrangements. Thomas, G. and Feiler, A. (eds.) Planning for special needs - a whole school approach. Simon & schuster education. pp. 171–185.

551. Wilcockson, D. (1996): Children's perspective on underachievement. O'Hanlon, C. (ed.) Professional development through action research in educational settings. Falmer press. pp. 175–193.

552. Willey, M. (1989): Moving from policy to practice. Ainscow, M. and Florek, A. (eds.) Special educational needs: towards a whole school approach. David fulton publishers. pp. 24–32.

553. Williams, G. (1993): Admissions to schools. Morris, R. (ed.) Education and the low. Longman. pp. 151–164.

554. Winson, A. and Wood-Griffiths, S. (2010): Reflective practice: the mentoring conversation. Write, T. (ed.) How to be a brilliant mentor - developing outstanding teachers. Routledge. pp. 47–63.

555. Wishart, J. (2005): Children with Down's syndrome. Lewis, A. and Norwich, B. (eds.) Special teaching for special children? pedagogies for inclusion. Open university press. pp. 81–95.

556. Wolfendale, S. (1988): Parents in the classroom. Thomas, G. and Feiler, A. (eds.) Planning for special needs - a whole school approach. Simon & schuster education. pp. 209–227.

557. Wolfendale, S. (1989): Pre-school age children with special educational needs. Evans, R. (ed.). Special Educational needs -policy and practice-. Brackwell. pp. 20–31.

558. Wolfendale, S. (1992): Primary schools and special needs. - policy, planning, provision. Cassell.

559. Wolfendale, S. (1993): Involving parents in assessment. Wolfendale, S. (ed.) Assessing special educational needs. Cassell. pp. 150–165.

560. Wolfendale, S. (1994): Policy and provision for children with special education-

al needs in the early years. Riddell, S. and Brown, S. (eds.) Special educational needs policy in the 1990s. warnock in the market place. Routledge. pp. 51-73.

561. Wood, D. (1981): Theory and research in classrooms: lessons from deaf education. Swann, W. (ed.) The practice of special education. Basil blackwell. pp. 417-434.

562. Woods, K. (2002): What do we mean when we say 'dyslexia' and what difference does it make anyway? Farrell. P. and Ainscow, M. (eds.) Making special education inclusive. - from research to practice. David fulton publishers. pp. 139-150.

563. Wright, T. (2010): The pivotal importance of the mentor. Write, T. (ed.) How to be a brilliant mentor - developing outstanding teachers. Routledge. pp. 1-15.

564. Wyllyams, C. (1993): Assessing for special needs in the secondary school. Wolfendale, S. (ed.) Assessing special educational needs. Cassell. pp. 91-111.

565. 横尾俊（2008）：我が国の特別な支援を必要とする子どもの教育的ニーズについての考察．―英国の教育制度における「特別な教育的ニーズ」の視点から―．国立特別支援教育総合研究所紀要．第35巻，pp. 123-136.

初 出 一 覧

本書のもととなった研究の初出一覧を以下に示す。

第2章 （研究1）
・真城知己（1993）：イギリスにおける特別なニーズ教育概念の導入背景に関する一仮説－中等教育改革を背景にした説明の試み－．障害者の教育と福祉の研究．pp. 10-26.

第3章 （研究2）
・真城知己・石部元雄（1989）：戦後のイギリス特殊教育に関する一考察－ウォーノック報告に焦点をあてて－．筑波大学心身障害学研究，第14巻，1号，pp. 91-98.

第4章 （研究3）
・真城知己（1996）：イギリスにおける特別なニーズ教育概念の教育制度への位置づけに関する研究(1) －1981年教育法案審議の分析－．兵庫教育大学研究紀要（第1分冊），第16巻，pp. 101-108.

第5章 （研究4）
・真城知己（1996）：イギリスにおける特別なニーズ教育をめぐる制度的課題－1993年教育法以前の地方教育当局の判定書作成における課題－．大阪教育大学障害児教育研究紀要．第19号，pp. 37-50.

第6章 （研究5）
・真城知己・名川勝（1995）：イギリス1993年教育法の特別な教育的ニーズを持つ子どもに関する規定．筑波大学リハビリテーション研究，第4巻，1号，pp. 69-73.
・真城知己（2000）：21世紀に向けたイギリスにおける特別な教育的ニーズへの対応．養護学校の教育と展望．第116号．pp. 52-57.
・真城知己（1999）：イギリス－障害概念の拡大と特別なニーズ教育－．茂木俊彦・清水貞夫監修．転換期の障害児教育．第6巻．世界の障害児教育・特別なニーズ教育．三友社出版．pp. 73-124.

第7章 （研究6）
・真城知己（1997）：特別な教育的ニーズの評価の視点－イギリスの動向を手がかりに－．SNEジャーナル，第2巻，pp. 3-29.

第8章 （研究7）

・真城知己（1999）：イギリス―障害概念の拡大と特別なニーズ教育―．茂木俊彦・清水貞夫監修．転換期の障害児教育．第6巻．世界の障害児教育・特別なニーズ教育．三友社出版．pp. 73-124.

・真城知己（2003）：改訂コード・オブ・プラクティスのSENCOへの影響と課題―IEPに関わる内容を中心に―．SNEジャーナル，第9巻，pp. 67-81.

第9章　（研究8）（研究9）（研究10）（研究11）

・真城知己（2003）：イギリスの動向に見る障害児教育の専門性と教職員―SENコーディネーターについて―．障害者問題研究，第31巻，3号，pp. 46-54.

・真城知己（2004）：イギリスの「特別な教育的ニーズ・コーディネーター（SENCO）」の小学校における協同．千葉大学教育学部教育実践研究，第11号，pp. 55-64.

・真城知己（2009）：イギリスの特別ニーズ教育の動向．冨永光昭・平賀健太郎編．特別支援教育の現状・課題・未来．ミネルヴァ書房．pp. 48-56.

・Sanagi, T.（2009）：Teacher's Attitudes towards SENCO's roles in mainstream schools in Greater Manchester -Colleague Teacher's View at Primary and Secondary Schools-. Japanese Journal of Special Education, vol. 46, no. 6, pp. 503-514.

・真城知己（2008）：イングランドにおける小学校及び中等学校教師の特別な教育的ニーズ・コーディネーターの役割に対する意識．発達障害支援システム学研究，第7巻，2号，pp. 51-58.

第10章　（研究12）

・真城知己（2004）：イギリスにおける「特別な教育的ニーズ・コーディネーター」が機能する条件．日本特別ニーズ教育学会編．特別支援教育の争点．pp. 60-96.

・真城知己（2005）：イギリスの特別な教育的ニーズ・コーディネーター．千葉大学真城研究室．（DVD資料）

第11章

・真城知己（2000）：21世紀に向けたイギリスにおける特別な教育的ニーズへの対応．養護学校の教育と展望．第116号．pp. 52-57.

・真城知己（2005）：特別な教育的ニーズ論と専門性―インタラクティブ・モデルの視点―．支援教育の展望．第141号．pp. 4-9.

【事項索引】

あ行

アセスメント　26, 27, 175
安全装置　317
医学的モデル　15
イギリス心理学会　70, 71, 117, 132
移民　43, 212, 262, 289, 340, 341
医務官　69, 70, 72, 88
イレブン・プラス　69
インクルーシヴ教育　12, 23, 32, 33, 38, 42-48, 50, 176, 280, 288, 293, 317, 345, 346, 351, 360, 368
インクルージョン　22, 44, 176, 212, 230, 238, 245, 250, 254, 333, 341, 345, 346
因子分析　280, 291
インテグレーション　42, 49
ウォーノック委員会　15, 17, 18, 25, 48, 59, 72, 79, 87, 90, 104, 106, 114, 118, 129, 182
応用行動分析学　27
Audit Commission and HMI　10, 147, 148, 151, 153, 154, 165, 173, 332, 359
OFSTED　29, 33, 338

か行

環境要因　14, 16, 25, 29, 67, 106, 154, 177, 181-183, 185-189, 191, 193, 195-199, 210, 218, 237, 331, 332, 338, 348, 358, 361, 365, 368

学習環境　3, 12, 15, 17, 25, 27, 29, 44, 48, 68, 90, 97, 100, 104, 134, 149, 181, 198, 199, 228, 247, 255, 269, 332, 351, 369
学習困難　13, 72, 212, 242, 357
学習支援アシスタント　33, 38, 226, 227, 229, 239, 240, 242, 244, 246, 248, 250, 252, 254, 256-266, 333, 335, 339, 343, 348
学習障害　2, 4, 22, 103, 329, 340
学習遅進　12, 104
学校選択　48, 50, 145, 162, 166, 168, 172, 303, 361
学校の環境整備　333
機能障害　13, 14, 46, 114, 181
教育科学省　51, 68, 70, 71, 81, 102, 127-133, 145, 210
教育課程　6, 9, 12, 27-31, 44, 51, 82, 132, 280, 281, 288, 289, 300, 303-306, 308, 310, 314, 340
教育雇用省　49, 175, 216, 220, 266
教育省　159, 164, 168, 187, 333, 366, 370
教育遅滞　22, 49, 60, 63, 65-72, 75, 84, 85, 100, 103, 106, 117, 124, 126
教育的ハンディキャップ　12
教育不可能　65, 69, 71, 84
クラウザー報告　72, 85
継続教育　51, 52, 85, 86, 90, 361
継続教育カレッジ　51, 210, 214, 253, 277
欠陥モデル　57, 73, 100, 106

効果的な学校　45

効果量　272, 278, 286, 301, 303, 304, 308, 310, 312, 314, 316

行動計画　176, 177, 212, 360

個体要因　14, 16, 34, 100, 114, 154, 181, 183, 185-189, 193, 195-199, 218, 237, 365, 368

個別指導計画　193, 197, 211, 213, 215, 217, 221-230, 246-250, 259, 268, 279, 282, 288, 293, 299, 308, 310-314, 332, 333, 335, 336, 339, 343

混合能力編成　49, 105, 118, 229

コンプリヘンシヴ・スクール　→　総合制中等学校　49, 72

さ行

裁定機関　148, 163, 167

サッチャー政権　42, 102, 174

サラマンカ宣言と行動大綱　32, 42, 43, 45, 211

三分岐型中等教育制度　61, 104, 105

視学官　159, 199, 338

資源配分　146, 147, 151-154, 358, 359, 367

市場原理　49, 139, 144, 174

社会情緒行動障害　46

社会的公平　47

社会的不利　13

社会的要因　14

社会モデル　44, 46

就学免除　60, 66, 68-70, 72, 84, 89, 117

障害カテゴリー　20-23, 34, 60-64, 67,

73, 75, 83, 84, 88, 94, 95, 111, 112, 117, 119, 125-127, 166, 174, 235, 246, 255, 331, 358

障害概念　23, 44, 100, 102, 115

障害差別禁止法　45, 177, 221, 222

障害児者教育調査委員会　→　ウォーノック報告　81, 139

障害の社会的モデル　13, 14

シーボーム報告　71

自尊感情　39, 195, 348

ジュニア・トレーニング・センター　70, 71, 73

スクール・アクション　223, 294, 341

スクール・アクション・プラス　223, 294, 342

スクール・サイコロジスト　42, 91, 226, 347, 349, 360

スティグマ　15, 20, 23, 65, 246

ステージ制度　165

スピーチ・セラピスト　277

精神衛生法　70, 85

精神薄弱　67

静的　24, 235, 357, 358, 363, 366

全員就学　72, 89, 117

専業時間　228, 288

全国教員組合　74

総合制中等学校　49, 104, 105, 112, 118

相互作用モデル　13, 100

相互作用　16, 25, 27, 80, 100, 114, 116, 131, 133, 149, 153, 154, 177, 181, 183, 189, 193, 196-199, 218, 235, 237, 365, 368

ソーシャルワーカー　72, 86, 91

た行

対応方針　190, 191, 272, 273, 278, 280, 293, 332, 339, 359, 363

多様性　32, 40, 44, 47, 48, 50, 174, 183, 341, 345, 345

知能検査　66, 95

地方保健当局　69, 91

直接国庫補助学校　165, 167, 174

直接国庫補助特別学校　163, 167, 168, 172, 221

通常の教育的対応　16, 101, 105, 122, 184, 345

ティーチング・アシスタント　33, 37–39, 53, 236, 237, 255, 256, 269, 272, 274, 276–278, 280, 282, 284, 289–291, 304–306, 317, 319–321, 343, 344, 345, 347, 360, 362

ディスレキシア　22, 133

TTA（Teacher Training Agency）　32

統合教育　28, 42, 60, 83, 85, 87, 89, 90, 93, 94, 98, 99, 105, 111, 118–120, 124–126, 146, 161, 163, 165, 166, 222, 238

到達度評価　25, 145, 303

特異的な学習困難　43

特別学校　48, 61–65, 70, 71, 81, 82, 85, 87, 91, 92, 96, 97, 99, 102, 103, 120, 124–126, 159, 160, 163, 165, 168, 169, 171, 172, 176, 191, 209, 238, 342, 360

特別な教育的処遇　62, 69, 84, 85, 117

特別な教育的ニーズ裁定機関　99, 120, 167

トリートメント　19, 74

動的　9, 13, 17, 21, 34, 35, 133, 177, 178, 235, 358, 361, 363, 365, 366, 368–371

独立学校　163, 168

な行

ナショナル・カリキュラム　25–31, 145, 161, 174, 175, 188, 210, 213–217, 303, 304, 332, 370

ニューサム報告　72, 85

認知行動療法　27

年次レビュー　223, 224, 227, 242, 263, 330, 332, 337, 347–350, 360, 363–365, 369

能力障害　13, 14, 46, 114, 121, 131, 181

能力と適性　28, 117

は行

排除　45–47, 127, 145, 159, 345, 351, 367

パストラル・ケア　42, 105

パラダイム　17, 363

パートナー　47, 222, 250

パートナーとしての親　47, 82, 92

評価プロセス　47, 150, 211, 214

標準化された検査　349

付加的サポート　89

付加的な資源　98, 101, 119, 124, 126, 127, 131, 133, 146, 151, 152, 186, 216

不服審査委員会　149

不服申し立て　148, 166, 167, 171, 177, 242

フル・インクルージョン　345

プラウデン報告　72, 85
包含　12, 19, 23, 43, 47, 48, 55, 67, 82, 106, 182, 183, 187, 197, 341, 345, 368
法的カテゴリー　88
ホール・スクール・アプローチ　36, 41, 52, 53, 74, 161, 261, 317, 331, 341
ホール・スクール・ポリシー　230

ま行

マイノリティ　20, 43, 253, 339
メンター　41, 259, 265, 277, 319, 339, 343, 344, 347, 360
モニタリング　289, 338
モニター　188, 216, 217, 338

ら行

ラベリング　19, 20, 65, 111, 357
理事会　36, 41, 164, 169, 172, 216, 254, 333, 338, 353, 362
緑書　45, 176, 177, 212, 222, 360
レジスター　211, 226-228, 241, 244, 267, 284, 288, 293, 296, 298, 299, 301, 306-308, 310, 314, 333
レセプション　262, 264, 283, 289

レメディアル教師　32, 252, 261, 317
レメディアル教育　32, 52, 57, 87, 237, 350, 361
連携　38, 40-42, 72, 73, 86, 87, 91-93, 96, 176, 191, 222, 227, 250, 254, 266, 292, 342, 353, 364, 371
ローカル・マネージメント・オブ・スクール　161
ローカル・マネージメント・オブ・スペシャル・スクール　169

【本書に関連する主な教育法】

1893年基礎教育（盲・聾児）法
1899年基礎教育（欠陥児・てんかん児）法
1918年教育法
1921年教育法
1944年教育法
1970年教育法
1976年教育法
1980年教育法
1981年教育法
1988年教育改革法
1993年教育法
1996年教育法
2001年特別な教育的ニーズ及び障害法

著者略歴

眞城　知己（さなぎ　ともみ）

1966年生まれ
1992年3月　筑波大学大学院博士課程心身障害学研究科心身障害学専攻単位取得退学
1992年4月　兵庫教育大学学校教育学部助手
1996年4月　大阪教育大学教育学部講師
1999年4月　千葉大学教育学部講師
2001年1月　千葉大学教育学部助教授
2007年4月　千葉大学教育学部准教授
2014年3月　博士（教育学）（広島大学）
2014年4月　千葉大学教育学部教授　特別支援教育教員養成課程長

英国マンチェスター大学客員研究員（2002-2003）
デンマーク教育大学（現オーフス大学）客員研究員（2005）

日本特別ニーズ教育学会前理事，日本発達障害学会評議員，日本特殊教育学会，
日本発達障害学会，日本発達障害支援システム学会等における学会誌編集委員

主要著書（単著のみ掲載）
　特別な教育的ニーズ論　文理閣　2003年
　障害理解教育の授業を考える　文理閣　2003年
　SPSSによるコンジョイント分析　東京図書　2001年
　特別支援学校教員採用試験　一ツ橋書店　2013年〜（毎年改訂）

ホームページ　www.sanagi.jp.net

イギリスにおける特別な教育的ニーズに関する教育制度の特質

2017年1月31日　初版第1刷発行

著　者　　眞　城　知　己

発行者　　風　間　敬　子

発行所　　株式会社風　間　書　房
〒101-0051　東京都千代田区神田神保町1-34
電話 03(3291)5729　FAX 03(3291)5757
振替 00110-5-1853

印刷　太平印刷社　　製本　高地製本所

©2017　Tomomi Sanagi　　　　　　　　　　NDC分類：378
ISBN978-4-7599-2163-2　　Printed in Japan
JCOPY〈㈳出版者著作権管理機構　委託出版物〉
本書の無断複製は，著作権法上での例外を除き禁じられています。複製される
場合はそのつど事前に㈳出版者著作権管理機構（電話 03-3513-6969，FAX 03-
3513-6979，e-mail: info @ jcopy.or.jp）の許諾を得てください。